附證券商業務員資格測驗投資學歷屆考題

Investments
投資學

陳正亮　審閱
倪仁禧　陳琪龍　謝振環　著

東華書局

國家圖書館出版品預行編目資料

投資學 / 倪仁禧, 陳琪龍, 謝振環著. -- 2 版. -- 臺北市：臺灣東華, 2019.03
432 面 ; 19x26 公分
含索引
ISBN 978-957-483-966-7（平裝）
1. 投資學

563.5　　　　　　　　　　　　　　108003846

投資學

著　　者	倪仁禧　陳琪龍　謝振環
審　　閱	陳正亮
發 行 人	陳錦煌
出 版 者	臺灣東華書局股份有限公司
地　　址	臺北市重慶南路一段一四七號三樓
電　　話	(02) 2311-4027
傳　　真	(02) 2311-6615
劃撥帳號	00064813
網　　址	www.tunghua.com.tw
讀者服務	service@tunghua.com.tw
門　　市	臺北市重慶南路一段一四七號一樓
電　　話	(02) 2371-9320
出版日期	2019 年 4 月 2 版 1 刷

ISBN　　978-957-483-966-7

版權所有 · 翻印必究

序言

　　所謂絕招，就是把一件簡單的事情做到極致。香港導演王家衛十年前起動念想拍葉問的故事，沒想到十年間，別人已經連拍葉問三集，果真是十年磨一劍。

　　本來只想拍一部功夫，結果拍了一個武林。從只是拍葉問，結果拍成了宗師。投資學的寫作過程就像是王家衛拍攝《一代宗師》，周旋在眾多史料之中，做了非常多的選擇與割捨。這個過程是一個減下去的過程，我們不敢說本書是一個極致，但我們盡了力。期望本書能夠開啟閱讀的興趣，不管是金融市場的全貌、個別商品的說明，或交易計畫的策略操作，我們在意的是整本投資學帶給讀者的價值。

　　電影讓人印象深刻，故事令人記憶長遠。我們就以輕鬆的方式解說投資理論的觀念與應用。少用嚴謹惱人的數學公式，透過簡單的例子來認識投資工具與實務。但願此書能帶給讀者快速地一窺投資學廟堂之奧妙。

　　最後，本書的完成要感謝的人很多。首先，感謝東華書局董事卓媽媽給我們機會，在金融投資中再度開啟一扇門。其次，謝謝陳董事長錦煌的鼓勵，業務部陳經理、志鴻及儲經理的包容與建議，使據理談天的理論落實為字言字語的新書。第三，謝謝娟如栩栩如生的插畫製作，若能偶遇讀者會心一笑，是她慧心巧手之作。最後，要感謝編輯部鍥而不捨的協助，本書的付梓字字刻劃著她們的辛勞足跡。當然，有任何的疏漏，都是我們將來寫作的動力。

倪仁禧　陳琪龍　謝振環　陳正亮

2019 年 2 月

目 次

第 1 章　導　論　1
1-1　投資決策步驟 (或投資過程)　2
1-2　報酬率　6
1-3　投資環境的趨勢　9
習　題　14

第 2 章　金融市場與資產種類　17
2-1　金融市場的四大功能　18
2-2　信貸體系　20
2-3　初級市場　29
習　題　42

第 3 章　金融商品市場：債券市場、貨幣市場與衍生性金融商品市場　43
3-1　債券市場　44
3-2　貨幣市場　58
3-3　衍生性金融商品市場　64
習　題　70

第 4 章　共同基金與避險基金　71
4-1　共同基金　72
4-2　避險基金　90
習　題　101

第 5 章　現值與高登模型　103

5-1　終值、現值與複利　104
5-2　淨現值法則　112
5-3　內部報酬率　113
5-4　高登模型　114
5-5　債券評價　121
5-6　債券收益率　124
　習　題　127

第 6 章　資本資產訂價模型及套利訂價理論　129

6-1　資本資產訂價模型　130
6-2　資本資產訂價模型的內涵　133
6-3　證券市場線　136
6-4　套利訂價理論　139
　習　題　142

第 7 章　期　貨　145

7-1　期貨契約與期貨市場　146
7-2　臺灣期貨市場交易制度　149
7-3　期貨市場理論　163
7-4　期貨交易策略　167
　習　題　172

第 8 章　選擇權　175

8-1　選擇權的基本概念　176
8-2　臺灣選擇權市場的交易制度　181
8-3　選擇權評價理論　190
8-4　選擇權策略　199
習　題　210

第 9 章　總體經濟與產業分析　213

9-1　總體經濟因素　214
9-2　財政政策與貨幣政策　219
9-3　景氣循環　222
9-4　產業分析　227
習　題　234

第 10 章　財報分析　235

10-1　重要的財務報表　236
10-2　財務比率　247
10-3　分解 ROE：杜邦恆等式　259
10-4　財報分析範例　261
習　題　264

第 11 章　技術分析　265

11-1　道氏理論　267
11-2　艾略特波浪理論　269
11-3　線型圖　271
11-4　技術指標　285
11-5　情緒指標　294
習　題　298

第 12 章　投資績效評估與歸因　299

12-1　投資績效評估　300
12-2　投資績效歸因　305
習　題　315

第 13 章　交易觀念　317

13-1　效率市場　318
13-2　資產配置　323
13-3　報酬、風險　329
13-4　槓　桿　337
13-5　賠率、勝率、公平賽局與讓分　339
13-6　避　險　344
13-7　交換：比較利益法則的應用　352
習　題　358

第 14 章　交易計畫與投資策略　361

14-1　交易計畫　362
14-2　投資策略　367
14-3　一個交易者的宿命　376
習　題　376

證券商業務員資格測驗投資學歷屆考題　377

索　引　419

Chapter 1

導　論

阿雞師參加法國巴黎舉辦的世界食神大賽，榮獲冠軍獨得獎金 10 萬歐元。阿雞師領到獎金的那天，適逢美國北韓領導人互嗆，而南北韓破冰。

國際政治情勢緊張，市場又一片寒顫，聯準會升息聲起，臺股、港股、美股迭創新高，但臺幣和日圓走貶，市場疑慮逐漸加深。

阿雞師拿到這筆錢，究竟要如何處理？放在銀行活儲帳戶 (100 元利息只有 3 毛錢)、聽從股市名嘴危機入市 (買潛力股)、定期定額買基金 (股債平衡基金)，還是學學中國老祖宗的智慧，買黃金或置產？簡單來說，阿雞師應購買實質資產 (土地、房子) 或金融資產 (股票、債券等)。

想要將背景不同的人 (如阿雞師、詹姆仕、阿翔、浩子) 之期望轉換成令人滿意的投資決策，本來就是一件不容易的工作。本章主要的目的就是將投資步驟──目標、限制、政策與績效評估──區分成具體考量的不同層面，然後再輔以臺灣實際投資工具的案例，冀望初學者能一窺投資學的全貌。

1-1　投資決策步驟 (或投資過程)

　　試想阿雞師 (接近 60 歲) 的投資策略與浩子 (年過 30 歲) 的投資策略相同嗎？他們都會買台達電股票、債券基金、金融期指或開立黃金存摺嗎？顯而易見的是，兩人的生涯規劃不盡相同，投資決策也不會一樣。

　　主辦全球投資管理等級最高專業證書 CFA 的財務分析師機構 (CFA Institute) 將投資管理過程分成三個主要元素：(1) 規劃 (planning)——著重於決策所需投入，包括投資人目標、限制、資本市場、整體經濟考量等；(2) 執行 (execution)——資產配置與證券的選取；(3) 回饋 (feedback)——檢視投資人目標的達成與否和績效評估。圖 1-1 即依據上述的投資管理過程，將投資決策分成四個步驟：投資人目標、限制、投資政策及績效評估。

1-1-1　投資人目標

　　剛踏出校門的新鮮人與小資女面臨最重要的財務決策，不是投資組合能幫他們賺多少錢，而是儘量避免生病或受傷無法工作。保險會是這個階段的首要課題。

　　隨著年齡增長，財富逐漸累積，如何將儲蓄做最有效的投資，來改善自己的生活水準，是人生這個階段的重點。譬如，「浩角翔起」的阿翔與

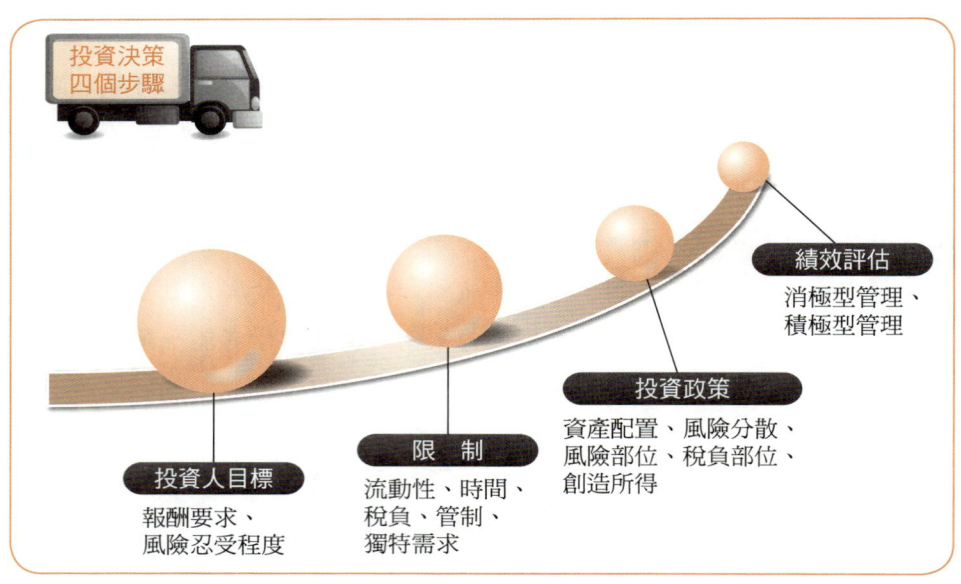

圖 1-1　投資過程

浩子，就比較願意接受相當程度的風險來換取較高的投資報酬率。當人們接近退休年紀時，風險忍受程度遞減，因為阿雞師知道，一旦遭受重大投資損失，東山再起的機會相當渺茫，此時的投資策略趨向保守。

依據上面的說明，投資人的目標不外乎報酬率與可忍受的風險兩種。這兩個目標不僅適用於個別投資人，也適用於專業投資機構，如共同基金、保險公司、退休基金、校產基金等。

練習題　1-1　風險－報酬取捨

風險與報酬間的關係為何？

答：一般而言，預期報酬較高的資產通常會伴隨著較高的風險。

1-1-2　投資人限制

郭台銘與阿雞師 (同樣都 60 歲) 即使忍受風險的程度相同，由於所處環境不同，其所選擇的投資組合也不盡相同。子女教育、房子與退休生活構成資金的三大需求，投資政策與這些支出息息相關。

相較於頂客族，有三個小孩的夫妻對流動性的需求更高，因為學費需以現金支付。**流動性** (liquidity) 是指資產轉換成現金的難易程度。現金與貨幣市場工具，如國庫券、商業本票是最具流動性的資產，而房地產的流動性最低。

有些時候，投資人面臨的限制來自外部。譬如，從 2008 年 9 月 12 日起，行政院規定現行證券投資信託事業募集的海外基金，投資中國掛牌上市有價證券比率不得超過 10%。美國共同基金持有任何公開上市公司股份也有不得逾越 5% 的上限。

除了法令規定與流動性外，稅負考量也是投資決策面臨的重要限制之一。2011 年 6 月 1 日起，政府針對持有兩年內出售的房屋課徵 10% 至 15% 的奢侈稅，8 月份臺北市 6,000 萬元以上頂級豪宅成交量較 7 月份驟減 60%，創下 2010 年以來單月新低。另一方面，戴德梁行董事總經理顏炳立表示，2018 年房市呈現「利再讓、價再跌、量再縮」的格局，房市景氣循環還未落底。

1-1-3　投資政策

　　一旦目標與限制明確後，投資人就可決定適當的投資政策。投資人首先要制定的是資產配置 (asset allocation)──決定資金如何分配在不同的資產類別。這些資產類別包括：

1. 貨幣市場工具 (國庫券、商業本票、可轉讓定期存單等)。
2. 固定收益證券 (通常稱為債券)。
3. 海內外股票。
4. 不動產。
5. 貴重金屬與其它原物料。

　　詹姆仕自認已屆不惑之年，而將主持節目所得集中配置於較穩當的債券與流動性較高的票券。相反地，勇於冒險犯難的「浩角翔起」則會配置較多資金在風險較高的資產，如股票，以獲取較高的報酬。

　　一旦詹姆仕或「浩角翔起」決定投資組合的資金比例後，就可進行證券選擇 (security selection)──在各個資產類別中，選擇特定證券。以股票而言，是要買進傳產股的台塑四寶，還是蘋果概念股的可成與大立光？投資人可利用基本分析與技術分析，精心挑選個股。就消極投資管理的投資人來說，既然無法預測哪一支股票是黑馬股，最保險的作法就是：每一種股票都買一點。以投資學術語來說，就是買股市或債券的指數基金，如標準普爾 500 股價指數、巴克萊資本債券指數基金或臺灣 50 指數 ETF。相對於消極策略，積極管理則意味著投資人相信自己可打敗其他投資人，以利用市場未來走勢的預測來做資產配置，並參考證券分析師的分析報告來積極挑選個股或債券。

　　投資充滿風險，就算是買國家公債也會發生意外 (2001 年阿根廷違約，一個月內貨幣狂貶 100%)，更何況是買股票、公司債。舉凡是疾病、詐欺、制度不當都可能令人們財務狀況陷入窘境。金融市場的功能之一就是把風險降到最低，最明顯的例子包括醫療險和意外險。

　　衍生性金融商品 (derivative securities) 最主要的目的就是用來避險或將風險轉移給他人。以期貨契約為例，它就是替大宗商品 (如黃豆、牛肉、咖啡等) 鎖定未來某個日期的價格。在芝加哥期貨交易所的大廳上，澳洲

的牛肉商和阿雞師約定：在 2019 年 3 月以每公斤 500 元價格出售 1,000 公斤的牛肉給阿雞師。為什麼要如此做？因為大宗商品生產者深怕屆時的售價大幅下滑，而血本無歸。

當然，衍生性金融商品 (期貨、選擇權、交換) 也能滿足人類對投機的基本需求。黃金期貨固然能讓我們規避風險，但也能對明年的黃金價格進行投機性操作。衍生性金融商品與投機之間的關係，就像是職業球賽和賭博一樣──衍生性金融商品會助長投機。

1-1-4　績效評估

採消極策略的投資人認為，股價已反映所有公開可得資訊。鴻海獲得最新款 iPhone 訂單的消息並不會激勵鴻家軍的股價。這些投資人自然而然會選擇指數基金，他們也不需花太多腦筋去計較投資績效。

相反地，採積極策略的投資人總是相信市場存在價值被低估的股票。如何利用市場擇時與績效評估來建立最適資產組合，是積極型基金經理人與個別投資人的主軸。

採積極策略的投資人依據預期未來的報酬與風險來建構最適資產組合。最簡單的評估方式是拿自己的投資組合實際報酬與相同風險程度的其它投資基金報酬做比較。譬如，高收益的債券集成一組，成長型股票集成一組，臺灣 50 ETF 成一組，然後計算每組的平均報酬，再看看自己的排名在哪裡。

積極意味著經濟景氣與不景氣的投資策略不同。宏達電在過去五年 (2006 年至 2010 年) 的平均報酬率是 44.91%，如果阿雞師在 2006 年以 60 萬元買進一張宏達電股票，經過五年，價值會增至 135 萬元。不過，宏達電在 2008 年 (金融海嘯) 的報酬率為 −25.20%，而在 2010 年的報酬率為 169.82%。聰明的阿雞師可以在 2008 年將資金轉往風險較低的貨幣市場票券，在 2008 年，三個月期國庫券利率與商業本票的利率分別是 1.77% 與 1.92%。[1] 儘管存 100 元只能賺不到 2 元的利息，但總比賠 25 元要好。這種策略稱為 市場擇時 (market timing) ──即依據預期風險性投資資產與現

---

[1] 資料來源：中央銀行《金融統計月報》的貨幣市場利率。有興趣的讀者請至央行網站：https://www.cbc.gov.tw 查詢。

金資產的相對績效，在兩者之間進行替換。

《商業周刊》第 1249 期一篇名為「投資，別老想要打敗大盤」的文章，內容提到積極型基金經理人利用選股和選進出場時機等各種技巧「打敗大盤」。研究顯示，積極型基金經理人所能達到報酬率與大盤相比，相差甚遠。

理由很簡單，證券選擇或選股就是和許多市場參與者對賭，在市場充分反映資訊的情況下，打敗大盤的機率只有 50% (計入交易成本，則會更低)。

此外，想要抓進出場時機比發明 Apple Watch 還難。尤其是市場的暴跌和大漲都集中在少數幾個交易日，如果錯失時機，報酬率自然下滑。唯有忘掉大盤，才能分散風險，最明智的投資方式就是消極型投資，而「指數化」投資即為其中的一種。

1-2 報酬率

金融市場可以保護我們的財產。倘若阿雞師把食神冠軍的獎金藏在床底下，將會產生幾個問題：首先，阿雞師每天會擔心鈔票不見而睡眠不足；第二，若小偷真的光顧或家中遭受祝融之災，那就血本無歸；第三個也是最令人頭痛的問題是通貨膨脹，物價上漲會導致購買力下滑。

所以對阿雞師而言，如何保值且將剩餘資金投入創造獲利的商品是當務之急。投資成功與否的關鍵在於投資期間的資金能否創造正的成長率。阿雞師投入 10 萬歐元購買金融商品，一年後要創造出超過 10 萬歐元的價值。現在，讓我們用兩個投資人最常碰見的商品：股票與債券，來說明報酬率的計算。

1-2-1 股票報酬率

阿雞師是一個 EQ 很高又深諳市場趨勢的投資奇才。他在 2017 年 1 月 19 日以每股 4,295 元的價格買進一張 (1,000 股) 大立光股票。然後，在 2017 年 10 月 6 日以每股 5,420 元的價格賣出手中的大立光股票。阿雞師在這段期間的投資報酬率是多少？

首先，阿雞師的**資本利得** (capital gain) 是買進金額與賣出金額的差額：

$$資本利得 = (\$5,420 - \$4,295) \times 1,000 = \$1,125,000$$

換句話說，阿雞師的投資報酬是 1,125,000 元。

至於報酬率的計算十分容易，即**資本利得收益率** (capital gain yield) 每股資本利得除以原始買進價格：

$$資本利得收益率 = (\$1,125/\$4,295) \times 100\% = 26.19\%$$

此即為阿雞師在這段期間持有大立光股票的收益率。大立光是一家上市公司，每年的利潤超過新臺幣 220 億元。除了支付董監事及員工酬勞外，公司會將一部分股利發放給股東。根據公開資訊觀測站的訊息，大立光決議每股配發現金股利 63.5 元，除息交易日為 2017 年 4 月 26 日。[2] 倘若阿雞師在 2017 年 1 月 19 日以每股 4,295 元的價格買進 1,000 股的大立光，而在 2017 年 10 月 6 日以每股 5,420 元的價格賣出手中大立光 1,000 股。現在，阿雞師的報酬除了資本利得外，還包括直接匯入阿雞師帳戶的現金股利：

$$資本利得 = (\$5,420 - \$4,295) \times 1,000 = \$1,125,000$$

與

$$現金股利 = \$63.5 \times 1,000 = \$63,500$$

阿雞師投資大立光股票的總報酬金額，即為：

$$投資總報酬金額 = \$1,125,000 + \$63,500 = \$1,188,500$$

換句話說，阿雞師持有一年大立光股票的獲利是新臺幣 1,188,500 元。考慮現金股利後的報酬率可定義成資本利得收益率與股利收益率的加總，如前所述，阿雞師持有期間的資本利得收益率為：

$$資本利得收益率 = [(\$5,420 - \$4,295)/\$5,420] \times 100\% = 20.76\%$$

另一方面，**股利收益率** (dividend yield) 是股利除以原始投資價格：

$$股利收益率 = (\$63.5/\$4,295) \times 100\% = 1.48\%$$

---

[2] 公開資訊觀測站網址為 https://mops.twse.com.tw/mops/web/index。

阿雞師在這段期間持有的總報酬率，可計算成：

$$\text{總報酬率} = 20.76\% + 1.48\% = 22.24\%$$

阿雞師在這段期間賺得的報酬率又稱為 持有期間報酬率 (holding-period return, HPR)。因為阿雞師持有期間恰好是一年，此持有期間報酬率又可稱為 年報酬率 (annual rate of return)。我們可將持有期間報酬率的計算公式寫成：

$$\text{HPR} = \frac{\text{期末價格} - \text{期初價格} + \text{現金股利}}{\text{期初價格}} \times 100\% \qquad (1\text{-}1)$$

1-2-2　債券報酬率

式 (1-1) 可以輕易地運用至其它型態資產的 HPR。譬如，除了以債券利息或票息替代股票現金股利外，我們可利用相同的公式來計算債券的持有期間報酬率。以下讓我們舉個例子來說明 HPR 的計算。

首先，阿雞師今天以 925.93 元買進一張一年期票券，而到期日價格為面值 1,000 元。若此票券並沒有票息，阿雞師的資本利得是

$$\text{資本利得} = \$1,000 - \$925.93 = \$74.07$$

其次，由於利息收益率為零，總報酬率為：

$$\text{HPR} = \frac{\$1,000 - \$925.93 + \$0}{\$925.93} \times 100\% = 8\%$$

練習題　1-2　報酬率的計算

2017 年 8 月 12 日，「浩角翔起」將臺北市跨年晚會的主持費拿去購買食品股統一 (1216) 1,000 股，買進價格是 35 元。依據統一公司 106 年度現金股利分派暨增資發行新股公告，公司會於 2017 年 8 月 9 日每一股配發現金股利 1.4 元。「浩角翔起」決定參與除息，並在 2018 年 8 月 12 日以 42 元賣出。請問「浩角翔起」持有統一股票的資本利得收益率、股利收益率及持有期間報酬率各是多少？

答：資本利得收益率 ＝ [($42 − $35)/$35]×100% ＝ 20%
　　股利收益率 ＝ ($1.4/$35)×100% ＝ 4%
　　持有期間報酬率 (HPR) ＝年報酬率 ＝ 20% ＋ 4% ＝ 24%

1-3 投資環境的趨勢

芝加哥大學布斯商學院教授摩斯科維茲 (Tobias Moskowitz) 在一份報告中指出，若在公債、股指期貨、大宗商品及外匯等不同資產運用價值投資和趨勢投資策略，會發現在每個資產類別都帶來正的報酬。譬如，從 2009 年起，在臺灣投資智慧型手機相關類股，可為投資人帶來豐厚報酬。近來，有三個趨勢影響我們周遭的投資環境：(1) 全球化；(2) 證券化；(3) 網路化。

1-3-1 全球化

臺灣證券市場的形成起始於 1962 年臺灣證券交易所成立。一開始，為避免鉅額外資帶來的衝擊，臺灣股市長期處於封閉狀態；直到 1980 年後，才開始走上開放的道路。現在臺灣的投資人可以有多種方式來參與國外投資，如透過複委託方式購買香港、美國等國證券；購買國內外的股債基金及購買衍生性金融商品，如指數期貨、個股選擇權等。從投資人的角度來看，買蘋果股票與買台積電股票，本質上並無不同。

1993 年《馬斯垂克條約》生效，歐盟正式成立。2002 年元旦，歐盟會員國開始使用歐元，全球化也邁入一個新的紀元。使用單一貨幣有利於歐元國家的國際貿易，並降低各國物價水準的差異，經濟整合程度大幅提高。不過，水能載舟也能覆舟，從下面的報導可窺一二：

> 希臘在經歷瀕臨債務違約險些被迫退出歐元區，過去八年經濟緩慢復甦，公債殖利率急跌至 2006 年 2 月以來新低點 3.77%。
> ——2018 年 1 月 8 日《財訊快報》

1-3-2 證券化

一名住在臺南的女子，抱著女兒從 9 樓跳下來結束了生命。在雷曼兄弟宣布破產隔沒幾天，她的財富從 1 億元直接歸零，她用生命對連動債表達沉痛的抗議。一群投資銀行交易室的數學天才，創造一個無中生有的商品——連動債。

連動債看起來像獲利穩定的固定收益商品，包含的卻是風險超高，而

且不知連動到何種標的財務工程商品。臺灣是全球最大宗的連動債購買地。根據金管會和保險發展中心的資料，臺灣包括機構法人和散戶，全部共買進近 1 兆 2,000 億元的連動債，其中有四分之一的連動債是不保本或有比例保本的商品。臺灣的銀行看準定存族或退休族的需求，用保本、利率比定存高的誘因，賣出大量連動債。

雷曼兄弟的次貸風暴又是如何引起的？在美國，銀行不願意貸款給信用差的人買房子。後來就發展出一種專門借錢給信用較差的房貸機構，稱為次級房貸 (subprime mortgage)。一群華爾街的金童想出一個聰明的方法，把這些貸款 (債權) 打包組合成一個新的金融商品，賣給債券市場的投資人。

原本買不起房子的人，現在有能力買房子；次貸機構賣商品——抵押擔保證券 (mortgage-backed security, MBS) 也賺了差價；而買這類商品的投資人，可以收到利息，一切顯得如此美好。然而，隨著美國聯準會緊縮銀根，次級房貸利率跟著調高。當這些貸款者連利息都付不出時，就面臨房子被拍賣的命運。此外，從 2006 年起房價開始下跌，次貸機構即使收回房子，拍賣金額仍無法抵銷房貸上的損失。

雪上加霜的是，抵押擔保證券多有附帶條件：當房屋貸款付不出利息時，房貸機構要負責把這些金融商品買回。房貸機構馬上陷入流動性危機，次貸風暴就這樣爆發。

抵押擔保證券是華爾街金童設計出來的千層派——證券化 (securitization)。證券化是指次貸機構把對某些人的債權整合起來，然後利用財務工程將產品結構複雜化，就像加上奶油、草莓、巧克力一樣層層包裹，每一層都可切割出來賣，如圖 1-2 所示。這個千層派就是抵押擔保證券，而每一層就是每一股。

「證券化」可以創造更多的流動性。本來銀行貸款給阿翔買房子，手上雖有阿翔的債權，但少了一筆可運用的現金，這等於是沒有流動性的「死錢」，但透過 MBS，「死錢」變成了「活錢」，整個金融體系就更加活絡。有一項統計顯示，在 2008 年，整個市場的 MBS 高達 4.6 兆美元 (是臺灣 GDP 的 10 倍)，其規模遠超過公司債的規模。不過，「證券化」也有弊病——道德風險。銀行賣抵押擔保證券，等於是將風險轉移給別人

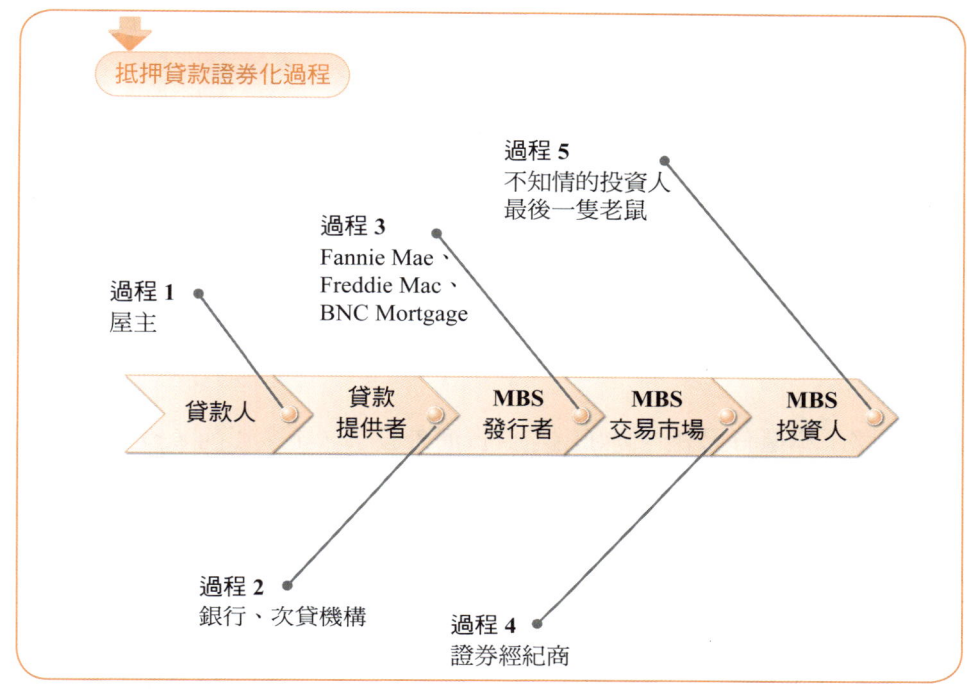

圖 1-2　證券化

承擔，因為他們 (貸款機構) 根本就沒有動機去詳查這些貸款者的信用，既然「證券化」可讓貸款機構將不良貸款的放款打包轉賣，風險由別人承擔，自然樂得大賣特賣。對投資人而言，千層派一層層剝開後，最裡面可能是毒藥。

幾乎所有的債權都可以證券化，汽車貸款、學生貸款、信用卡貸款、不動產投資信託 (REIT)，甚至連牛隻都能證券化。在日本，生產松阪牛的和牛近來飽受進口牛種的競爭，於是和牛業者利用大規模養殖來降低成本。一個最佳途徑就是透過牛隻證券化來號召投資人共同參與。其基本概念是，業者將種牛生下的小牛賣給牧場，獲得收益後扣除養殖成本，就會得到固定收益率，每年再以現金方式定期分配給當初認養種牛的投資人。

1-3-3　網路化

「網路是窮人的樂透」，網際網路與電腦科技的進步 (如雲端與平板電腦) 徹底顛覆了金融部門的環境。

十年前，如果阿雞師打算買一張台積電股票，方法很簡單：現場下單或電話下單。十年後，阿雞師買股票的方法多了一個：網路下單。網路讓阿雞師可以在廚房、捷運、飛機上，甚至到歐洲錄製節目時，買賣股票。他可以透過 iPad、iPhone、筆電等工具，只要能連上網路，就可買到自己想要的股票、期貨或選擇權。因為不需要透過營業員下單，券商省下人事、電話及回報成本，交易手續費還能夠打折。以新光證券為例，手續費是 2.8 折，也就是別家券商要 100 元的手續費，你只要 28 元就能買賣股票。

網路下單還有另外一個好處：買賣海外股票。不久以前，投資人想要買美國股票必須親自飛到美國開戶，每次買賣都要透過國際長途電話下單，並且一定要用美元交易。現在有了網路，一切變得方便許多。接受網路買賣海外股票的券商 (如富邦、元大、凱基等) 網站上，都會清楚地寫著如何開戶、交易方式 (網站、電話)、交易成本 (手續費、交易所費)、可買賣股票的國別 (以富邦證券來說，有美股、日股、港股、德股和英股)、交易款項 (臺幣或外幣) 和買賣方式 (複委託──證券商與複受託券商接受客戶買賣外國有價證券)。網路下單只能買股票嗎？答案為否，只要下載網路下單軟體，證券、期貨和選擇權都可在同一套介面完成買賣。

網際網路對投資環境的第二個衝擊是資訊取得容易，且成本近乎為零。譬如，公開資訊觀測站有上市上櫃公司的財務報表、債券、資產證券化、重大訊息與公告、股東會及股利等即時訊息，投資人可二十四小時上網，隨時取得這些公開可得的資訊。當然，國內外財經訊息、各國股市的收盤指數、原物料價格走勢，甚至分析師的報告也都能從網路得到第一手資料。除了傳遞訊息外，網路上存在一些投資客部落格，譬如，類似巴菲特價值投資的農夫投資術，強調要在正確的時點選股，接下來定期除草、施肥、噴藥 (檢視投資標的)，然後到了秋天收成 (逐步將股票出脫)。有些網站甚至教你如何利用公司財報資訊，如營收、每股盈餘、本益比與股價淨值比來智慧選股。[3]

---

[3] 此為俏祕書選股智慧系統。

第三個對投資環境有重大影響的是理財機器人和雲端運算。2017 年下半年金管會證期局核准投信投顧公會「證券投資顧問事業以自動化工具提供證券投資顧問服務作業要點」，已開辦所謂「機器人理財」的業者遵行。

機器人理財是指以電腦演算法為基礎，對客戶投資目標、收入風險承受度建議其投資組合。根據彭博社估計，截至 2016 年底，美國理財機器人管理的資產規模達到 3,000 億美元，至 2020 年底估計達 2.2 兆美元。王道銀行是第一家符合自動化顧問服務的金融機構，最低投資額度僅需新臺幣 1,000 元，訴求「小資族」的投資顧問服務。

第一代蘋果的平板電腦 iPad 從 2010 年 4 月上市，短短九個月就賣掉 1,500 萬台。小筆電花了九個月才賣到 200 萬台，而 iPad 開賣六十天就達到相同的成績。這只有 680 公克，比手機稍大的產品，到底有何魔力引發這股席捲全球的科技革命？

革命一為丟掉滑鼠和鍵盤，上網遊戲、聽音樂一指搞定。當 iPad 下載賽車遊戲，iPad 馬上變成賽車方向盤；iPad 下載亞馬遜網路書店的暢銷書，馬上變成一本電子書。革命二為軟體產業爆發：讓工程人員睡覺也能賺錢。蘋果線上軟體市集 (App Store) 已經有 40 多萬種程式可以下載。每下載一次的費用，蘋果收三成，七成則歸軟體開發人員。兩、三人發明的小軟體可能讓你變成富翁。譬如，開發「塗鴉跳躍」(Doodle Jump) 的兩兄弟，從 2009 年 3 月以來，光靠這個小遊戲就讓他們十四個月營收達 500 萬美元。iPad 的魔力，甚至讓新光證券開發免費的看盤下單軟體——富貴角九號，號稱業界獨家版本，可免費看盤。

2011 年 6 月 6 日，當時的蘋果執行長賈伯斯站上莫斯科尼會議中心的舞台，這次出手是要用雲端：iCloud 來改變遊戲規則。像「憤怒鳥」這樣的小遊戲，以後你在 iPhone 上突破新關卡，換到 iPad 上不用重新開始。iPad 和雲端自動同步，你可以直接從下一關開始玩起。未來 App 將成為雲端的超級業務員，齊心合力將蘋果客戶送上雲端，並達到記錄消費者習慣，主動推薦產品，譬如，你喜歡選擇的股票種類，而成為蘋果下一階段的獲利來源。

練習題 1-3　海外股市

請至凱基證券網站：https://www.kgieworld.com.tw 查詢香港、英國及新加坡交易證券之手續費各是多少？

答：香港 → 0.5%、新加坡 → 1%、英國 → 1%。

習　題

問答題

1. 何謂實質資產和金融資產？
2. 何謂固定收益證券、股票及衍生性金融商品？
3. 資產配置與證券選擇的定義為何？
4. 消極管理與積極管理的差異為何？
5. 證券化的意義為何？
6. 下列為實質資產或金融資產？
    a. 周杰倫的驚嘆號
    b. 微風百貨在臺北車站的租約
    c. 大學教育
    d. 安聯投信的臺灣智慧趨勢基金
    e. 帝寶豪宅
7. 網路銀行及證期權網路下單使得小型投資人可自行交易，金融中介 (如銀行、證券經紀商) 所受衝擊為何？
8. 周董開立一家撰寫應用軟體 App 的軟體公司，名為人之初。公司現有價值 30 萬元的電腦設備和 20 萬元的現金。就下列各項交易，請指出其為實質資產或金融資產？交易中是否創造或削減金融資產？
    a. 周董向台新銀行貸款 50 萬元，並應允在三年後償還。
    b. 周董利用向銀行借來的 50 萬元，再加上自己的 20 萬元現金用來開發新的結合音樂節拍創意的小遊戲「Tap Tap Revenge」。
    c. 「Tap Tap Revenge」遊戲創下蘋果迷 3,500 萬次的下載，最後被迪士尼以 50 萬股股票收購。
    d. 周董將人之初以每股 25 元價格賣掉，並用其部分收益來償還銀行貸款。
9. 喬喬在 2017 年 11 月 11 日買進統一超 (2912) 股票 1,000 股，買進價格為 164 元。統一超股東常會決議在 2018 年 8 月 4 日配發第一次現金股利。若喬喬在 2018 年 2 月 12 日以每股 212 元的價格賣出統一超股票 1,000 股，請問喬喬的投資報酬金額是多少？其投資報酬率為何？

10. 「浩角翔起」在 2017 年年初以 100 萬元買進 1 張票息為 10% 的債券，到 2017 年年底債券價格跌至 90 萬元。
    a. 假設債券面額為 1 萬元，請計算「浩角翔起」的投資報酬金額。
    b. 請問「浩角翔起」的資本利得金額與持有期間報酬率為何？

網路習題

1. 請至行政院金融監督管理委員會的證券期貨局網站：https://www.sfb.gov.tw，下載證券期貨局的簡介及組織。
2. 請至臺灣證券交易所網站：https://www.twse.com.tw，查閱歷史介紹及組織介紹。請問證交所總共有幾個部門？
3. 請至臺灣證券交易所網站中，交易資訊的盤後資訊下之個股日成交資訊，下載最近一個月的飯店股晶華 (2707) 與手機股宏達電 (2498) 的成交資訊。請問晶華與宏達電的最高價為何？在這段期間，哪一支股票價格較高？哪一支股票的成交筆數較多？
4. 請至公開資訊觀測站網站：https://mops.twse.com.tw/mops/web/index 中之股東會及股利下之除權息公告，下載華航 (2610)、長榮航 (2618) 及遠航 (5605) 的資料。請問這三家上市公司最近一期之現金股利各為何？
5. 請至 MoneyDJ 理財網：https://www.moneydj.com，下載最新的 ETF「SPDR 標普 500 指數 ETF」的基本資料。請問 ETF 市值及淨值是多少？交易所代碼及交易所別為何？

金融市場與資產種類

「你不理財，財不理你。」阿雞師正愁不知如何做財富管理時，恰好《金融時報》在 2011 年 12 月 1 日刊登出一篇名為「Non-core Services: The art of investing art and wine?」的文章。內容提到，銀行提供給客戶的服務五花八門，除了傳統的財富管理，還包括名畫、紅酒、跑車和豪宅等有價值的收藏品，某些銀行甚至提供特定的慈善捐款帳戶，當然這種提議是為了稅收的考量。

匯豐銀行慶幸自己得到這份天上掉下來的禮物，理財專員精心準備一份完整的投資方案向阿雞師簡報。上至股票、債券，下至名畫、房地產，並宣稱能夠創造 20% (甚至更高) 的報酬率。阿雞師應該接受嗎？

這應該有三種可能。第一，任何金融市場的工具都有風險。它必然是風險極高的投資方案，才需要極高的報酬率來吸引資金。第二，阿雞師的理財專員恰巧碰到一絕世難逢的投資機會，連那些華爾街金童都不知道，而且她還好心與阿雞師分享。第三，且最有可能的是，理財專員不但無能，還不誠實。

本章的目的即在介紹那些令人眼花撩亂的金融商品，儘管金融商品無奇不有，如球員股票、碳排放交易、利率交換等，基本道理都相同。瞭解金融市場的四大功能後，我們就不難理解那些令人摸不著頭緒的金融商品。

2-1 金融市場的四大功能

不管金融商品的交易技巧和細節多麼複雜，其基本功能——籌資、保值、避險和投機——卻是不變的，金融市場的四大功能如圖 2-1 所示。

2-1-1 籌　資

買 iPhone X 不用付錢？金融市場讓我們有籌資管道——有了信用卡，即使明年才買得起，也可以立即擁有。不管是助學貸款、台積電蓋晶圓廠或臺北市政府舉辦世大運，都能夠透過籌資管道——股市、債市或銀行來獲得所需資金。

甚至索馬利亞海盜為了海上搶劫活動籌募基金，成立海上公司，設置專屬交易所，這些海盜公司對所有人開放，除現金外，一般人也可提供有用物資入股。一位 22 歲已離婚的當地婦女，提供一顆前夫贍養費所留下的手榴彈，而成為股東。

2-1-2 保　值

第 1 章的前言提到，如果阿雞師決定將獎金塞在床底下會有什麼問

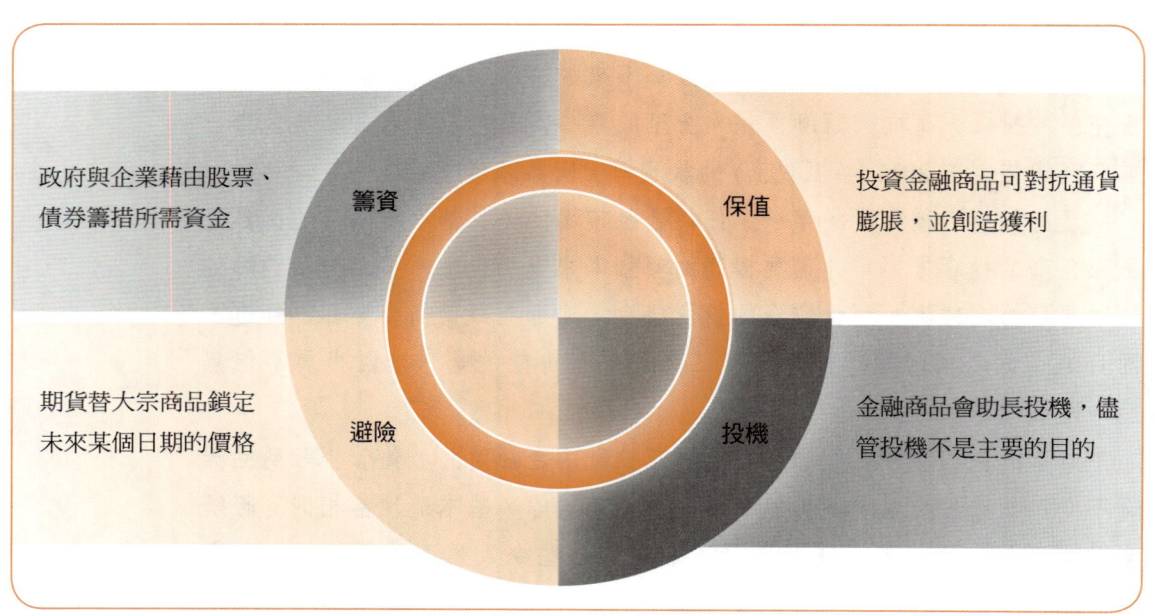

圖 2-1　金融市場的四大功能

題？首先，蟑螂、老鼠會把鈔票當食物啃；第二，每次出門時，總會提心吊膽，萬一發生火災怎麼辦？第三，同時也是最頭痛的問題是通貨膨脹。通貨膨脹是最無情的小偷。過去十年來，臺灣的通膨率約 20%，換句話說，十年前的 100 萬元，到今天只值 80 萬元。

面對通膨這頭怪獸，金融市場不但可以保值，還可以創造獲利。臺灣股票過去十年的報酬率是 60%，就算扣掉通膨，也還有 40% 的獲利。[1] 哈佛大學是全世界最富有的大學，其校務基金在 2016 年大約是 357 億美元。過去二十年，平均每年可締造 12.9% 的報酬率，這意味著每六年，校務基金的規模就會成長 1 倍。這項豐厚的報酬主要來自市場投資，包括國內外股票與債券、不動產及原物料等。

2-1-3 避　險

人生充滿風險，就算貴為食神，也可能切到自己的手指，更何況是出國旅行或通勤上班。舉凡地震、海嘯、歐債危機都可能令人們的財務狀況陷入窘境。金融市場的功能之一就是協助我們降低風險。最明顯的例子是期貨。它是指大宗商品鎖定未來某個日期的價格，如果今年風調雨順，稻農預測稻米大豐收。為了避免收成時，供給過剩的賣壓湧現，造成現貨價格下跌，稻農可先行在稻米期貨市場賣出，鎖住自己的利潤，規避米價滑落、血本無歸的風險。

同樣地，航空公司經理可能擔心全球原油價格的波動而睡不著覺，他們可以透過期貨契約鎖定超音速客機燃料的未來價格。消費者絕不會花 200 元買一杯拿鐵咖啡，星巴克也會透過金融市場避險，免得咖啡豆價格受全球氣候異常影響，而出現巨幅波動。

2-1-4 投　機

馬克‧吐溫在《傻瓜威爾遜》一書寫道：「10 月是從事股票投機很危險的月份，其它危險的月份是：7 月、1 月、9 月、4 月、11 月、5 月、3 月、6 月、12 月、8 月、2 月。」投資是購買資產獲得合理的報酬，投機是一夕致富。大家都深信下期大樂透的得主就是自己。

---

[1] 過去十年以臺灣加權股價指數計算的報酬率約為 60%。

期貨市場固然能讓人們規避風險，但也能滿足對明年黃金價格進行投機性操作。投資人可以買進宏達電 (HTC) 的股票，分享每年高達 4 萬元的現金股利。但也可以早上九點買進，希望在中午以前漲個 1 萬元就立刻脫手。金融市場的天賦之一，便是市場有需要助長投機時，它本身就會提供工具。

練習題 2-1

請上網查詢哈佛大學校務基金 (endowment fund) 與耶魯大學校務基金的最近一年報酬率與基金規模。哈佛大學管理公司 (Harvard Management Company) 網址為 https://www.hmc.harvard.edu；耶魯大學投資辦公室 (Yale University Investments Office) 網址為 https://investments.yale.edu。

答：截至 2017 年 6 月 30 日為止，哈佛大學校務基金的年報酬率為 5.8%，基金規模為 376 億美元；耶魯大學校務基金的年報酬率為 11.3%，基金規模為 271 億美元。

2-2　信貸體系

信貸體系對現代化的重要性就像鼎泰豐對永康街或鳳梨酥對陸客一般，是不可或缺的生命共同體。烏干達的寡婦伊莎靠「微型貸款」養活六個小孩，或投資壞天氣 (能源基金)，讓口袋增加 50% 的報酬，都與信貸體系有關。信貸體系就是經濟學家口中的金融體系 (financial system) ── 協助撮合一人儲蓄與另一人投資的機構，這些機構可分成兩大類：金融市場與金融中介。圖 2-2 描繪整個金融體系的架構。

金融市場 (financial markets) 是儲蓄者直接提供資金給貸款者的機構。股票、債券、衍生性金融商品及貨幣是最常被提及的金融市場。前三種市場的風險程度較高且到期日較長，一般教科書將其歸類成資本市場 (capital market)。相反地，貨幣市場的金融工具是流動性較高和風險較低的證券，貨幣市場的投資大眾很容易將這些有價證券變換成現金。實務上，貨幣市場工具又稱為約當現金 (cash equivalents) 或簡稱現金 (cash)。以下我們將依序介紹各個市場的工具及特性，至於共同基金及避險基金則在後續章節討論。

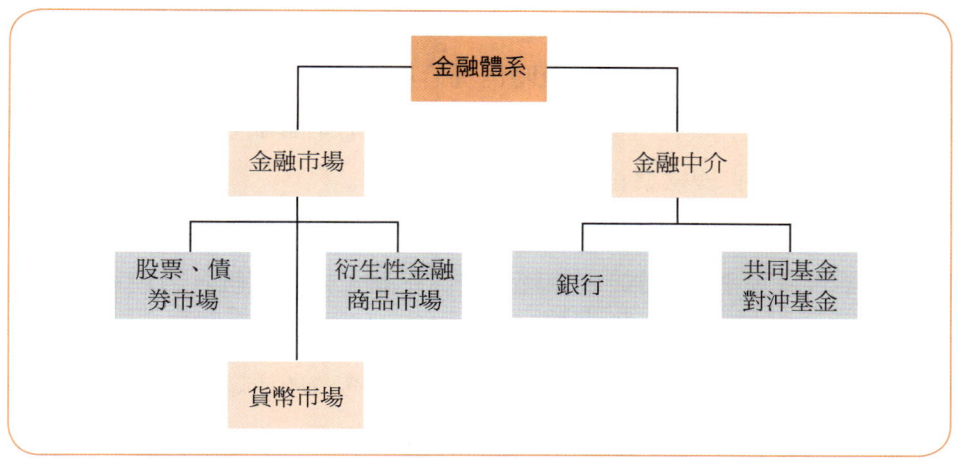

圖 2-2　金融體系的分類

2-2-1　股票市場

人生一大樂事，就是可以用一堆不是自己的錢。公司亦復如此，各種投資活動可藉由發行股票來融通，也就是用公司的股權來換取現金。對索馬利亞海盜來說，現金能夠買更先進的槍砲武器，勒索更多的各國船隻 [根據英國國家廣播公司報導，索國海盜 2008 年整年收到超過 1 億 5,000 萬美元 (相當於新臺幣 48 億元) 的贖金]。另一方面，對持有股票的股東而言，他們享有未來跟公司分紅的權利 (那位以手榴彈入股的離婚婦女，在三十八天內獲得 75,000 美元的紅利)。最後，贖金的 1% 捐給當地的哈拉迪爾村，用於醫院與公立學校等基礎建設 (企業賺錢愈多，政府就收到愈多的資本利得稅)。

2-2-2　股票種類

股票，又稱為權益證券 (equity security)，大致可分成三類：普通股 (common stock)、特別股 (preferred stock) 和存託憑證 (depository receipt)。

普通股代表公司所有權。擁有宏達電的股票，意味著你是宏達電的頭家之一。臺灣的股票一張為 1,000 股。國賓飯店在 2018 年 1 月 19 日的收盤價是 28.05 元，也就是說，一張國賓飯店股票的市值是 28,050 元。倘若阿雞師擁有非常多張國賓飯店股票，他就是國賓飯店的大股東，有機會進入董事會，成為董事長，並選出經理人 (如詹姆仕) 來負責國賓飯店的日常營運。

聽起來公司賺錢、股東分紅、政府稅收增加，好像是童話故事中的美好結局。然而現實是殘酷的，有時情況恰巧相反。1998 年 7 月 2 日震驚社會的「鳳梨宴」爆發，台鳳董娘陳美秀在紅龍蝦餐廳設宴款待司法界人士，有十三位法官與檢察官共同炒作台鳳股票。

以生產鳳梨罐頭聞名的台鳳食品，從日治時代算起，已有一百多年歷史。當年黃宗宏 28 歲時接下總經理一職，為了擺脫傳統企業色彩，走出「罐頭」陰影，黃宗宏利用台鳳的土地資產，以交叉持股方式投入營運福隆海水浴場，更花費 170 億元買下鴻禧集團張秀政所居之「秀園山莊」。

1995 年、1996 年，台鳳連續兩年虧損上億元，但靠著營建獲利，在 1997 年，公司業外大賺 17 億元。1997 年傳出黃宗宏聯合股市聞人黃任中等人炒作台鳳股票，帶動台鳳股價由 10 月的 66 元狂飆九個多月，並在隔年 7 月攀上 257 元天價，漲幅達 298%。台鳳的股票市值一舉衝到 1,524 億元，硬是擠進臺灣第十大股票上市公司。為了支撐不合理的股價，黃宗宏在 1998 年 12 月起，以「分散借款，集中使用」和「借新還舊」、「先撥款，後補件」、「立即貸」等手法向中興銀行貸款 70 億 3,818 萬 6,000 元。

因為投資效果不如預期，又碰上千禧年股市重挫，2000 年 6 月臺北地檢署以黃宗宏等人涉嫌背信案、結合公司派和市場派操縱台鳳股價漲跌，將黃等人提起公訴，而台鳳股價也一路由 257 元狂跌至 9.65 元，並因跳票被打入全額交割股，最終難逃下市的命運。黃宗宏先潛匿無蹤，2007 年 11 月 1 日在八斗子漁港附近欲偷渡時，被捕入監服刑。

買台鳳股票的老百姓在台鳳案中得到什麼？股票變成壁紙，一文不值。原因很簡單，普通股有兩個其它證券沒有的特性：剩餘請求權與有限責任。剩餘請求權 (residual claims) 是指普通股股東對公司資產與收入的求償排在最後一位。台鳳公司財務陷入窘境後，富邦、聯邦銀行先拿回 1 億 2,000 萬元，但中興銀行就沒有這麼幸運，董事長王玉雲更病逝中國，持有台鳳股票的投資人自然血本無歸。

有限責任 (limit liability) 是指普通股股東對公司的債務僅只於原始投資金額；換句話說，即便黃宗宏積欠中興銀行新臺幣 70 億元，普通股的股東最多就是手中持有的股票價值歸零，不需再從口袋掏錢出來付清公司

的債務。

從 1982 年至 2016 年，臺灣總共有 348 家公司下市、下櫃。1980 年代，只有 4 家企業下市，1990 年增至 18 家。尤其從 2000 年至 2009 年 2 月就有 237 家公司下市，占九成之多。下市的高峰潮是從 2000 年臺灣經濟成長率衰退之後開始。總計這些下市公司一年的總資產為新臺幣 1.43 兆元，資本額近 5,000 億元，受害的投資人不計其數。

第二種常見的權益證券是特別股。特別股是不具投票權，而定期收到股利的股票，其特性介於債券與股票之間。就像債券，特別股股東每年可固定分紅，但不能干涉公司的日常營運。

儘管有義務分紅，公司未必每年都發放股利。特別股股利有累積的特性，只有在付清所有特別股股利後，普通股股東才能夠拿到分紅。至於剩餘財產分配之順序，公司在發行特別股時，就要事先規定順序、定額或定率。[2]

在臺灣，「阿雞師要買台積電的股票輕而易舉」；在美國，「歐巴馬要買『臺灣』的台積電則難如登天」。首先，歐巴馬必須趁著訪問中國時，順道來臺灣開戶。第二，買臺灣的股票必須先將美元換成新臺幣，這會遭遇匯兌風險。第三，也是最累的是臺灣與美國的時差，使得歐巴馬要在晚上看盤，這對國事運作勢必造成不小的衝擊。

幸好，存託憑證能夠解決這個問題。存託憑證是指代表外國公司所有權股份，而在本國股市交易的憑證。在美國市場發行的存託憑證稱為美國存託憑證 (American Depository Receipts, ADRs)，如台積電 ADR、聯電 ADR、日月光 ADR 及友達 ADR 等。[3] 若是在臺灣市場發行的存託憑證，稱為臺灣存託憑證 (Taiwan Depository Receipts, TDRs)，如泰金寶 TDR、美德醫 TDR、大成糖 TDR 等。[4] 臺灣存託憑證具節稅效果，現行規定買賣 TDR 的交易稅稅率是千分之一，與受益憑證相同，而一般上市櫃需課徵千分之三的稅率。至於在歐洲或兩個國家以上發行的存託憑證，則稱為全球存託憑證 (Global Depository Receipts, GDRs)。目前在海外掛牌的

---

[2] 請見《公司法》第 157 條。
[3] 有關台積電 ADR 的股價資訊可在雅虎奇摩股市選美股，再選半導體，即可見到台積電的 ADR。
[4] 有關 TDR 的詳細資訊，可見公開資訊觀測站之臺灣存託憑證專區。

GDR，包括鴻海、華碩、國泰金及中鋼等。

存託憑證的股票來自於原股東釋股，我們稱為 **非公司參與型** (unsponsored) 存託憑證；若股票來自於公司的現金增資股，則稱為 **公司參與型** (sponsored) 存託憑證。譬如，群創 (3481) 在 2014 年 9 月 26 日董事會決議發行海外存託憑證 GDR，總金額為 93.6 億美元，用於償還美元價款及外幣購料。有關臺灣上市公司發行海外存存託憑證彙總表，請參閱臺灣證券交易所網站。

2-2-3 股票交易

婆婆媽媽去傳統市場買一把 50 元的蔥，可以用現金交易；阿雞師想要去 SOGO 百貨買一瓶香水送給女兒當生日禮物，可以刷信用卡。阿雞師可以用現金或信用卡買晶華飯店的股票嗎？當然不行。

在臺灣，買賣股票相當簡便。第一個步驟是開戶，投資人攜帶雙證件 (身分證、駕照等) 和印章，即可到證券公司開立有價證券集中保管帳戶 (證券存摺) 與活期 (儲) 存款帳戶 (銀行存摺)。開戶成功後，次一營業日即可使用。

第二個步驟是買賣股票。如果你已經退休，可以每天去證券公司營業廳，用現場委託方式交給營業員下單。倘若你家裡離證券公司很遠，且炎炎夏日不想出門，也可以選擇電話委託、語音下單或網路下單。

練習題 2-2

發行公司可否僅就其所發行之普通股或特別股向臺灣證券交易所申請上市？

答：可以。發行公司得僅就其所發行之普通股或各種特別股單獨向臺灣證券交易所申請上市。

網路下單好處多多。首先，阿雞師可趁著錄製節目的空檔或到國外領獎時，透過 iPad mini 4 或電腦下單。第二，網路下單可以買本國或外國股票，譬如，阿雞師可以買臺灣股市的爾必達 TDR 或新加坡股市的爾必達股票，只要兩者價錢不同就能買低賣高。第三，網路下單軟體整合全球財經資訊，包括全球主要指數、債券行情、環球財經焦點等。除了不用花錢

訂報外，看盤軟體還提供技術分析和個股財務分析，投資人自己就是股市分析師。

第三個步驟是股票交割。買進股票後，第三天券商會從開戶銀行帳戶把你買進股票的錢 (買進台塑一張 80 元，等於 8 萬元) 連同手續費 (1.425‰) 一併扣掉，股票則會轉到你的集保存摺內。賣出股票時，除了上述手續費外，還需繳交證券交易稅 (成交金額 3‰)。讓我們舉一個例子說明賣股票的交割流程：

> 阿雞師在星期五賣出一張台塑股票，成交價格＝$80,000
> 證券交易稅＝$80,000×0.3%＝$240
> 手續費＝$80,000×0.1425%＝$114 (非網路下單)
> 下星期二，可得 $80,000－$240－$114＝$79,646

基本上，券商每個月都會寄對帳單，上面會有你上個月買賣股票的記錄。

2-2-4 信用交易

2010 年 3 月，阿雞師前往歐洲參加「食神大賽」。訪歐期間，他發現一個奇特的現象：每個人都在玩智慧型手機，且 10 個人中有 6、7 個人都是用 HTC 的手機。4 月份回國後，他認定這是一個千載難逢的投資機會，當下就決定買進 20 張宏達電股票，買進價格是 400 元；換句話說，一張宏達電股票要價新臺幣 40 萬元。糟糕的是，阿雞師的銀行帳戶只有 400 萬元。為了抓住瞬間即逝的機會，他能向券商借錢嗎？答案是，只要開融資帳戶自然可以借錢買股票。[事後證明：阿雞師是對的，宏達電股價從 400 元 (2010 年 4 月 29 日) 一路狂升至 1,300 元 (2011 年 4 月 29 日)。]

這種投資人只要自備部分款項，並向券商借入短缺部分的交易方式，稱為融資買進 (buying on margin)。券商再以融資利率 (call money rate) 向銀行貸款，將錢貸給投資人。[5] 至於融資買進的股票則要放在券商處作為擔保品。

5　上市 (櫃) 股票最高融資比率為六成，投資人自付四成。

讓我們舉一個例子來說明融資比率 (percentage margin) 的定義。假設阿雞師自備 320 萬元買進 20 張宏達電股票 (800 萬元)，他向券商的貸款金額是 480 萬元 (每張貸 24 萬元)。融資比率為：

融資比率＝融資金額／股票成交金額＝$480 萬/$800 萬＝60%

如果阿雞師在一年後將宏達電股票以 1,300 元賣出，每張股票獲利 900 元，也就是每張股票賺 90 萬元。阿雞師買宏達電的報酬率是多少？

報酬率＝總獲利金額／自備金額
＝($900,000×20)/$3,200,000
＝562.5%

阿雞師用少少的錢，在一年內獲利近 6 倍，融資買進就像是威而鋼，令人振奮。但「水能載舟，亦能覆舟」。倘若因為蘋果 iPhone 的強力競爭，導致宏達電股價一落千丈。一年後只剩下 200 元，那麼阿雞師的報酬率就變成 －125% [＝(－20×20)/$320]。

股票腰斬令人沮喪，最傷心的莫過於券商。券商手中持有的宏達電股票市值 (每張 200 元) 遠低於貸款給投資人的金額 (每張 240 元)，為了維護本身權益，券商會設定維持保證金 (maintenance margins) 比率。若融資比率低於維持保證金比率，券商會以掛號寄出融資追繳 (margin call)，要求投資人補繳差額。如果投資人不從，券商將祭出殺手鐧——斷頭，賣掉帳戶中的股票 (擔保品)，來補足保證金，以維持一定的融資率。

臺灣的券商習慣以融資擔保維持率 (俗稱融資維持率) 來代替維持保證金比率。融資維持率的定義為：

融資維持率＝(融資擔保品市值／原融資金額)×100%

若以 200 元的宏達電為例，融資維持率為 83.33% (＝$200/$240×100%)。日前財政部規定的融資維持率下限為 130%。[6] 換句話說，市價

---

[6] 依據《證券商辦理有價證券買賣融資融券業務操作辦法》(民國 105 年 10 月 13 日修正) 第 54 條規定：證券商應維持擔保維持率 130% 範圍內。

擔保維持率＝(融資擔保品證券市值＋融券擔保品及保證金＋抵繳有價證券或其它商品市值)÷(融資金額＋融券標的證券市值)×100%

練習題 2-3　融資金額與融資維持率

假設融資比率是 50%，蕭敬騰以融資買進裕隆汽車股票 1,000 股，每股成交價 80 元。請問蕭敬騰從券商得到多少融資款？倘若融資維持率是 130%，裕隆汽車股價跌破多少價位時，蕭敬騰會收到券商的融資追繳通知？維持保證金比率會是多少？

答：融資金額＝融資比率 × 成交金額＝ 50%×$80,000 ＝ $40,000
融資維持率＝擔保品市值／融資金額
130% ＝ (1,000× 裕隆汽車股價) ／ $40,000
裕隆汽車股價＝ $48，亦即，裕隆汽車股價跌破 48 元時，投資人需補繳保證金。
維持保證金比率＝ [(擔保品) 股票市值－融資金額] ／ (擔保品) 股票市值
　　　　　　　＝ ($48,000 － $40,000)/$48,000 ＝ 16.67%

---

200 元的宏達電股票，早就低於財政部規定。投資人必須補繳融資自備款差額，不然就會被券商斷頭出場。[7]

股市迷人之處在於：大漲時，投資人勇於買進可賺大錢。另一方面，大跌時也能獲利豐碩。詹姆仕是阿雞師的好朋友，他篤信外資的操作與分析師的報告，2011 年 7 月 8 日花旗集團分析師 Kevin Chang 公布研究報告，將宏達電的股票評級從「買入」下調至「賣出」，與此同時，他還下調了對 2011 年和 2012 年宏達電銷售額的預期。宏達電股價當天下跌 6.9%，收在新臺幣 1,020 元，創下自 6 月 15 日以來的最高跌幅。

詹姆仕眼見機不可失。隔天，就以融券賣出宏達電 20 張，賣出價格是新臺幣 1,000 元。儘管詹姆仕手中並沒有 20 張宏達電股票，他先向券商借入股票後賣出，稍後再買回股票，這種回補交易稱為**融券賣出** (short selling)。(事後證明，詹姆仕的作法正確，宏達電股在 2011 年 12 月 9 日跌至 405.5 元。)

天有不測風雲，萬一其它的外資機構與花旗不同調，而大力買進宏達電，股價不跌反漲，券商將面臨融券股票不回補的窘境。為了避免遭受平白損失，券商會要求投資人繳交保證金，且融券賣掉的股票款項必須放在信用交易帳戶內作為擔保品。依據《證券交易法》第 61 條規定，臺灣上市、上櫃股票融券保證金成數最低為九成。假設詹姆仕以 1,000 元賣出宏

---

[7] 簡單來說，100 元的股票，融資六成，融資金額＝ $60，若最低維持率為 130%，股價只要低於 $60×1.3 ＝ $78 就需補繳擔保金，不然會被券商斷頭。

達電股票一張，而融券保證金成數為九成，除了要給券商賣出成交的 100 萬元外，詹姆仕還需額外拿出 90 萬元，放在信用帳戶內。因此，融券保證金成數可寫成：

融券保證金成數＝(融券保證金／融券賣出成交金額)×100%

倘若詹姆仕在 2011 年 12 月 9 日以每股 405.5 元價格買回宏達電股票 20 張，他每賣一張會賺 59 萬 4,500 元。融券放空的報酬率等於 66.05%（＝$594.5/$900）；相反地，如果宏達電股價的漲幅超過保證金金額，券商就會擔心投資人不回補股票。因此，券商會要求保證金比率不得低於一特定下限。就像是融資擔保維持率，券商也會規定融券擔保維持率，即

融券擔保維持率＝(融券賣出成交價款＋原始保證金)／融券股票市值×100%

依據《證券商辦理有價證券買賣融資融券業務操作辦法》第 54 條規定，融券 (擔保) 維持率下限為 130%。如果擔保維持率低於 130%，券商會寄出追繳令，請投資人在通知送達兩個營業日內，補繳融券保證金差額。假使客戶被追繳而未補繳，券商就會斷頭處分擔保品。

《食尚玩家》的美麗主持人莎莎個性開朗、勇於嘗試。假設她在股市融資買進 1,000 股富邦金，每股價格 40 元，同時又以每股 60 元放空宏碁

練習題 2-4　融券金額與融券維持率

「浩角翔起」看空統一超股價，而在聖誕節前夕以每股 200 元賣出 1,000 股。假設保證金成數 (margin requirement) 是 50%，請問原始保證金是多少？倘若融券維持率是 130%，統一超股價漲到多少錢時，投資人會收到追繳令？維持保證金比率是多少？

答：融券保證券成數＝原始保證金／融券股票市值
50% ＝原始保證金／$200,000
原始保證金＝$100,000
融券維持率＝(原融券擔保品市值＋原始保證金)／融券股票市值
130% = ($200×1,000 + $100,000)/($P$×1,000)
P = $230，即統一超漲破每股 230 元就必須補繳融券保證金差額
維持保證金比率＝(原融券擔保品市值＋原始保證金－融券股票市值)／融券股票市值
　　　　　　　＝($200,000 + $100,000 − $250,000) / $250,000 = 20%

1,000 股。為了方便分析，假設融資比率與融券保證金成數都是 50%。整戶擔保維持率會是多少？依據《證券商辦理有價證券買賣融資融券業務操作辦法》第 53 條規定：

(整戶) 擔保維持率＝[(融資擔保品證券市值＋融券擔保品及保證金＋抵繳有價證券或其它商品市值)／(融資金額＋融券標的證券市值)]×100%

莎莎的融資自備款是 20,000 元 (＝$40×1,000×0.5)，而融券原始保證金為 30,000 元 (＝$60×1,000×0.5)，而 (整戶) 擔保維持率可計算如下：

擔保維持率＝[($40,000＋$60,000＋$30,000)/($20,000＋$60,000)]×100%
＝($130,000/$80,000)×100%＝162.5%

假如外資及本土法人將資金撤出金融股而轉進電子股，富邦金股價因而跌至每股 25 元，而宏碁股價則漲至每股 80 元。此時，新的 (整戶) 擔保維持率為：

(整戶) 擔保維持率＝[($25,000＋$60,000＋$30,000)/($20,000＋$80,000)]×100%
＝($115,000/$100,000)＝115%

莎莎的 (整戶) 擔保維持率低於法定的 130%，券商將通知莎莎補足融資自備款或融券保證金的差額 15,000 元 (＝$100,000×130%－$115,000)。

2-3　初級市場

阿雞師手上的宏達電股票來自何處？難道是宏達電雇用全副武裝的運鈔車，跟買宏達電股票的投資人約在某處見面，然後以股票交換投資人手中的現金？當然不是，不管是第一次發行的「新鮮」股票或已在市場上流通的「老」股票，都有特定地方能夠買到。以投資學術語來說，前者叫做初級市場 (primary market)，而後者叫做次級市場 (secondary market)。

儘管宏達電是智慧型手機的領導品牌，對市場有深入認識，但王雪紅不見得熟悉股票市場的運作。不管是為擴充新廠而籌資的現金增資 (season equity offerings, SEOs) 或公司股票拿出部分股份來賣給社會大眾 (第一次) 的初次公開發行 (initial public offerings, IPOs)，都是委託投資銀行來處理。投資銀行能夠做的事情很多，包括證券承銷、企業購併與創業投資等。譬如，中國信託買賣宏達電股票的公開發行，這就是投資銀行扮演承銷商 (underwriters) 的角色。

證券承銷有三種方式。第一為確定包銷 (firm commitment underwriting)：投資銀行向發行公司買進股票，再賣給投資人。第二為餘額包銷 (stand-by underwriting)：若投資銀行未能在一定期間全部賣掉，承諾認購剩下的部分。第三為代銷 (best-offer underwriting)：投資銀行協助銷售證券無須承擔任何賣不掉的風險。除了股票之外，投資銀行也能從事債券的承銷。讓臺灣法人及散戶大虧 800 億元的連動債，正是投資銀行雷曼兄弟的傑作。

一個令人嘆為觀止的購併案例是，萬通銀行委託雷曼兄弟代為招親。一開始股價鎖定每股 10 元賣出，而當時萬通銀行的股價還在 8、9 元處徘徊。雷曼兄弟臺灣區董事長翁明正建議採公開招標方式，因為股市多頭復甦，中信金最終以每股 12.65 元，些微差距打敗建華金的 11.75 元，購併金額達 195.7 億元，大出股東意料。

決定承銷價格是初次公開發行過程中最艱辛的部分。為了吸引投資人購買並分享訊息，投資銀行通常會以低於市場行情的承銷價格銷售，一個最戲劇化的例子是 VA Linux 的承銷價格是每股 30 美元，當天的收盤價格狂漲至 239.25 美元，日報酬率高達 698%。在臺灣，由元大證券承銷的 iPad 概念股 TPK 宸鴻 (3673)，上市承銷價訂為每股 230 元，而當天的收盤價為 505 元，日報酬率也高達 119.56%。新上市上櫃公司不一定都會有蜜月行情。以 2011 年 12 月為例，新掛牌上市上櫃的共有 11 檔，其中有高達 8 檔跌破掛牌價，包括傳奇 (4994)、安心 (1259) 都可以賺超過一個以上的股本。原因很簡單，全球股市重挫，臺股更是慘跌，量能不足是主要原因。

臺灣證券交易所規定，承銷價格需參考該公司在興櫃市場掛牌之最近一個月內平均股價，並比較國際慣用之市場法、成本法及收益法。[8] 除了公開發行，公司也可採用私下募集 (private placement) 將股票賣給法人或

---

[8] 請見《臺灣證券交易所股份有限公司證券承銷商辦理股票初次申請上市案之評估查核程序》第 3 條。

有錢人。2011 年 1 月,第一銀行曾以每股新臺幣 25 元私募普通股,而私募對象是該公司的唯一股東——第一金控。理由則是強化資本結構和提升資本適足率。[9]

練習題 2-5 初次公開發行 (IPO)

請至臺灣證券交易所網站:https://www.twse.com.tw,下載上市公司月報之集中交易市場募集資金相關資訊。請問最近的新上市公司初次公開發行之公司名稱及承銷價各為何?

答:以 2018 年 8 月為例,科定,承銷價 = 60.32 元;南寶,承銷價 = 76.8 元。

2-3-1 次級市場

TPK 宸鴻的中籤率是 1.3%,也就是每 1,000 位投資人中,只有 13 位幸運兒。公開抽籤是臺灣投資人從初級市場買進股票的慣用方式。次級市場的買賣就簡單許多,只要開戶、下單、交割就能買到想要的股票。

在臺灣,投資人可以在三種不同的市場買賣股票:集中市場、櫃檯買賣市場與興櫃市場。上市、上櫃與興櫃間的關係好比 iPhone、三星與山寨智慧型手機的關係。同樣是賣手機,三樣產品的設計、品味與質感都不相同。光是 Siri (語音控制) 的功能,山寨 iPhone 就沒得比,更遑論觸控品質。同樣地,雖然都是公司,每家公司的經營規模不同,不可能把它們放在同一個市場買賣,所以有上市、上櫃的分別。發行集中市場是指上市股票在證券交易所以集中競價的方式買賣股票。[10] 公司必須符合上市標準,才可以在證券交易所上市。這些標準包括設立年限 (登記滿三年)、實收資本額 (新臺幣 6 億元以上)、獲利能力 (營業利益及稅前純益占實收資本額比率,最近兩個會計年度均達 6% 以上) 與股權分散 (記名股東人數在 1,000 人以上) 等。[11]

---

[9] 公開資訊觀測站闢有私募專區,詳列公開發行公司辦理私募有價證券的詳細資訊。
[10] 另外兩種方式是競價拍賣 (出價最高者先得標) 與詢價圈購 (先將 50% 的股票賣給參與詢價圈購的投資人)。
[11] 詳細標準請至臺灣證券交易所網站,查詢上市辦法之國內公司申請標準。

目前上市的證券有股票 (普通股、特別股)、臺灣存託憑證、認購 (售) 權證、債券、受益憑證、ETF 及受益證券。依據臺灣證券交易所的上市公司月報之上市證券概況，2018 年 10 月新上市公司家數有 3 家，上市公司總家數為 919 家，總市值達新臺幣 29 兆 5,296 億 3,600 萬元。在受益憑證部分，ETF 有 111 種、封閉式基金有 0 種、受益證券 6 種、認購權證 13,575 種、認售權證 3,318 種、臺灣存託憑證 17 種、累積上市公債有 122 種，金額是新臺幣 5 兆 6,403 億元，而可轉換公司債為 0 種。

有一些公司，雖然體質不錯，但所處產業可能風險較高，如高科技產業，或是企業不成熟，證券主管機關認為這些公司存在部分危險，而將它們列為上櫃公司，上櫃公司的股票在店頭市場 (即櫃檯買賣市場) 交易。公開發行公司的股票在店頭市場買賣，即稱為上櫃股票。公司上櫃申請的標準較上市申請寬鬆，這些標準包括設立年限 (登記滿兩年)、實收資本額 (新臺幣 5,000 萬元以上)、獲利能力 (稅前純益占股本最近兩個會計年度達 3% 以上) 與股權分散 (記名股東人數在 300 人以上) 等。[12]

目前，在櫃檯買賣的證券包括股票、公債、公司債、受益證券、ETF (指數股票型基金)、可轉債及國際債券等。交易方式則有兩種：傳統議價方式 (譬如，富邦證券的自營商向元大證券自營商，買進上櫃股票) 與電腦自動成交 (譬如，阿雞師買進康和證 1,000 股)。手續費是賣出價格的 1.425‰ 為上限，如果是議價方式就不收手續費。至於交易稅則與上市股票相同，為賣出價格的 3‰。

截至 2018 年 11 月為止，上櫃家數有 766 家，總市值達新臺幣 2 兆 8,176 億元。政府債券有 124 期 (淨額是新臺幣 5 兆 5,974 億元)、金融債券有 344 期 (淨額為新臺幣 8,989 億 3,100 萬元)、受益證券有 3 期 (淨額為新臺幣 41 億 6,300 萬元)、普通公司債有 537 期 (淨額為新臺幣 1 兆 8,190 億元)、外國債券有 30 期 (淨額為新臺幣 156 億元)、國際債券有 589 期 (淨值為新臺幣 1,586 億 1,500 萬元)，與認購 (售) 權證有 4,911 檔 (市值達新臺幣 7 億 8,500 萬元)。

---

[12] 有關上 (興) 櫃申請標準及流程，請見證券櫃檯買賣中心網站：https://www.otc.org.tw，發行人服務之股票上／興櫃辦法。

想要從股票獲取別人賺不到的利潤，未上市(櫃)股票是一個很好的管道。鼎王麻辣鍋起源於臺中，每年征服百萬名饕客的胃，包括周杰倫、劉德華、五月天、華裔小提琴家陳美都是座上嘉賓。在一個偶然的機會，創辦人陳世明興起成立餐飲集團念頭，而有籌資想法。俗話說得好：「唱戲的腔，師傅的湯。」阿雞師明白湯底就是鼎王的致勝武器，投資鼎王股票將可獲利數倍，問題是跟不知名的未上市盤商交易，能買得安心嗎？

為了防止買方買到假股票，或賣方賣了股票卻拿不到錢，政府在 2002 年 1 月 2 日建立興櫃市場，讓未上市股票在公平可信賴的平台上交易，以保障買賣雙方的權益。

依據《財團法人中華民國證券櫃檯買賣中心證券商營業處所買賣興櫃股票審查準則》第 6 條，公開發行公司經兩家以上證券商推薦就可申請登錄興櫃，至於申請上市(櫃)所需的實收資本額、獲利能力、設立年限及股權分散，興櫃股票都不需要。換句話說，即使公司半年前成立，且虧損連連，都可以在興櫃市場籌資。在興櫃股票市場交易滿六個月後，就能夠申請上市或上櫃。[13]

截至 2018 年 1 月 8 日為止，登錄興櫃家數共 274 家，總資本額為新臺幣 2,328 億 9,000 萬元，而總市值為新臺幣 7 億 8,910 萬元。

2-3-2　主要的國際交易所

由奧斯卡最佳男主角麥克‧道格拉斯主演的《華爾街》(1987 年) 與《華爾街：金錢萬歲》(2010 年) 是描述股票經紀人利用內幕消息在股市 (紐約證券交易所) 賺取暴利。這是一個 0.1% 富人占全球一半資本所得的國度。

影片中道格拉斯回憶自己賺到第一筆 80 萬美元時，說那種感覺「比性還棒」。影片都說明了「貪婪是好的」(Greed is good)，證券交易證明資本主義是最好的。

片中提到的紐約證券交易所 (New York Stock Exchange, NYSE) 位於華爾街與百老匯街交叉口，是全美最大的證券交易所。全球百大公司中有

---

[13] 同註 12。

70 家公司選擇在 NYSE 交易,每天交易額約 1,530 億美元,總市值達 15.3 兆美元 (比倫敦證交所、東京證交所、那斯達克、瑞士證交所加總還大)。

想要買賣 NYSE 股票的投資人可透過經紀商下單。在 2006 年之前,經紀商必須向 NYSE 購買會員席次才有資格交易。2007 年 4 月 4 日,紐約證券交易所從一非營利機構,轉而與泛歐股票交易所 (Euronext) 合併成為 NYSE Euronext,它是第一家聯合跨境交易所,將之前的荷蘭、法國、比利時和葡萄牙交易所整合為一。會員席次也由每年發給的執照取代。

紐約證券交易所與臺灣證券交易所都是集中市場型態,另一個著名的那斯達克市場與臺灣的櫃檯買賣中心則為店頭市場型態。那斯達克 (NASDAQ) 全名是全國證券交易協會自動報價系統 (National Association of Securities Dealers Automated Quotations) 創立於 1971 年,是一種證券自營商透過電腦網路交易的市場。許多耳熟能詳的公司,包括蘋果、微軟、溫蒂漢堡,甚至連芝加哥期權交易所控股公司等,約有 3,200 家公司選擇在那斯達克掛牌。圖 2-3 與圖 2-4 分別是蘋果公司與亞馬遜公司在 2017 年至 2018 年的股價走勢。

在美國,很多科技股偏好在那斯達克掛牌,譬如,硬碟製造商希捷 (Segate) 在 2008 年 9 月 1 日宣布該公司股票從 NYSE 轉移至那斯達克全球

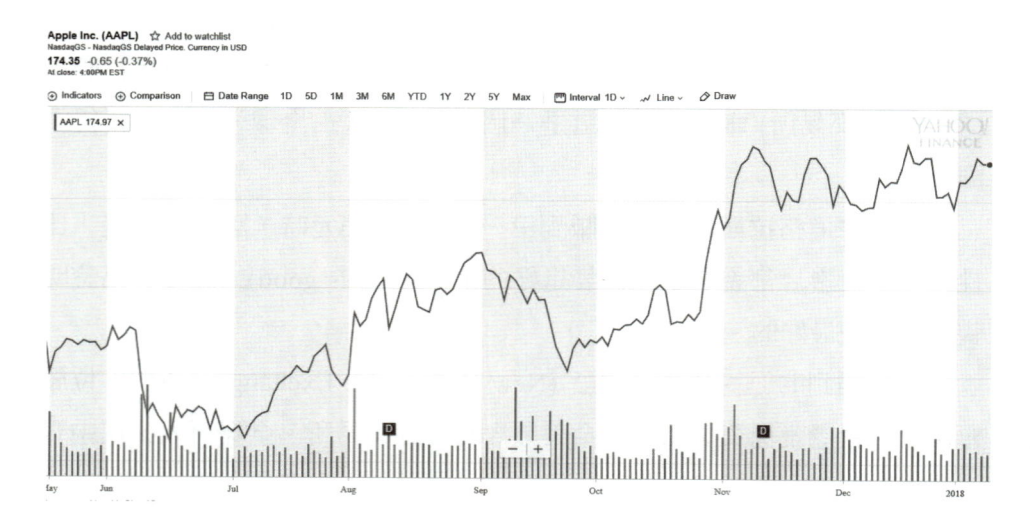

圖 2-3　2017 年蘋果公司股價 (與交易量) 走勢

圖 2-4　亞馬遜公司股價 (與交易量) 走勢

精選市場 (NASDAQ Global Select Market) 掛牌交易。[14] 全球最大的社群網站臉書 (Facebook) (NASDAQ GS: FB)，也在 2012 年 5 月 17 日開始在那斯達克以每股 38 美元開始買賣，第一天即募得資金 160 億美元。2007 年 5 月 25 日，那斯達克同意以 37 億美元收購 OMX，而在 2008 年 2 月 27 日兩家公司合併完成，新公司名為 NASDAQ OMX。

2-3-3　東京證券交易所

《讀賣新聞》在 2011 年 11 月 19 日報導，日本的東京證券交易所和大阪證券交易所同意在 2013 年 1 月 1 日合併，從事現金股票、衍生性金融商品、清算業務和自律監管四項業務。新的證交所名稱為「日本交易所集團」，上市股票市值達 280 兆日圓，成為世界第二大證交所。

東京證券交易所 (Tokyo Stock Exchange)，簡稱東證，在 1949 年 4 月 1 日創立。[15] 就像是紐約證券交易所，東證一開始採會員制。在 2001 年 11 月 1 日進行組織調整，變更成股份公司。東證有三個股票市場：

---

[14] 那斯達克有三種市場：全球精選市場 (Global Select Market)、全球市場 (Global Market) 與資本市場 (Capital Market)，有關三個市場的上市申請標準及相關費用，請見 https://www.nasdaq.com/about/nasdaq-listing.reg-fees.pdf。

[15] 請至東京證交所網站：https://www.tse.or.jp 中文網頁，查看相關說明。

市場一部 (藍籌股)、市場二部 (中小型企業) 與在 1999 年設立的保姆部 (Mothers，成長型企業)，如圖 2-5 所示。保姆部以具有高度成長潛力的企業為上市對象，截至 2010 年年底，共有 258 家公司在保姆部掛牌，其中有 36 家企業轉至市場一部，另有 1 家企業轉至市場二部。

東京證券交易所位於東京都中央區日本橋兜町，其與美國華爾街和英國倫敦城相同，為日本證券交易和證券業的代名詞。只要事先預約，任何人均可自由進入參觀，除了在資訊平台查閱上市公司資訊外，還可至股市知識體驗區親身感受。

2-3-4　倫敦證券交易所

倫敦證券交易所 (London Stock Exchange, LSE)，簡稱倫敦證交所，是世界四大證券交易所之一。作為世界上最國際化的金融中心，倫敦不僅是歐洲債券及外匯交易的領先者，還受理超過三分之二的國際股票承銷業務，有超過 70 個國家 3,000 家外國公司在倫敦證交所掛牌交易，這點與東京證交所主要以日本企業為主迥然不同。

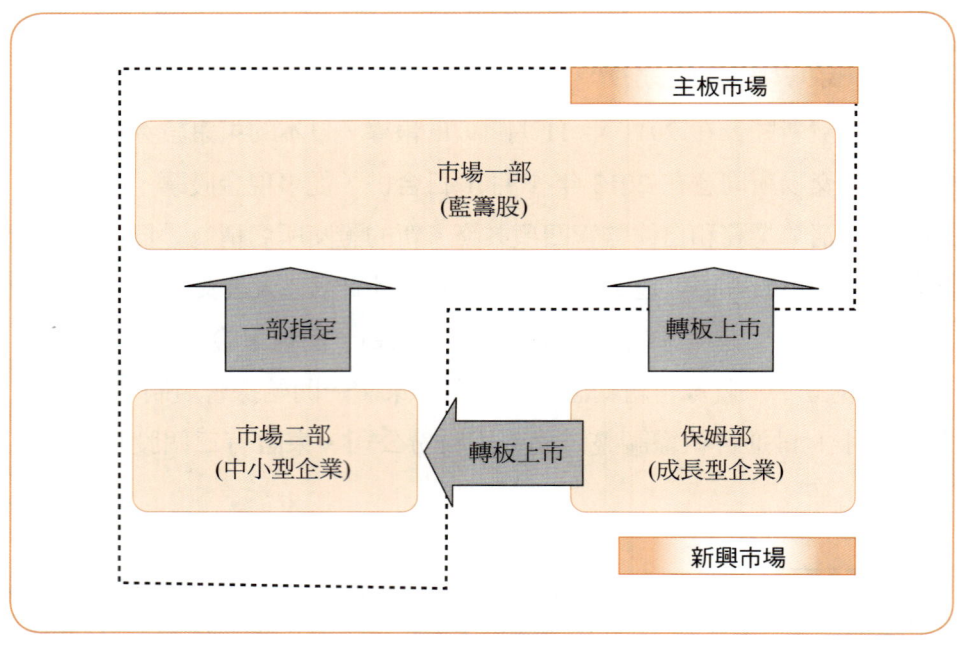

圖 2-5　東京證券交易所的市場結構

倫敦證交所的前身是 17 世紀倫敦的咖啡屋，其為全球最古老的證券交易所之一。投資人在倫敦證交所買賣股票，可透過電子交易系統 SETS (Stock Exchange Electronic Trading System)。所有的買單與賣單透過網路撮合自動成交。2007 年倫敦證券交易所與義大利證券交易所 (Borsa Italiana) 合併成為倫敦證券交易所集團。依據倫敦證交所集團 2014 年年報的報導，掛牌交易的公司有 2,740 家，平均每日交易額為 43 億英鎊。而在 2013 年有 188 家公司新上市 (其中國外公司有 34 家)，籌資金額是 340 億英鎊。

2-3-5 股價指數

2017 年 12 月 29 日《聯合晚報》報導，台股封關 2017 年漲幅逾 14%，表現最好的類股像是上市造紙類股漲 59.88%，而漲幅第一名的股票旺宏，漲幅超過 8 倍，達 824.41%。股價指數上漲 14%，是否意味著阿雞師、詹姆仕、莎莎、浩角翔起等人買的股票都漲了 14%？

2-3-6 臺灣證券交易所發行量加權股價指數

臺灣證券交易所編製的發行量加權股價指數 (TAIEX)，簡稱加權股價指數，係反映所有掛牌普通股股價的變動情形。其計算公式為：

$$\text{TAIEX} = (當期總發行市值／基值) \times 100$$

上式中的基值為基期證交所設定為民國 55 年的總發行市值。[16] 讓我們以表 2-1 來說明加權股價指數的計算。

首先，為了簡化分析，在步驟一假設集中市場只有四支股票：台積電、統一超、裕隆和鴻海，其發行量分別為 5,000 萬股、2,000 萬股、6,000 萬股和 2,000 萬股，且在各年都未變動。其次在步驟二，我們找出各個股票在 2017 年、2018 年與 2019 年的平均成交價格。步驟三利用各年的股價與發行股數相乘，而得到總發行市值。最後，步驟四選定一年為

---

[16] 基值＝民國 55 年各股平均市價 × 民國 55 年各股發行量加權指數，可寫成：

$$\text{TAIEX} = (\sum_{i=1}^{n} P_{it} Q_{it} / \sum_{i=1}^{n} P_{io} Q_{it}) \times 100$$

P_{io} 為 (i 股) 基期股價、P_{it} 為 (i 股) 當期股價、Q_{it} (i 股) 在 t 期的發行股數。

> 表 2-1　臺灣加權股價指數的計算

步驟一：找出股票的當期發行量。			
台積電＝ 5,000 萬股		統一超＝ 2,000 萬股	
裕隆＝ 6,000 萬股		鴻海＝ 2,000 萬股	

步驟二：找出各年股票的平均成交價格。

年份	台積電	統一超	裕隆	鴻海
2017	$50	$100	$60	$ 80
2018	80	150	80	60
2019	70	200	80	100

步驟三：計算各年的總發行市值。

2017	($50×5) + ($100×2) + ($60×6) + ($80×2) = $970
2018	($80×5) + ($150×2) + ($80×6) + ($60×2) = $1,300
2019	($70×5) + ($200×2) + ($80×6) + ($100×2) = $1,430

步驟四：選定一年為基期 (2012 年) 並計算加權股價指數。

2017	($970/$970)×100 = 100
2018	($1,300/$970)×100 = 134.02
2019	($1,430/$970)×100 = 147.42

基期，如 2017 年，並以該年市值為分母，各年的市值為分子來計算加權股價指數。[17]

　　加權股價指數的特色是股本較大的股票對指數的影響大於股本小的股票。有時候，市值較大如台積電、中鋼、台塑等大型股股價下跌，而大多數小型股，如晶華飯店、黑松股價上漲時，大盤指數反而呈現下挫現象。除了發行量加權股價指數外，證交所還編製產業分類及未含金融、未含電子的股價指數。

　　道瓊工業指數 (Dow Jones Industrial Average, DJIA) 是美國 30 家藍籌股，包括紐約證券交易所掛牌的可口可樂、迪士尼、麥當勞、沃爾瑪等，以及那斯達克掛牌的英特爾和微軟公司的股價平均。道瓊衡量 30 支股票所構成投資組合的每股報酬，因此道瓊工業指數是一種**價格加權指數** (price-weighted index) 的概念。

　　價格加權平均是將各種股票價格加總，再除以一個「除數」(divisor) 而得。本質上，DJIA 是一種簡單算術平均的概念：

---

[17] 股票除權、增資或異動時，當期總發行市值或各股股價都會變動，因此調整基值是必要的。有關基值的調整時機及調整公式，請參閱臺灣證券交易所網站之《臺灣證券交易所發行量加權股價指數編製要點》(https://www.twse.com.tw)。

表 2-2　價格加權指數的計算

步驟一：找出公司在各個年份的股價和股數。

年份	麥當勞股價	麥當勞股數 (百萬)	可口可樂股價	可口可樂股數 (百萬)
2017	$50	20	$60	1
2018	40	20	80	1

步驟二：計算各公司市值與投資組合市值。

年份	麥當勞	可口可樂	投資組合
2017	$50×20 = $1,000	$60×1 = $60	$1,000 + $60 = $1,060
2018	$40×20 = $800	$80×1 = $80	$800 + $80 = $880

步驟三：計算價格加權指數。

2017　(50 + 60)/2 = 55
2018　(40 + 80)/2 = 60

道瓊工業指數＝30 種股票的當期價格總和／除數

日經 225 與紐約證交所科技 100 指數都是價格加權指數的例子。讓我們以表 2-2 來說明道瓊工業指數的計算。

為簡化分析，假設道瓊工業指數只有兩種股票：麥當勞與可口可樂，麥當勞每股價格由期初 (2017 年) 的 50 元下跌至期末 (2018 年) 的 40 元，而可口可樂每股價格則由期初 (2017 年) 的 60 元上漲至期末 (2018 年) 的 80 元。步驟三指出 2017 年與 2018 年的指數分別為 55 和 60，指數的報酬率等於 9.09% (＝5/55)。

2018 年 1 月 8 日的道瓊工業指數收在 25,283 點，難道 30 個公司的股價一飛沖天嗎？當然不是，答案很簡單：調整除數。只要遇到股票分割 (譬如，美國菸草公司在 1911 年因違反反托辣斯法而被迫分割) 或原有公司被取代 (譬如，思科系統與旅行家集團在 2009 年取代通用汽車和花旗集團)，除數就必須調整。表 2-3 說明股票分割後的價格加權指數。

在表 2-3 中，可口可樂公司經歷股票分割，每股股價由 60 元減為 30 元，流通在外股數由 100 萬股增至 200 萬股。儘管股價減半，總市值並未改變。為了讓分割後平均股價不變，步驟三顯示除數由原來的 2.0 下跌 1.45。最後，步驟四計算的價格加權平均指數均為 55，也就是說指數的報酬率為 0。股票分割後，股價指數報酬下跌的原因是可口可樂相對麥當勞股價下跌，壓縮指數表現。由於 DJIA 採股價加權，並未考慮市值，計算出來數據可能失真。

> 表 2-3　價格加權股價指數的計算──股票分割後

步驟一：找出公司在各個年份的股價和股數。				
年份	麥當勞股價	麥當勞股數 (百萬)	可口可樂股價	可口可樂股數 (百萬)
2017	$50	20	$30	2
2018	40	20	40	2

步驟二：計算各公司市值與投資組合市值。			
年份	麥當勞	可口可樂	投資組合
2017	$50×20 = $1,000	$30×2 = $60	$1,000 + $60 = $1,060
2018	$40×20 = $800	$40×2 = $80	$800 + $80 = $880

步驟三：計算新的除數 (d)。

股票分割前的 DIJA = (50 + 60)/2 = 55
股票分割後的除數 (50 + 30)/d = 55
d = 1.45

步驟四：計算價格加權指數。

2017　(50 + 30)/1.45 = 55
2018　(40 + 40)/1.45 = 55

2-3-7　標準普爾 500 指數

標準普爾 500 指數 (Standard & Poor's Composite 500, S&P 500) 因彌補道瓊工業指數的不足，而採 500 家公司股票計算。此外，為考量市值的影響，S&P 500 是以**市值加權指數** (market value-weighted index) 的概念來計算股價指數。

市值加權指數係計算指數內各公司今天的總市值除以前一個交易日的總市值。

$$\text{市值加權指數} = (\text{當期總市值} / \text{基期總市值}) \times 100$$
$$= (\Sigma P_{it} Q_{it} / \Sigma P_{io} Q_{io}) \times 100$$

德國 DAX 指數與香港恆生指數均為市值加權指數的範例。讓我們以表 2-2 來說明市值加權指數的計算。2017 年 (基期) 與 2018 年 (當期) 總市值分別為 1,060 百萬元與 880 百萬元，2018 年的指數為 83.02 [= 100×($880 百萬/$1,060 百萬)]，2017 年的指數則為 100 [= 100×($1,060 百萬/$1,060 百萬)]。因此，指數下跌意味著以兩檔股票市值為權值的投資組合報酬下跌 17%。不同於價格加權，因為麥當勞的權值 (股數) 較高，麥當勞股價下跌，自然使投資組合報酬下滑。值得注意的是，股票分割並

不會影響市值加權指數，這可從表 2-3 看出端倪。

標準普爾 500 指數自 1957 年開始，涵蓋的公司都來自美國主要交易所，如紐約證券交易所、那斯達克等。500 家公司的市場資產總額超過 2.2 兆美元。[18] S&P 500 的十大市值公司包括蘋果 (科技)、微軟 (科技)、亞馬遜 (非必需性消費)、臉書 (科技)、波克夏 (金融)、嬌生 (醫療保健)、摩根大通 (金融)、埃克森美孚 (能源)、字母控股公司-Class C (科技)、字母控股公司-Class A (科技)。括弧內代表部門別。它的基期是 1941 年至 1942 年，基期指數則訂為 10。至於各產業占標普 500 的比重，請見圖 2-6。

市值加權指數與價格加權指數的特性是，兩者皆能反映簡單投資組合策略的報酬。倘若阿雞師依循各公司的指數權重買股票，市值加權指數將能夠完全反映投資組合報酬。

現在的投資人能夠輕易地購買 指數股票型基金 (exchange-traded fund, ETF)，如臺灣 50 指數 ETF。臺灣 50 ETF 是選取集中市場市值最大的 50 家。買賣臺灣 50 ETF 等於投資了一個報酬率涵蓋 50 家上市公司而風險分散之投資組合，單筆投資即可達到多元化投資，節省大量的時間與金錢。

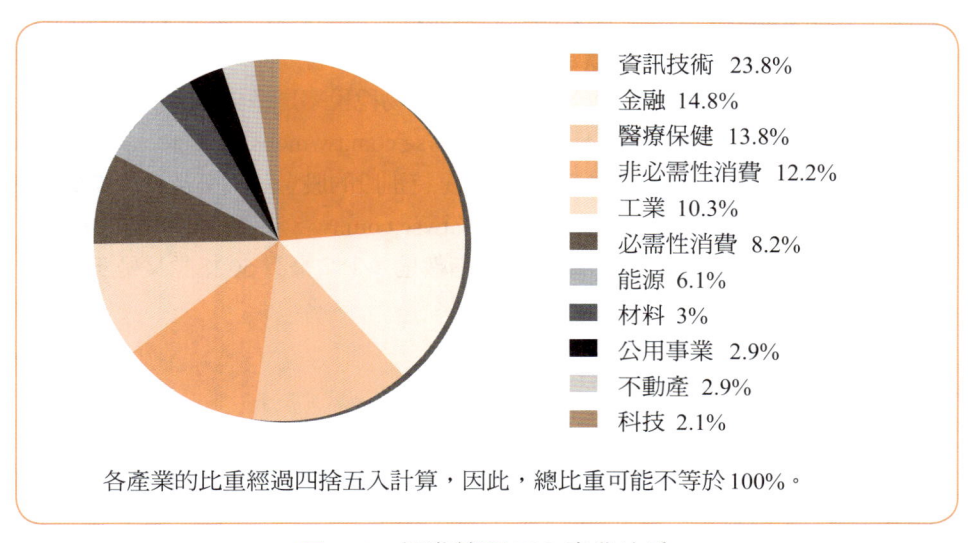

資訊技術　23.8%
金融　14.8%
醫療保健　13.8%
非必需性消費　12.2%
工業　10.3%
必需性消費　8.2%
能源　6.1%
材料　3%
公用事業　2.9%
不動產　2.9%
科技　2.1%

各產業的比重經過四捨五入計算，因此，總比重可能不等於 100%。

圖 2-6　標準普爾 500 產業比重

---

18 根據 2018 年 1 月 8 日的資料，總共有 500 家成份股。

習 題

問答題

1. 台壽保 (2833) 在 2010 年 7 月 28 日通過現金增資發行甲種特別股，請問發行價格是多少？發行股數為何？
2. 何謂臺灣存託憑證？
3. 期初保證金 (initial margin) 是投資者以自有資金買進證券的部分金額。假設安心亞以 4 萬元買進一張價值 8 萬元的台塑股票 (1,000 股，每股 80 元)，請問期初保證金比率 (initial percentage margin) 是多少？融資比率是多少？
4. 若維持保證金比率是 30%，且融資比率為 40%，九把刀以每股 100 元融資買進機殼大廠——可成 (2474) 的股票一張，請問股價跌破多少時，九把刀會接到融資追繳令？

網路習題

1. 請根據《證券商辦理有價證券買賣融資融券業務操作辦法》，查詢融資自備款差額與融券保證金差額的公式為何？
2. 假設莎莎以每股 50 元融券放空 1,000 股的國賓飯店，後來因世大運商機，國賓飯店股價漲至 80 元，請問她需補繳多少的融券保證金差額？
3. 請問台積電和日月光 ADR 最近一次的價格及成交量為何？
4. 請至公開資訊觀測站，查詢臺灣存託憑證收盤價彙總表。請問泰金寶和中國旺旺之 TDR 收盤價及折溢價為何？
5. 請至國稅局網站，查詢買賣公司債的證券交易稅稅率是多少？
6. 請至公開資訊觀測站網站：https://mops.twse.com.tw/mops/web/index 的私募專區，下載國泰產險在民國 106 年 1 月私募特別股的股息年利率及發行價格。
7. 請至臺灣證券交易所網站：https://www.twse.com.tw，查詢最近一個月的發行量加權股價指數是多少？臺灣 50 報酬指數是多少？臺灣 50 指數又是多少？

金融商品市場：債券市場、貨幣市場與衍生性金融商品市場

「如果吳宇森計畫籌拍《赤壁：火燒連環船》電影，歐洲各國應該去軋一角，德國要去，東歐各國也應該去跑龍套。」瑞士信貸董事總經理陶冬在第 1094 期《今周刊》的專欄表示：「歐債之火由希臘燒到其它歐豬四國，再蔓延到法、荷、奧等。2011 年 12 月初，德國國債拍賣，也因信心不足，而未全部賣掉。」

歐債蔓延的管道之一是舉債成本。不管經濟情勢有多好，只要投資人信心不足，該國的信用違約交換 (credit default swap, CDS) 便巨幅上升，而令債務負擔惡化，投資人更加地盲從 (殺出)，利率再度攀升，形成惡性循環，直至整個國家的債務結構無法持續。

雪上加霜的是東歐各國，它們不受歐元區的保護，卻與歐元區國家有密不可分的經濟聯繫。一旦信心危機觸發，加上經濟基礎薄弱，衰落幅度比已開發國家更為嚴重，但回彈速度也快很多，可是後泡沫時期的東歐經濟體卻打破這個慣例。包括愛沙尼亞、立陶宛、匈牙利等東歐國家，在海嘯初期 GDP 衰落幅度達 20%，危機後的兩年也只勉強回到正值，2010 年的 GDP 季成長率只有 2%。

本章的第一個部分即在介紹債券市場，包括公債與公司債等，第二個部分探討貨幣市場，其為短期的債務證券。衍生性金融商品為本章的最後一個重點。

3-1 債券市場

公債是一個好的投資工具嗎？圖 3-1 描繪不同投資工具的長期報酬率，倘若你於 1926 年投資 1 美元在四種不同的金融工具：大型股 (標準普爾 500 掛牌的公司股票)、小型股 (紐約證交所前 20% 小型公司股票)、長期政府公債 (二十年期政府債券) 及國庫券 (三十天期國庫券)。

各種金融商品的報酬率並未經通貨膨脹或稅負調整，亦即，它們是名目、稅前報酬。通貨膨脹率是以消費者物價指數 (consumer price index, CPI) 來衡量。

從圖 3-1 來看，小型股的投資報酬最好，即使經歷經濟大恐慌與金融海嘯，每 1 美元的投資經過八十八年，仍令人不可思議地成長到 26,641 美元 (年報酬率為 12.3%)。第二名是大型股，投資 1 美元可成長至 4,677

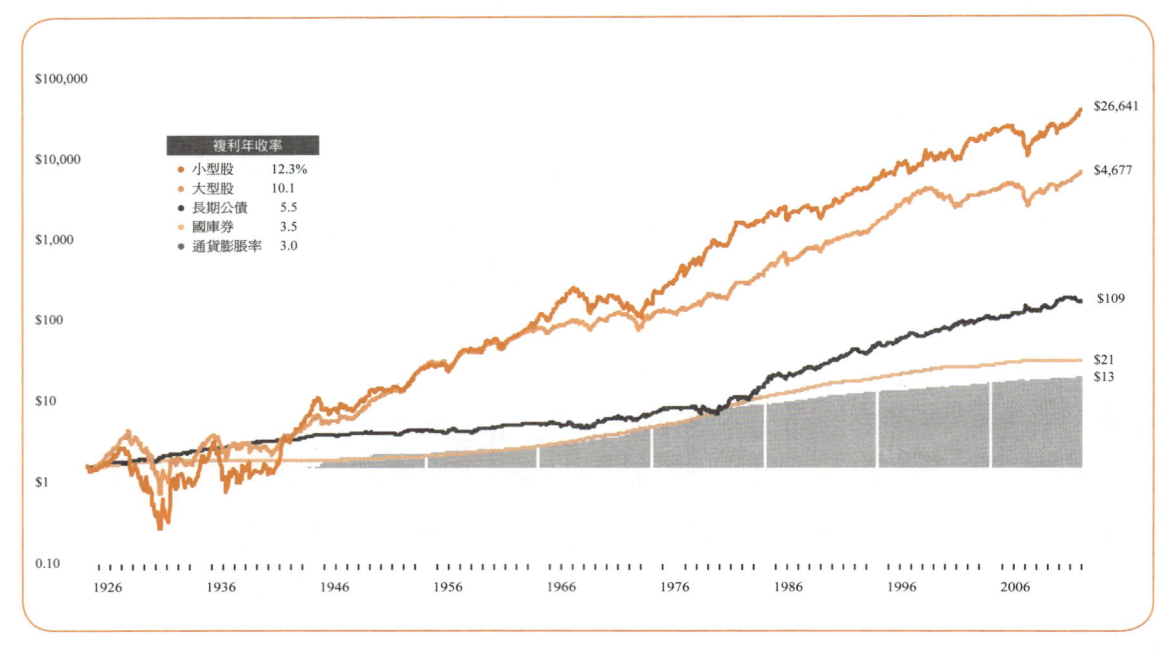

圖 3-1　不同金融商品的報酬率 (1926 年至 2013 年)

美元 (年報酬率為 10.1%)。撇開股票不談，用 1 美元買公債，在八十八年期間可回收 109 美元 (年報酬率為 5.5%)。最後一名是國庫券，八十八年僅成長 21 倍 (年報酬率為 3.5%)。

儘管圖 3-1 並未實際列出各種金融商品的波動程度，國庫券的走勢最為平滑，而小型股的走勢波動較為劇烈。想要在金融市場獲取較高的報酬，就必須承擔較高的風險——天下沒有白吃的午餐。

練習題 3-1 買賣債券

買賣債券是否課徵證券交易所得稅？是否還有其它稅負或費用？

答：免徵證券交易所得稅、營業稅、公司債與金融債之證券交易稅亦自 2002 年 2 月 1 日起取消；而與債券自營商交易均免收手續費。

3-1-1 債券特性

債券是發行者承諾在一段期間內支付金錢給持有者的證券。簡單地說，證券就是借據。如果莎莎向阿雞師借 10 萬元開設精品服飾店，莎莎會寫一張借據，上面載明償還日期 (六個月或兩年)、利息 (年利率 2%) 以及償還金額 (本金)。舉凡臺北市政府舉辦 2017 年世大運、中央政府蓋高速公路或台積電蓋 12 吋晶圓廠，都可以在債券市場發行債券籌資。乍看之下，債券市場相當複雜，像是公債、公司債、國際債券或巨災債券，交易合約內容密密麻麻，實在令人眼花撩亂，不過基本特性卻很簡單。

第一個特性是到期日。有些債券到期日很長，如十年、二十年。有些債券到期日卻很短，譬如，三十天、三個月。在臺灣，到期日在一年期以內的債券，稱為短期票券。短期票券是在貨幣市場買賣。另一方面，到期日在一年期以上的交易場所，稱為資本市場。交易的工具包括公債、公司債、國際債券、地方政府公債與國際債券等。

債券市場的第二個重要特性是信用風險——借款者無法償還部分利息或本金的機率。這種無法支付的現象稱為 違約 (default)。當買債券的投資人感受到違約機率升高時，他們會要求較高的利率來補償風險；換句話說，債券的舉債成本上升。

美聯社評選 2011 年全球頭條財經新聞的第一條是歐債危機。已經持續十八個月的歐洲主權債務危機，無疑是貫穿一整年全球經濟動亂之源，金融市場隨著危機升高或出現轉圜而上下起伏。歐債危機的成因，主要是各成員遵守財政紀律的程度不一，造成經濟弱勢國家過度舉債，卻缺乏持續的經濟成長，陷入以債養債的局面。以希臘為例，希臘國營鐵路的收入是 1 億歐元，薪資支出卻高達 4 億歐元。希臘的醫生中有三分之二的年收入申報低於 1 萬 2,000 歐元以下，「窮」到免繳稅。

如果說德國人是忙於工作，貯存未來的「螞蟻」，那希臘人就像《伊索寓言》中享受生活，活在當下的「蟋蟀」。養不起的政府蟋蟀大軍加上效率不彰、外資不來和出口不振，悠閒的表面再也藏不住政府瀕臨破產、經濟凋敝的真相。

相對希臘而言，一般相信美國政府的信用風險較低，政府債券支付的利息也較低。同樣地，財務狀況不佳的民間企業也可藉由發行所謂的垃圾債券 (junk bonds) 來籌措所需資金。垃圾債券的出現是信評機構調降等級。譬如，標準普爾在 2005 年 5 月 5 日宣布，美國第一和第二大汽車公司：通用和福特的公司債債信評等，降到垃圾債券等級 (BBB 等級以下)。這使得兩家公司的長期公債價格暴跌，融資成本大幅提高。另一個著名的例子是，美國總統、前國家廣播公司 (NBC) 電視實境秀《誰是接班人》主持人川普 (Donald Trump) 曾經在 1980 年代發行高利息的垃圾債券來支付賭場營運。

垃圾債券的違約風險高，債券利息也相對較高，市場上有人稱之為高收益債券。投資垃圾債券與投資股票相同，都需考量報酬與風險承受程度。以進行合理價格的計算。儘管信用評等不佳，股神巴菲特認為只要經過仔細篩選，仍可找到不錯的投資標的。

面對各式各樣的債券，投資人可藉由一些信用評等機構，如標準普爾、穆迪或惠譽國際提供的債信評等來判斷是否購買該債券。臺灣的信用評等機構為中華信用評等公司，其大股東為美商標準普爾國際評等公司。在實務運作上，這些信評機構依據政府或公司的財務狀況，而以英文字母區分公司債與公債的信用風險。信用風險極低、債信品質極佳的最高等級債券，穆迪以 Aaa，標準普爾及惠譽國際則以 AAA 來表示。

那些被惠譽國際與標準普爾評為 BBB 或以上等級的債券，可視為<u>投資等級債券</u> (investment grade bonds)，而那些低於 BBB 等級之債券，則歸類為<u>投機等級</u> (speculative grade) 或垃圾債券。

練習題 3-2　信用評等

請至中華信用評等公司網站：https://www.taiwanratings.com，查詢信義房屋、台灣電力公司的評等為何。

答：

公司	評等	展望
信義房屋	twA	穩定
台電	twAAA	穩定

除了債券以外，信評機構也會針對公司與國家進行信用評等。譬如，因為獲利能力低於預期且流動性下降，中華信評在 2011 年 12 月 27 日，將奇美電子的長期企業信用評等的評等展望由「穩定」調為「負向」，並確認該公司的長期與短期信用評等分別為「twBBB」與「twA－3」。2011 年 8 月 25 日，穆迪信用評等公司宣布維持我國主權信用評等、本幣與外幣之政府債券評等、國家評等上限及銀行存款評等上限均為「Aa3」，展望則為「穩定」。這與日本是同一個等級。

債券市場的第三個重要特性是稅負處理——稅法對債券利息所得的規定。在美國，州政府與地方政府發行的債券稱為<u>地方政府債券</u> (municipal bonds)，債券擁有者不需要支付聯邦利息所得稅。因此，地方政府債券的利率通常低於公司或聯邦政府發行的債券。臺灣自 2007 年元旦起，個人參與投資政府公債，公債利息按 10% 稅率分離課稅，不再合併個人綜合所得總額計稅，但亦無 27 萬元利息免稅優惠。

3-1-2　債券種類

債券是一種固定收益證券。固定收益來自於債券的票面利率。在臺灣，<u>票息</u> (coupon) 是每年一付。譬如，中央政府第 103-9 期甲 A 券 (2014 年 6 月 27 日發行)，面額 10 萬元，票面利率固定為 1.125%，每年付息一次，也就是每年的 6 月 27 日會付給債券持有人利息新臺幣 1,125 元。在

美國,票息是每半年付一次。債券市場最主要的債券有公債 (中央政府公債與地方政府公債)、公司債與國際債券。

中央 (聯邦) 政府公債

過完農曆年,莎莎拿到紅包後決定做財富規劃。匯豐銀行的私人理財顧問提供莎莎兩個選擇:

年 度	股票投資 (%)	債券投資 (%)
1	8	4
2	15	4
3	−10	4
4	8	4
5	−4	4
6	6	4
7	25	4
8	2	4
9	−15	4
10	4	4

請先不要使用計算機,股票投資有三年報酬率是負的,最大跌幅是年度 −15%,最高是 25%。而債券投資每年都一樣是 4%,哪一個投資較佳?答案是債券投資。有時候穩定的報酬是最有力的投資。

根據財政部《中央政府建設公債發行條例》規定,公債 (或央債) 分為甲、乙兩類。甲類指支應非自償比例部分之建設基金,其還本付息財源,由財政部編列預算償付。譬如,103 年度共計發行 16 次公債,全部都為甲類公債,發行期限訂為五年、十年、二十年和三十年。目的是支應總預算、特別預算 (提供建設財源),或加強債務管理 (償還到期債務)。

乙類指支應自償比例部分之建設基金,其還本利息財源,由各建設主管機關成立之附屬單位預算特種基金編列償付。為配合交通部交通作業基金需求,102 年度 3 月發行 1 期二十年期乙類公債。臺灣曾在民國 60 年間因籌措十大建設基金而先後發行高速公路建設公債,總額約 15 億元。民國 70 年間為興建北部第二高速公路,再發行乙類建設公債,總額接近 70 億元。

一般來說,公債發行總額的一部分 (譬如,104 甲 3 發行數額新臺幣

400 億元中的 8 億元) 委託郵局售予小額投資人，最低登記金額為新臺幣 10 萬元，並以 10 萬元為累計單位。現在的公債發行都是登記形式，也就是清算銀行 (如臺灣銀行) 以電腦登記相關資料，並發給公債存摺。其本金和利息在每期公債到期日及付息日，由清算銀行主動撥入投資人銀行存款帳戶。[1] 除了發行 (初級) 市場，投資人也可向債券自營商 (店頭市場) 買賣公債或公司債。櫃檯買賣中心每日彙整債券自營商日報的資訊，並於網站公告相關的行情表。

股市一定比債市表現亮麗嗎？

根據美銀美林公司編纂的債券市場指數，美國公債 2011 年的投資報酬率是 9.6%，比起美股的幾無斬獲 (標準普爾以平盤作收)，表現可說相當亮麗。全球政府公債平均報酬率也有 6.03%。彭博資訊與歐洲金融分析師協會聯合會 (EFFAS) 統計顯示，英國公債平均報酬率高達 17%，在其追蹤 26 個公債市場中奪冠，創下自 1988 年來最高。

至於投資級公司債報酬率為 5.02%，垃圾債券報酬率也有 3.04%。2011 年全球股市市值蒸發 6.3 兆美元。中國上證指數重挫 22%，印度 Sensex 指數暴跌 24%，MSCI 亞太指數一年來下跌 23.8%，市值銳減 1.58 兆美元。

美國政府藉由銷售**中期政府公債** (treasury notes) 和**長期政府公債** (treasury bonds) 來籌資。中期政府公債的年限日為十年或十年以下，而長期政府公債的年限則為十年到三十年。不像臺灣的公債，美國中期與長期政府公債每半年付息一次。由於在電腦交易前，投資人必須剪下債券所附的票息來領取利息，債券利息因此轉為**票面利率** (coupon interest)。目前所有新發行的長期政府公債都沒有實體憑證，一切付息及還本都以電腦進行。

表 3-1 為取自美國財政部最新的公債拍賣資訊。以 2014 年 10 月 9 日發行之 30 年期公債為例。票面利率為 $3\frac{1}{8}$%，代表每 1,000 美元面值的公債，每年支付的票息為 31.25 美元，而每半年的票息是 15.625 美元。公債

---

[1] 中央公債交易商與清算銀行名單可至財政部國庫署網站：https://www.nta.gov.tw，查詢公債發行公告。

表 3-1　美國公債的拍賣資訊

證券	期間	類型	拍賣日	到期日	利率 (%)	收益率 (%)	CUSIP
30 年		BOND	12-11-2014	11-15-2044	3	3.045	912810RJ9
29 年	10-MONTH	BOND	10-09-2014	08-15-2044	$3\frac{1}{8}$	3.040	912810RH3
29 年	11-MONTH	BOND	09-11-2014	08-15-2044	$3\frac{1}{8}$	3.222	912810RH3
30 年		BOND	08-14-2014	08-15-2044	$3\frac{1}{8}$	3.209	912810RH3
29 年	10-MONTH	BOND	07-10-2014	05-15-2044	$3\frac{3}{8}$	3.322	912810RG5
30 年		BOND	05-08-2014	05-15-2044	$3\frac{3}{8}$	3.366	912810RG5

價格是 100.986092 美元，意味三十年期公債的價格是 1,009.86092 美元。[2]

地方政府債券

　　地方政府債券 (municipal bonds，又稱為 munis) 是州與地方政府為籌資興建醫院、學校、大眾運輸、自來水和電力等設施所發行的債券。譬如，奧克拉荷馬州的首府圖沙 (Tulsa) 為了要推動住宅發展計畫而發行 1,100 萬美元的市政債券。一般的程序是地方政府發行債券，民眾或機構法人買進債券，然後地方政府用賣債券的錢貸放給建設公司。建設公司蓋好房子，賣掉後的收入用來償還這筆貸款。

　　地方政府債券主要分成兩種：完全保障型債券 (general obligation bonds) ——以州 (或地方) 政府稅收來支付本息，以及收益型債券 (revenue bonds) ——由特定專案 (如醫院或付費公路) 產生的收益來償還本金和利息。在美國，地方政府債券的利息所得免繳聯邦所得稅，甚至免繳州和地方稅。

---

[2] 美國財政部網站拍賣資訊的網址為 https://www.treasurydirect.gov。在《華爾街日報》的美國政府公債報價可能如下：

MATURITY	Coupon	BID	ASKED	CHG	YLD TO MATURITY
2015 Feb 15	4	105：20	105：22	29	3,017
2026 Feb 15	6	119：02	119：03	23	4,416
2038 Feb 15	4.5	101：31	102：01	28	4,378

由於美國公債採 32 進位，賣出價格 (ASKED) 105：22 意味一張面值 $1,000 的債券，賣出報價為 $105\frac{22}{32} \times \$1,000 = \$1,056.875$。

為償還 2008 年第 1 期短期借款到期債務，臺北市曾在 2009 年 6 月 25 日發行新臺幣 100 億元的建設公債，發行期限十年，年息 2.2%，每年付息一次，並委託台北富邦商業銀行兌付。高雄市政府也於 2011 年 11 月 15 日發行 99 年第 2 期公債，新臺幣 87 億元，發行期限五年，此公債為零息無實體債券，即按發行利率 1.08%，折算百元價格為 94.7706 元。到期時，依登記金額償還。至於利息所得採分離課稅，由付息機構 (台北富邦或高雄銀) 扣繳 (10%)，不再併記綜合所得總額，也不能扣抵儲蓄投資特別扣除額。

「中國地方債是中國經濟十七年以來，最大的一顆定時炸彈。」瑞士信貸亞洲區首席經濟學家陶冬形容。所謂「地方債」就是中國在 2008 年年底為拯救景氣，推出的 4 兆元擴大內需方案，其中七成由地方政府買單，由於中國人民銀行四度升息，地方政府所設的投資公司壞帳增加，譬如，欠債近 4 億人民幣的雲南公路開發投資公司，2011 年 6 月底向銀行發函宣稱只付息不還本，地方債務違約疑慮日益升高。

公司債

南亞塑膠在 2017 年 7 月 10 日發行無擔保普通公司債新臺幣 65 億元，主要用於充實中、長期營運資金，以因應公司長期成長所需。此外，iPhone 概念股之一的鴻海發行新臺幣 10 億元的 106 年度無擔保公司債，主要用於償還流通在外之短期負債，降低財務調度風險。依據上述的說明，公司債 (corporate bonds) 是公司為改善財務結構或擴展業務，直接向社會大眾籌措資金的金融工具。

公司由於所處產業不同，所面臨的風險也會不同。譬如，華航面臨油價的不確定，以及鴻海面臨的歐美不景氣，兩家公司的信用風險不同，中華信評給予兩家公司債的評等也不同：華航是 twBBB＋，而鴻海是 twAA＋。投資人看到這樣的結果，自然會傾向買鴻海公司債。

擔保品公司債因為違約機率的不同，可分為兩種公司債。一種是公司債有擔保品公司債，如冠德在 2017 年 8 月 9 日董事會決議發行 106 年度第一次有擔保普通公司債，就是由上海商業儲蓄銀行擔保。即使華航破產，投資人也不會血本無歸。另一種是無擔保品公司債，或稱為信用債券 (debentures)，如華航在 2017 年 10 月 12 日發行的 P06 華航 2B，即為無

擔保公司債，但其求償為第一順位。在臺灣，公司債是每年付息一次；而在美國，公司債是每半年付息一次。

有時公司債會附加一些條款，如可贖回債券、可賣回債券、可轉換公司債與浮動利率債券。

可贖回債券 可贖回債券 (callable bonds) 是給債券發行者權利，在到期日前能夠以事先約定的價格買回債券。譬如，台積電在三年前發行高票息 (如 3%) 的債券。現在的市場利率只有 1.5%，台積電可以發行低票息公司債，以新的資金來還舊債，而減輕公司的利息負擔。**可賣回債券** (putable bonds) 相對於可贖回債券給發行者權利，可賣回債券將此權利給債券持有人。如果公司債的票面利率遠低於目前的市場利率，債券持有人最好是要求公司提前買回自家債券，然後將換來的錢投資在利率較高的金融工具。

可轉換公司債 可轉換公司債 (convertible bonds) 賦予公司債持有人以債券換成公司特定數量普通股股票的權利。此一特定數量即為**轉換比率** (conversion ratio)，其為：

$$轉換比率＝債券面額／轉換價格$$

以表 3-2 長榮航空可轉換公司債（長榮航一）為例，轉換比率為 8,928.571 股（＝$100,000/$11.2）。如果復興航空股票的每股市場價格是 10.15 元，長榮航一可轉換公司債的市場價值為 90,625 元（＝8,928.571×$10.15），低於面額 10 萬元。因此，現在選擇轉換不會是一個好時機。若股價漲至 20 元，債券轉換將可獲利 78,571.4 元。78,571.4 元即為**轉換溢酬** (conversion premium)。從上面討論可知，市場轉換價值可寫成：

$$市場轉換價值＝每股市價×轉換比率$$

值得注意的是，可轉換公司債有反稀釋的條款。反稀釋使得轉換價格在除權日時，將同比例下跌。譬如，復興航空宣布每 1,000 股配發 100 股，在除權日當天，轉換價格將從 11.2 元下調至 10.18 元（＝$11.2/1.1）。

除了可轉債外，**可交換公司債** (exchangeable bonds) 是賦予債券持有人在約定期間後，可將債券轉換成公司持有其它公司股票的權利。譬如，兆豐金控在 2017 年 7 月 11 日發行新臺幣 1 億 2,000 萬元的交換債 (兆豐

表 3-2　可轉換公司債

債券名稱	長榮航可轉換公司債 (長榮航一)
發行總額	新臺幣 11 億元
發行面額	新臺幣 10 萬元
發行張數	10,000 張
發行價格	100 元
票面利率	0%
轉換期間	106/11/10～111/10/09
轉換價格	新臺幣 11.2 元
賣回日期	109/11/09
賣回價格	100%

資料來源：公開資訊觀測站。

E)。交換價格為每股 13.0 元，交換比率則為債券面額與交換價格比率，即 7,692 股 (＝$100,000/$13)。[3]

練習題 3-3　轉 (交) 換公司債發行

請至公開資訊觀測站下載新光鋼鐵在 2017 年 11 月 9 日之轉 (交) 換公司債發行資料。請問發行時轉 (交) 換價格及轉換溢價率為何？

答：發行時轉 (交) 換價格：36 元
　　轉換溢價率：119.8%

浮動利率債券　浮動利率債券 (floating-rate bonds) 是指票面利率根據市場基準利率加上一定利差的債券。譬如，若三個月的國庫券利率是 2%，下一年度的浮動債券票面利率可訂為 4%。在歐洲，票面利率參考倫敦銀行同業拆放利率 (London interbank offered rate, LIBOR) 訂定，每三個月或六個月調整一次；在美國，票面利率則是參考國庫券 (T-Bill) 訂定，每半年付息一次。

國際債券

國際債券通常分為兩種：外國債券與歐洲債券。外國債券是指外國公司 (如法國興業銀行) 在銷售地國家 (美國) 銷售，且以銷售地國家貨幣 (美

---

[3] 由儲蓄銀行或專業銀行發行的債券稱為金融債券。

元) 計價。外國債券會有一些比較有趣的名稱。譬如，外國公司和銀行在美國發行以美元計價的債券，叫做洋基債券 (Yankee bonds)；在日本，銷售以日圓計價的外國債券稱為武士債券 (Samurai bonds)；在英國，銷售以英鎊計價的外國債券則稱為鬥牛犬債券 (bulldog bonds)。

相對於外國債券，歐洲債券 (Eurobonds) 是以一個國家貨幣計價 (法國巴黎銀行以澳幣計價)，而在其它幾個外國市場 (如臺灣) 銷售的債券。譬如，1991 年，亞洲開發銀行為籌措亞洲地區發展基金，而在臺灣、香港、新加坡同時掛牌與募集的債券，稱為小龍債券 (dragon bonds)。時至今日，只要是亞洲國家 (除日本外) 企業以外國貨幣 (通常為美元) 發行的固定收益證券，就叫做小龍債券。發行小龍債券的目的有二：吸引較具規模市場的外國投資人，以及債券可以較穩定的貨幣發行。同樣地，歐洲日圓債券是日本境外銷售以日圓計價的債券，歐洲美元債券是美國境外銷售以美元計價的債券。

臺灣的投資人 (阿雞師) 想要買以外幣計價的國際債券，在募集期間可向承銷商 (如兆豐銀行自營部門) 認購或在次級市場與債券自營商以議價方式買賣。[4] 至於稅負的部分，買賣國際債券不用繳交證券交易稅和證券交易所得稅。在利息所得稅的部分，若發行人為外國發行人 (如德意志銀行)，投資人為國內自然法人 (阿雞師)，免徵個人綜合所得稅。但若發行人為本國法人 (台北富邦)，投資人為國內自然人 (浩角翔起) 時，付息機構 (台北富邦) 於給付時採扣繳 10% (分離課稅)。[5]

練習題 3-4 國際債券

何謂外幣計價國際債券？

答：外幣計價國際債券 (亦稱為福爾摩莎債券)，是指由國內、外體質優良之發行人在我國境內募集與發行或私募外幣計價債券，並於財團法人中華民國證券櫃檯買賣中心掛牌及交易。

---

[4] 以外幣計價的國際債券又稱福爾摩莎債券。
[5] 有關外幣計價國際債券的資訊及買賣，請至證券櫃檯買賣中心網站：https://www.otc.org.tw，查詢債券交易資訊之國際債券。

3-1-3　債券創新

債券可以用來避險嗎？聽起來不可思議。現實生活中，管理東京迪士尼樂園的東方土地開發公司，在 1999 年就曾針對樂園附近出現地震而發行一檔 2 億元日圓的巨災債券。聰明的華爾街金童針對不同結構的債券設計出一連串的新金融商品：巨災債券、資產擔保債券、實物支付債券、指數型債券等。

巨災債券　颱風吹掉你家的屋頂，保險公司要負責理賠，如果颱風吹掉幾百間屋頂，保險公司可能就賠不完了。因此華爾街就幫保險公司設計**巨災債券** (catastrophe bonds)。保險公司、再保險公司或大型企業為規避巨災(地震、海嘯、土石流) 所造成的損失，將風險移轉給投資人。若真的不幸發生巨災，債券持有人將損失部分或全部的投資。

2003 年，中央再保險公司曾設計一款以臺灣地震為標的之巨災債券，發行額度為 1 億美元，票面利率是倫敦銀行同業拆放利率 (LIBOR) 加碼 3.33%。三年之後，沒有發生大地震，利率再加碼至 4.5%。如果天下太平，投資人可享有利息和本金。如果真的發生大地震，保險公司的損失就會由投資人承擔。

全球最大的保險業者瑞士再保險公司估計，保險連結型證券包括禽流感債券；連結澳洲地震、北大西洋颶風和加州地震的 Successor X 巨災債券。這個市場在未來十年內將激增至 3,500 億美元。瑞士再保險公司甚至在 2007 年 6 月 28 日發表一籃子巨災債券績效指數，大幅提高債券報酬率的透明度。

巨災債券的高收益令其它債券望塵莫及，華爾街的下一個戰場是把信用卡帳單、抵押貸款到汽車貸款，悉數包裝成可交易債券。

資產擔保債券　一提到資產證券化，馬上聯想到惡名昭彰的連動債——次貸機構的債權，經過聰明絕頂的投資銀行天才包裝成內有毒藥的千層派。債權證券化加上利率攀升，衍生出不可收拾的次貸風暴。

資產證券化是指企業把有收益的資產，藉由其衍生收益與資產價值做擔保，發行證券來募集資金。房地產業者把手中的不動產，透過證券化融通方式，在市場上取得資金，即為不動產證券化。臺北市政府也在 2007

年 8 月 29 日發行以信義計畫區 A9、A12、A13 及 A5 市有土地設定地上權的未來租金債權為標的，發行金融資產證券化商品。債券發行金額為新臺幣 18 億元，票面利率固定為 2.2%，由於北市府承諾即使收不到租金，也會支付投資人收益，投資人風險相當低，信用評等為 twAAA。[6]

其實，任何資產只要有人願意包裝，都能夠證券化。譬如，日本生產松阪牛肉的和牛，將牛隻切割成小單位而發行受益憑證；英國已故歌手大衛·鮑伊發行「大衛鮑伊債券」，將其利息支付與唱片版稅收入連結。

指數型債券　像是無聲無息的小偷，通貨膨脹總是在不知不覺當中讓你的荷包縮水。為了防止通貨膨脹侵蝕購買力，**指數型債券** (indexed bonds) 的利息或本金會跟所選擇的特定商品價格或物價指數連結。譬如，1973 年法國政府曾發行**黃金指數債券** (Gis Card)，票面利率 (7%) 與本金跟 1 公斤的黃金價格連動。墨西哥曾發行票面利率 12.65823% 的三年期油價連動債券，稱為 Petrobonds，每 1,000 披索的債券與 1.95354 桶石油連動。

美國財政部也曾在 1977 年 1 月開始發行通貨膨脹指數型債券，稱為**抗通膨債券** (Treasury Inflation Protected Securities, TIPS)。每六個月付息一次，其本金與利息依據通貨膨脹率進行調整。由於美國政府的債信極佳，TIPS 的票面利率可視為無風險實質利率。

為了要說明 TIPS 如何運作，想像面值為 1,000 元的三年期公債，其票面利率為 4%，為簡化分析，假設財政部每年付息一次，未來三年依據消費者物指數價計算的通貨膨脹率分別為 2%、4%、3%。表 3-3 顯示抗通膨債券的現金流量。

在表 3-3，第 1 年的通貨膨脹率是 2%，債券面值將從 1,000 元調整至 1,020 元（＝$1,000×1.02），而票息為 40.8 元（＝$1,020×4%）。第 2 年的通貨膨脹率是 4%，債券面值將從 1,020 元調整至 1,060.8 元（＝$1,020×1.04），而票息為 42.43 元（＝$1,060.8×4%）。最後一年的通貨膨脹率是 3%，債券面值會從 1,060.8 元增為 1,092.62 元（＝$1,060.8×1.03），而票息為 43.7 元（＝$1,092.62×4%）。投資人最後能夠拿

---

[6] 臺灣的金融資產證券化商品 (ABS) 與不動產資產信託 (REAT) 均在 OTC 掛牌，而不動產投資信託 (REIT) 在 TSE 掛牌。

表 3-3　抗通膨債券的本金與利息

時間	通貨膨脹率	面值	票息	＋本金償還	＝支付總額
0		$1,000			
1	2%	$1,020	$40.8	0	$40.8
2	4%	$1,060.8	$42.43	0	$42.43
3	3%	$1,092.62	$43.7	$1,092.62	$1,136.32

到的錢是 1,136.32 元。

至於抗通膨債券第 1 年的名目報酬率為：

$$名目報酬率＝(利息＋面值升值)／期初價格$$
$$＝[\$40.8＋(\$1,020－\$1,000)]/\$1,000$$
$$＝6.08\%$$

實質報酬率則為：

$$實質報酬率＝[(1＋名目報酬率)／(1＋通貨膨脹率)]－1$$
$$＝[(1＋6.08\%)/(1＋2\%)]－1$$
$$＝4\%$$

只要債券的實質收益率不變，抗通膨債券三年的報酬率皆為 4%。

實物支付債券　2009 年 12 月 8 日，義大利電信公司的 Wind Acquisition 控股公司宣布計畫發行 2017 年到期的實物支付債券 (pay-in-kinds bonds)，在 2014 年以前，發行商可通過發行額外債券來支付債券利息；2014 年以後，則以現金方式支付票息。

實物支付債券允許發行人以債券償付票息，因而常被用來作為購併交易的融資工具。由於公司一旦重組，債券投資人獲得理賠機會相當渺茫，風險極高。因此，實物支付債券的報酬率相對較高。以 Wind Acquisition 控股公司來說，債券總額為 27 億歐元，分兩部分發行，收益率高達 12.25% 及 12.5%。

反浮動利率債券　反浮動利率債券 (inverse floaters) 的利率與指標利率的走勢相反。它源自 1986 年的美國學生貸款行銷協會，當時訂的票面利率是 17.2% 減去六個月的倫敦銀行同業拆放利率 (LIBOR)。換句話說，指標

利率下跌時，反浮動利率債券的票面利率上升，投資人可享有較高的利息，臺灣的中國國際商銀 (現為兆豐金控) 曾在 2003 年 6 月底推出由英國 Loyds TSB Bank PLC 發行連動六個月 LIBOR 的五年期反浮動利率連動債券，最高年息可達 12%，頗受市場歡迎。

3-2　貨幣市場

阿雞師的好朋友郭煮義師傅在農曆年前收到《型男大主廚》製作單位發的大紅包，心想距離繳稅的 5 月還有三個月的時間，放在銀行定存利息又低 (0.94%)，於是他去請教勤於理財的阿雞師。阿雞師告訴郭師傅說：「即使只有一天空檔，閒置資金也能賺利息，時間彈性更大的票券是絕佳選擇。」

票券是貨幣市場的金融商品，貨幣市場包含短期、流動性極佳以及風險較低的負債型證券。譬如，國庫券、商業本票、可轉讓定期存單、銀行承兌匯票、附買回與附賣回和歐洲美元等。

在臺灣，中央銀行在 1973 年首次發行乙種國庫券。1974 年中研院院士劉大中等建議成立貨幣市場，控制貨幣供給以穩定物價。[7] 1975 年 12 月公布《短期票券交易商管法理則》，由臺灣銀行、中國國際商業銀行、交通銀行分別籌備成立中興、國際及中華三家票券金融公司。

1992 年 5 月起，分兩階段開放銀行辦理票券業務。第一階段先開放兼營短期票券經紀、自營業務。1995 年開放銀行辦理第二階段短期票券簽證與承銷業務。

1995 年並開放票券金融公司新設，三年期間共有 13 家新票券公司。截至 2010 年，兼營票券金融業務之會員為 43 家，專業經營的票券金融公司僅剩 8 家。

圖 3-2 顯示臺灣地區 2016 年票券次級市場商品結構圖。2016 年票券初級市場發行量約為 12.8 兆元，較 2015 年增加 11.3%，商業本票仍為票券商最主要的營業項目。在次級市場部分，交易量比 2012 年成長 6.9%，

---

[7]　資料來源：中華民國票券金融商業同業公會 2010 年度年報。

練習題 3-5 如何買賣票券？

答：買賣票券流程圖如下：

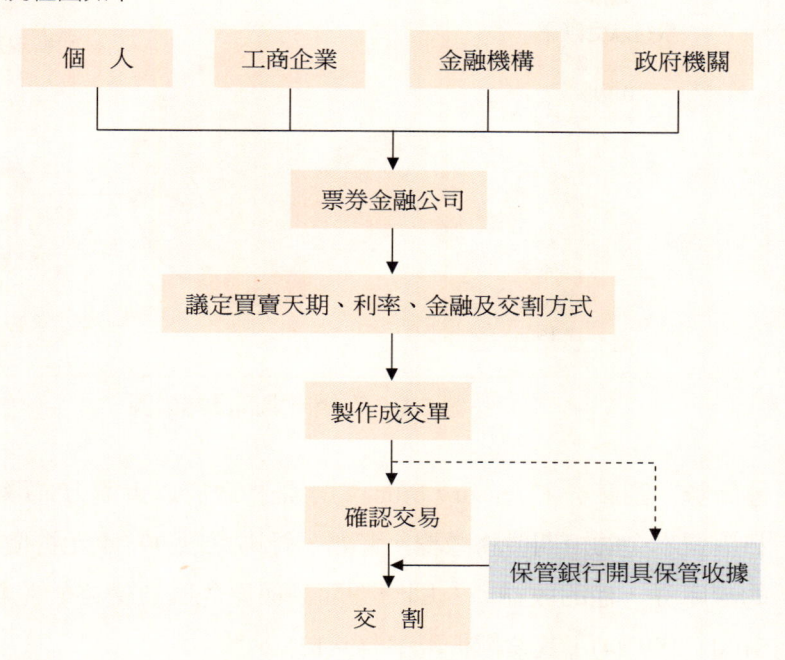

```
個人    工商企業    金融機構    政府機關
                    ↓
              票券金融公司
                    ↓
        議定買賣天期、利率、金融及交割方式
                    ↓
                 製作成交單
                    ↓
                 確認交易 ← 保管銀行開具保管收據
                    ↓
                  交　割
```

說明：
1. 票券次級市場交易於每個銀行營業日之營業時間內進行，通常以電話交易為主。
2. 買賣短期票券應先辦理開戶手續。公司戶檢附公司執照、營利事業登記證影本，個人戶持身分證影本即可開戶。
3. 客戶來電詢價，並與票券金融公司交易員議定天期、利率、金額及交割方式。
4. 交易條件議定後，由票券金融公司出具買賣成交單。
5. 票券金融公司將客戶買受之票券委託銀行保管，保管銀行開具保管收據。
6. 票券公司以傳真或電話通知客戶成交金額與確認資金收付之銀行帳號。
7. 以郵寄或公司派員方式送交客戶成交單與保管收據。

金額為 35 兆 5,560 億元，主要原因是可轉讓定期存單與商業本票增加所致。[8] 現在，讓我們來介紹票券市場的投資工具。

---

[8] 資料來源：中央銀行《金融統計月報》的票券市場統計。

(單位：百萬元新臺幣)

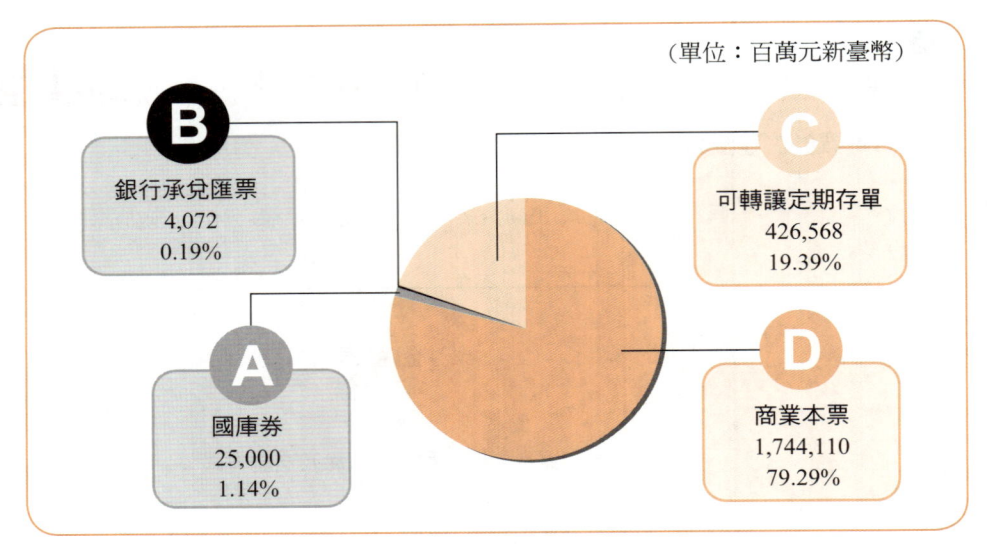

B 銀行承兌匯票 4,072 0.19%

C 可轉讓定期存單 426,568 19.39%

A 國庫券 25,000 1.14%

D 商業本票 1,744,110 79.29%

圖 3-2　次級市場商品結構圖

國庫券　國庫券 (Treasury bills, TB) 是指政府以折價方式發行，並於到期日償還本金的短期債務憑證。譬如，舒馬克以 99.24 元折價買進三十天期的國庫券，他的收益即為國庫券面額與原先購買價格的差額 0.76 元 ($=$ \$100$-$\$99.24)，其買價折現率為 9.12%。[9]

美國國庫券的存續期間為四週、十三週、二十六週和五十二週。個別投資人可直接向美國財政部 (Treasury Direct) 或透過次級市場的經紀商、銀行購買。不像其它貨幣市場工具面額最低為 10 萬美元，國庫券的最低面額為 100 萬美元。至於利息所得稅部分，不必繳納州及地方稅，只要繳納聯邦稅即可。聯邦準備理事會 (美國的央行) 經常以買賣國庫券的方式來釋出或收回市場資金，達到貨幣政策既定的目標。

---

[9]　買價折現率的計算是依據銀行貼現率公式而得，即：

$$i = \frac{F-P}{F} \times \frac{360}{t}$$

其中 $t=$ 到期天數，$F=$ 面額，$P=$ 買進 (或賣出) 價格。
實際收益率之公式為：

$$i_y = \frac{F-P}{F} \times \frac{365}{t}$$

在本例為 $i_y = \frac{100-99.24}{100} \times \frac{365}{30} = 9.25\%$。實際收益率有時又稱為國庫券的債券等值收益率 (bond-equivalent yield)。

臺灣的國庫券是為了調整國庫收支，且按貼現方式發行的一年期以下的有價債券，到期期限有九十一天、一百八十二天、二百七十三天和三百六十四天四種。國庫券採標售方式，銀行、郵局、票券金融公司、券商及保險公司可直接參加投標，自然人及其它法人則需委託票券商才能以票券商名義參加投標。財政部會委託中央銀行標售國庫券，標售地點在中央銀行國庫局。以 2017 年 7 月 28 日標售的「財 106-8」三六四天期國庫券為例，決標貼現率為 0.416%，而每萬元得標價格是 9,958.51 元。

商業本票　商業本票 (commercial papers, CP) 是由公司發行的短期無擔保票券。商業本票是企業最喜歡的短期資金籌措工具，這點可從圖 3-2 得到驗證。2010 年的商業本票發行量高達新臺幣 5 兆 94 億元。事實上，根據中央銀行《金融統計月報》的資料，2004 年至 2017 年間商業本票發行金額都在新臺幣 5 兆元以上，2016 年的金額更突破 11 兆元，比重更高達 88.99%。為什麼商業本票是票券市場的寵兒？推究其原因是公司發行商業本票的成本低於直接向銀行貸款的成本，以 2017 年 11 月 15 日為例，一個月的放款利率 (基準利率) 是 2.63%，而三十天期的商業本票利率為 0.38%，高度的利差，使得企業只要發過一次票，就不會跑掉。只有最懶的人，才會向銀行借錢。

　　臺灣的商業本票分為兩種：交易性商業本票 (CP1) 與融資性商業本票 (CP2)。交易性商業本票是工商企業因實際交易行為而簽發之本票。此類商業本票信用是建立在交易雙方，因此並未牽涉銀行信用保證。融資性商業本票是工商企業籌措短期資金所簽發的本票，經專業票券金融公司或金融機構簽發、承銷，才能流通於貨幣市場。目前，銀行只針對三十、六十、九十、一百二十、一百五十、一百八十天期的 CP2 初級市場利率報價。

可轉讓定期存單　可轉讓定期存單 (negotiable certificate of deposit, NCD) 是銀行發行固定金額可自由轉讓的定期存單，其面額以新臺幣 10 萬元為單位，按倍數發行 (10 萬元、50 萬元、100 萬元、500 萬元、1,000 萬元、5,000 萬元等)，存款期限最短是一個月，最長不可超過一年。

　　與銀行的定期存款不同的是，銀行定期存款可中途解約，但不可轉

賣給別人；而 NCD 可以轉賣給別人，但不能中途解約。倘若郭師傅買了一張由第一銀行發行的三個月期可轉讓定期存單 500 萬元，過了一個月之後，他買了臺北市東區精華地帶的預售屋，頭期款 500 萬元。這時，郭師傅可將手中的 NCD 賣給票券公司或在貨幣市場出售，或向銀行辦理質押借款以換取現金。以 2018 年 11 月 1 日的牌告利率為例，一個月期為 0.6%、三個月期為 0.63%、一年期為 1.035%，利息所得採分離課稅。

銀行承兌匯票　想像阿雞師賣出價值 10 萬美元的虱目魚丸給象牙海岸的貿易商。在擔心收不到貨款的情形下，阿雞師可以要求銀行開遠期匯票，並請進口商的銀行承諾兌現遠期匯票，這張匯票就叫做**銀行承兌匯票** (banker's acceptance, BA)。

阿雞師拿到銀行承兌匯票只要負擔一點點的貼現費用及承兌費用，當下就能夠拿到錢。而經銀行承兌的匯票，付款的風險由銀行承擔。因此，BA 被視為貨幣市場債信極優的交易工具。以臺灣銀行為例，2015 年 1 月 21 日的 30 天期利率為 1.1%，而 360 天期利率也僅為 1.63%。

附買回與附賣回　票券的時間彈性來自票券公司的附買回條件交易。**附買回條件交易** (repurchase agreements，又稱為 repos 或 RPs) 是指票券公司與投資人約定，在未來的某一天將票券買回來。透過 RPs，票券公司可將票券期間「切割」，創造符合投資人需要的資金期限。舉例來說，一張三十天的國庫券，票券公司可以用接力的方式，作三十個附買回，一個投資人買一天，讓即使只需要一天的投資人都可以找到適合的票券賺取利息，而不會讓資金閒置一天。另一方面，對急需極短期資金的票券公司來說，附買回條件交易讓它們不致於陷入巧婦難為無米之炊的窘境。

讓我們舉一個例子來說明附買回條件交易。假設國際票券賣一張一天期票券，1,000 萬元給郭煮義師傅，賣出價格是 9,850,000 元，雙方約定的利率是 5%，利息與買回價格分別為：

$$利息 = \$9,850,000 \times 5\% \times (1/365) = \$1,349.315$$

$$所得稅 = \$1,349.315 \times 10\% = \$134.9315$$

$$買回價格 = \$9,850,000 + \$1,349.315 - \$134.9135 = \$9,851,214.40$$

換句話說，郭師傅以附買回向國際票券買一天期國庫券，能夠賺到新

臺幣 1,241.40 元。在這個例子裡，附買回條件交易的利息所得稅負 (2010年 1 月 1 日實施) 在個人部分採分離課稅，稅率 10%。法人部分則需併入營利事業所得稅申報。

附賣回條件交易 (reverse repos) 恰好與附買回條件交易相反，如圖 3-3 所示。持有債券的投資人臨時需要一筆錢，將手中債券先賣給票券公司，然後票券公司在未來某一個時間，以較高價格將債券賣回給原來的債券持有人。附賣回的利息與賣出價格計算方式，和附買回利息與買回價格計算方式相同。[10]

歐洲美元　歐洲美元 (Eurodollars) 是指存放在美國境外的外國銀行或美國海外分行的美元存款。二次大戰後，馬歇爾重建計畫使大量美元流入歐洲，蘇聯及東歐國家將其部分美元存款存放在美國境內銀行。但冷戰時期，蘇聯擔心美國會凍結存款，而將錢存在歐洲銀行或美國在歐洲的分行。「歐洲美元」一詞因而誕生。後來，西歐各國央行及企業知道歐洲美元不需提存準備且不必扣繳所得稅，紛紛將資金轉入歐洲美元市場。

現在，只要是存放在美國境外的美元，不管是在新加坡或巴西，都一律稱為歐洲美元。簡單來說，歐洲美元市場是一個銀行間在美國境外的借

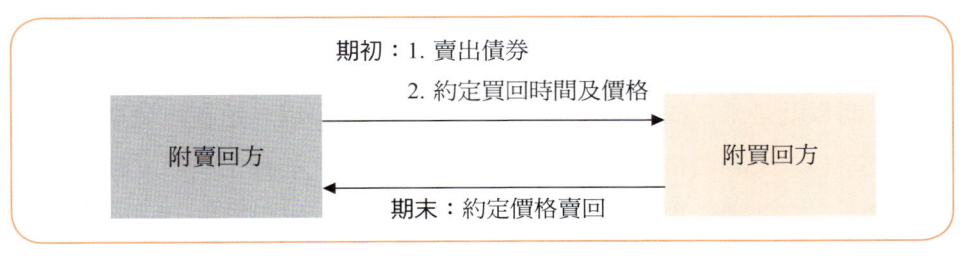

圖 3-3　債券附賣回交易

---

[10] 附買回交易計算公式為：

$$買回價格＝票券公司買入價格＋利息－所得稅$$
$$利息＝買入價格×利率×(交易天數／365)$$
$$所得稅＝利息×10\%$$

由於實體債券真偽難辨，目前只接受中央政府公債承作附賣回。
附賣回交易：

$$賣回價格＝票券公司賣出價格＋利息－所得稅$$
$$利息＝賣出價格×利率×(交易天數／365)$$
$$所得稅＝利息×10\%$$

貸市場，因為不需提存準備，整體成本更低，它比美國境內的同業拆借市場更活絡。其基差利率被視為更準確的利率趨勢指標。歐洲美元市場的金融商品有歐洲美元定期存單、歐洲美元債券、歐洲美元期貨等。

3-3 衍生性金融商品市場

「從西螺貧戶之子到不敗期貨之神」，這是收錄在《商業周刊》第1164期的一個文章標題。黃毅雄來自西螺的破產家庭，讀到西螺初中第二學期就繳不出學費。先前有一次亞洲發生地震，芝加哥期貨交易所還特地打電話請寶來期貨表達關心之意，黃毅雄的實力從1980年代的一張美國T-Bond做到1,500張，保證金從2萬美元做到300萬美元。據Dean Witter (美國第三大證券公司)的統計，在香港十幾年，客戶有好幾千個，但真正賺錢的只有兩位，黃毅雄便是其中之一。

期貨與選擇權是近年來金融市場的焦點。期貨與選擇權的報酬取決於其它資產的價值，如原物料價格、債券與股票價格。以投資學術語來說，這些稱為衍生性金融商品 (derivative)，另外有人稱為或有求償權 (contingent claim)。

3-3-1 期貨與選擇權

期貨 期貨就是未來的商品，最早起源於農產品市場，遠在堪薩斯州的小麥農夫擔心未來的價格不如預期，所以要在收成之前鎖定售價。期貨契約就是替大宗商品鎖住未來某個日期的價格。我們可以說期貨 (futures) 是指買賣雙方透過簽訂合約，同意按指定價格、日期與其它交易條件，交付一定數量的現貨。

期貨之所以受投資人青睞的一個重要原因是避險。全球經濟活動有五分之四都受到氣候影響。以每年3月的日本櫻花季為例，這個時節計程車司機的收入占全年的三分之一。如果櫻花綻放時節因氣候變遷而變得無常，對靠此維生的計程車司機會是一大打擊。除了巨災債券避險外，芝加哥商品交易所 (CME) 在1997年，與倫敦國際金融期貨期交易所在2001年 (LIFFE) 推出天氣期貨，以華氏65度作為交易標的。此外，CME和NYMEX自2007年開辦颶風期貨，協助投資人將風險轉移到金融市場。有

鑑於颱風對農產品、航運業者帶來的衝擊，中央大學也希望將來能推出颱風期貨。

不可諱言地，買賣期貨就像是去拉斯維加斯賭博，帶有濃厚的投機色彩。以 2003 年 3 月 20 日開打的美伊戰爭為例，華航的油料經理早在 2002 年第 4 季就逢低買進油價期貨，光是 2003 年的前兩個月，他就為華航賺進新臺幣 4 億 6,000 萬元。

期貨市場賺錢容易，賠錢也一樣迅速。負責中國國家儲備局物資調節中心期貨操作的劉其兵，在 2005 年 9 月作空之期貨高達 35 萬噸，以當時市價每噸 3,500 美元估算，帳上損失接近 32 億美元；同樣的故事也發生在 1995 年的日本住友商社，交易員濱中泰男在期貨市場作多軋空失敗，讓住友慘賠 26 億美元。最近的例子則是法國興業銀行年輕交易員柯維耶，交易曠稱「香草冰淇淋」的歐洲股價指數期貨，造成 72 億美元的鉅額虧損，這是有史以來，一人獨力犯下金額最高的金融界醜聞。

一般來說，期貨可分為商品期貨與金融期貨兩種，商品期貨的商品包括能源 (石油、天然氣)、貴重金屬 (黃金、白銀等) 及農產品 (玉米、棉花等)。金融期貨的標的物則有股價指數、匯率及利率等，目前在臺灣期貨交易所交易的期貨商品包括指數期貨 (臺股期貨、電子期貨、金融期貨、小型臺指期貨、臺灣 50 期貨、非金電期貨、櫃買期貨)、利率期貨 (十年期公債期貨、三十天期利率期貨)、黃金期貨、新臺幣計價黃金期貨及股票期貨十二種。[11] 投資人可直接向期貨商、證券商兼營期貨業務或期貨交易輔助人下單，惟期貨交易人於接單後須轉至委任期貨商處買賣申報。

期貨交易的費用有交易手續費和證券交易稅兩種。交易手續費由期貨交易商與交易人商議而定。期貨交易稅率則因契約類別而不同：

股價期貨：每次交易契約金額之十萬分之 4。

利率期貨：

    三十天期利率期貨：每次交易契約金額之百萬分之 0.25。

    十年期政府公債期貨：每次交易契約金額之百萬分之 1.25。

黃金期貨：每次交易契約金額之百萬分之 2.5。

---

[11] 有關股票期貨的標的證券之詳細資料請至期交所網站：https://www.taifex.com.tw 查詢。

至於期交所對期貨商收取之交易手續費為 14.4 元，而對結算會員收取之結算手續費為 9.6 元，合計為 24 元。期貨交易是保證金交易，換句話說，投資人必須先將錢存入保證金專戶，才能夠下單交易，這與股票成交後才繳款不同。

練習題 3-6　買賣權證有什麼交易費用？

答：買賣權證如同買賣股票一樣，買進時要繳交手續費，賣出時除前開手續費外亦需繳交交易稅 (成交價×千分之一)。

選擇權　每年夏天，佛羅里達州都會遭受颶風侵襲而造成巨大損失。佛州政府為籌募救災基金，在 2008 年時，以 2.24 億美元與股神巴菲特旗下的波克夏控股公司簽署颶風重建融資選擇權協定。

內容是：如果佛州政府在年底因颶風承受的損失達 250 億美元，波克夏會提供 40 億美元收購佛州政府發行的債券，期限為三十年，票面利率固定在 6.5%。但如果佛州並未因颶風受損，州政府就需支付波克夏 2.24 億美元。還好該年颶風並不嚴重，巴菲特與天氣對賭贏了，2.24 億美元賺進口袋，佛州政府則為自己買了一個保險，不必擔心龐大重建基金的籌措無門，雙方皆大歡喜。

依照《證券交易法》第 3 條規定，**選擇權** (options) 是指當事人約定，買方支付權利金取得購入或賣出之權利，得於特定期間內，依特定價格 (履約價格) 及數量等交易條件買賣約定標的物。在巴菲特的例子裡，權利金是 2.24 億美元，履約價格是 40 億美元，波克夏提供的選擇權是一種買權概念。**買權** (call options) 是持有人擁有在特定日子 (到期日) 前，買進特定資產或證券的權力。譬如，《華爾街日報》刊載蘋果股票 10 月份買權的履約價格是 400 美元，意味著蘋果買權的投資人擁有在 10 月份到期日前 (含到期日)，以 400 美元買進蘋果公司股票的權利。倘若阿雞師在 3 月 25 日以市價 20 美元買進蘋果股票的選擇權，蘋果公司股票在 10 月份第三個星期五 (到期日) 股價是 410 美元，選擇權在到期日價格為 15 美元 (＝$415－$400)。儘管阿雞師有 15 美元的報酬，但當初他付了 20 美元的權利金買進買權，仍虧損 5 美元 (＝$15－$20)。換句話說，阿雞師不會執

行買權；相反地，賣權 (put options) 是給持有人在到期日前 (含到期日)，以履約價格賣出特定資產的權利。賣權合約意味著買方有權利賣標的物給賣方。

舉例來說，2017 年 9 月份到期的台積電股票履約價格是新臺幣 100 元，在 2017 年 3 月 14 日時，莎莎以每股 6.47 元買進。換句話說，莎莎有權利在 9 月 20 日之前，以每股 100 元賣出台積電股票。倘若莎莎在 2017 年 5 月 20 日台積電股價是新臺幣 96.14 元，並立即執行賣權，以每股新臺幣 100 元賣出，淨利為 $100－$96.14＝$3.86。由於莎莎當時是以 6.47 元買進賣權，她將不會立即執行賣權。如果在到期日 (9 月 20 日) 的台積電股價是每股 92 元，此時賣權價值是 $100－$92＝$8，莎莎的利潤是每股新臺幣 1.53 元 (＝$8－$6.47)。亦即，持有期間的報酬率是 23.6% [＝($1.53/$6.47)×100%]。因此，當台積電每股股價是 96.14 元時，莎莎執行賣權並不會獲利，我們稱此選擇權為價外 (out of the money)。相反地，在台積電每股股價是 92 元時，執行賣權可為莎莎帶來正的利潤，我們稱此選擇權為價內 (in the money)。

除了買權與賣權的概念外，依據執行時間區分，選擇權可分為美式選擇權與歐式選擇權兩種。美式選擇權 (American option) 允許持有人在到期日當天與到期日前，皆享有執行買進 (若為買權) 或賣出 (若為賣權) 標的物資產的權利；歐式選擇權 (European option) 只允許持有人在到期日當天執行選擇權。顯然，美式選擇權比歐式選擇權更有彈性，美式選擇權通常的價格較高。臺灣期交所交易的選擇權，都只能在到期日行使權利。因此，不管是指數選擇權 (臺指選擇權、電子選擇權、金融選擇權、非金電選擇權、櫃買選擇權)、股票選擇權及黃金選擇權皆為歐式選擇權。至於臺指選擇權的交易稅率是依交易權利金金額課稅，稅率為單邊各千分之一；買賣雙方若於到期時履約結算差價者，則按到期結算價，以十萬分之四課徵交易稅。

3-3-2 認股權證與認售權證

認股權證 (warrants) 本質上是由公司發行的買權。認股權證與買權的一個重要差異是：執行認股權證需要公司發行新的股票來履行，這將造成

在外流通股數的增加。買權只要以現有股票履行即可，不會增加在外流通股數。除此之外，認股權證會為公司創造現金收入，買權則否。

臺灣的認股權證則為券商發行的認購權證 (call warrants)，其持有人有權利在特定期間內 (美式) 或到期日 (歐式)，以約定履約價格向發行人買進一定數量的特定股票。以國泰發行的盟立國泰 77 購 01 (068113) 為例，上市日期是 2017 年 11 月 1 日，履約開始日與截止日分別為 2017 年 11 月 1 日與 2018 年 7 月 31 日，標的證券是盟立 (2464)，履約方式為美式，最新履約價格為 62.3 元，至於結算方式為證券給付，但富邦證券也可以現金結算。[12]

除了認購權證外，券商也發行認售權證 (put warrants)。認售權證屬於賣權，持有人有權利在特定期間內 (美式) 或到期日 (歐式)，以約定履約價格向發行人賣出一定數量的特定股票。購買認售權證的投資人為賣權的買方，而發行認售權證的券商則為賣權的賣方。以永豐證券發行的大立光永豐 76 售 02 (03996P) 為例，上市日期是 2017 年 6 月 27 日，履約開始日與最後交易日分別為 2018 年 6 月 26 日與 2018 年 6 月 22 日。履約方式為歐式，標的證券為台塑 (1301)，最新標的履約配發數量 (每仟單位權證) 是 3 股，而原始履約價格為 2,445 元。至於結算方式則為現金結算，如果投資人認為未來股市會漲就買認售權證；相反地，如果投資人認為未來股市看跌，就是認購權證。在臺灣，權證交易場所是臺灣證券交易所，而選擇權的交易場所則是在臺灣期貨交易所。

交換　交換 (swap) 為交易雙方在約定期限內，定期交換一連串的現金。交換標的物如果是利息，稱為利率交換 (interest rate swap)。典型的利率交換合約為固定利率與浮動利率的交換。譬如，台積電公司擁有一張 100 萬美元且票面利率為 7% 的公債。由於市場資金緊縮，財務副總隱約嗅到利率即將上揚的氣息。他想要將長期公債換成短期票券，好賺取更多利息收入。一種可行的方式是將一年 7 萬美元的利息與短期浮動利息收入「交換」。此時，交換交易商 (swap dealer) 如兆豐銀行，願意用六個月倫敦銀行同業拆放利率 (LIBOR) 與台積電進行交換。換句話說，台積電願意以

---

[12] 權證價格與標的證券價格連結請至公開資訊觀測站首頁，點選認購 (售) 權證專區查詢。

第 3 章　金融商品市場：債券市場、貨幣市場與衍生性金融商品市場

7%×$100 萬交換 LIBOR×$100 萬。台積電從交換契約得到的淨現金流量為 (LIBOR－7%)×$100 萬。考慮下列的情境：

	\multicolumn{3}{c}{LIBOR 的利率}
	7%	7.5%	8%
債券的利息收入	$70,000	$70,000	$70,000
交換的現金流量 = (LIBOR－7%)×$100 萬	0	5,000	10,000
總額 (＝LIBOR×$100 萬)	$70,000	$75,000	$80,000

值得注意的是，利率交換只牽涉到利息的交換，而未牽涉到本金 (notional amount) 的交換，除了標的物為利息外，它也可以是貨幣。

貨幣交換 (currency swap) 是指交易雙方在期初交換兩種不同的貨幣 (如新臺幣換成美元)，而在期中交換所得到的利息收入，到期末將本金換回原來的貨幣 (美元換回新臺幣)。另外一種比較常見的貨幣交換為換匯換利交換 (cross currency swap, CCS)。讓我們以圖 3-4 的交易過程來說明基本的換匯換利交換概念。

與利率交換不同的是，換匯換利交換牽涉到的通貨和計息方式都不相同，包括與通貨兩種不同貨幣與現金流量的交換。計息方式可以是浮動利率交換固定利率、固定利率交換固定利率，或浮動利率交換浮動利率。

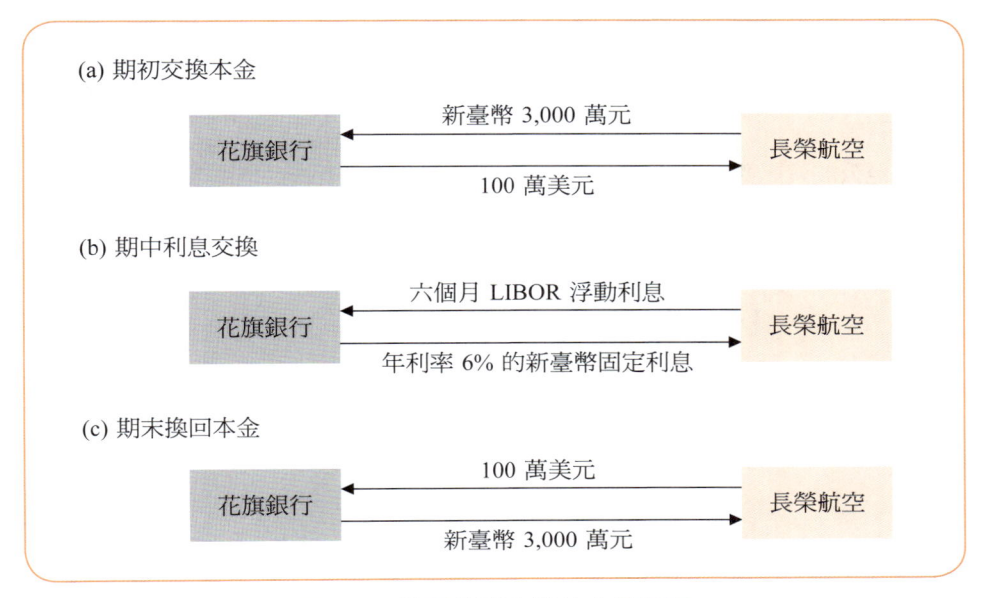

(a) 期初交換本金

花旗銀行 ← 新臺幣 3,000 萬元 ← 長榮航空
花旗銀行 → 100 萬美元 → 長榮航空

(b) 期中利息交換

花旗銀行 ← 六個月 LIBOR 浮動利息 ← 長榮航空
花旗銀行 → 年利率 6% 的新臺幣固定利息 → 長榮航空

(c) 期末換回本金

花旗銀行 ← 100 萬美元 ← 長榮航空
花旗銀行 → 新臺幣 3,000 萬元 → 長榮航空

圖 3-4　換匯換利交換的交易過程

習　題

問答題

1. 什麼是公司債及金融債券？
2. 中華信評對長期與短期債務發行信用評等各為何？
3. 請問標準普爾、穆迪、惠譽國際的信用等級符號與意義為何？
4. 小額投資人如何購買中央政府建設公債？
5. 若是要買賣債券，應該如何報價？成交單位為何？
6. 投資債券的利息所得是否要申報所得稅？
7. 投資債券有哪些好處？
8. 投資國際債券會有什麼風險？
9. 請問如何發行商業本票？
10. 期交所商品之交易流程為何？
11. 期貨、選擇權與認購權證之異同為何？
12. 什麼是臺指選擇權？
13. 臺指選擇權的交易策略為何？
14. 標的證券除權息時，權證履約價格及行使比例是否須調整？

網路習題

1. 如何獲得中央政府建設公債發行資訊？
2. 如何查詢各級政府公共債務統計？
3. 新臺幣計價黃金期貨之契約規模與每日漲跌幅為何？
4. 請至中華信用評等網站：https://www.taiwanratings.com，查詢台灣電力公司 (100-5 期，A 券) 及台積電 (100-2 期) 的發行年月日、到期日、票面利率與債券評等。
5. 請至公開資訊觀測站：https://mops.twse.com.tw，下載台積電最新一期普通公司債之發行辦法。請問發行總額、票面金額與票面利率各為何？

Chapter 4

共同基金與避險基金

「菜籃族變理財達人」。一位年近 50 歲,投資方式就像個菜籃族的呂玉蕙,原先是在外商公司擔任祕書,直到 34 歲被資遣,才出現轉捩點,如今擁有六張專業證照,名下有五棟房子。

「理財是需要知識的,銀行常告訴妳,買定期定額沒有風險,才怪。」如果你是一個定時定額扣款的烏龜型投資人,一定有過這樣的心情。2000 年網路泡沫化,手上基金淨值無量下跌,慘賠收場,這時才開始提醒自己要懂得停損和停利出場。2008 年之前,投資新興市場基金是一門新顯學,但一場金融海嘯,讓投資人提醒自己要停損出場,但心裡仍像隻縮頭烏龜,捨不得收場。

過去十年,呂玉蕙利用單筆搭配定期定額的方式買了中國概念基金、新興市場基金,扣掉已賣掉的部位,分別賺了 1 倍到 3 倍的本金。靠著這些高成長投資、買房加租房的收益,錢滾錢,現在擁有的資產與十年前相比,翻了不止 1 倍。

選對基金可以讓你上天堂。本章的重點即在介紹共同基金與避險基金,包括共同基金的功能、型態、投資成本等,以及著重於介紹避險基金的功能與績效。

4-1　共同基金

共同基金 (mutual funds) 是由證券投資信託公司募集發行受益憑證，由投資人申購所集合成之資金，委由專業經理人管理並運用於股票、債券等，由投資人共同分享利潤和分攤損失。

世界上第一個基金是荷蘭國王威廉一世在 1822 年創立的私人基金。它是貴族和有錢人的私人理財工具，並非一般民眾能夠買賣。到了 1868 年，英國成立「倫敦國外及殖民地政府信託基金」，投資國外殖民地的公債與股票，此為最早的證券投資信託公司。臺灣的起步相當晚，第一支基金是國際投信於 1984 年 10 月在倫敦發行的「臺灣基金」。截至 2017 年 11 月為止，臺灣的境內基金共有 796 檔，而基金規模達 2 兆 3,395 億元；至於境外基金部分，2014 年 11 月底的基金數量為 1,043 檔，而持有金額為 3 兆 4,529 億 556 萬元，如表 4-1 與表 4-2 所示。

表 4-1　境內基金統計資料 (截至 2017 年 11 月底止)

類型	種類	基金數量	基金規模 (元)(新臺幣：元)
股票型	國內投資	141	179,383,658,970
	跨國投資	201	403,383,592,278
	小計	342	582,750,251,248
平衡型	國內投資	22	21,563,739,021
	跨國投資	40	70,834,843,424
	小計	62	92,398,582,445
類貨幣市場型	類貨幣市場型	0	0
	小計	0	0
固定收益型	國內投資一般債券型	1	4,021,559,050
	跨國投資一般債券型	65	103,650,716,699
	金融資產證券化型	0	0
	高收益債券型	48	195,531,016,987
	小計	114	303,203,292,736
貨幣市場基金	國內投資	44	817,654,064,287
	跨國投資	14	13,027,384,779
	小計	58	830,681,449,066

表 4-1　境內基金統計資料 (截至 2017 年 11 月底止) (續)

類型	種類	基金數量	基金規模 (元)(新臺幣：元)
組合型	國內投資	1	2,016,475,554
	跨國投資－股票型	16	10,347,289,996
	跨國投資－債券型	27	51,776,226,741
	跨國投資－平衡型	37	85,598,578,526
	跨國投資－其它	6	3,643,415,250
	小計	87	153,381,986,067
保本型	保本型	10	14,101,891,830
	小計	10	14,101,891,830
不動產證券化型	不動產證券化	15	13,408,137,157
	小計	15	13,408,137,157
指數股票型	國內投資	27	140,564,002,389
	跨國投資	62	179,469,153,694
	小計	89	320,033,156,083
指數型	國內投資	1	2,239,484,093
	跨國投資	12	15,341,754,709
	小計	13	17,581,238,802
多重資產型	國內投資	0	0
	跨國投資	6	11,956,530,255
	小計	6	11,956,530,255
合計 (新臺幣)		796	2,339,496,515,689
傘型基金 (子基金共 108 支)		35	226,930,824,468

名稱	計價幣別	基金級別數量	基金規模 (原幣)
整體基金規模 (含傘型基金)	TWD (新臺幣)	1004	2,093,555,600,308
	USD (美元)	382	5,014,171,203
	CNY (人民幣)	279	15,872,832,892
	ZAR (南非幣)	41	4,395,986,273
	AUD (澳幣)	40	439,150,435
	NZD (紐西蘭幣)	3	187,080,452
	EUR (歐元)	1	329,360

名稱	計價幣別	基金級別數量	基金規模 (原幣)
傘型基金規模 (子基金共 108 支)	TWD (新臺幣)	119	192,859,303,205
	USD (美元)	46	606,051,021
	CNY (人民幣)	29	2,210,253,971
	ZAR (南非幣)	7	1,764,031,820
	AUD (澳幣)	5	87,684,649

資料來源：中華民國證券投資信託暨顧問商業同業公會：https://www.sitca.org.tw。

表 4-2　境外基金統計資料 (截至 2017 年 11 月底止)

分　類	細　項			國內投資人持有金額 (單位：新臺幣元)
依受益人型態	自然人			35,696,794,325
	法人	非綜合帳戶		1,546,130,519,764
		綜合帳戶	特定金錢信託	1,752,863,081,312
			證券商受託買賣	58,602,232,191
			其它	59,602,232,191
		綜合帳戶小計		1,871,078,246,748
	法人小計			3,417,208,766,512
依受益人型態合計				3,452,905,560,837
依基金類型	股票型			1,265,981,178,943
	固定收益型	一般債		73,044,103,590
		高收益債		961,754,313,361
		新興市場債		397,096,354,062
		其它		307,276,962,373
	固定收益型小計			1,739,171,733,386
	平衡型			415,496,456,870
	貨幣市場型			28,403,614,253
	組合型			0
	指數股票型 (ETF)			282,057,660
	其它			3,570,519,725

截至 2017 年 11 月底止，共核准 40 家總代理人、70 家境外基金機構、1043 檔境外基金，國內投資人持有金額共計 3,452,905,560,837 元。

依據金管會 102 年 6 月 7 日金管證投字第 1020015709 號函，自 2014 年 1 月起，未透過總代理體系下單之證券投資信託基金、全權委託投資資產及投資型保單納入國內投資人持有金額計算。

資料來源：中華民國證券投資信託暨顧問商業同業公會：https://www.sitca.org.tw。

4-1-1　基金功能

　　不是每個人都買得起價值 200 萬元的大立光股票，但手握新臺幣 100 億元的基金經理人就可以。一般升斗小民領到年終獎金或紅包，能夠透過購買基金享有大立光的高股利。新發行的基金一單位要價 1 萬元，有些市面上的基金甚至不到 5,000 元就能買到。圖 4-1 顯示基金的四項功能。

　　基金的第一個功能是集小錢變大錢。投資人買基金不僅可以單筆買

第 4 章　共同基金與避險基金

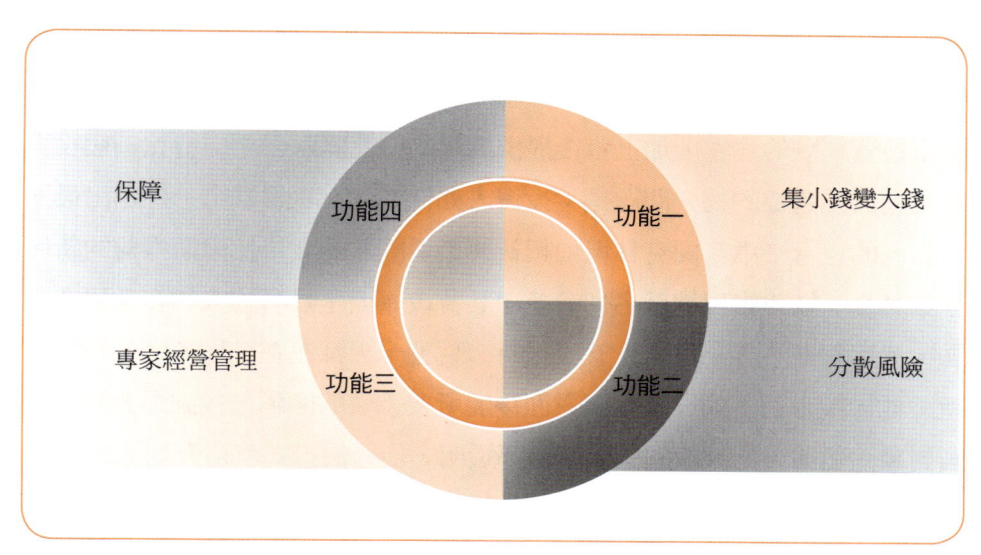

```
保障                集小錢變大錢
    功能四    功能一
專家經營管理              分散風險
    功能三    功能二
```

圖 4-1　基金的四項功能

進，還能夠定期定額，最低每個月只要 3,000 元，投資限制變小了。有時候，一般人無法直接買賣外國的股票，譬如，阿雞師想要買近三年來價格最便宜的阿根廷市場股票，卻不得其門而入。一個最佳途徑是透過新興市場共同基金的方式，在這些高風險的國家淘金。

共同基金的第二個功能是分散風險。想像一基金經理人將所有的 100 億元全部拿去買宏達電的股票。運氣好的話，在 2010 年 7 月 28 日以每股 533 元買進，然後在 2011 年 4 月 28 日以每股 1,300 元賣出，獲利 2.44 倍。同樣的時間點，基金經理人單買聯發科股票，每股會損失 －127.5 元（＝$314.5－$442），報酬率為 －28.85%。面對劇烈的波動，聰明絕頂的基金經理人明瞭不要把所有的雞蛋放在同一個籃子裡，不會想要打敗市場，通常都會買一籃子股票或債券，接受市場波動的事實。

同樣的推理也可以運用到基金的投資上。2011 年歐洲主權債務危機拖累全球股市下挫，一年市值累計蒸發 6.3 兆美元。就連金磚四國也不能倖免，中國上證指數重挫 22%，印度 Sensex 指數暴跌 24%。債券市場的表現超越股市，美國公債的投資報酬率是 9.6%，英國公債的平均報酬率高達 17%，甚至垃圾債券報酬率也有 3.04%。面對熱到發燙的投資機會時，譬如中國或新興市場，不要孤注一擲，免得自己變成市場上最後一隻老鼠。

基金的第三個功能是專家經營管理。在臺灣，投資人可以買到的基金 (境內和境外) 數量就超過 1,600 檔。每一個基金管理人都是學有專精並極富投資經驗的專家，加上背後提供資訊的研究團隊，相信會比一般投資人更精於挑選標的物。問題是：投資人如何從 1,600 檔基金，挑選出最適合自己的組合？由富蘭克林坦伯頓新興市場團隊總裁墨比爾斯操盤的新興市場基金，績效表現總是名列前茅，其背後原因是具有強大的在地研究團隊。墨比爾斯一年三百六十五天，有二百五十天都花在全球各地的拜訪行程，他實地走訪各國，透過面對面接觸所要投資的團隊，找到最適合的投資對象。新興市場國家的資訊相當不透明，最好的方式就是實地造訪。

　　節稅是共同基金的第四個功能，臺灣投資人最熱衷的投資工具非股票莫屬。現行買賣股票要繳千分之三的交易稅，其餘資本利得不用繳稅，但現金股利超過新臺幣 27 萬元，仍需併入綜合所得稅納稅。依《所得稅法》規定，國內投信發行的海外基金不課稅。[1] 如果投資人每年利息所得超過新臺幣 27 萬元，可考慮這類免稅的投資工具。

　　共同基金的最後一個功能是保障。為了確保資產安全性與操作專業性，共同基金的經理與保管業務分開，且資產存放於保管銀行的基金專戶。保管銀行需經國際、國內認可的信評單位核可，具一定資格才能擔任。

練習題　4-1　境外基金

請至境外基金觀測站網站：https://announce.fundclear.com.tw，查詢最新之境外基金數量為何？

答：在市場資訊之彙總資訊下，以截至 2019 年 2 月為例，有 41 家總代理 1,034 檔境外基金。

4-1-2　基金的種類

　　翻開基金公開說明書，裡面載明投資政策與目標、投資風險、資產的計算以及購買基金的成本。其中，投資目標是為投資人帶來最大的投資資

---

[1] 境外基金從 2010 年起納入最低稅負。只要投資人年收入超過新臺幣 600 萬元，且海外投資所得超過新臺幣 100 萬元的部分就要納入最低稅負，扣繳稅率為 20%。另外，指數股票型基金 (ETF) 不納入最低稅負。

本增值機會,並為他們達到風險分散。而投資政策則遵守多元化及分散風險的原則,將資產投資於一系列以不同貨幣計價以及在不同國家發行的可轉讓有價證券、貨幣市場工具、信貸機構存款與衍生性金融商品等。

基金公司多半會同時管理一系列不同屬性的共同基金,以法國巴黎證券投資顧問公司為例,旗下的基金包括股票型、債券型、可轉換債券、新興市場、原物料組合及俄羅斯股票基金等。圖 4-2 列出巴黎證券子基金按多元化及安全原則劃分的組成。

共同基金依投資政策可區分成下列數種類型:

股票型基金 　股票型基金 (equity fund) 主要投資於普通股票,有時候為了應付投資人的贖回,基金經理人傾向持有一些現金部分 (譬如,5% 的資產拿去買短期票券)。以安聯投信的臺灣智慧趨勢基金為例,它是單一國家股票型,而投資持股如圖 4-3 所示。觀察其投資組合,89.3% 的資金集中在股票,而流動資金有 10.70%。[2]

傳統上,股票型基金依據資本增值 (capital appreciation) 或收益 (income),分成收益型基金 (income funds) 與成長型基金 (growth funds) 兩

	穩健	穩定	均衡	增長	高增長
股票	0.00%	20.00%	41.50%	60.00%	90.00%
歐洲大型股		6.00%	12.00%	18.00%	27.00%
歐洲小型股		2.00%	4.00%	4.00%	6.00%
美國大型股		4.00%	8.00%	12.00%	20.00%
美國小型股		1.00%	1.50%	2.00%	3.00%
日本		2.00%	4.00%	6.00%	10.00%
新興國家		5.00%	12.00%	18.00%	24.00%
房地產*	0.00%	2.00%	3.00%	3.00%	6.00%
歐洲		1.00%	1.00%	1.00%	2.00%
美國		1.00%	1.00%	1.00%	2.00%
亞洲		0.00%	1.00%	1.00%	2.00%
定息投資	74.00%	61.00%	39.50%	24.00%	0.00%
全球政府債券	17.00%	21.00%	9.00%	3.00%	
歐元投資評級公司債	20.00%	16.00%	9.50%	6.00%	
美國投資評級公司債	9.00%	3.00%			
歐元通膨連結債券	17.00%	14.00%	10.00%	6.00%	
歐元高收益債券	4.00%	4.00%	7.00%	7.00%	0.00%
美國高收益債券	1.00%	1.00%	2.00%	2.00%	0.00%
新興對外債券	2.40%	0.80%	0.80%		
新興當地債券	3.60%	1.20%	1.20%		
全球可換股債券	12.00%	4.00%	4.00%	4.00%	
商品**		1.00%	2.00%	3.00%	4.00%
絕對報酬	14.00%	12.00%	10.00%	6.00%	
合計	100.00%	100.00%	100.00%	100.00%	100.00%

圖 4-2　子基金之組成

---

[2] 有關臺灣智慧趨勢基金的詳細資訊,請至安聯投信網站:https://tw.allianzgi.com 查詢。

投資產業

投資產業	比重
半導體業	22.50%
光電業	20.82%
流動資金	10.70%
生技醫療業	10.39%
其他	9.07%
電腦週邊及設備	7.99%
航運業	7.61%
電機機械	4.57%
通信網路	3.18%
其他電子業	3.17%

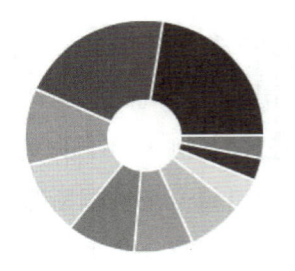

*資料日期：2014/12/31

投資組合

投資組合	比重
股票	89.30%
流動資金	10.70%

*資料日期：2014/12/31

圖 4-3　安聯投信臺灣智慧趨勢基金持股明細

種。收益型基金持有高股利的股票，而為投資人帶來較高的當期收入。以匯豐龍鳳基金為例，它主要投資臺灣股市的主流類股，包括台積電、中華電、聯發科、鴻海及兆豐金控等，是強調高股息個股的價值投資風格。此基金的一年和三年報酬率分別為 8.94% 和 32.82%。另一方面，成長型基金是犧牲當期收入以換取未來資本利得的股票。譬如，國泰中小成長基金主要持股為晶技、同欣電、新普、景碩及大立光等小型股。其一年與三年的報酬率分別為 11.34% 與 37.49%。[3] 換句話說，面對劇烈波動經濟情勢，成長型基金 (股票) 的風險較高，且報酬變動幅度也較收益型基金來得大──不入虎穴，焉得虎子。

債券型基金　顧名思義，債券型基金 (bond fund) 專注於固定收益證券。即便如此，基金經理人仍有許多選項：公司債、公債、地方政府債券或抵押

---

[3]　詳細報酬資訊來自 MoneyDJ 理財網：https://www.moneydj.com。

擔保證券。以保德信瑞騰基金來說，投資標的為中華民國政府公債、公司債、金融債、受益證券、附條件交易 (RP) 等，如圖 4-4 所示。瑞騰基金是固定收益型基金，資產安全性及流動性是首要考量因素；亦即，基金淨值波動低於股票型基金的波動，但較貨幣型基金為高，適合穩健保守型的投資人。至於其一年與三年的報酬率分別為 0.6263% 與 1.7181%。

許多基金以發行人的信用風險來區分，從違約風險較低 (政府公債，如富蘭克林坦伯頓全球投資系列——美國政府基金美元 A 股) 到違約風險稍高 (非投資等級的債券，如保誠全球高收益債券基金配息) 等類別。如果投資人擔心通貨膨脹侵蝕掉購買力，還可以買通膨連結債券基金，譬如，

	A不動產證券化資產信託受益證券	0%	0%
	B抵押債券	0%	0%
	C其他	0%	0%
	(一)買賣斷債券合計	56.96%	14.52%
附條件	2公 司 債	8.97%	0%
	4金融資產證券化之受益證券	0%	0%
	5資產基礎證券	0%	0%
	6不動產證券化資產信託受益證券	0%	0%
	7抵押債券	0%	0%
	8其 他	0%	0%
	(二)附條件合計	8.97%	
存放金融機構	定期存款/信託憑證　1一年(含)以下	18.83%	0%
	定期存款/信託憑證　2一至二年(含)	0%	0%
	定期存款/信託憑證　3二至三年(含)	0%	0%
	活期存款	0.23%	0%
	(三)存放金融機構合計	19.06%	

(a)

瑞騰基金本週持股比

計算日期：2012/01/02 - 2012/01/06 止

投資項目	投資標的	持有比例	
		主順位	次順位
買賣斷債券	1公 債	15.78%	0%
	2金融債券	6.28%	14.52%
	3無擔保公司債	28.61%	0%
	4有擔保公司債100%	6.29%	0%
	5有擔保公司債非100%	0%	0%
	6可轉換公司債	0%	0%
	8金融資產證券化之受益證券	0%	0%
	9資產基礎證券	0%	0%
	A不動產證券化資產信託受益證券	0%	0%
	B抵押債券	0%	0%
	C其他	0%	0%
	(一)買賣斷債券合計	56.96%	14.52%
	2公 司 債	8.97%	0%

(b)

圖 4-4　瑞騰基金持股比

富達全球通膨連結債券基金就是利用全球通膨連結 (投資已發行的通膨連結債券)、利率和信貸市場一系列策略來創造實質收益與資本增值。

貨幣市場基金　貨幣市場共同基金 (money market mutual funds) 投資貨幣市場金融工具，如商業本票、附買回或定期存單等。譬如，台新投信的台新真吉利貨幣市場基金，計價幣別為新臺幣，類型為國內貨幣市場，而持股明細為定存 (65.6%)、短期票券 (8.7%)、公司債附買回 (20.8%) 和活期存款 (4.9%)。至於一年與三年的報酬率分別為 0.54% 和 1.87%。在美國，貨幣市場共同基金通常具有寫支票的特性；也就是買貨幣市場基金的投資人到超市買一瓶牛奶，不需要從口袋裡面掏現金，只要帶支票本就能夠將牛奶帶回家。

平衡型基金　有些基金是為了個人投資組合而設計的。平衡型基金 (balanced funds) 以相對穩定的比例持有股票與固定收益證券。譬如，瑞銀策略基金——收益型投資標的，囊括全球精選個股、優質債券及貨幣市場投資工具，而且股票持股比重區間為 20% 至 30% (長期平均為 25%)。資產配置部分，前三大債券持股為 UBS (Lux) BOND SICAV (12.87%)、UBS (Lux) KEY SELECTION (7.15%) 和 UBS (Lux) MONEY MARKET FUND (6.84%)，而其一年與三年報酬率分別為 4.25% 與 5.15%。[4]

另外一種平衡型基金為生命週期基金 (life-cycle funds)，此資產組合可從積極 (適合年輕人) 到保守 (適合年長者)。一般來說，生命週期基金分成兩種，一種為靜態配置生命週期基金 (static allocation life-cycle funds) 讓投資人選擇自己希望的股債比例。譬如，先鋒生活策略成長基金 (Vanguard Life Strategy Growth Fund) 的資金配置為 65% 股票／35% 債券，或 90% 股票／10% 債券。目標為提供資本增值與一些當期收益。

第二種生命週期基金是目標年期基金 (target-maturity funds)。基金會設定一個退休年度 (如 2025 年)。隨著時間逼近 2025 年，基金投資組合漸趨保守。譬如，先鋒目標退休 2025 基金 (Vanguard Target Retirement 2025 Fund) 設定的投資人退休時間介於 2023 年到 2027 年間。投資標的包括全

---

[4] 有關瑞銀境外基金資訊，請至網站：https://www.ubs.com/4/taiwanfunds/taiwan/wholesale/offshore_fund_information.html 查詢。

球股票、美國公債和高品質公司債。隨著時間經過,逐漸降低股票投資的比重,截至 2015 年 1 月 22 日為止,47.9% 的資金配置在股市指數基金 (Vanguard Total Stock Market Index Fund Investor Shares),而 25.6% 配置在債市指數基金 (Vanguard Bond Market II Index Fund Investor Shares)。

指數型基金 指數型基金 (index funds) 是以股價指數或債券指數作為投資標的。第一支指數型基金先鋒 500 指數基金在 1976 年由先鋒投信推出。它就是按標準普爾 500 指數上市的公司市值占總市值比例,對每檔股票 (504 檔股票) 進行買賣。對不想要花腦筋的小額投資人來說,買指數型基金的機會成本較低,因為不需要進行證券分析,只要追蹤指數即可,它是一種消極性的投資策略。

金融海嘯後的新寵——被動投資的興起

截至 2014 年 12 月 31 日為止,先鋒 500 指數基金的一年與三年報酬率分別為 13.64% 與 20.37%,基金報酬非常貼近標準普爾 500 指數的報酬,如圖 4-5 所示。指數型基金不限於股票指數,它也可追蹤債券或房地產指數。譬如,先鋒投信曾推出平衡指數基金 (股票與債券)、當時社會指數基金 (以人權、環保、社會為主的股票)、全球不動產指數基金 (以不動產投資信託基金為標的),以及短期債券指數基金 (30% 在公司債和 70% 在美國公債到期日介於一年至五年) 等。

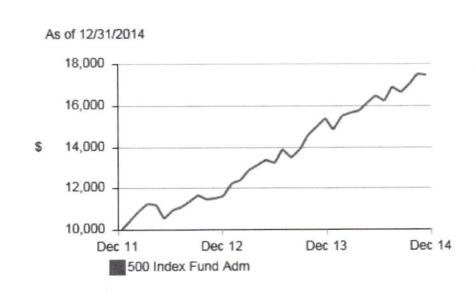

	1 Year	3 Year	5 Year	10 Year	Since Inception 11/13/2000
500 Index Fund Adm	13.64%	20.37%	15.42%	7.66%	5.04%
S&P 500 Index*	13.69%	20.41%	15.45%	7.67%	5.06%

圖 4-5　先鋒 500 指數型基金

特定產業基金　投信公司只投資於某一產業的共同基金,稱為**產業基金** (sector funds)。譬如,富達投信就推出超過 40 支產業基金,包括能源 (天然氣、石油、太陽能等公司)、金融 (銀行、消費金融、保險、房地產等公司股票)、科技 (半導體、軟體、硬體公司股票)、必需性消費 (食物、衣服等每天都會用到的產品),以及原物料 (黃金、白銀、農產品、礦業等公司股票)。[5]

除了以投資政策區分外,共同基金還可依投資地區分成全球型、區域型與單一國家型三種類型。

全球型共同基金　全球型共同基金 (global funds) 是指將資金投資在本國以及外國的有價證券。譬如,寶來證券代理的羅素全球股票基金,主要投資於世界各市場上市的股權證券,包括普通股、可轉換證券及認股權證,也可以利用衍生性工具建立多頭及空頭部分。

相對地,**海外基金** (international funds) 係投資除了本國以外其它國家的有價證券。譬如,1983 年設立的 UMB Scout Internation Fund 將 80% 的資金投向總部設於海外的企業,或擁有大規模國際業務的公司,如可口可樂希臘瓶裝公司和澳洲礦業鉅子必和必拓的部分股權。晨星公司將該基金評為五星級。

區域型共同基金　區域型共同基金 (regional funds) 專注於全球某一特定部分,如歐洲、亞洲、拉丁美洲的資本市場。譬如,保誠亞太高股息基金著眼於亞太區域股市輪漲題材,中、日、印龐大內需市場,受惠原物料行情的印尼、澳洲及體質改善的泰國、馬來西亞等國的高股息類股。再如保德信新興中小基金,主要投資於全球新興市場國家或地區之中小型公司所發行之股票,可同時提供成長型與價值型的投資機會。不過,新興市場的政治與經濟波動風險較大,加上中小型公司股價振盪劇烈,此基金定位為積極追求成長之風險相對較高的投資商品。

單一國家型共同基金　單一國家型共同基金將資金投向一特定國家的金融

---

[5] 詳細資訊,請至富達投信網站:https://www.fidelity.com/mutual-funds/sector-funds/overview 查詢。

市場，如瑞銀證券的瑞銀 (盧森堡) 俄羅斯股票基金，至少投資全球資產的三分之二於俄羅斯聯邦，或營運活動在俄羅斯聯邦之公司股票及其它權益證券。單一國家市值波動較大，比較適合能夠承擔風險的投資人進行投資。

共同基金可依是否能贖回，而分成開放式基金與封閉式基金兩種：

開放式基金 開放式基金 (open-end funds) 除募集期間外，仍然接受以淨值來申購或贖回。以元大投信的元大台商收成基金為例，2015 年 1 月 20 日與 21 日的淨值分別是新臺幣 22.57 元與 22.74 元。倘若阿雞師決定在 1 月 20 日贖回 1 單位的台商收成基金，投信公司買回價格為次一營業日 (1 月 21 日) 的淨值計算，阿雞師申請贖回時，不需負擔任何費用。換句話說，他能拿回新臺幣 22.74 元。至於入帳時間則依不同基金類別而有不同：

- 貨幣型基金：贖回申請日之次一營業日內入帳。
- 國內股票型基金：贖回申請日之次三個營業日內入帳。
- 海外股票型 (或組合型) 基金：贖回申請日之次五個營業日內入帳。

封閉式基金 封閉式基金 (close-end funds) 募集期滿後，即不再接受投資人申購及贖回。投資人如果想要買賣基金，可在集中交易市場買賣，就像是一般股票，封閉式基金的價格由市場供需來決定。股市多頭時，投資人每天看著股票上漲而不敢冒險追漲。此時，封閉式基金會是一個不錯的投資標的。舉例來說，2009 年臺灣加權指數的整年報酬率為 78.34%，而封閉型基金——富邦基金 (0015 富邦) 的報酬率為 72.08%。

目前臺灣已無封閉式基金，原先僅存的富邦證券投資信託資金在 2013 年 11 月 1 日經受益人會議改為開放式基金。

4-1-3 基金的銷售與費用

天下沒有白吃的午餐。做任何事情都要付出代價，投資金融商品也不例外。不管你是小資族或臺灣首富，購買共同基金都會碰到一些費用，包括管理費、銷售費及買賣證券的交易成本。

管理費是共同基金在經營投資組合所產生的費用，包括支付給經理人

的顧問費及行政費用。這些費用通常以基金總資產的百分比計算，範圍介於 0.2% 至 2% 之間。譬如，法國巴黎銀行的法巴 L1 債券基金管理費是 1.5%、富達投信的股票型基金最高管理費為 1.5%，平衡型基金與債券型基金最高管理費都是 1.25%，現金型基金管理費為 0.4%。管理費會定期從基金的淨值中扣除。投資人申購基金時，不需要再從口袋額外掏錢。

　　管理費不需要額外付款，但銷售手續費及贖回費用則需要額外付錢。以國內基金而言，銷售手續費約在 0.5% 至 2% 之間，譬如，安聯投信的股票型與平衡型基金手續費介於 0.5% (申購金額 1,000 萬元以上) 至 2% (申購金額 1 萬元至 100 萬元)，貨幣市場基金則不需要手續費。投資人如果想要省錢的話，可透過網路申購，電子交易申購手續費率按現行牌告手續費打三折。

　　贖回手續費是投資人要求基金公司贖回持有股份的費用，稱為贖回費用。並不是每一檔基金都要付贖回手續費，國內基金部分，直接去投信辦理贖回，不用繳任何費用。但代理機構之代辦手續費、郵寄支票之雙掛號費，每檔基金 50 元。

　　贖回費用與持有基金時間的長短而不同。以瑞萬通博基金的歐洲債券基金為例，贖回費用依投信公司買回股份之原申購時的淨資產價值為基礎支付。若持有期間為零年到一年，費率為 2%；若持有期間在一年到兩年間，費率為 1%；但若持有期間超過兩年，就不用繳任何費用。

　　第三種費用是共同基金買賣標的證券必須支付手續費和交易稅。這些交易成本會降低投資人的報酬。至於稅負部分，境外基金從 2010 年起正式課稅。只要投資人年收入超過 600 萬元，且海外投資所得超過 100 萬元，則超過 100 萬元的部分就要納入最低稅負制，扣繳稅率為 20%。另一方面，國內投信發行的海外基金不課稅。此外，指數型股票基金 (ETF) 也不納入最低稅負制。

　　最後，讓我們用一個例子來說明共同基金的投資報酬。想像阿雞師在 2015 年年初以新臺幣 18,340 元買入淨值 18.34 元的施羅德投信的瑞士中小型股票基金。因為歐債危機，阿雞師在 2015 年 12 月以淨值 24.29 元將受益憑證賣回給施羅德投資信託公司。這段期間，阿雞師拿到配息 0.15 元，而當初買進基金時，繳了 0.6% 的手續費和 1.4% 的管理費給投信公

司，阿雞師投資基金的報酬率為：[6]

報酬率＝(期末淨值－期初淨值＋基金配息)／(期初淨值＋
　　　　銷售費用＋管理費用)

亦即，

報酬率＝($24.29－$18.34＋$0.15)／($18.34＋$18.34×0.006＋
　　　　$18.34×0.014)
　　　＝32.61%

練習題 4-2 基金淨值

何謂基金淨值？

答：將基金之投資資產(標的)於每一營業日按其市價計算所得之總資產價值，減去基金負債後之餘額即為基金淨資產價值，也就是基金淨值。一般投資人都是以基金淨值的漲跌程度來衡量基金績效。

領到年終獎金的小資族要去哪裡才能買到共同基金呢？可以去發行或代理該檔基金的投信公司申購，譬如，去元大投信申購寶來矽谷基金或至銀行去買也可以。一般來說，直接去投信公司申購比去銀行申購的手續費要低。但你去元大投信只能買元大投信發行或代理的基金，而一般銀行代理多家投信公司的基金，不但選擇較多且可得到免費的理財諮詢。

4-1-4 特殊的基金

投資理財千變萬化。就像股票和債券一樣，共同基金也不斷地推陳出新。2002 年 10 月 24 日，投信公會發文通知組合基金正式上路。怡富投信就申請了第一檔組合基金──怡富安家理財基金，設定投資 5 個以上的國內投信與境外基金，且最高投資上限不得超過淨值的 7%。[7]

---

[6] 基金淨值 (net asset value, NAV) 的計算如下：
　　　基金淨值＝(資產市值－負債)／流通在外受益憑證股數
[7] 怡富安家理財已改名為 JF 安家理財基金。

組合基金 組合基金的投資標的就是基金。簡單地說,基金經理人挑選各式各樣的基金來做投資組合,所以又稱為**基金的基金** (fund of fund)。組合基金比較適合基金的新手。沒有概念且沒有辦法判斷要買什麼基金的投資人,很適合買組合基金。另外一種是沒有太多錢的小額投資人,想要分散風險卻無法做到資產分散者,組合基金是一個不錯的投資標的。截至 2018 年 12 月為止,境內組合型基金共有 85 檔,資產規模為新臺幣 1,413 億元。[8]

> **練習題 4-3 組合基金**
>
> 請至中華民國證券投資信託暨顧問商業同業公會網站,查詢最近一期的組合基金數量及資產規模。

指數股票型基金 **指數股票型基金** (exchange-traded fund, ETF) 是一種追蹤標的指數變化且在證券交易所上市交易的基金。圖 4-6 列出 ETF 的分類說明。根據貝萊德 (BLACKROCK) 提供的資料,2014 年全球的 ETP

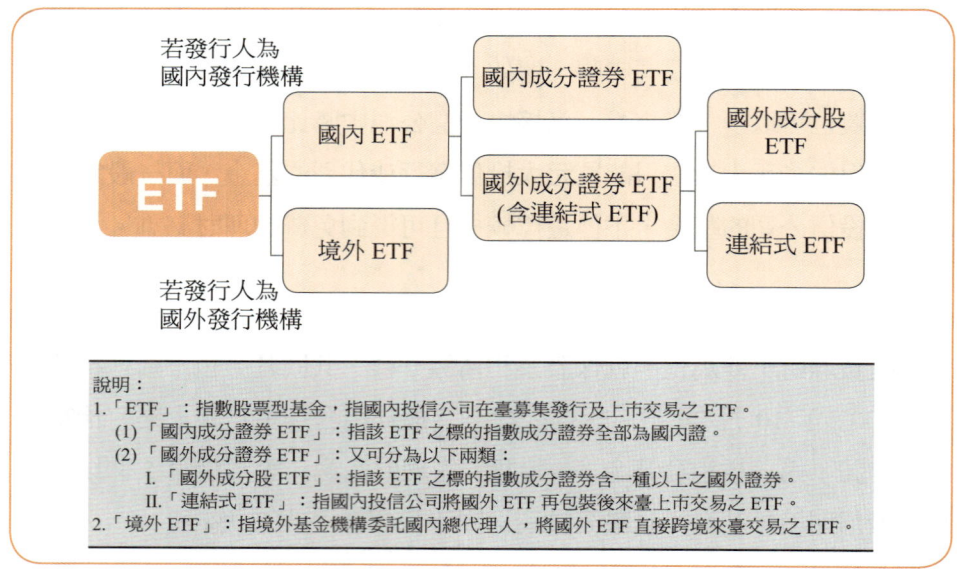

說明:
1. 「ETF」:指數股票型基金,指國內投信公司在臺募集發行及上市交易之 ETF。
   (1) 「國內成分證券 ETF」:指該 ETF 之標的指數成分證券全部為國內證券。
   (2) 「國外成分證券 ETF」:又可分為以下兩類:
      I. 「國外成分股 ETF」:指該 ETF 之標的指數成分證券含一種以上之國外證券。
      II. 「連結式 ETF」:指國內投信公司將國外 ETF 再包裝後來臺上市交易之 ETF。
2. 「境外 ETF」:指境外基金機構委託國內總代理人,將國外 ETF 直接跨境來臺交易之 ETF。

資料來源:臺灣證券交易所。

圖 4-6 ETF 的分類說明

---

[8] 資料來源:中華民國證券投資信託暨顧問商業同業公會:https://www.sitca.org.tw。

(單位：十億美元)

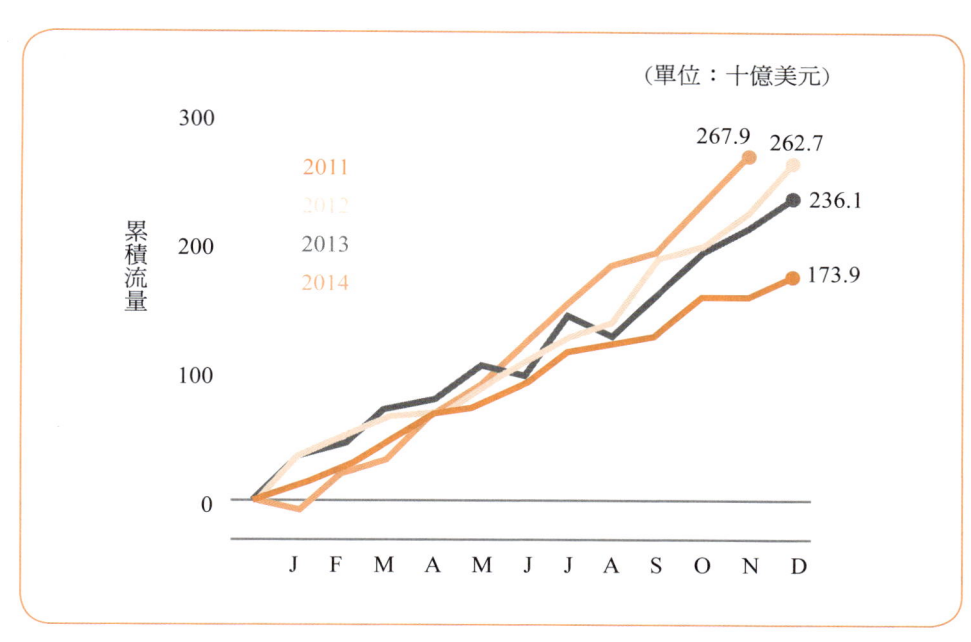

圖 4-7　全球 ETP 資產規模

(exchange-traded product, ETP) 資產達 2,679 億美元，規模已超越 2012 年 2,627 億美元，創下新的里程碑，如圖 4-7 所示。臺灣的 ETF 商品也是跳躍式成長。到 2014 年 12 月為止，共有 23 檔 ETF，資產規模達新臺幣 1,610 億元。

練習題 4-4 指數股票型基金

買賣 ETF 需要哪些成本？交易稅如何計算？

答：買賣 ETF 的成本包括一般的交易成本(手續費、證交稅)，手續費與股票相同，在 0.1425% 的範圍內由證券商自行訂定。證券交易稅僅在賣出時課徵，交易稅率為 0.1%，比股票 0.3% 來得便宜。

ETF 商品飛快成長的主要原因是：單筆交易 ETF 就是直接投資一籃子股票。其它好處還有管理費用較一般股票型基金低廉，[9] 投資標的透明，成分股變動不大。以元大台灣卓越 50 基金來說，投資標的是臺灣 50 指數成分股，即台塑四寶、宏達電、台積電、國票金等上市公司股票。

---

[9] 元大台灣卓越 50 基金的管理費和保管費分別為資產淨值的 0.32% 和 0.035%。

ETF 商品的稅負低，僅在賣出時課徵 0.1% 的交易稅。投資人不需研究個股，只要判斷漲跌即可，是最不費力的投資工具。買賣 ETF 與買賣股票一樣簡單，透過網路、電話或親臨營業櫃檯就能交易。

傘型基金 傘型基金 (umbrella fund) 是一個總基金底下有多個相互獨立子基金 (目前法令規定最多有 3 個)，可以是平衡型、股票型、債券型、組合型等，且有各自的基金經理人。譬如，元大台灣 ETF 傘型證券投資信託基金包含 3 個子基金，分別為元大台灣電子科技基金 (證交所電子類發行量加權股價指數)、元大台商收成基金 (S&P 台商收成指數成分股) 與元大台灣金融 ETF (MSCI 台灣金融指數成分股)。傘型基金的子基金通常涵蓋不同區域的資產配置。譬如，保誠精選傘型基金包括趨勢精選組合基金 (投資英國、韓國、美國的 ETF) 及債券精選組合基金 (投資債券型基金及貨幣市場基金) 兩種。

傘型基金是在 2004 年 7 月由金管會開放，其優點為子基金轉換免手續費，可發揮資產配置優勢，是一個不錯的退休理財工具。[10] 截至 2014 年 12 月為止，臺灣的傘型基金共 22 檔 (54 支子基金)，資金規模達新臺幣 959.14 億元。

保本型基金 保本型基金 (principal guarantee funds) 是投資人於基金到期時，至少可回收一定比率 (如 90%) 的本金。保本型基金通常投資在固定收益商品，然後將孳息部分投資在衍生性金融商品，可以期待多頭市場享有投資報酬；相反地，空頭市場至少可保本。

保本型基金的操作方式有幾種方式。第一為債券加股票。基金經理人以固定比例投資零息債券與股票，且孳息部分可用來買股票。等零息債券到期時，投資人就能拿回本金。第二為債券加衍生性金融商品。這種方式是將孳息部分投資於選擇權。透過選擇權損失有限而獲利無限的特性，設定停損機制。以復華南非幣 2017 保本基金為例，它利用債券定期領息、到期還本的特性，以獲取本金及累積利息為主要操作策略。截至 2015 年

---

[10] 有關傘型基金的保管費、經理費、手續費可參閱其公開說明書。
[11] 復華南非幣 2017 保本基金到期日為 2017 年 9 月 22 日。持有到期可享有 100% 保本再加淨利息收益。

11 月 20 日為止，近一年及近二年報酬率分別為 7.20% 與 9.53%。[11] 由於保本型基金將大部分資金投入定存或零息債券，隨時贖回並不適合此類型基金，因此保本型基金會在固定期間開放贖回。只是投資人愈早贖回，就要承擔愈高的贖回手續費率。截至 2014 年 12 月底，臺灣保本型基金有 8 支，基金規模達新臺幣 152.13 億元。

複製基金 複製基金 (clone fund) 就像複製羊桃莉一樣，是共同基金的複製品。在加拿大，政府規定**註冊退休儲蓄計畫** (Registered Retirement Saving Plan, RRSP) 中 80% 的資金必須投資加拿大的金融商品。如果投資人想要用他的 RRSP 買標準普爾 500 指數基金，一個作法是購買加拿大本土的標準普爾 500 複製基金。這樣做的好處是既不觸法且可享有高報酬。由於複製基金翻版母體基金，操作成本較低，管理費用自然也不高，高盛銀行在 2006 年推出一支避險基金的複製基金，只收單一管理費 1%。相較於避險基金每年收取 4% 至 7%，複製基金大受投資人青睞。

4-1-5 基金的績效

基金可以分散風險，但不代表零風險。2000 年網際網路泡沫化，臺灣股市大跌，國內各類型基金淨值也跟著溜滑梯，引爆投資人大量贖回。共同基金發行時，公開說明書就明訂開放型基金規模在連續三十個營業日，平均值低於新臺幣 2 億元，基金就會吹熄燈號。2000 年 11 月初，已有 5 檔基金被終止契約。

選淨值最高的共同基金，是否就萬無一失？傳統的績效評比是從各基金淨值漲跌幅判勝負。此舉固然有立竿見影的效果，但未兼顧投資風險。風險若未有效管理，追求最大報酬的目標可能因此大打折扣。

一個衡量股票型基金績效的簡單方式是與指數型基金進行比較。指數型基金是模擬市場指數 (如標準普爾 500 指數) 的消極性投資策略。理論上來講，專業經理人的表現應該優於簡單投資策略的一般投資人才對，但實情並非如此。美國的研究指出，從 1971 年至 2008 年，這三十八年當中有二十三年，指數型基金的報酬超過股票型基金的報酬。平均來說，指數型基金的報酬率是 11.4%，比一般型股票基金高了一個百分點。

在臺灣，各投信公司與基金網站都會做績效評比。為了提供有公信

力的基金資訊，中華民國證券投資信託暨顧問商業同業公會自 1996 年第 2 季開始就委託臺大財金系李存修與邱顯比兩位教授定期進行績效評比。評比標準有三個：首先，基金的報酬率部分是以共同基金淨值報酬率來計算。其次，是以報酬率標準差及貝它 (β) 值來衡量基金風險，標準差衡量基金報酬率的波動程度；β 值衡量基金報酬率與相對指數報酬率的敏感程度 (系統風險)。最後，在結合報酬與風險的指標方面，目前提供各類型基金的夏普指數 (Sharpe index)，夏普指數衡量基金承擔每單位風險所獲致之額外報酬。

中華民國證券投資信託暨顧問商業同業公會網站會定期公布基金的評論意見。以 2013 年 12 月為例，李存修與邱顯比兩位教授指出，185 檔國內股票型基金平均報酬率 (21%) 超過臺灣加權股價報酬指數達 5.86%。其中，擊敗大盤者更達 118 家，占 64%。[12]

練習題 4-5　共同基金績效評比

請至中華民國證券投資信託暨顧問業公會網站，下載最近一期的績效評比表。請問國內股票型基金第一名名稱為何？其一個月的報酬率、年化標準差、夏普指數各是多少？

4-2　避險基金

一般人想到避險基金，就會想到索羅斯 (George Soros)。1997 年亞洲爆發金融風暴，馬來西亞總理公開譴責索羅斯，直指避險基金是造成金融風暴的元凶。索羅斯被稱為「擊垮英格蘭銀行的人」。

1992 年 9 月 16 日，索羅斯看準英鎊貶值，向銀行融資 30 億美元，他的攻擊計畫是放空英鎊 20 億美元，買進馬克和法郎 60 億美元，作多德國和法國的公債。英格蘭銀行為了不讓英鎊貶值，宣布升息兩個百分點，量子基金操盤手朱肯米勒 (Stanley Jukenmiller) 放空 100 億美元。當時，量子基金規模不過 10 億美元。

在「金融大鱷」的猛烈攻擊下，短短五個小時，英格蘭銀行投降，放

---

[12] 有關共同基金的績效評比資訊，請至中華民國證券投資信託暨顧問商業同業公會網站：https://www.sitca.org.tw 下載。

手讓英鎊貶值 20%，索羅斯的帳面獲利達 20 億美元。這一天，英國人稱為「黑色星期三」。擊垮英格蘭銀行五年後，他集結老虎基金等知名避險基金，攻擊泰國。影響所及，泰銖貶值 65%。

4-2-1　避險基金的特色

避險基金 (hedge fund) 又稱對沖基金，係針對有錢人和機構投資人來私募基金，並利用政府監管及法律上的豁免，進行多元化的投資。避險基金起始於 1920 年代的美國。第一支避險基金為「避險基金之父」瓊斯 (Alfred W. Jones) 在 1949 年創立。他利用放空與槓桿的概念來操作，作多看好的股票和作空看壞的股票，來規避投資組合的市場風險。瓊斯在基金中建立融資融券部位，並且提出一定比例的獎金作為經理人的激勵。時至今日，很多避險基金的績效獎金仍高達利潤的 20% 至 30%。一般來說，避險基金有以下幾個特色：

追求絕對報酬率　共同基金在股市多頭時，賺取至少與大盤一致的報酬，在空頭時，則盡量多持有現金部位以減少虧損。共同基金是追求相對報酬 (相對於指數)。相反地，正的避險基金利用多空部位來規避市場風險，即使在空頭市場仍可以賺取報酬。避險基金是追求絕對報酬 (正的報酬)。表 4-3 顯示瑞士信貸避險基金指數 (Credit Suisse Hedge Fund Index)、標準普爾 500 與涵蓋全球 95% 股市的道瓊世界指數 (Dow Jones World Index) 的報酬率。自成立以來，平均每年的避險基金績效為 8.49%，低於標準普爾 500 的 9.43% 但高於道瓊世界指數的 5.18%，即便以年度標準差來看，避險基金的風險仍遠低於股價指數的風險。

因為避險基金的績效多來自基金操盤人的擇股與操作策略多樣化，基金報酬率與市場的相關性較低。以瑞士信貸避險基金指數為例，在 2006 年 1 月 1 日至 2010 年 12 月 31 日期間，避險基金指數與標準普爾 500 指數間的相關性低 (相關係數＝0.21)，如表 4-4 所示。

投資策略　避險基金常利用空頭部位配合多頭部位操作，也就是所謂的「多空並行操作」。為了用最低的風險換取最高的報酬，避險基金交互使用不同的策略：可轉債套利、固定收益套利、股票對沖、危難公司、事件

表 4-3　瑞士信貸避險基金指數

淨表現	瑞士信貸避險基金指數 (USD)	標準普爾 500 (USD)	道瓊世界指數 (USD)
一個月	0.01%	−0.25%	−1.88%
三個月	0.70%	4.93%	0.13%
六個月	1.26%	6.12%	−2.98%
一年	4.13%	13.69%	2.12%
兩年累計	14.26%	50.51%	23.35%
三年平均每年	23.03%	74.60%	40.27%
三年平均每年	7.15%	20.41%	11.94%
五年累計	33.06%	105.14%	41.39%
五年平均每年	5.88%	15.45%	7.17%
自成立以來	453.92%	563.40%	189.01%
自成立以來平均每年	8.49%	9.43%	5.18%
夏普指數	0.8	0.45	0.16
年度化標準偏差	7.17%	14.95%	15.44%

指數數據自 1994 年 1 月開始。

表 4-4　道瓊瑞士信貸避險基金指數相關性分析

相關性	瑞士信貸避險基金指數 (USD)	標準普爾 500 (USD)	道瓊世界指數
標準普爾 500 (USD)	0.57	1	0.93
道瓊世界指數	0.63	0.93	1

相關性自 January 1994 開始。

導向、全球宏觀、管理期貨與股票放空等來降低部位的波動性。相對地，共同基金操作的靈活度不夠，通常只能作多，無法作空，即便要從事槓桿操作或投資衍生性金融商品，法律規定也相當嚴格。

投資門檻　共同基金開放一般升斗小民投資，只要新臺幣幾千元就能夠買到基金，避險基金則不然。避險基金的服務對象為投資經驗豐富的客戶，通常不會超過 100 位。傳統的避險基金要求的最低投資金額介於 25 萬美元至 100 萬美元之間，而新基金的最低投資門檻較低，只要 25,000 美元即可。為進一步保持高度自由操作方式，避險基金不打廣告，而採私募

方式，國內的《證券投資信託及顧問法》規定：個人淨資產超過新臺幣 1,000 萬元或本人與配偶淨資產超過 1,500 萬元，加上個人年收入超過新臺幣 150 萬元或夫妻合計年收入超過新臺幣 200 萬元，才能夠購買避險基金。

透明度　避險基金採有限合夥人制度，將合夥人數目限制在 100 人以內，就可以規避證券主管機關的管轄。不像共同基金有公開說明書提供投資人操作策略與投資組合內容，避險基金的績效報告只提供給投資人而不會對外公開，更不會公開其交易策略。

　　資訊透明度低是避險基金的最大問題。投資共同基金，要擔心的是市場風險；投資避險基金，擔心的是基金經理人風險。如果基金經理人未依操作準則，卻一意利用高槓桿追求高報酬率，一旦錯估市場，極可能造成基金倒閉。最惡名昭彰的例子是由兩位諾貝爾經濟學獎得主墨頓 (Robert Merton) 與舒爾茲 (Myron Scholes) 坐鎮的長期資本管理公司 (LTCM)，利用從投資募得的 22 億美元資本作抵押，買入價值 1,250 億美元債券，槓桿比率高達 60 倍。在 1998 年，因基金經理人操作失當，放空的德國債券價格上漲，作多的義大利債券價格下跌，短短一百五十天內資產淨值下降 90%，出現 43 億美元的虧損 (約合當時新臺幣 1,300 億元)，創下基金虧損紀錄而宣告破產。

流動性　2008 年是避險基金最值得回顧的一年，因為這一年避險基金交出歷年來最差績效。以瑞士信貸避險基金計算的年報酬率為 −6.13%，年化標準差為 8.92%，而夏普指數是 −0.69。對那些投資在流動性較高市場的避險基金，開始大量賣出持有股票和債券，以應付投資人贖回，這加重全球股市和債市的下跌幅度。另一方面，對那些投資在比較不流動的市場，面臨突如其來的大筆贖回，基金首先會啟動贖回門檻 (gate) 或凍結贖回機制，主要的考量是保護投資人的資產。[13]

　　一般避險基金都會設下**閉鎖期** (lock-up periods) ——投資人無法贖回投資金額的期間。一般週期是十八個月，有些更長達兩、三年。若投資人

---

[13] 此為 side pocket 的限制，指的是當你申請贖回時，只能拿回部分的錢 (如 80%)，剩下的要等目標資產實際清算後才能拿回 (20%)。

想要贖回，必須在贖回日的三十天、六十天或九十天前告知。

1988 年 LTCM 引發金融危機時，最後由聯準會出面號召全球各大金融機構債權人拿出 36 億美元，幫 LTCM 繳保證金，以免其部位被斷頭。事件經過一年，當初受創部位平倉後還賺 10%。如果當時債權人未同意延長閉鎖期而勉強贖回，血本無歸的結局勢所難免。

績效獎金　美國《財星》雜誌 (*Fortune*) 形容避險基金與共同基金的差異，就像是頂級房車與普通轎車的不同。投資避險基金豐碩報酬率的後面是昂貴的代價。

索羅斯旗下的量子基金，十年的投資報酬率是 10.90%，這樣耀眼的投資報酬率，讓一般投資人看了很難不心動。為了維持卓越的投資成效，避險基金除了收取固定百分比 (1% 至 2%) 的管理費用外，也按照獲利超過門檻報酬率後的百分比 (20% 甚至更高) 提撥給基金經理人，作為鼓勵酬金 (incentive fee)。這個門檻報酬率通常是貨幣市場利率，如倫敦銀行同業拆放利率 (LIBOR)。換句話說，若避險基金報酬率 (譬如，20%) 超過 LIBOR (譬如，3%)，則超過部分 (17%) 的 20% 將作為鼓勵酬金。

4-2-2　避險基金與共同基金的差異

標準普爾調降歐洲九國評等，IMF 警告歐債危機出現「外溢效應」，波及到其它地區和國家，面對嚴峻的國際經濟情勢與資本市場狀況，阿雞師該買哪支股票 (或基金) 好？這是一般投資人最想問的問題與最想知道的答案。

以相當受投資人青睞的共同基金來說，基金的投資策略為作多投資標的，也以股債為主，少數輔以期貨。投資人面臨 2008 年的金融海嘯，作多策略明顯彈性不足。投資人想要在空頭市場保護自己，避險基金是一個不錯的選擇。

避險基金與共同基金的主要差別在於，避險基金在投資策略與標的選擇上，都比共同基金多元且有彈性。因為多元，風險控管要比共同基金好。然而，不受政府監管與透明度不佳是避險基金的缺點。有關避險基金與共同基金的差異，我們整理於圖 4-8。

圖 4-8　共同基金與避險基金的差異

4-2-3　避險基金的操作策略

基金績效與操作策略的關係好比 iPhone 與 App 之間的關係。好的應用軟體更能突顯硬體的價值。避險基金的策略是多空並行，需要經理人的高度專注與智慧方能達成績效目標。表 4-5 列出瑞士信貸避險基金廣泛指數中，操作策略的報酬與風險。這十種策略經常被避險基金的經理人採用，包括可轉債套利、股市中立、新興市場、股票多空、事件導向、固定收益套利、全球宏觀、股票多空、管理期貨與多重策略等。

可轉債套利 (convertible arbitrage) 策略是利用同一家公司所發行不同證券間的價格差異，進行套利。譬如，買進一家公司的可轉換公司債，同時作空該公司股票。固定收益套利 (fixed income arbitrage) 策略尋求不同固定收益證券間的價差關係，運用長短部位槓桿作用進行套利。舉例來說，歐債危機遲遲無法解決，希臘舉債成本遽增，公債殖利率大漲，拉開與美國公債殖利率的差距。經理人可作空美國公債，並買進希臘公債即可獲利。可轉債套利與固定收益套利都是相對價值策略，其基本信念是當市場處於有效率狀態時，標的資產的所有相關證券價格應該趨於一致；亦即，利差收斂至正常水平，而不會有套利空間。

股市中立 (equity market neutral) 策略是指基金經理人同時多空部位，

表 4-5　瑞士信貸對沖(避險)基金指數每月表現

指數／指數成分策略	貨幣	2014年12月 價值	2014年12月 報酬率	2014年11月 價值	2014年11月 報酬率	YTD 報酬	1年 報酬	Annl*	Std Dev*	Sharpe*
瑞士信貸避險基金指數	USD	553.92	0.01%	553.85	1.50%	4.13%	4.13%	8.49%	7.17%	0.80
可換股套利	USD	411.86	−1.15%	416.64	−0.10%	−1.68%	−1.68%	6.97%	6.58%	0.64
股票放空	USD	30.28	0.90%	30.01	0.64%	−5.61%	−5.61%	−5.53%	16.34%	−0.51
新興市場	USD	435.31	0.19%	434.5	1.71%	1.53%	1.53%	7.26%	14.04%	0.32
股票市場中立	USD	264.66	−0.69%	266.49	0.57%	−1.19%	−1.19%	4.74%	9.75%	0.21
事件導向	USD	632.57	−0.55%	636.04	0.55%	1.57%	1.57%	9.18%	6.11%	1.06
財困證券	USD	767.72	−0.49%	771.52	0.14%	2.55%	2.55%	10.19%	6.34%	1.18
事件導向多重策略	USD	575.33	−0.57%	578.65	0.73%	1.14%	1.14%	8.69%	6.60%	0.90
風險套利	USD	344.15	0.08%	343.87	0.57%	−1.32%	−1.32%	6.06%	4.05%	0.82
固定收益套利	USD	301.09	−0.07%	301.29	0.21%	4.37%	4.37%	5.39%	5.39%	0.49
全球宏觀	USD	883.12	−0.25%	885.36	1.65%	3.11%	3.11%	10.93%	9.19%	0.89
股票對沖	USD	654.08	0.35%	651.78	1.89%	5.55%	5.55%	9.36%	9.46%	0.70
管理期貨	USD	319.61	1.67%	314.37	7.50%	18.37%	18.37%	5.69%	11.52%	0.26
多重策略	USD	501.9	0.41%	499.86	1.22%	6.09%	6.09%	8.08%	5.12%	1.05

* 平均年度指數數據於1994年1月開始。年度化月標準偏差。使用滾動90天國庫券利率計算夏普指數。

	貨幣									
標準普爾500	USD		−0.25%		2.69%	13.69%				
高盛商品指數	USD		−13.63%		−10.92%	−33.06%				
瑞士信貸高收益II指數	USD		−0.81%		0.95%	3.64%				
花旗集團世界政府債券指數	USD		−0.66%		−0.59%	−0.48%				
道瓊世界指數	USD		−1.88%		1.40%	2.12%				
道瓊世界新興國家指數	USD		−4.78%		−0.81%	−2.65%				
道瓊拉丁美洲國家指數	USD		−9.19%		−4.69%	−14.91%				
道瓊全球1800亞太地區國家指數	USD		−2.54%		−3.97%	−3.89%				
STOXX Eastern Europe Total Market	USD		−16.68%		−4.69%	−32.23%				

以規避系統性風險。它的運作方式是將基金買進股票 (100 萬元)，同時放空股票 (100 萬元)，並將放空股票拿到的錢 (100 萬元) 投入貨幣市場賺利息。想像一基金經理人買進的股票漲 11%，而放空的股票漲 9%，加上現金部位的利率 3%，當市場漲 10% 時，基金的報酬率是 5% (＝11%－9%＋3%)。

運用相同的邏輯，一基金經理人買進的股票漲 10%，放空的股票也漲 10%，他的報酬率等於 10%－10%＋3%，等於現金部位的利率 3%，這兩個數字的例子告訴我們，選股能力愈強，中立策略帶來的收益也會愈多。

股票多空 (equity long/short) 策略是避險基金領域中最常見的策略，所管理資產的比重占整體避險基金業的比重最高。

股票多空策略是在股市挑出看多和看空的個股，建立一個同時包含多、空部位的投資組合，即使股市大漲，還是會有股票下跌。多空策略能夠兩頭賺，增添獲利機會。另一方面，股票多空策略與全球股市的連動性不高。[14] 這意味著即使將資金都拿去股市，多空策略的避險基金仍能分散投資股票的風險。

股票放空 (dedicated short bias) 策略所持有的空頭部位比多頭部位多。基金經理人專挑現金流量不足以及預期報酬率為正的公司，等到股價下跌至合理水準後再以低價回補。採取股票放空策略的基金偶爾會利用衍生性金融商品，如買入選擇權或期貨來避險。其風險管理是抵銷多頭部分與停損機制，2007 年次貸危機襲捲全球金融市場，雷曼兄弟倒閉更加劇股市下挫，股票放空策略在 2008 年的績效遠勝於其它策略，僅次於管理期貨策略，其指數總報酬率為 8.69%，夏普指數為 0.48，如表 4-6 所示。

管理期貨 (managed futures) 策略是基金經理人依循計量模式 (使用複雜的電腦程式與歷史資料) 順勢交易以追求報酬。投資標的涵蓋全球上市的債券、股票、貨幣和商品期貨，以及遠期外匯，通常保證金動用比率有很高的比重是以現金持有。

管理期貨策略最典型的操作模式是掌握資產，如股票、原物料的長期趨勢。金融海嘯期間，造成全球大部分市場顯著下挫趨勢，管理期貨策

達里歐與橋水基金

---

[14] 股票多空與標準普爾 500 指數的相關係數為 0.57，而與道瓊世界指數的相關係數為 0.62。

表 4-6　避險基金之績效
(起始日：2008 年 1 月 31 日，截止日：2008 年 12 月 31 日)

指　數	幣　值	總報酬	年化總報酬	平均月份	最佳月份	最差月份	年化標準差	夏普指數
對沖(避險)基金指數	USD	−17.86%	−19.31%	−1.73%	2.00%	−6.55%	10.22%	−1.89
可換股套利	USD	−31.23%	−33.53%	−3.23%	1.50%	−12.59%	17.12%	−1.96
股票放空	USD	8.69%	9.52%	0.91%	9.66%	−7.30%	19.66%	0.48
新興市場	USD	−28.50%	−30.65%	−2.90%	2.14%	−13.63%	16.32%	−1.88
股票市場中立	USD	−40.73%	−43.48%	−3.72%	1.10%	−40.45%	42.33%	−1.03
事件導向	USD	−15.68%	−16.98%	−1.51%	1.89%	−5.75%	8.47%	−2.01
財困證券	USD	−19.10%	−20.65%	−1.88%	1.50%	−5.66%	8.62%	−2.40
事件導向多重策略	USD	−13.71%	−14.86%	−1.30%	2.20%	−6.17%	8.86%	−1.68
風險套利	USD	−3.17%	−3.46%	−0.28%	1.62%	−3.49%	5.98%	−0.59
固定收益套利	USD	−29.02%	−31.19%	−2.96%	2.07%	−14.04%	16.52%	−1.89
全球宏觀	USD	−8.68%	−9.43%	−0.77%	4.11%	−6.63%	11.26%	−0.84
股票對沖	USD	−16.37%	−17.72%	−1.55%	2.91%	−7.81%	12.41%	−1.43
管理期貨	USD	13.64%	14.97%	1.22%	6.61%	−4.20%	12.09%	1.23
多重策略	USD	−22.22%	−23.98%	−2.22%	1.20%	−7.35%	10.09%	−2.38

略在 2008 年創造卓越操作績效，報酬率高達 13.64%。另一個有趣的現象是，管理期貨策略同時持有多空部位。當全球股市趨跌時，其績效會與大盤指數呈現負向相關，如表 4-7 所示。換句話說，管理期貨策略的投資組合能夠降低股市重挫對投資組合的衝擊。臺灣自 2007 年以來，已有 4 檔採取管理期貨的期信基金，讓一般投資人能以一點點錢獲得趨勢獲利與風險分散的效益。

全球宏觀 (global macro) 策略是基金經理人運用由上而下的方式對「全球」各市場進行投資。亦即避險基金經理人預測各國政治趨勢及總體經濟事件，觀察各國股票、債券、外匯、利率及大宗物資等價格波動，透

元盛創始人大衛‧哈定，變革的力量

表 4-7　瑞士信貸管理期貨基金相關性分析

相關性	管理期貨(USD)	瑞士信貸避險基金指數(USD)	標準普爾500 (USD)	高盛商品指數 (USD)	道瓊世界指數
瑞士信貸避險基金指數 (USD)	0.2	1	0.57	0.36	0.63
標準普爾 500 (USD)	−0.07	0.57	1	0.25	0.93
高盛商品指數 (USD)	0.15	0.36	0.25	1	0.36
道瓊斯世界指數	−0.01	0.63	0.93	0.36	1

過模型或趨勢判斷，尋找價格失衡的投資標的，選擇波動幅度大的市場進行槓桿性操作。

> **練習題　4-6　避險基金指數**
>
> 　　請至瑞士信貸避險基金指數網站：https://www.hedgeindex.com，下載最新一期的廣泛對沖基金指數 (all hedge indexes) 的基金回報。請問哪一種策略的報酬率最高？夏普指數最高的策略為何？

　　舉例來說，宏觀策略避險基金在經濟復甦初期，選擇投資股票；在經濟過熱且有通膨疑慮階段，投資大宗物資；在景氣反轉向下階段，持有現金部分；而在經濟衰退階段，則投資債券。譬如，索羅斯旗下的量子基金，就是採取宏觀策略操作。2014 年由於美元走強，全球宏觀策略的績效表現略遜於標普 500 指數 (報酬率達 3.11%)。[15]

　　新興市場 (emerging markets) 策略著眼於新興市場的資訊不對稱，透過經理人實際訪查，得到第一手資訊，加上其專業知識，將資金投入具有增值潛力的股票、債券、貨幣及其它金融工具。新興市場策略的獲利來源是，金融體系不健全，且時常被扭曲，因此有高度不確定性和波動性，經理人可發掘被低估的資產，從中賺取價差。

　　新興市場的例子包括中國、印度、拉丁美洲、許多東南亞國家、部分東歐及非洲地區國家。2014 年因歐洲景氣不振及中國成長速度減緩，新興市場國家成長力道出現停滯不前。儘管相對於道瓊世界新興國家指數的報酬表現算是較好，新興國家策略在 2014 年的絕對報酬只有 1.53%。[16]

　　事件導向 (event driven) 策略是基金經理人利用特殊事件，找尋被低估或具潛力的證券，從中套利。由於投資決策僅止於該事件相關的證券價格，整體部分的報酬率較不受整體市場的影響。這類事件包括公司併購與分拆、艱困企業重整及清算、訴訟或法律變更。典型的事件導向策略有二：**艱困公司證券** (distress securities) 與**風險套利** (risk arbitrage)。

---

[15] 標準普爾 500 指數與道瓊世界指數 2014 年的報酬率分別為 13.69% 和 2.12%。
[16] 道瓊世界新興國家指數報酬率為 -2.65%。

艱困公司證券策略是由避險基金經理人選擇瀕臨破產的公司，詳細評估其風險狀況，確定公司未來重整可能性後，再以低價購入股權。這個策略一般是長期走向，但經理人可作空、作多或多空並行。

風險套利是利用併購個案的股價變化進行套利的策略。併購案談判時間可能長達幾個月，甚至幾年。在這段過程中，各種訊息將不斷衝擊收購與被收購公司股價，提供套利的機會。譬如，2012 年 1 月 18 日報導指出三星電子有意併購黑莓機，激勵黑莓機大廠行動研究公司 (RIM) 股價大漲 8%。一般來說，三星為求順利收購，往往會提供高於行動研究公司股價的價格，誘使該公司出讓股份。避險基金人在併購過程中，可不斷地買入行動研究公司的股票，同時放空三星電子的股票，來賺取差價。

最後一個避險基金的投資操作為 **多重策略** (multi-strategy)。多重策略基金又稱為基金的基金，是將資金投入幾個不同的避險基金，目的是降低單一策略的風險，並為投資人帶來穩定收益。購買多重策略避險基金的投資人不用費心去瞭解每個策略的投資組合，因為它可以真正達到風險分散的目的。表 4-8 列出多重策略避險基金的報酬率、風險衡量與夏普指數。從 1994 年到 2014 年 12 月的二十年間，多重策略基金的平均每月報酬是 0.66%，若以年化標準差來看，多重策略基金的風險明顯低於標準普爾 500 指數與道瓊世界指數。夏普指數也告訴我們多重策略基金是比較好的投資標的。

表 4-8　瑞士信貸多重策略基金每月表現

統計數字	多重策略 (USD)	瑞士信貸避險基金指數 (USD)	標準普爾 500 (USD)	花旗集團世界政府債券指數 (USD)	道瓊世界指數 (USD)
平均每月	0.66%	0.74%	0.87%	0.45%	0.52%
最佳月份	4.28%	8.53%	10.93%	14.60%	11.77%
最差月份	−7.35%	−7.55%	−16.80%	−9.02%	−19.96%
月標準偏差	1.48%	2.04%	4.32%	2.20%	4.46%
年度化標準偏差	5.12%	7.07%	14.97%	7.62%	15.43%
夏普指數	1.05	0.88	0.47	0.33	0.16

指數數據自 1994 年 4 月開始。

習 題

問答題

1. 購買基金有哪四種主要風險？
2. 何謂外國基金？
3. 何謂基金保管機構？何謂受益憑證？
4. ETF 商品可以分為幾類？
5. 何處可以買賣指數股票型基金 (ETF)？
6. 買賣 ETF 可以融資融券嗎？ETF 是否可以在平盤下放空？
7. ETF 與「指數型基金」之差異為何？
8. 保本型基金與股票型基金的差異？
9. 何謂避險基金？
10. 避險基金的風險為何？
11. 統一大滿貫基金的 2012 年 12 月初的淨值 (NAV) 是新臺幣 20 元，股息及資本利得分別為新臺幣 0.15 元及 0.05 元。到了 2012 年 12 月底，其淨值為新臺幣 20.10 元，請問統一大滿貫的報酬率為何？

網路習題

1. 請至中華民國證券投資信託暨顧問商業同業公會網站：https://www.sitca.org.tw 之產業現況分析的境內基金，下載新成立基金資料表，請問最近一支基金名稱為何？基金種類為何？可發行額度為何？
2. 請至瑞士信貸避險基金指數網站：https://www.hedgeindex.com，查詢管理期貨的策略比重為何？
3. 請至中華民國證券投資信託暨顧問商業同業公會網站，下載最新一期的績效評比表，請問全球型股票基金、高收益債券——全球型、跨國組合型及保本型基金之第一名各為何？其報酬率、年化標準差及夏普指數各為何？

Chapter 5

現值與高登模型

國宴主廚阿雞師為了充實理財知識，公餘之暇在 EMBA 選修一門投資學課程。為了說明現值與報酬率的觀念，老師上課舉了一個《莊子・齊物論》的例子。

勞神明為一，而不知其同也，謂之「朝三」。何謂「朝三」？狙公賦芋，曰：「朝三而暮四。」眾狙皆怒。曰：「然則朝四而暮三。」眾狙皆悅。名實未虧而喜怒為用，亦因是也。是以聖人和之以是非而休乎天鈞，是之謂兩行。

——《莊子・內篇・齊物論第二》

「朝三暮四」是道教典故之一，典出《莊子・齊物論》，是《莊子》裡的一則寓言。宋朝有一位愛猴成痴的先生，在家中養了一批猴子，大家都叫他狙公。狙公十分疼愛這些猴子，經常省吃儉用，來滿足猴子的食慾。有一年，村子裡鬧了飢荒，狙公不得不減少猴子的食物，但他又擔心猴子們不高興，就先與猴子們商量，狙公說：「從明天開始，我每天早上給你們三顆水果，晚上再給你們四顆水果，好嗎？」猴子們聽說自己早上的食物減少了，都很生氣。狙公看到猴子不高興的表情，馬上就改口說：「這樣好了，我每天早上給你們四顆，晚上再給你們三顆，夠吃了吧！」

猴子們聽說早上已經從三顆變成了四顆，以為食物已經增加了，都高興的一起跳上跳下，不再生氣了。

事實上，「朝三暮四」和「朝四暮三」，只是早上和傍晚的數量對調而已，總量並未改變。然而「朝三暮四」和「朝四暮三」真的一樣嗎？

本章的重點是利用現值與終值的觀念來說明股票價格和債券價格的計算，及利用現值與終值觀念來判斷投資是否有利。

5-1 終值、現值與複利

2012 年 2 月，紐約再度成為全球矚目的焦點，因為尼克隊出現了一位令人跌破眼鏡的籃球新星——林書豪。你可知道早在 1626 年，荷蘭人是以相當於 24 美元的貨物向美國的原住民交換紐約曼哈頓。聽起來好像買得很便宜。事實上，以投資學的術語來看，答案很簡單，386 年前的原住民是一個精明的生意人。若以利率 10% 計算，24 美元投資 386 年後的價值是：

$$\$24 \times (1+10\%)^{386} = \$2.28 \times 10^{17}$$

這個數字是全美國人工作 14,878 年的收入。在這個簡單的例子中，24 美元就是 1626 年的現在價值，稱為現值 (present value, PV)，而 2.28×10^{17} 是未來的價值，稱為終值 (future value, FV)，而利率 $r=10\%$，投資的年數假設為 n 年，上式可寫成：

$$現值 \times (1+r)^n = 終值 \tag{5-1}$$

練習題 5-1

假設每年付息一次，年利率等於 14%，不考慮稅，多少財產會達到投資額的 2 倍？(A) 3.5 年左右 (B) 5 年左右 (C) 7 年左右 (D) 10 年左右

答：設原始投資金額為 X，期限為 n，則
$X \times (1+14\%)^n = 2X \rightarrow N = 5$ (年) (複利觀念)

在曼哈頓的例子中，區區的 24 美元變成天文數字是來自一個驚人的事實——複利的威力甚至比原子彈還大。

想要瞭解複利的魔力，讓我們另舉一個例子說明。大學小姐和碩士先生同樣每個月將 5,000 元的儲蓄進行投資，唯一不同的是大學小姐在 22 歲開始儲蓄及投資，但碩士先生卻到 31 歲才起步。假設每年投資報酬率為 5%，他們的儲蓄增值情況如下：

	大學小姐	碩士先生
22 歲～30 歲	每月定額儲蓄 5,000 元，並進行投資	沒有儲蓄
31 歲～60 歲	每月定額儲蓄 5,000 元，並進行投資	
到 60 歲時的總儲蓄額	2,280,000 元	1,800,000 元
到 60 歲時的本利和 (假設投資報酬率為每年 5%)	6,791,465 元	4,161,293 元

大學小姐比碩士先生早 7 年作儲蓄和投資，本金只是多 480,000 元；但到 60 歲時，大學小姐的累積儲蓄連同報酬總金額卻比碩士先生多出約 63%，2,630,172 元。所以，愈早開始儲蓄，愈能發揮複利效應的威力，所累積的資金亦愈多。複利效應與時間的威力絕不能輕視。

練習題 5-2

當利率為 10%，目前的 1,000 元，十年後的終值等於多少？(A) 2,153.74 (B) 2,257.69 (C) 2,593.74 (D) 2,781.69

答：十年後之終值 = $\$1,000 \times (1 + 10\%)^{10} = \$2,593.74$

黑人與范范新婚，計畫蜜月旅行去紐約為林書豪加油打氣。可惜，林書豪因為膝傷動刀，只能在下一球季回到球場。黑人與范范也決定將蜜月延到明年。倘若明年他們預計要花 20 萬元的機票和食宿，且現在的一年期定存利率是 6.5%，請問他們現在應存多少錢才能在明年順利成行？答案是新臺幣 187,793 元，即：

$$\frac{\$200,000}{(1 + 6.5\%)} = \$187,793.4$$

上式中的 187,793.4 元為現值，在某一利率水準下，未來某一時點價值折

```
        0              1              2    時間
        |——————————————|——————————————|   (年)
                    $200,000       $200,000
            $200,000
            ────────
            (1+6.5%)
$187,793 ←
                        $200,000
                       ──────────
                       (1+6.5%)²
$176,332 ←
```

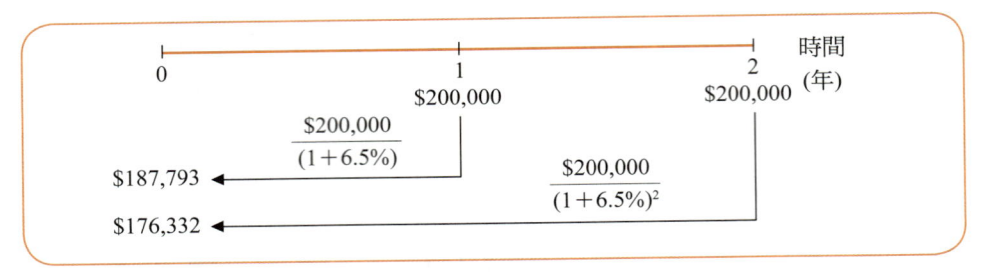

圖 5-1　現值時間線

算成今天的價值。一般利率 6.5% 為折現率 (discount rate)。當然范范和黑人也可能計畫兩年後成行，此時，折現率為 6.5% 下的現值為：

$$\frac{\$200{,}000}{(1+6.5\%)^2} = \$176{,}332$$

我們可用時間線 (time line) 來說明複利的魔力。圖 5-1 為繪出計算一連串現金流量的時間線。

換句話說，黑人與范范現在存新臺幣 176,332 元，兩年後即可領到 20 萬元去度蜜月。

依據上面的說明，現值的公式為：

$$現值 = \frac{終值}{(1+r)^n} \tag{5-2}$$

練習題 5-3

當利率為 8%，一年後才能收到的 1,000 元，目前的現值等於多少？　(A) 973.90　(B) 925.92　(C) 936.21　(D) 957.69

答：一年後之現值

$$PV = \frac{\$1{,}000}{(1+8\%)^1} = \$925.92$$

5-1-1　年金與永續年金

現值與終值不僅可用來處理一次性的現金流量，還可用來瞭解定期定額投資的好處。譬如，小資女安心亞每個月從銀行帳戶扣款 3,000 元買股

```
        0              1              2              3      時間線
     $3,000         $3,000         $3,000                     (月)
                                           ×1.005
                                                    → $3,015
                              ×(1.005)²
                                                    → $3,030
               ×(1.005)³
                                                    → $3,045
                                                      ─────
                                                      $9,090
```

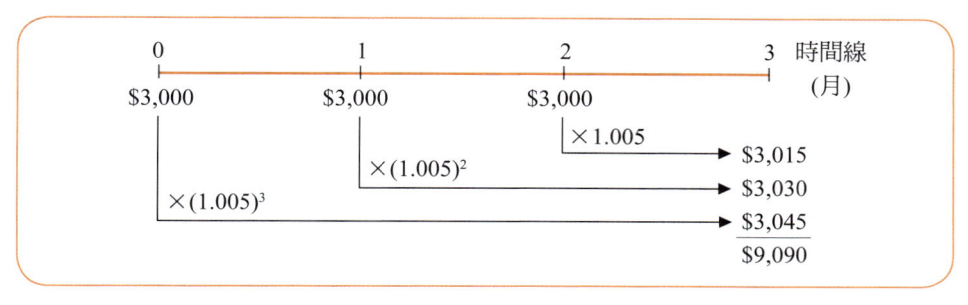

圖 5-2　未來值時間線

票型基金。為了方便分析，假設基金的月報酬率固定在 0.5%。你覺得三個月後，她可贖回多少錢？

圖 5-2 繪出計算一連串現金流量 (定期定額) 的時間線，今天的存款 3,000 元，月賺報酬率 0.5%，連續三個月可賺到：

$$\$3,000 \times 1.005^3 = \$3,045.225$$

第一個月定期存入 3,000 元可賺到：

$$\$3,000 \times 1.005^2 = \$3,030.075$$

第二個月定期扣款 3,000 元可賺到：

$$\$3,000 \times 1.005 = \$3,015$$

安心亞定期定額投資基金，三個月後可領回的金額即上面三個終值的加總：

$$\$3,045.225 + \$3,030.075 + \$3,015 = \$9,090.3$$

練習題 5-4　從本章的前言觀察，猴子是聰明的嗎？

當我們考慮到時間的價值，會有不同的答案，只要 r 大於零，這差異將是正數。所以猴子是聰明的，而不是像人們想像的那樣愚蠢。

	朝	暮	現值 PV
朝三暮四	3	4	$3+4/(1+r)$
朝四暮三	4	3	$4+3/(1+r)$

答：差異

$$4 + 3/(1+r) - 3 + 4/(1+r) = 1 - 1/(1+r) > 0，若 r > 0$$

同樣地，時間線可用來協助我們計算定期現金流量的現值。讓我們用一個例子來說明。假設保德信人壽的儲蓄型保單承諾莎莎從下一年開始，每年可領回 1,000 元，共五年。在折現率是 6% 下，請問莎莎的保費是多少？微軟的軟體 Excel 可用來計算莎莎的保費金額。圖 5-3 說明 Excel 財務函數中的財務公式 NPV(Rate, value1, value2, ...)。計算出總現值 NPV ＝4,212.364。

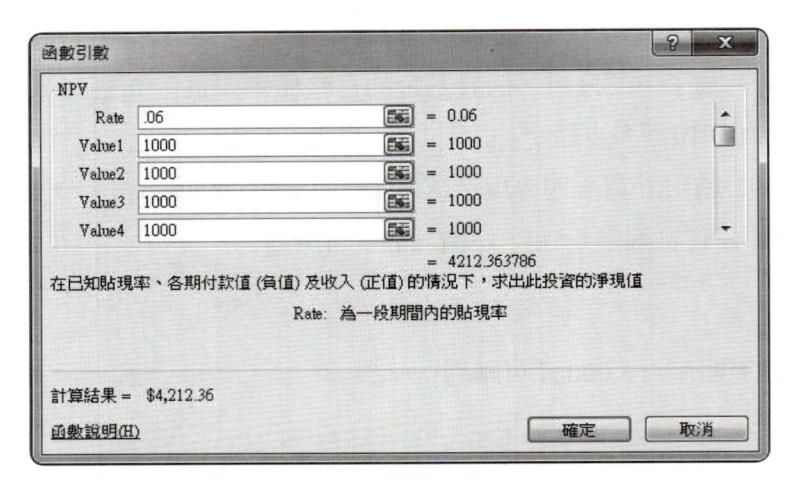

圖 5-3　現值

練習題 5-5　現值

若周杰倫計畫在一年後有現金 200 元，兩年後有現金 400 元，三年後有現金 600 元，請用 Excel 算出折現率 6% 下的總現值為何？

答：總現值＝ $1,432.93

定期定額購買基金與債券每年或每半年固定支付利息皆牽涉到每期的現金流量都是相同。以財務學術語來說，每期期末都有相同的現金流量稱為年金 (annuity)。若現金流量一直下去持續到永遠，就叫做永續年金 (perpetuity)。

我們將在本節介紹年金現值與終值的決定。假設，有人向阿雞師提出一家未上市食品公司的 3 年投資案，每年可回收 500 元。假設阿雞師要求的投資報酬率是 10%，請問阿雞師需投入多少金額？我們可利用圖 5-4 的

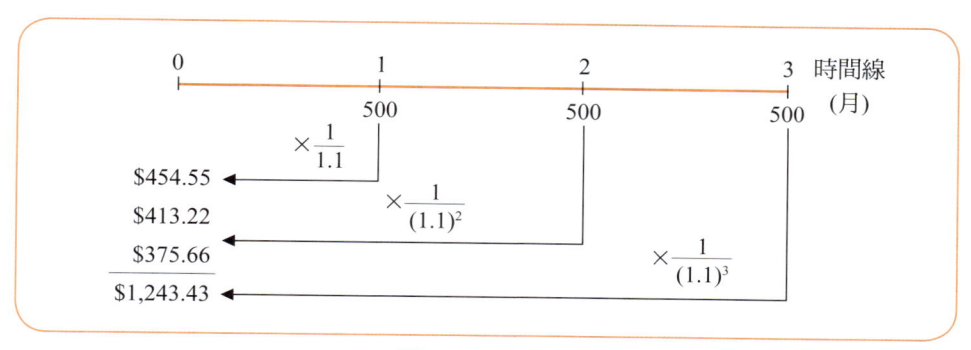

```
      0           1           2           3      時間線
      |_____|_____|_____|      (月)
                 500         500         500
            ×(1/1.1)
   $454.55 ←─────┘
                    ×(1/(1.1)²)
   $413.22 ←───────────────────┘
                                ×(1/(1.1)³)
   $375.66 ←───────────────────────────────┘
   ─────────
   $1,243.43
```

圖 5-4　時間線

時間線來說明：

$$現值 = \frac{\$500}{1.1} + \frac{\$500}{(1.1)^2} + \frac{\$500}{(1.1)^3}$$

$$= \$454.55 + \$413.22 + \$375.66$$

$$= \$1,243.43$$

阿雞師現在投入 1,243.43 元就能夠在未來 3 年內，每年拿回 500 元。

練習題 5-6　年金終值

根據中央社報導，臺灣左投陳偉殷確定加盟巴爾的摩金鶯隊，經紀公司八方環球公布 3 年合約內容，陳偉殷簽約金為 25 萬美元，3 年薪資總值為 1,108 萬 8,000 美元。2012 年年薪為 307 萬 2,000 美元，2013 年年薪為 357 萬 2,000 美元，2014 年年薪為 407 萬 2,000 萬美元。

假設美元對台幣匯率為 30 元，年折現率 1.38%，試問現在陳偉殷合約的市值？

答：25 萬美元 ×30＝新臺幣 75 萬元，307.2 萬美元＝新臺幣 9,216 萬元，357.2 萬美元＝新臺幣 10,716 萬元，407.2 萬美元＝新臺幣 12,216 萬元

$$PV = \$75 + \frac{\$9{,}216\,萬}{(1+1.38\%)} + \frac{\$10{,}716\,萬}{(1+1.38\%)^2} + \frac{\$12{,}216\,萬}{(1+1.38\%)^3}$$

$$= \$31{,}315.719\,萬$$

有時候現金流量不會只有短短的 3 年。譬如，營建署推出的 2012 年青年安心成家方案的貸款年限最高達三十年，每個月償還本息，總共 360 期。碰到期數過多，時間線就無用武之地。此時，利用等比級數的觀念，

我們可以得到年金現值的簡易公式：

$$年金現值 = C \times \left[\frac{1 - 1/(1+r)^t}{r}\right] \tag{5-3}$$

上式中的 C 為每年的現金流量，r 為報酬率或利率，而 t 為期數。當我們令 $t = \infty$ 時，可以得到永續年金公式 $= \dfrac{C}{r}$。在上面的例子中，$C = \$500$，$r = 10\%$，而 $t = 3$ 年。現值因子為：

$$現值因子 = \frac{1}{(1.1)^3} = 0.75131$$

而年金現值因子為 $(1 - 0.75131)/0.1 = 2.48685$。最後我們可算出年金 500 元的現值：

$$年金現值 = \$500 \times 2.48685 = \$1,243.43$$

除了以公式計算外，我們也能利用 Excel 的財務函數 PV 來計算年金現值。圖 5-5 列出計算的過程。注意 Rate 為報酬率，在此為 0.1。Nper 為期數，在此為 3。而 Pmt 為每期固定的現金流量，在此為 -500。圖 5-5 的右下角列出計算結果，即為年金現值。

其次，就像是年金現值的簡易公式一樣，年金終值的簡易公式也有助於投資人求算終值。假設小資女安心亞計畫每年存 2,000 美元至花旗銀行

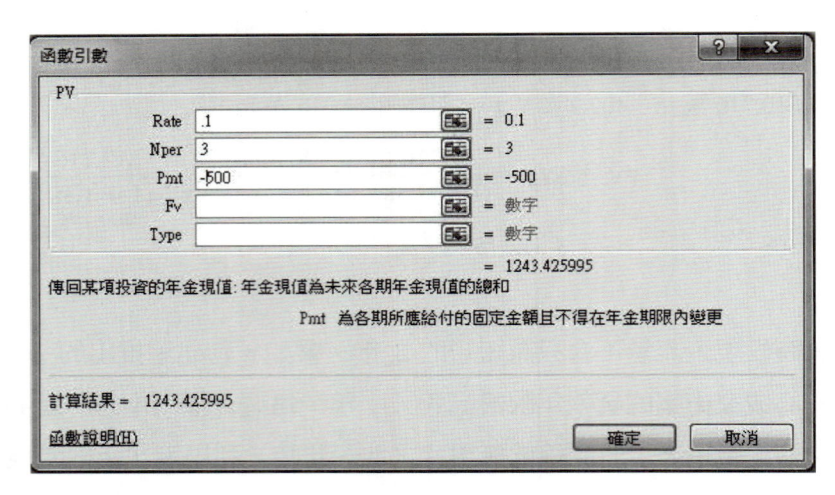

圖 5-5　年金現值

練習題 5-7

有一永續年金,每年給 1,000 元,年利率為 10%,則其現值為何? (A) 100　(B) 1,000　(C) 10,000　(D) 100,000

答:PV = \$1,000/10% = \$10,000

的退休基金帳戶。保證年報酬率 8%,安心亞決定工作 30 年退休,屆時她可領回多少錢?同樣利用等化級數的現金,我們推導出:

$$年金終值 = C \times \left[\frac{(1+r)^t - 1}{r}\right] \tag{5-4}$$

上式中的 t 為期數,在此為 30 年,r 為利率,在此為 8%,而 C 為年金的現金流量,等於 2,000 美元。年金因子 (annuity factor) 為:

$$年金因子 = (1.08^{30} - 1)/0.08 = 113.2832$$

30 年期,每年 2,000 美元的年金終值則為:

$$年金終值 = \$2,000 \times 113.2832 = \$226,566$$

在利率 8% 之下,安心亞 30 年後可領回 22 萬 6,566 美元。圖 5-6 描繪 Excel 軟體所計算的年金終值。

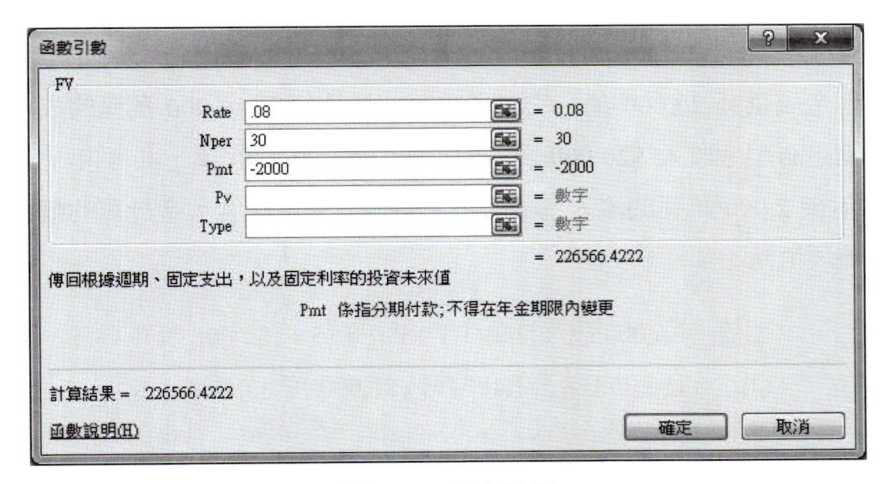

圖 5-6　年金終值

> **練習題 5-8 年金終值**
>
> 如果你的理財專員告訴你，每年投資新臺幣 1 萬元，連續 10 年，在報酬率是 10% 下，你可領回新臺幣 15 萬元，你會投資嗎？
>
> 答：依據年金終值計算公式，年金終值 = $10,000 \times \dfrac{(1.1)^{10}-1}{0.1} = \$159,374.25$
>
> 顯然你有一個不老實的理財專員。

5-2 淨現值法則

　　天下沒有白吃的午餐，任何事物都有成本，投資也不例外。鴻海在成都設廠生產蘋果的平板電腦，建廠與否取決於投入的成本與其所創造出來收益的差額是否有利潤？換句話說，鴻海投資的關鍵在於淨現值是否為正？

　　所謂淨現值 (Net Present Value, NPV) 係指一個投資的市場價值與其成本間的差額。

　　想要知道我們如何估計 NPV 嗎？假設鴻海每年的現金收益是 20,000 萬元，現金成本 (包括稅) 為 14,000 萬元。鴻海將在 8 年後關閉工廠，到時廠房、資產、設備等的殘值為 2,000 萬元。這個投資專案一開始時需要 30,000 萬元的成本，假如折現率為 15%。這會是一項好投資嗎？如果發行在外的股數為 1,000 萬股，從事這項投資對股價會有什麼影響呢？

　　首先，我們以 15% 折現率計算未來現金流量的現值。未來 8 年每年的淨現金流量為 20,000 萬元的現金收入，減掉每年 14,000 萬元的成本。每年固定有現金收入 $20,000 萬 － $14,000 萬 ＝ $6,000 萬，共 8 年，和一個 8 年後 2,000 萬元的流入。基本上，這個計算與年金現金計算的觀念相同。總現值為：

$$現值 = \$6{,}000 萬 \times [1-(1/1.15^8)]/0.15 + (\$2{,}000 萬/1.15^8)$$
$$= (\$6{,}000 萬 \times 4.4873) + (\$2{,}000 萬/3.0590)$$
$$= \$26{,}924 萬 + 654$$
$$= \$27{,}578 萬$$

當我們把它與 30,000 萬元的估計成本比較時，淨現值為：

$$NPV = -\$30{,}000 + \$27{,}578 = -\$2{,}422$$

因此，對鴻海而言，這不是一項好的投資。根據我們的估算，進行這項投資將使股票總價值下降 2,422 萬元。鴻海有 1,000 萬股流通在外，執行這項專案會使每股價值損失 $2,422/1,000＝$2.42。

鴻海的例子說明 NPV 被用來評估一項投資是否值得進行。若 NPV 為負，對股票價值的影響是不利的；若 NPV 為正，則為有利。因此，是否要接受或拒絕某一特定投資，需視 NPV 是正或負而定。

依據上面的說法，淨現值法則 (net present value rule) 如下：

接受正淨現值的投資方案，否決負淨現值的投資方案。
如果淨現值正好是零，接受或否決該投資方案都可以。

練習題 5-9 淨現值

假設大立光的投資專案成本是 10,000 萬元。前 2 年的現金收入是每年 2,000 萬元，接著 4 年的現金收入是每年 4,000 萬元，而最後一年是 5,000 萬元。若折現率是 10%，請問此投資的 NPV 是多少？

答：NPV ＝－ $10,000 ＋ NPV(0, 1, 2000, 2000, 4000, 4000, 5000)
　　　＝ $2,312.99

5-3　內部報酬率

內部報酬率 (Internal Rate of Return, IRR) 是指投資淨現值等於零的折現率。以第 5-2 節鴻海建廠的例子來說，

$$NPV = 0 = -30 + \sum_{i=1}^{8} \frac{6}{(1+r)^i} + \frac{8}{(1+r)^8}$$

上式中的 r 即為內部報酬率 IRR，IRR＝12.75% 是鴻海設廠案的報酬率。如果股東要求的報酬率只有 10%，鴻海蓋工廠將可為股東謀福利。相反地，如果股東要求的報酬率是 15%，設廠只會對不起鴻海的股東。因此 IRR 法則如下：

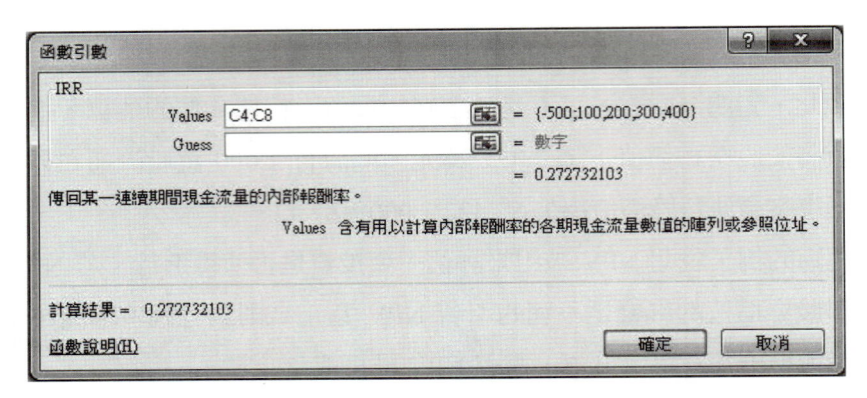

圖 5-7　IRR

> 如果一項投資的 IRR 超過所要求的報酬率，就接受該投資案；否則就拒絕。

　　由於 IRR 的計算過於繁複，使用 Excel 軟體將會是一個較便捷的方式。假設中油有一個四年的投資計畫，成本是 500 萬元，而接下來 4 年，投資為中油帶來的收入分別為 100 萬元、200 萬元、300 萬元、400 萬元，請問此投資方案的報酬率是多少？

　　圖 5-7 顯示中油投資方案的報酬率是 27.27%。換句話說，如果中油的 500 萬元無法在其它地方獲利超過 27.27%，這將是一項好投資。

　　內部報酬率的優點是，它很清楚地告訴投資人投資的報酬率應該是多少。淨現值法則則要求投資人必須自己找到適當的折現率，可能是 10% 或 15%。當然不同水準的折現率將會導致投資方案可能被接受或拒絕的不同結果。IRR 不僅能為投資人排憂解惑，更能夠求算出各種事物的預期報酬率。

5-4　高登模型

　　假設阿雞師今天買一張台塑股票，並計畫在一年後以 70 元賣出。法人預估台塑今年將配發 10 元股利。若阿雞師要求持有台塑股票的報酬率是 25%。你認為阿雞師願意用多少錢買進台塑？若阿雞師在明年賣出股票，將會有 80 元的收入。在 25% 的報酬率下，今天台塑股票的價格為：

$$\text{現值} = \frac{\$10 + \$70}{(1+25\%)} = \$64$$

阿雞師願意在今天用 64 元買進一張台塑。

從上面的討論我們知道，今天股票的隱含價格 (intrinsic value) 決定於未來股利 (D_1) 與預期股價 (P_1) 的影響，即

$$P_0 = \frac{D_1 + P_1}{(1+R)} \tag{5-5}$$

其中 R 為投資人要求的股票報酬率 (required rate of return)。

阿雞師要如何估計下一期的台塑股價 (P_1)？從式 (5-5)，我們知道：

$$P_1 = \frac{D_2 + P_2}{1+R}$$

若將上式代入式 (5-5)，我們會得到：

$$P_0 = \frac{D_1 + P_1}{1+R} = \frac{D_1 + \dfrac{D_2 + P_2}{1+R}}{1+R}$$

$$= \frac{D_1}{(1+R)} + \frac{D_2}{(1+R)^2} + \frac{P_2}{(1+R)^2} \tag{5-6}$$

當然，2 年後的股價 (P_2) 並無法事先得知，但 P_2 可寫成：

$$P_2 = \frac{D_3 + P_3}{1+R}$$

若將上式代入式 (5-6)，我們得到：

$$P_0 = \frac{D_1}{1+R} + \frac{D_2}{(1+R)^2} = \frac{\dfrac{D_3 + P_3}{(1+R)}}{(1+R)^2}$$

$$= \frac{D_1}{1+R} + \frac{D_2}{(1+R)^2} + \frac{D_3}{(1+R)^3} + \frac{P_3}{(1+R)^3}$$

因此，如果我們一直持有股票，今天的股票價格應為：

$$P_0 = \frac{D_1}{1+R} + \frac{D_2}{(1+R)^2} + \frac{D_3}{(1+R)^3} + \frac{D_4}{(1+R)^4} + \cdots \quad (5\text{-}7)$$

今天的股票價格等於未來所有未來股利現值的加總。式 (5-7) 即為著名的股利折現模型 (dividend discount model, DDM)，或者稱高登模型 (Gordon model)，是由高登教授與薛卜若 (Shapiro) 教授在 1956 年所發表。

5-4-1 固定成長股利折現模型

沒有人可以預測未來的股利發放金額，即使是王雪紅也不能告訴投資人 3 年後宏達電會配發多少的現金股利。想要讓 DDM 更能符合實際世界，我們需要做某些簡化的假設。一個有用且經常使用的解決方式是假設股利以固定成長率 (g) 逐年增加。譬如，宏達電最近一期股利是 $D_0 = 10$，在成長率 $g = 5\%$ 下，預期未來股利為：

$$D_1 = D_0(1+g) = \$10 \times (1+0.05) = \$10.5$$
$$D_2 = D_1(1+g) = D_0(1+g)^2 = \$11.025$$
$$D_3 = D_2(1+g) = D_0(1+g)^3 = \$11.57625$$

將這些股利預測代入式 (5-7)，可得：

$$P_0 = \frac{D_0(1+g)}{1+R} + \frac{D_0(1+g)^2}{(1+R)^2} + \frac{D_0(1+g)^3}{(1+R)^3} + \cdots$$

上式可簡化成：

$$P_0 = \frac{D_0(1+g)}{R-g} = \frac{D_1}{R-g} \quad (5\text{-}8)$$

式 (5-8) 即為固定成長股利折現模型 (constant growth DDM) 或高登模型。如果市場認為可成 (2474) 的應有報酬率是 12%，在股利 15 元與成長率 5% 下，可成股票可計算成：

$$\frac{\$15}{0.12 - 0.05} = \$214.29$$

第 5 章　現值與高登模型

換句話說，根據 DDM，投資人覺得可成股票應該每股值 214.29 元。如果市場價格低於 214.29 元，可成股價被低估，買進可成是一項好的投資。相反地，若市場價格高於 214.29 元，賣出可成或作空可成會是較佳選擇。

我們可以重新整理式 (5-8) 可得：

$$R - g = \frac{D_1}{P_0}$$

$$R = \frac{D_1}{P_0} + g$$

上式說明股票的預期報酬率 (R) 為股利收益率 (D_1/P_0) 與股利成長率 (g) 的加總。股市分析師偏好使用固定成長股利折現模型來評估股票價格，理由如下：

- 預期每股股利 (D_1) 愈大。
- 應有報酬率 (R) 愈低。
- 預期股利成長率 (g) 愈高。

股價將會走揚。相反地，投資人可以作空該股票。

練習題 5-10

華碩發表一款可將智慧型手機放進平板電腦的 Padfone，而大受市場青睞。該公司股利成長率預期由原先 5% 提升至 6%，目前每股 4 元的股利也不會降低且應有報酬率為 12%，請問該公司的股價會如何變動？這對該公司的應有報酬率有何影響？

答：由於公司接獲高額訂單，股價會由原始價值每股 57.14 元上升至宣告後應有的價位：

$$\frac{D_1}{R-g} = \frac{\$4.00}{0.12 - 0.06} = \$66.67$$

應有報酬率為：

$$R = \frac{D_1}{P_0} + g = \frac{\$4.00}{\$66.67} + 0.06 = 0.12 \text{ 或 } 12\%$$

應有報酬率乃受股票風險的影響，若風險未改變，應有報酬率也不會改變。

股利除了固定成長外，另外一個特殊的情況是公司每年會發放固定的股利。換句話說，股利成長率 $g=0$。依據式 (5-8)，今天的每股股價等於：

$$P_0 = \frac{D}{R} \tag{5-9}$$

上式說明了，從公司公布的股利金額及應有報酬率，即可推估股票應有價格 (隱含市價)。式 (5-9) 稱為一階段股利折現模型。譬如，台泥 (1101) 在 2011 年的現金股利是 2 元，其股價在 2012 年 3 月 15 日為 34.45 元。依據上述資訊，台泥的應有報酬率 $R=5.8\%$。

儘管在實際股市中，一階段股利折現模型並不常見，但這個簡單的模型能夠告訴我們：只要幾個數據，投資人就能建構自己的交易策略。讓我們用下面的例子加以說明。

假設少女時代的隊長很聰明，知道遲早有一天會被新的後輩歌手淘汰，所以趁著有名的時候轉行到投資銀行上班，負責股票的業務。因為她長得很漂亮，所以很多交易員都自告奮勇教她如何操作。有一位很像太宰治的交易員教她利用一個華爾街的簡化股票訂價模型，也就是高登模型來從事交易。這個模型很簡單，它告訴你股票的隱含市價 (V_0)，就是股利 (D) 除以折現率 (R)：

$$V_0 = \frac{D}{R}$$

所以當
- 股票市價 (P) > 隱含市價 (V_0) $\Rightarrow$ 代表股票高估，投資人應該放空。
- 股票市價 (P) < 隱含市價 (V_0) $\Rightarrow$ 代表股票低估，投資人應該作多。

同樣地，在股利 (D) 與股價 (P) 已知情形下，投資人可推算應有報酬率 (R)：

$$R = \frac{D}{P}$$

因此我們得到以下的引申：
- 應有報酬率愈大，代表股價被低估，投資人可以買進。
- 應有報酬率愈低，代表股價被高估，投資人可以放空。

5-4-2 兩階段股利折現模型

儘管固定成長的股利折現模型十分有用，但此模型是在假設股利成長率永遠為固定下所推導的結果。實際生活中，不同生命週期公司的股利發放政策有所不同。公司在草創階段再投資的獲利機會比比皆是。譬如，王品 (2727) 在 2012 年 3 月 6 日在集中市場上市掛牌，股價一飛冲天，漲幅逾 40%。目前王品集團旗下共有 13 個品牌。2011 年集團合併營收逾 96 億元，其中臺灣市場貢獻 76.9 億元，年增率達 33.7%。中國內需市場更交出營收年成長 45.8% 的優異表現。

處於這種階段的公司，其獲利機會較高，股利發放率較低。隨著生命週期進入成熟階段，產能足以應付市場所需，競爭者不斷湧入並分食市場大餅，再投資機會變得愈來愈難，這個階段的公司多採取較高的股利發放率和較低的盈餘保留率。兩階段股利折現模型可以表示成：

$$P_0 = \sum_{i=1}^{n} \frac{D_0(1+g_1)^i}{(1+R_1)^i} + \frac{P_n}{(1+R_2)^n} \qquad (5\text{-}10)$$

上式中，D_0 = 最近一期的現金股利金額

g_1 = 第一階段的股利成長率

n = 第一階段的期數

P_n = 第一階段結束時的股價，可以使用固定股利成長模型估計 P_n 的價值

R = 股票應有的報酬率 (第一階段為 R_1，第二階段為 R_2)

依據固定成長的股利折現模型，式 (5-10) 中，第一階段結束時的股價 P_n 可寫成：

$$P_n = \frac{D_n(1+g_2)}{R_2 - g_2}$$

其中 R_2 和 g_2 分別代表第二階段股票應有的報酬率及股利成長率。讓我們舉一個例子來說明兩階段股利折現模型如何推導股票價格。

裕隆汽車 (2201) 在 2011 年至 2013 年的現金股利分別是 1.50 元、1.50 元與 2.5 元。裕隆自創品牌納智捷 (Luxgen) 登陸之後傳出銷售暴紅，外

資看好納智捷業績將倒吃甘蔗，裕隆在未來 5 年期間的獲利能力將大幅提升，現金股利成長率將維持在 20%；5 年後，現金股利成長率將回復至 10%。假設裕隆汽車的股票應有報酬率為 15%。請估計裕隆汽車普通股的價值？

解：裕隆汽車 2013 年的現金股利為每股 2.5 元，未來五年的股利成長率為 20%。因此，2014 年至 2018 年的現金股利估計為：

年	每股現金股利	股利現值
2014	$3	$2.61
2015	$3.6	$2.72
2016	$4.32	$2.84
2017	$5.18	$2.96
2018	$6.22	$3.09

$$P_0 = \sum_{i=1}^{n} \frac{D_0(1+g_1)^t}{(1+R)^t} + \frac{P_5}{(1+R)^5}$$

$$= \sum_{i=1}^{5} \frac{\$2.5(1+0.2)^t}{(1+0.15)^t} + \frac{P_5}{(1+0.15)^t}$$

$$P_5 = \frac{D_5(1+g_2)}{R-g_2} = \frac{\$6.22(1+0.1)}{0.15-0.1} = \$136.86$$

$$P_0 = \sum_{i=1}^{5} \frac{\$2.5(1+0.2)^t}{(1+0.15)^t} + \frac{\$136.86}{(1+0.15)^5}$$

$$= \$2.61 + \$2.72 + \$2.84 + \$2.96 + \$3.09 + \$68.04$$

$$= \$82.26$$

練習題 5-11

假設花花為一新成立的公司，其規劃未來三年將保留所有盈餘不發放。四年後將發放其首批股利，每股為 0.15 元，之後，每年將以 5% 之成長率增加。請問在 12% 的折現率下，花花公司現今的股價為何？ (A) 1.53 元 (B) 1.78 元 (C) 2.04 元 (D) 2.25 元

答：(C)

練習題 5-12　兩階段股利折現模型

在裕隆汽車的例子中，若第一階段成長率是 25%，第二階段之成長率是 15%，而其它條件維持不變，請問裕隆股價為何？

答：

$$P_0 = \sum_{t=1}^{n} \frac{D_0(1+g_1)^t}{(1+R)^t} + \frac{P_5}{(1+R)^5}$$

$$= \sum_{t=1}^{5} \frac{\$2.5(1+25\%)}{(1+0.15)^t} + \frac{P_5}{(1+0.15)^t}$$

$$= \$2.72 + \$2.95 + \$3.21 + \$3.49 + \$3.79 + \$141.61$$

$$= \$157.77$$

練習題 5-13

P 公司被預期第 1 年發放現金股利 1.65 元，第 2 年 1.97 元，且第 3 年 2.54 元。第 3 年後，每年股利成長 8%。假若適當的股票投資報酬率為 11%，則此股票的價格為何？ (A) 33 元　(B) 40.67 元　(C) 71.8 元　(D) 66 元

答：(C)。

$$價格 = \frac{\$1.65}{1+0.11} + \frac{\$1.97}{(1+0.11)^2} + \frac{\$2.54}{(1+0.11)^3} + \frac{\$2.54 \times (1+8\%)}{(0.11-0.08)} + \frac{\$1}{(1+0.11)^3}$$

$$= \$71.8$$

5-5　債券評價

避免次貸風暴與債信危機造成資產大量抽離股市，進而尋求穩妥的避風港。阿雞師心想此時是買債券的好時機，在錄完《型男大主廚》後，阿雞師跑至附近的銀行詢問台積電在 2011 年 9 月 28 日發行的 5 年期無擔保普通公司債 (簡稱台積 001A)，票面利率是 1.4%，每年附息一次，發行價格是 100 元而發行面額是 10 萬元。倘若市場對台積電要求的報酬率是 2%，而銀行開價是 100.5 元，你覺得對阿雞師而言，這是一項好的投資嗎？

阿雞師此時突然想起，在 EMBA 上投資學時的情景。他回憶起，債券的價值包括兩個部分：票息和面額。利用現值方式，我們只要以適當的

折現率將預期現金流量 (票息和面額) 折現。即可推導合理的債券價格。注意，折現率是市場認為債券應有的報酬率或到期收益率。因此，

債券價值＝票息的現值＋面額的現值

若到期日為 T，而到期收益率為 r，債券價值可寫成：

$$債券價值 = \sum_{t=1}^{T} \frac{票息}{(1+r)^t} + \frac{面額}{(1+r)^T}$$

台積 001A 的票息是 1.4，面額為 100 元，而 t 為 5 年，因此，台積電公司債的合理價格應為：

$$P = \sum_{t=1}^{5} \frac{\$1.4}{(1+0.02)^t} + \frac{\$100}{(1+0.02)^t}$$

$$= \$6.5988 + \$90.5731$$

$$= \$97.17$$

顯然，台積 001A 的市場價格為 97.17 元，低於債券面額。銀行要價遠超過應有的合理價格。阿雞師不應該買台積 001A。除了以計算機試算外，Excel 也提供債券價格的計算功能。圖 5-8 描繪台積 001A 的計算結果。債券價格的函數語法如下：

＝PRICE(Settlement, Maturity, Rate, Yld, Redemption, frequency, basis)

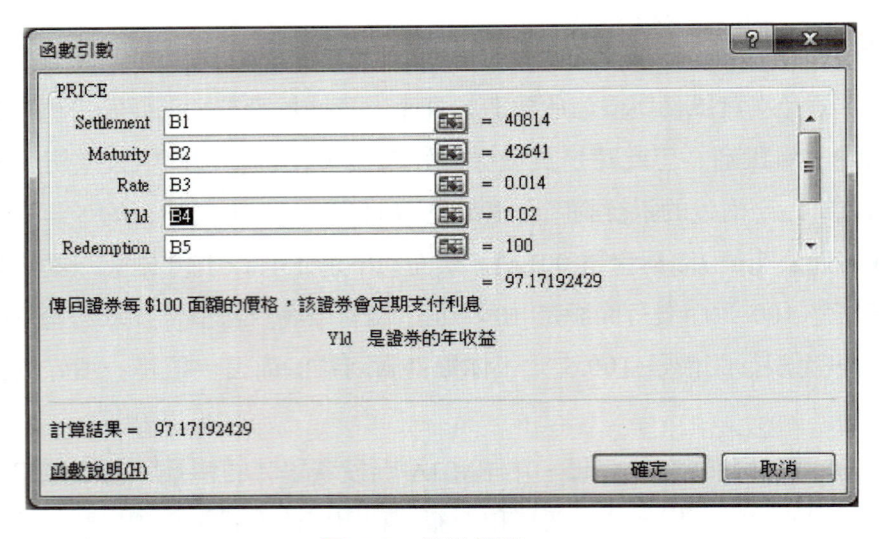

圖 5-8　債券價格

其中，

Settlement＝債券的買賣結算日，譬如，2011 年 9 月 28 日，可寫成 2011/9/28

Maturity＝債券到期日，譬如：2016 年 9 月 28 日，可寫成 2016/9/28

Rate＝持有債券至票面年利率

Yld＝持有債券至到期日的收益率

Redemption＝到期面額。大多數情況下，面額是 100

frequency＝每年給付利息次數。frequency＝1，代表每年付息一次

frequency＝2 代表每半年付息一次。frequency＝4 代表每季付息一次

basis＝日計利基類型

利　基	日計利基
0	us(NASD)30/360
1	實數天數／實際天數
2	實數／360
3	實數／365
4	歐洲 30／360

圖 5-8 輸入的相關資料為：

＝PRICE (2011/9/28, 2016/9/28, 0.014, 0.02, 100.1)

練習題 5-14　債券價格

中油第 100-1 期票資料如下：

發行日期：100/09/19　　　　　到期日期：105/09/19
票面利率：固定利率 1.4%　　　計付息方式：每年單利，計息 12 次
發行面額：1,000,000 元　　　　發行價格：100 元

若中油公司債的到期收益率為 1.2%，請問中油公司債的市場價格為何？

答：

$$P = \sum_{t=1}^{5} \frac{\$140,000}{(1+0.12)^t} + \frac{\$1,000,000}{(1+0.12)^5}$$

$$= \$67,548.9 + \$942,100.9$$

$$= \$1,009,649,843$$

只要票面利率高於到期收益率，債券面額會超過 100 萬元。

計算結果顯示在圖 5-8 左下角，台積電債券價格等於 97.17 元，即新臺幣 971 萬 7,000 元。

5-6 債券收益率

即使債券發行價格是 100 元，阿雞師買進債券的買入價格可能高於或低於 100 元。債券的當期收益率 (current yield) 是指年息除以債券價格。以台積 001A 為例，票面利率是 1.4%，5 年期的市價是 98 元。其當期收益率等於 $1.4/$98＝1.43%。當期收益率只考慮債券所提供的現金收入而忽略資本利得或損失。為了彌補這個缺點，到期收益率會將債券的票息及買賣價差一併考量。因此，到期收益率是用來衡量總報酬率。不過，到期收益率並非報酬率的唯一的衡量標準，本節還會考慮其它的收益率。

5-6-1 到期收益率

前面提到阿雞師不一定會用發行價格買進台積電。換句話說，阿雞師以 9 萬 8,500 元買進一張面額 10 萬元的 20 年期中央政府公債。倘若持有這張公債到期，他所賺的不僅是每年政府給付的利息而已，還包括資本利得 1,500 元。

到期收益率 (yield to maturity, YTM) 定義成使債券給付金額現值等於債券價格的折現率。以台積 001A 為例，買進價格是 98 元，票面利率 1.4%，到期日為 5 年，其到期收益率可由下式推導而得：

$$\$98 = \sum_{t=1}^{5} \frac{\$1.4}{(1+r)^t} + \frac{\$100}{(1+r)^5}$$

上式中的折現率 r 即為到期收益率，YTM＝1.82%。收益率衡量的是阿雞師持有債券到期的平均報酬率。我們也可以用 Excel 來推導 YTM：

＝YIELD(Settlement, Maturity, Rate, Pr, Redemption, frequency, basis)

除了 Pr 之外，上式的參數定義與債券價格定義相同。Pr 為債券價格，圖 5-9 顯示台積 001A 到期收益率的計算。左下角的 0.018221287 即為 YTM。注意，這與當期收益率 1.43% 不同，因為它比當期收益率多了

圖 5-9　債券 YTM

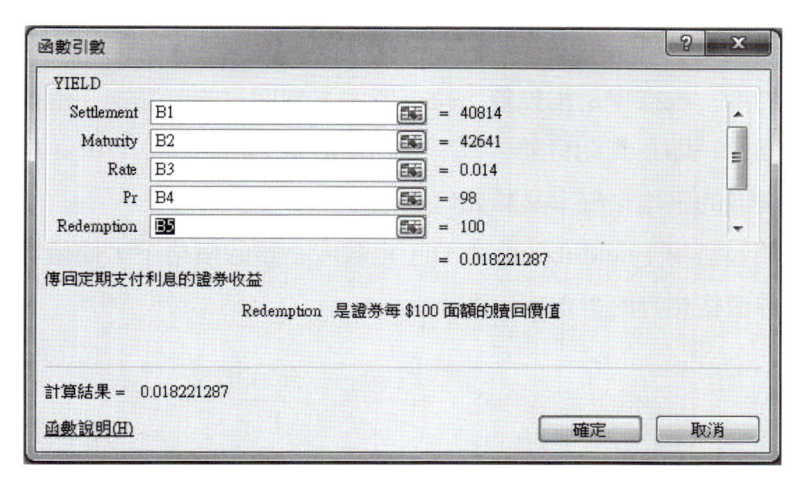

一個資本利得率。這個例子指出一個事實：只要票面利率低於當期收益率與到期收益率，此債券為折價債券 (discount bonds)──市場低於面額的債券。相反地，票面利率高於當期收益率和到期收益率，此債券為溢價債券 (premium bonds)──市價高於面值的債券。

讓我們將當期收益率，到期收益率，票面利率是債券是否折價或溢價關係整理如下：

溢價債券：票面利率＞當期收益率＞到期收益率
平價債券：票面利率＝當期收益率＝到期收益率
折價債券：票面利率＜當期收益率＜到期收益率

練習題 5-15　到期收益率

依下列資料，請計算 30 年期央債的到期收益率？

買賣結算日	2011/9/28
到期日	2016/9/28
票面利率	0.014
到期收益率	0.012
面額	100
票息支付頻率	1

答：100.96498

5-6-2 贖回收益率

「到期」收益率是指投資人持有債券至到期日的收益率。但如果債券是可贖回——即在到期日前,以事先約定價格 (如面額的 110%) 贖回,則可贖回債券的平均報酬率又該如何衡量?

贖回收益率 (yield to call, YTC) 定義成在贖回價格下,使債券給付金額與債券價格相等的折現率,即:

$$債券價格 = \sum_{t=1}^{T} \frac{票息}{(1+r)^t} + \frac{贖回價格}{(1+r)^T} \quad (5-11)$$

式 (5-11) 的折現率 r 即為贖回收益率 YTC,而 T 為債券最早可贖回年限。

練習題 5-16 贖回收益率

100 央債乙 1 為 20 年期中央政府債券,其票面利率為 1.75%,每年付息一次。該債券允許政府 10 年後以 110 元贖回,目前的市價為 115 元,請利用下列資料計算到期收益率 (YTM) 與贖回收益率 (YTC):

買賣結算日	2011/5/26	2011/5/26
到期日	2021/5/26	2031/5/26
票面利率	1.75%	1.75%
面額	110	100
債券價格	115	115
票息支付頻率	1	1

答:YTC 與 YTM 均可利用 Excel 財務函數,YIELD 求得。
YTC = 1.1028%
YTM = 0.9250%

贖回收益率比到期收益率在某些情況下特別值得關注。當利率跌幅甚深時,依據現值觀念,債券價格將大幅上升。倘若贖回價格低於當前的債券市場價格,贖回公司債對發行公司而言是有利的。

因此,就溢價債券而言,贖回價格接近市場價格,只要利率持續走跌,債券贖回機率大增。相反地,折價債券被贖回的機率就大幅減少。由於溢價可贖回,債券可能在贖回日期開始即被贖回。購買溢價可贖回債券的投資人會比較注重贖回收益率而非到期收益率。

習 題

問答題

1. 胖虎最近想換一支 iPhone 8，他發現各家電信公司剛好都有促銷活動，但直觀上，他無法確定哪家電信公司對他來說是最划算的。假設以「最低資費」做計算，其它條件不考慮下，月折現率是 0.88%，請問到底哪家電信公司的促銷活動是最划算的？

	遠傳兩年專案	台灣大兩年專案	中華兩年專案
月租費	$738	$749	$649
iPhone 8 16G	$13,400	$12,900	$13,900

2. 韓國大叔想以「0元方案」取得 iPhone 8，請問在同折現率是 0.88% 下，各家電信公司強打的促銷活動中，何者對他來說較有利？

	遠傳兩年專案	台灣大兩年專案	中華兩年專案
月租費	$1,785	$1,667	$1,749
iPhone 8 16G	0	0	0

3. 延續習題 5-1 及習題 5-2，「0」元手機真的「0」元嗎？

4. 根據東森新聞報導，達比修和明星老婆紗榮子的離婚協議終於敲定。消息指出，贍養費近新臺幣 2 億元，2 個兒子的養育費更是驚人，每月約要付 195 萬元，一直到 20 歲為止。由於兒子 1 個 3 歲，1 個才 1 歲，所以他總共得花上 6 億元。試問若月折現率為 0.88%，直接付 6 億元贍養費，是否較合理？

5. 某公司剛發放普通股之股利為每股 1 元，預期未來五年股利將按 15% 成長。(折現率為 15%。)
   a. 試求未來五年的每年預期股利。
   b. 假定一年後支付第一次股利，試問此五年股利之現值為多少？
   c. 假定五年後之股價為 20 元，則此值之現值為多少？
   d. 假如你現在購入此種股票，收取五年股利後再行賣出，你現在願意購入之最高價格為何？

6. 在練習題 5-12 中，我們假設裕隆 (2201) 應有報酬率在第一階段和第二階段均為 15%。倘若外資分析師的報告認為第二階段應有報酬率應下修至 12%，請問裕隆股票為何？你認為是否高估？

7. 中央政府公債第 100-1 期乙 A 券 (100 債乙 1) 資料如下：

　　發行日期：100/05/26　　到期日期：120/05/26
　　發行面額：100,000 元　　發行價格：100 元
　　票面利率：1.75%　　　　給付息方式：每年單利，計息一次

若到期收益率與票面利率相等，請問 100 央債乙 1 的價格為何？

8. 在練習題 5-16 的 100 央債乙 1 中，若買進價格為 105 元，請問到期收益率為何？當前收益率為何？

9. 假設鴻海公司債於三年後可以贖回，贖回價格為面額的 105%，在票面利率為 3.4%，買進價格為 97,326 元條件下，試求算鴻海公司債的贖回收益率。

Chapter 6

資本資產訂價模型及套利訂價理論

  <big>美</big>國長期資本管理公司 (Long-Term Capital Management, LTCM) 創立於 1994 年，總部設在離紐約市不遠的格林威治。該基金主要是運用客戶的鉅額投資和金融機構的大量貸款，專門從事國際債券和外匯市場的投資。

  在 1994 年成立之初，LTCM 資產淨值為 12.5 億美元，往後的投資報酬率分別為：1994 年 28.5%、1995 年 42.8%、1996 年 40.8%、1997 年 17%。到 1997 年年末，資產淨值上升至 48 億美元，淨增加 2.84 倍。LTCM 業績非常亮眼，主因是有非常優秀的領導菁英。高級主管中有美國前財政部副部長及聯儲副主席穆林斯 (David Mullis)、前所羅門兄弟債券交易部主管羅森菲爾德 (Eric Rosenfeld)；另外還有重要人物，休斯 (Myron Scholes) 與莫頓 (Robert Merton)，他們以選擇權的評價模型 (Black-Scholes model) 獲得 1997 年諾貝爾經濟學獎。

  1998 年，LTCM 以 22 億美元作資本抵押，買入價值 1,250 億美元證券，然後再以證券作為抵押，進行總值 1 兆 2,500 億美元的其它金融交易，槓桿比率高達 568 倍。8 月發生亞洲金融風暴，俄羅斯盧布重貶，

俄羅斯政府宣告不履行該國對外所有的債務，並放任盧布貶值，俄羅斯公債價格重挫。LTCM 從 5 月俄羅斯金融風暴到 9 月全面潰敗，短短的一百五十天資產淨值下降 90%，出現 43 億美元的鉅額虧損。9 月 23 日，美國聯準會出面協調以美林、摩根為首的 15 家國際性金融機構，挹注 37.25 億美元購買了 LTCM 的 90% 股權，共同接管 LTCM，但最後 LTCM 還是倒閉了。

在投資過程中，我們會面臨兩種風險：系統性風險及非系統性風險。系統性風險 (systematic risk) 又稱市場風險，是指市場中無法透過分散投資來消除的風險。譬如，利率、經濟衰退、戰爭，這些都屬於不可透過分散投資來消除的風險。非系統性風險 (unsystematic risk) 也可稱為特殊風險 (unique risk 或 idiosyncratic risk)，屬於個別股票的自有風險，投資人可以透過變更股票投資組合來消除。從技術性的角度來說，非系統性風險的報酬是股票的收益，但它所帶來的風險不會隨市場變化而變化的。

另一方面，非系統性風險是可以透過分散投資 (diversification) 的方式來消除。如果將投資組合中所有的非系統性風險透過各種方式分散，最後將只剩下無法再分散的系統性風險。但即便是投資組合中包含所有市場的股票，系統性風險也不會因分散投資而消除，因此在計算投資報酬率時，系統性風險是投資人最難以估算的。本章主要介紹資本資產訂價模型及套利訂價理論，並分成資本資產訂價模型概念、資本資產訂價模型 (CAPM) 的內涵、證券市場線及套利訂價理論四個單元。

6-1　資本資產訂價模型

資本資產訂價模型 (capital asset pricing model, CAPM) 是由美國學者夏普 (William Sharpe)、[1] 林特能 (John Lintner) 與莫辛 (Jan Mossin) 等人於 1960 年代所發展出來的財務理論。CAPM 乃是延伸馬克維茲 (Harry Markowitz) 所提出的分散投資與效率組合投資理論來分析資產投資組合，

1　馬克維茲、夏普、米勒 (Merton Howard Miller) 三人於 1990 年獲得諾貝爾經濟學獎。

進而發展出資產報酬的方程式，以此找出資產的合理價格。

資本資產訂價模型的目的是在協助投資人決定資本資產的價格；亦即在市場均衡時，證券報酬率與證券市場風險間的一種線性關係。市場風險係數是用 β 值來衡量；資本資產是指股票、債券等有價證券。資本資產訂價模型考慮到不可分散之市場風險對證券報酬率的影響。CAPM 背後假定投資人可作多角化的投資來分散風險，故此時只有無法分散的風險才是投資人所關心的，因此也只有這些風險可以獲得風險溢酬 (risk premium)。[2]

6-1-1　CAPM 模型假設

CAPM 是建構在下列假設條件：

1. 假設投資人為風險規避者，效用函數為凹性 (concavity)，假定證券報酬率的分配為常態分配。
2. 投資人的行為可以用平均數－變異數 (mean-variance) 準則來描述，投資人效用受期望報酬率與變異數兩者影響。
3. 資本市場是完全證券市場，買賣人數眾多，每位投資人皆為價格接受者 (price taker)。
4. 完美市場 (perfect market) 假設：交易市場中，沒有交易成本、交易稅、所有投資人皆掌握充分市場資訊等。
5. 同質性預期：所有投資人對各種投資標的之預期報酬率和風險的看法相同，每位投資人的投資組合效率前緣 (efficient frontier) 相同。
6. 所有投資人都可用無風險利率無限制借貸，且借款利率＝貸款利率＝無風險利率 (R_f)。
7. 所有投資均可以無限分割，投資人可以僅購買任一小部分的投資資產組合。

6-1-2　風險衡量

事實上，系統性風險是表現在整個證券市場的報酬上，而整個市場是指市場投資組合 (market portfolio)。市場投資組合包含證券市場所有資產

---

[2] 所謂的風險溢酬是指投資人對投資風險所要求的較高報酬率，以此彌補投資人對高風險的承受，這種額外增加的報酬率稱為風險溢酬。

的投資組合，有如整個市場的「縮影」，同時以每項資產總市價占市場總值的比例為組成權數，這樣才能產生與整個市場規模不同但內容上卻「相當」的投資組合。

個別資產報酬受到系統性風險影響的大小，通常以 β (beta) 的數值來表示。當市場報酬變動時，個別資產的預期報酬率也同時發生變動，也就是投資該資產所必須承擔的系統性風險。β 是經由線性迴歸模型 (linear regression model) 實證所得到的迴歸係數，它表示單一資產報酬與市場報酬間的依存程度，可解釋為市場報酬變動一個單位時，個別資產報酬的反應程度。依據統計學原理，β 可經由以下的公式取得：

$$R_i = \alpha_i + \beta_i \times R_m + \varepsilon_i \tag{6-1}$$

$$\beta_i = \frac{Cov(R_i, R_m)}{Var(R_m)} = \frac{\sigma_{im}}{\sigma_m^2} = \rho_{im} \times \frac{\sigma_i}{\sigma_m}$$

在式 (6-1) 中，β 是經由統計原理推導出來的，$Cov(R_i, R_m)$ (或 $\sigma_{i,m}$) 表個別資產與市場在報酬上的共變數，$\rho_{i,m}$ 為其相關係數，$Var(R_m)$ 則為市場報酬的變異數。經由這兩個數值，即可求得投資該資產所需承擔的系統性風險大小，即 β 值。

$\beta = 1$ 時，表示當市場報酬變動 1% 時，對應資產的報酬也會變動 1%；當 $\beta > 1$ 時，市場報酬變動 1%，對應資產的報酬將有超過 1% 的變動；反之，當 $\beta > 1$ 時，對應資產的報酬將有少於 1% 的變動；$\beta = 0$ 時，表示系統性風險對於所對應的資產不會有報酬上的影響。

簡單的說，當 β 值愈大，表示個別資產反映市場報酬波動的幅度也愈大，即系統性風險愈大。譬如 $\beta = 2$，就是高風險股票；當 β 值愈小，表示個別資產反映市場報酬波動的幅度也愈小，即系統性風險愈小。譬如 $\beta = 0.5$，就是低風險股票；$\beta = 1$ 為平均風險股票。

練習題 6-1　β 值估計

假設阿雞師以 100 萬元買入鴻海每股單價為 100 元的普通股 1 萬股 (10 張股票)。若此時因歐債危機效應持續擴大，導致股市受到重創，鴻海報酬率受到此事件的影響為何？假設在今年上半年的六個月中，鴻海相對於同期市場表現的報酬率如表 6-1 所示。

表 6-1　鴻海相對於同期市場表現的報酬率

	月份	1月	2月	3月	4月	5月	6月
報酬率	R_i　鴻海	6%	7%	5%	8%	9%	7%
	R_m　市場平均	4%	6%	5%	6%	7%	6%

β 值 $= Cov(R_i, R_m)/Var(R_m)$

其中，$Cov(R_i, R_m)$ 是 R_i 與 R_m 之共變異數，而 $Var(R_m)$ 是 R_m 的變異數。

$$Cov(R_i, R_m) = 0.0001 \qquad Var(R_m) = 0.000107 \qquad \beta = \frac{0.0001}{0.000107} = 0.9345$$

表 6-1 經過共變異數與變異數的計算，鴻海股票 β 值為 0.9345。這表示在過去六個月中，當市場報酬出現變動 1% 時，鴻海約有 0.9345 倍的反應，小於市場變化，顯示個別股票系統性風險較小。即市場虧損了 1%，投資鴻海股票可能只虧 0.9345% 而已。[3]

6-2　資本資產訂價模型的內涵

6-2-1　風險與報酬的關係

CAPM 主要說明當證券市場達到均衡時，在一個有效率的投資組合中，個別資產的預期報酬率與所承擔風險之間的關係。簡單地說，CAPM 是以證券作為投資工具，在其投資組合中探討個別資產的風險與報酬間之關係。我們可以利用下式來說明：

$$E(R_i) = R_f + \beta_i \times (R_m - R_f) \tag{6-2}$$

上式中，$E(R_i)$ ＝投資組合中第 i 個證券的預期報酬率

R_f ＝無風險利率

R_m ＝市場 (或市場投資組合) 的預期報酬率

β_i ＝系統性風險指標

式 (6-2) 中說明個別證券的預期報酬是由「無風險利率」和一個稱為「風險溢酬」的部分所組成的。「風險溢酬」即指式中 $\beta_i \times (R_m - R_f)$ 的部分。其為在相當於 β_i 程度的系統性風險下，該證券應提供較市場的平均溢

---

[3] 相反地，市場賺了 1%，鴻海也只能賺得 0.9345% 的報酬。

酬水準 $(R_m - R_f)$ 高或低的額外報酬。假設市場提供 12% 的報酬率，無風險利率為 6%，則市場提供 6% 的風險溢酬。若大立光的 β 值為 2.5，表示受到系統性風險影響的程度為市場的 2.5 倍，因此大立光的風險溢酬應為 15% [＝2.5×(12%－6%)]，較市場平均多出 9% [＝15%－(12%－6%)] [即 9%/(12%－6%)×100%＝150%]。同理，若宏達電的 β 值為 0.5，則宏達電的風險溢酬應為市場的一半，即 3% [＝0.5×(12%－6%)]。

練習題 6-2　預期報酬

倘若王品的 β 值為 0.6，無風資產險報酬率為 3%，市場投資組合預期報酬率為 8%，該股票之預期報酬率為多少？

答：3% + 0.6×(8% － 3%) = 6%

練習題 6-3　多因素預期報酬

假設遊戲橘子的預期報酬率受三個系統性因素 (factors) 影響，此三個因素的預期報酬率分別是 6%、8%、4%，且該資產對此三個因素的敏感度指標分別是 0.6、0.2、－0.3，無風險報酬率為 2%，請問遊戲橘子的預期報酬率為何？

答：2% + 0.6×(6% － 2%) + 0.2×(8% － 2%) － 0.3×(4% － 2%) = 5%

練習題 6-4　β 值估算

某投資顧問公司宣稱，債券的平均報酬率為 8%、不動產平均報酬率可達到 15%，而股票可達 25%。若無風險報酬率估計為 4%，而全國資產的價值估計為每年增加 7%，請問上述三種投資工具之 β 值各是多少？

答：$E(R_i) = R_f + [E(R_m) - R_f] \times \beta_i$

債券 $\beta_i = \dfrac{E(R_i) - R_f}{E(R_m) - R_f} = \dfrac{8\% - 4\%}{7\% - 4\%} = 1.33$

不動產 $= \dfrac{15\% - 4\%}{7\% - 4\%} = 3.67$

股票 $= \dfrac{25\% - 4\%}{7\% - 4\%} = 7$

6-2-2　市場均衡的關係

　　事實上，個別證券應存在著至少兩類風險，即非系統性風險與系統性風險。若投資人只買單一證券，基於高風險高報酬的原則下，該證券除了要補償投資人的機會成本 (即放在銀行孳生利息或投資短期國庫券可獲得的無風險報酬) 外，亦須為本身額外的風險提供合理的預期報酬 (包括系統性與非系統性風險的溢酬)，才能吸引市場中的投資人。換句話說，單一證券的預期報酬率應有以下的結構：

單一證券的預期報酬＝無風險報酬＋系統性風險溢酬＋非系統性風險溢酬

其中無風險報酬為式 (6-2) 中的 R_f，系統性風險報酬為 $\beta_i \times (R_m - R_f)$。如果投資人將證券置於一個效率投資組合中，由於非系統性風險將因多角化而分散殆盡，單一證券的風險就只剩下系統性風險。若其它情況不變，單就該證券而言，投資人將可得到更高的利益。因為投資人承擔比他人更小的風險，卻獲得與他人相同的報酬。

　　然而，這個利益是不會持久的，理由是其他投資人將競相爭購此證券加入其投資組合中，而使需求大量增加並提高市價，進而壓低預期報酬率。為何當證券的市價提高時，反而會壓低證券的預期報酬率呢？因報酬率最簡單的計算方式為將利得除以成本，而證券之所以提供較合理水準為高的報酬率，極可能是其成本 (即購入時的市價) 被低估。由於便宜貨大家都要，因此當購買的需求強烈而推高投資成本時，將促使證券報酬率逐漸下滑。而投資人的「買低」動作將一直持續下去，直到此證券風險和報酬間的關係達到合理階段才會停止。

　　如何才算「合理」？由於在效率投資組合中，每個證券皆僅承擔其對應的系統性風險，因此當每個持有效率投資組合的投資人發現，此「有利」的證券不再提供超過系統性風險的溢酬時，其供需即處於一種「均衡」的狀態，此時不會再有交易發生 (即使有，也是以此合理的市價進行)。在這種狀況下，個別證券的預期報酬將只包括代表機會成本的無風險報酬和對應於市場風險的風險溢酬，而這正是 CAPM 所說的現象。

　　值得注意的是，CAPM 並非萬能。使用 CAPM 的限制包括證券市場的供需均衡和該證券是否透過投資組合有效地多角化。因此，β 值為 2 的

個別證券,在無風險利率為 6%、市場平均報酬為 12% 時,預期報酬率為 18% [＝6%＋2×(12%－6%)]。但因不知上述的條件是否能夠滿足,倘若該證券沒有有效多角化,非系統性風險依然存在時,部分風險未得到適當補償,此時利用 CAPM 所得到的結果自然無法完全解釋該證券合理的報酬水準了。

6-3 證券市場線

6-3-1 證券市場線及其意義

當證券市場達到均衡時,在每一個不同的系統性風險值 β_i 下,投資人投資某特定證券皆有一相對之預期報酬率,將這種關係繪製成一條風險與報酬相對應的曲線,稱為**證券市場線** (security market line, SML),這一條曲線的斜率就是市場風險溢酬。

圖 6-1 的 SML 說明了下列兩種現象:

代表投資個別證券的必要報酬率 圖 6-1 中,SML 上的每一個點,分別代表不同系統性風險的個別證券,並指出投資該證券時最少應獲得的預期報酬率,稱為**必要報酬率** (required rate of return)。其為達成投資效率前提下,所衡量個別證券的預期報酬率。此時,投資人不需顧慮該證券的非系統性風險,即不必要求其對應的風險溢酬之報酬率。在市場已達均衡時,

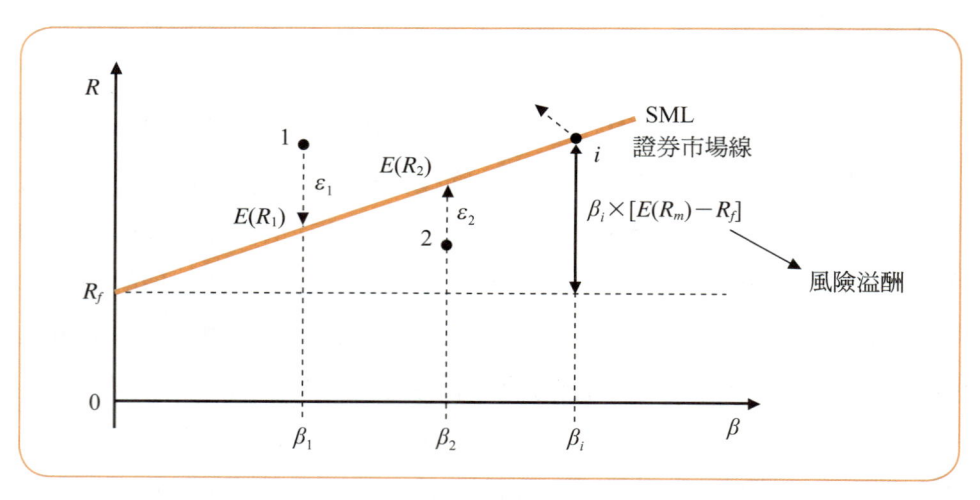

圖 6-1 證券市場線

只要個別證券能提供超過必要報酬率水準的預期報酬率,投資人即可「進場」投資該證券,以獲取所謂的超額報酬 (excess return)。

證券市場線是證券市場供需運作的結果 當個別證券能提供超過必要報酬率水準之預期報酬率時。譬如,台積電提供的預期報酬率是 5% (必要報酬率假設為 3%),即代表價格被低估,該證券的需求將因而增加。投資人買進的結果,會使價格上漲至合理價位,也就是使其預期報酬率下跌至合理區域 (SML) 之上。

6-3-2 證券市場線變動的意義

SML 的斜率 ($R_m - R_f$) 稱為市場風險溢酬 (market risk premium) 是一種「風險溢酬」的觀念。市場風險溢酬意味,平均而言,證券市場為補償投資人承擔系統性風險所提供的報酬,同時也代表一般投資人的風險規避程度。風險規避程度愈高的投資人,對於承擔風險所要求的報酬必然愈高。如果阿雞師比詹姆仕更厭惡風險,只有超高報酬率才能讓阿雞師掏錢買股票。因此,當投資人承擔系統性風險的代價,包括金錢及精神上的負擔,變大時,證券市場必須能提供更多的風險溢酬,才能滿足投資人的需求。在其它情況不變下,R_m 提高使得市場風險溢酬 ($R_m - R_f$) 變大,個別證券的必要報酬率將會相對提高。由於 SML 的斜率為 ($R_m - R_f$),所以 SML 變得較陡,我們可以用圖 6-2 來說明。

圖 6-2 中,假設風險規避程度增加,譬如,R_m 的增加造成市場風險溢酬由 10% 上升至 15%,SML 的斜率變陡,個別證券之必要報酬率也隨之上升。

除風險因素外,通貨膨脹對證券市場線也會造成影響。通貨膨脹溢酬其實是無風險利率 R_f 中的一部分,因此當通貨膨脹的預期水準改變時,此預期的成分也將反映在無風險利率中。同理,在其它條件不變的前提下,SML 將會平行向上移動,如圖 6-3 所示。

因為通貨膨脹為無風險利率的一部分,所以在圖 6-3 中,當通貨膨脹風險增加時,無風險報酬增加,SML 將平行上移,必要報酬率也跟著增加。

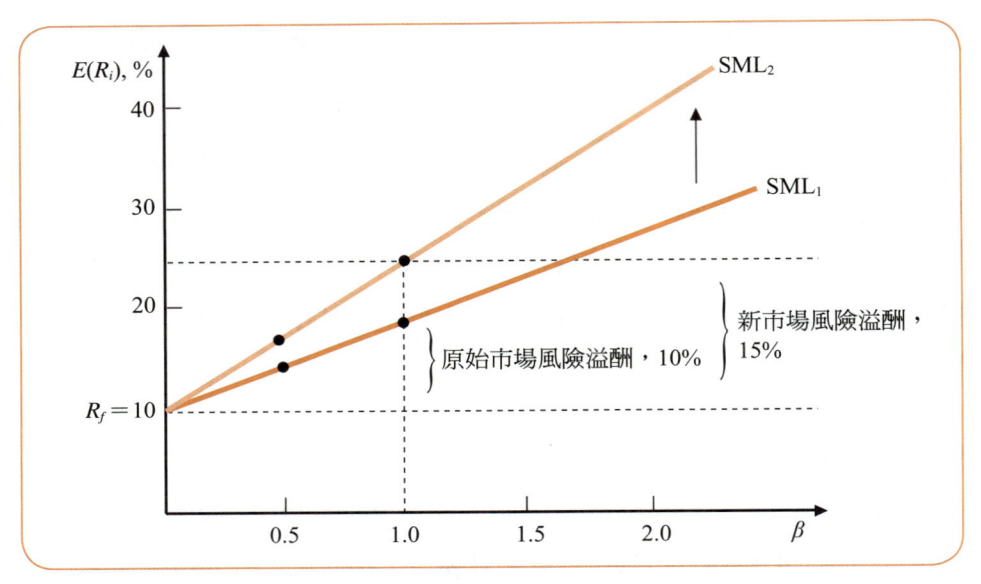

圖 6-2　風險規避程度改變對 SML 的影響

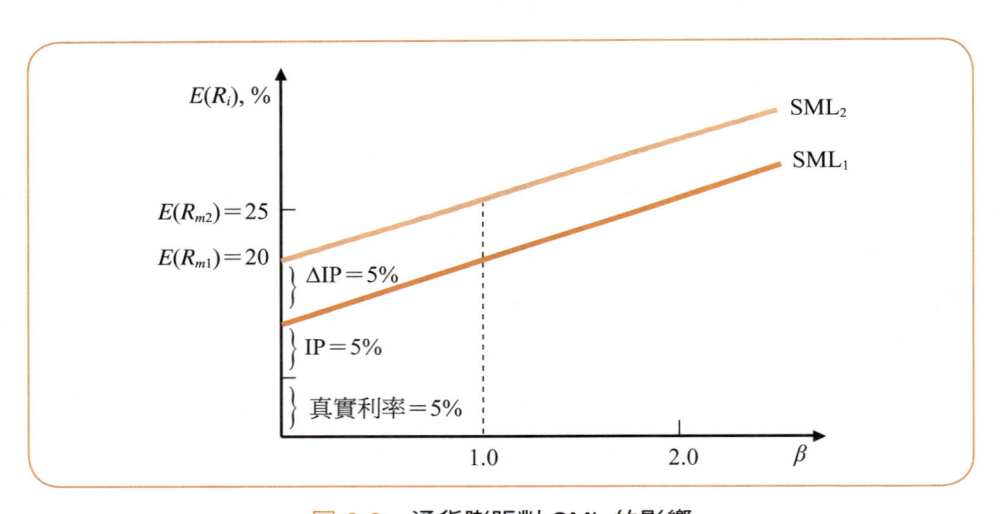

圖 6-3　通貨膨脹對 SML 的影響

最後值得一提的是，證券市場線的變動 (shift) 不但說明高風險、高報酬的關係，也說明了不同風險偏好的投資人，可在證券市場中選擇適合其偏好的證券作為投資。

練習題 6-5　投資組合預期報酬

分析師憲哥以證券市場線 (SML) 的方式估計鼎王之必要報酬率為 11.3%，該分析師是以股價加權指數之報酬率 11% 作為市場組合報酬率。若政府債券之利率 8% 為無風險利率，試求：(1) 鼎王之 β 值；(2) 莎莎投資 60 萬元於鼎王，40 萬元於王品 (β_i 為 1.3)，則其投資組合之必要報酬率為何？

答：(1) $E(R_i) = R_f + [E(R_m) - R_f] \times \beta_i$

$11.3\% = 8\% + (11\% - 8\%)\beta_i$

$\beta_i = 1.1$

$\beta_p = \sum_{i=1}^{n} R_i \beta_i = (60/100) \times 1.1 + (40/100) \times 1.3 = 1.18$

(2) $E(R_p) = R_f + [E(R_m) - R_f] \times \beta_i = 8\% + (11\% - 8\%) \times 1.18 = 11.54\%$

6-4　套利訂價理論

第 6-1 節的 CAPM 是解釋個別資產預期報酬率的結構──由無風險利率與系統性風險溢酬組成。然而，真實世界裡，在許多學者的實證下，CAPM 並未獲得有利的支持，不少學者質疑 CAPM 只採用單一因素──市場風險來解釋個別證券預期報酬率的可行性。其中美國學者羅斯 (Steven Ross) 在 1976 年所提出的套利訂價理論 (arbitrage pricing theory, APT) 即嘗試從另一個角度來解釋個別資產預期報酬率。

6-4-1　套利訂價理論模型的內涵

套利訂價理論的基本理念為：個別證券的預期報酬率在市場均衡時是由無風險利率與風險溢酬所組成，並且預期報酬率會與多個因素「共同」存在線性關係。以下將進一步介紹 APT 的理論模型：

$$E(R_i) = R_f + b_1 r_1 + \cdots + b_n r_n + e_i$$
$$= R_f + b_1(R_1 - R_f) + b_2(R_2 - R_f) + \cdots + b_n(R_n - R_f) + e_i \quad (6\text{-}3)$$

式 (6-3) 中的 $b_1, b_2, \ldots, b_n$ 之值與 CAPM 模型中的 β 所代表的意義相似，為該證券報酬率對特定因素 1、……、n 的敏感度，而 r_1、r_2 等值則表示該特定因素所提供的「風險溢酬」，即第 2 列中 $(R_1 - R_f)$ 及 $(R_2 - $

R_f)。至於最後的 e_i，則代表特殊風險 (unique risk) 的部分。就形式上來說，APT 有如 CAPM 的擴大，不過它認為個別證券的預期報酬率應由更多總體經濟因素 (macroeconomic factors) 來解釋，且當個別風險已被有效分散、證券市場達到均衡時，其預期報酬率 $E(R_i)$ 將由無風險利率和許多特定因素所提供的風險溢酬所組成：

$$E(R_i) = R_f + \beta_1(R_1 - R_f) + \beta_2(R_2 - R_f) + \cdots + \beta_n(R_n - R_f) \tag{6-4}$$

練習題 6-6 預期報酬率

宗憲想投資一家 LED 公司，已知國庫券的利率 (無風險利率 R_f) 為 4%，第一個影響風險因素之 β 值與風險溢酬分別是 1.2 與 3%，第二個影響風險因素之 β 值與風險溢酬分別是 0.7 與 2%，請問他預估這家公司之股票預期報酬率為何？

答：個股預期報酬率 = 4% + (1.2×3%) + (0.7×2%)
　　　　　　　　 = 9%

練習題 6-7 報酬率影響因素 1

在兩因素的套利訂價模型中，若無風險利率為 3%，且影響晶華飯店報酬之第一個因素與第二個因素風險溢酬分別為 4% 及 8%，當晶華飯店之預期報酬率為 12%，影響晶華飯店報酬之第一個因素 β 值為 1.5 的情況下，則影響晶華飯店報酬之第二個因素 β 值為何？

答：假設影響晶華飯店報酬之第二個因素為 β_2
　　12% = 3% + 1.5×4% + β_2×8%
　　β_2 = 0.375

練習題 6-8 報酬率影響因素 2

假設影響六福股票之預期報酬率因素有二：物價上漲率及工業生產指數。六福來自物價上漲率之 β 值與預期報酬率分別為 1.5 及 8.5%，來自工業生產指數之 β 值與預期報酬率分別為 0.8 及 7.2%，國庫券利率為 4%，若以兩因素的套利訂價模型計算，則該六福之預期報酬率為何？

答：假設六福股票之預期報酬率為 X
　　X = 4% + 1.5×(8.5% − 4%) + 0.8×(7.2% − 4%)
　　　 = 4% + 6.75% + 2.56%
　　　 = 13.31%

值得注意的是，本節的市場均衡需要透過反覆的「套利」行為來達成。套利 (arbitrage) 其實是一種「無本生意」，即投資人利用市場不均衡時證券價值的偏差來進行買低賣高的交易，以獲得沒有風險的利潤。此促使投資人將不斷地尋找價值失真 (即等於均衡價值) 的證券來套利，直到所有的套利機會都消失為止。此時個別證券的預期報酬率將如式 (6-4) 所示，由無風險利率與多個因素提供的風險溢酬來共同決定。正由於其「多因素」的特性，因此 APT 也被稱為多因素模型 (multi-factors model)。

不幸的是，APT 本身並未說明何謂「多個因素」。據 APT 的解釋，每個特定因素對個別證券的影響程度不一，譬如，以「石油價格」為第一個因素時，石化工業對其敏感度 b_1 必然較食品工業為高，而第二個因素「小麥價格」對食品工業的影響 b_2，也必然較石化工業為高，因此很難歸納出有哪些特定因素可以如同 CAPM 中的「β」一般，用來解釋所有個別證券的預期報酬率。不過，依據羅斯等人的研究，歸納至少有四個主要的因素會影響證券報酬率：

1. 工業活動的產值水準。
2. 通貨膨脹率。
3. 長短期利率的差額 (spread)。
4. 高風險與低風險公司債報酬率的差額。

6-4-2 APT 與 CAPM 的比較

由上面的討論，我們可以瞭解 APT 在基本理念上與 CAPM 相似，兩者皆以在市場達成均衡時，個別證券的預期報酬率可以由無風險報酬率加上風險溢酬來決定。不同的是，CAPM 純粹從市場投資組合的觀點來探討風險與報酬的關係，認為經濟體系中全面性的變動 (即市場風險) 才是影響個別證券預期報酬率的主要且唯一因素。相對地，APT 則認為不止一個經濟因素會對個別證券的報酬產生影響，因為不同的投資組合，其報酬受到特定因素的干擾，程度也不一樣。

不過，CAPM 雖然藉助市場投資組合來代表整個市場，實際上，市場投資組合幾乎是不存在的；因此在使用上，只能藉助特定的股價指數來評估市場風險及報酬。而 APT 由於不需要市場投資組合 (但亦可視為「因

素」之一)，故只要設定數個「有效」的經濟因素加入模型中，配合實際資料進行統計運算，即可求出個別證券預期報酬率的估計式，作為預測之用。但 APT 的不足之處為：未說明哪些因素是攸關證券預期報酬率，因而就理論上而言，似乎不如 CAPM 將所有的因素歸於市場風險，配合足夠的假設，透過以 β 來解釋，較為嚴謹、清楚且易於瞭解。

由此可知，APT 與 CAPM 兩者的利弊互見，但卻同樣地說明了風險與報酬間的關係是符合理性要求的——更多的系統性風險，更高的預期報酬。

習 題

問答題

1. 某股票的預期報酬率為 23%，市場組合的預期報酬率為 20%，該股票的 β 值為 1.2，則無風險利率為何？
2. 當整體股市的期望報酬率為 12%，無風險利率為 4%，甲股票相對於整體股市的系統性風險係數為 1.2，則甲股票的期望報酬率為何？
3. 依 CAPM 法，假設 A 股票之 β 值為 2，股市的預期報酬率為 15%，無風險利率為 5%，則 A 股票的期望報酬率為何？
4. 乙公司預期明年現金股利 3 元，假設該公司之現金股利成長率固定為 5%，且無風險利率為 5%，市場風險溢酬 8%，股票之 β 係數為 0.75，若 CAPM 與現金股利固定成長率折現模型同時成立，則該公司股價應為何？
5. 假設甲公司之現金股利成長率固定為 3%，今年度現金股利 4 元，且無風險利率為 4%，股市預期報酬率為 10%，股票之 β 值為 0.5，若 CAPM 與現金股利固定成長率折現模式同時成立，則該公司股價應為何？
6. B 公司現金股利每年固定 4 元，乙投資人購買 B 公司股票價格為 32 元，國庫券利率為 3%，股市預期報酬率為 13%，則 B 公司股票之 β 值為何？
7. 假設丙公司普通股的 β 值為 1.3，若無風險利率為 7%，市場風險溢酬 10%，則其期望報酬率為何？
8. 在兩因素的套利訂價模型 (APT) 中，若無風險利率為 5%，且影響 A 股票之第一個因素與第二個因素風險溢酬分別為 2% 及 4%，當 A 股票之預期報酬率為 10%，影響 A 股票報酬之第二個因素 β 值為 1 的情況下，則影響 A 股票報酬之第一個因素 β 值為何？

9. 依套利訂價模型，如果國庫券利率為 3.5%，因素一的 β 值與風險溢酬分別為 2.3 及 3.2%；因素二的 β 值與風險溢酬分別為 0.9 及 1.5%，則個股預期報酬率為何？
10. 假設影響 B 公司股票之預期報酬率因素有二：物價上漲率及工業生產指數。B 公司來自物價上漲率之 β 值與預期報酬率分別為 1.2 及 7.5%，來自工業生產指數之 β 值與預期報酬率分別為 0.6 及 6.2%，國庫券利率為 3%，若以兩因素的套利訂價模型 (APT) 計算，則該公司股票之預期報酬率為何？

Chapter 7

期　貨

2002 年 SARS 疫情爆發之前，臺灣股市在 6,484 點。2003 年隨著 SARS 疫情擴散到最嚴重的時候，4 月 28 日盤中指數下跌至 4,044 點，跌了 2,440 點。待 SARS 陰霾漸遠後，11 月 2 日指數上升至 6,142 點，漲了 2,098 點。當時，股市聞人阿土伯投入股市期貨 150 萬元，不到一個月上漲約 1,000 點。阿土伯見好就收，賣出手中多單而回收 500 萬元，投資報酬率高達 233%。

2007 年 10 月 3 日加權股價指數為 9,700 點，2008 年因美國次級房貸風暴，10 月 3 日指數下跌至 5,742 點。經天原有一家公司及一棟仁愛路豪宅，投資失敗後，公司破產倒閉，豪宅遭法拍，最後開計程車維生。

2011 年 3 月 11 日日本大地震驚動全球，3 月 15 日臺股開盤 8,493 點，最低下跌至 8,070 點，當日最高與最低之間相差 423 點。以臺股指數一點 200 元計算，當日一口就有 84,600 元獲利或損失。瑋寧是一家證券公司職員，家中原有銀行房貸 800 萬元債務未還，因 311 地震作空期貨獲利，不僅幫父母償還舊房貸，更以現金為自己購置新屋。

2011 年 8 月 5 日，大盤一天狂瀉 464 點，股市馳騁三十年的老手、具有多年經驗的投資顧問公司的總裁張菲不僅沒有停損平倉，再加碼 500 萬元新部位；沒想到下一個交易日，8 月 8 日再跌 300 點，張菲大賠 2 億

145

800 萬元。加上原本本金約 3 億元，兩天共慘賠 5 億 8,000 萬元，臺灣期貨市場爆發有史以來最嚴重的大戶違約交割事件。

「一夕致富」是許多人追求的夢想，但也常聽到有人「一夕間傾家蕩產」。有人一個月賠光一生積蓄，也有人「鑼聲一響，黃金萬兩」，一個月賺進兩棟豪宅。什麼樣的投資工具可以產生如此大的變化呢？答案很簡單：期貨與選擇權。衍生性金融商品中，期貨及選擇權均具有高槓桿的投資報酬與風險，本章先介紹期貨，選擇權留待下一章再說明。

7-1　期貨契約與期貨市場

期貨 (futures) 與股票一樣，都是可以透過合法的集中市場交易，公開自由買賣的一種標準化買賣契約。期貨是以跨時期交易的方式為之，所以買賣雙方必須透過簽訂標準化契約，即期貨契約 (futures contracts)，同意按照約定時間、價格與交易條件，交付或收取原先約定數量的現貨。依我國《期貨交易法》第 3 條之定義，期貨契約指當事人約定，於未來特定期間，依特定價格及數量等交易條件買賣約定標的物，或於到期前或到期時結算差價之契約。

期貨的買賣通常集中於期貨交易所進行，但也有部分可以透過櫃檯交易 (over the counter, OTC) 方式進行。期貨交易是指買賣雙方各自透過期貨經紀商，在期貨交易所內，依據特定程序與標準化之商品買賣契約，進行交易。

期貨是一種衍生性金融商品，期貨市場由現貨市場 (spot market)、遠期市場 (forward market) 逐漸發展而成。遠期契約為買賣雙方共同簽訂的合約內容，其交易日訂在未來的某一天，這樣可避免因現貨市場突發性的供需失衡所引起價格波動的損失。由於價格波動的不確定性，常造成交易者成本與利潤控制上的困擾，故交易雙方簽約固定價格，以避免價格波動造成的損失。

遠期契約雖然可以事先鎖定價格，規避因現貨價格波動帶來的風險，但執行上常有契約無法履行及流動性不足等風險。前者乃因合約到期時，

當市價與議定價格差距太大時，不利的一方可能會用違約方式來逃避而造成契約無法履約。此外，契約是當事雙方依實際需要訂定，合約未到期前，若有一方不想再持有合約，將因合約限制而難以轉手出售，形成流動性不足的缺點。遠期契約無標準化規格、支付條件不一定、契約內容未公開，致使契約無法發揮避險功能，期貨契約乃因應而生。

參與期貨市場之交易者，可透過期貨契約買賣，鎖定利潤及成本，降低價格波動風險，亦可透過期貨交易承擔更多風險，伺機由價格波動中獲得更多的利潤。

7-1-1 期貨商品

期貨商品由早期的農產品、金屬及能源等商品期貨，由於期貨交易逐漸成熟而演變出多元化，進而發展至目前外匯、利率及指數等金融期貨。期貨契約大致可分為商品期貨與金融期貨兩大類：

商品期貨　為期貨市場最早發展出的商品合約，以傳統之大宗物質為主。
- 農業期貨：如穀物、黃豆、棉花、生豬等。主要交易市場是美國芝加哥期貨交易所 (CBOT)、東京穀物交易所 (TGE) 等。
- 金屬期貨：如貴金屬的黃金、白銀；工業金屬的銅、鋁等。主要交易市場是紐約商品交易所 (COMEX)、英國倫敦金屬交易所 (LME) 等。
- 能源期貨：以石油為主，另外還有燃油、汽油等石油產品。主要交易市場是紐約商業交易所 (NYMEX)、英國國際石油交易所 (IPE) 等。
- 其它商品期貨：包括咖啡、可可兩種期貨契約，為特種栽種商品。主要交易市場是咖啡、糖、可可交易所 (CSCE)、英國倫敦商品交易所 (LCE)。

金融期貨　國際間貿易及投資等金融交易流動頻繁，為了避免匯率大幅波動造成交易損失，各式各樣的金融及外匯期貨因應而生。現今期貨市場主要以金融期貨交易為大宗。
- 外匯期貨契約：外匯期貨契約類似銀行之遠期外匯市場，惟外匯期貨有標準的合約，並且是以集中交易方式進行。較活絡的外匯期貨契約有英鎊、加幣、歐元、日圓、瑞士法郎等。

- 短期利率期貨契約：以歐洲美元及美國國庫券最常見。
- 長期利率期貨契約：以美國中期公債 (T-Note)、長期公債 (T-Bond) 為標準。
- 股價指數期貨契約：股價指數期貨契約不需要實際交割指數所包含的股票，到期日以現金交割，金額根據現貨市場股價指數之值而定。熱門商品有標準普爾 500 (S&P 500)、日經 225 及摩根臺指等。

7-1-2 期貨市場

最早的期貨乃從現貨遠期交易發展而來，剛開始的現貨遠期交易是雙方口頭承諾，約定在某一時間買賣一定數量的商品。由於後來交易數量增加，商品種類擴大，口頭承諾常產生交易糾紛，造成交易障礙，乃逐漸發展成契約形式。

世界上最早的期貨市場在日本，出現於 17 世紀江戶幕府時代，當時由於米是軍事及經濟主要命脈，米價波動常會造成經濟社會的不安，因此米商根據稻米的生產期間以及市場預期而預先進行庫存米買賣。1780 年英國利物浦棉花交易，當時的 to-arrive 契約便是現代期貨契約的前身。

芝加哥為美國中西部地區的主要城市和農產品集散地，位在美國中西部穀倉，連接美國東西部的重要交通樞紐。1848 年，由 82 位商人發起組織芝加哥期貨交易所 (CBOT)，提供會員相關交易訊息。1865 年推出的標準化協議期貨契約，並允許這種標準化合約可以轉手買賣，且逐步建立保證金制度。1865 年，芝加哥期貨交易所開始交易穀物交易合約。1972 年 5 月 16 日，芝加哥商業交易所 (Chicago Mercantile Exchange, CME) 推出加幣、英鎊、日圓、德國馬克、瑞士法郎五種外匯期貨，開啟全球最早之金融期貨契約。

7-1-3 期貨功能

今日的期貨市場已經十分成熟，比過去更活絡，也更具經濟效益。期貨交易市場提供下列的重要功能：

避險功能 (hedge function) 又稱**風險轉移功能** (risk transfer function)。期貨創立之初的目的是為了避免農夫或穀物商人因持有的穀物在價格波動中

遭受損害，也就是提供標的物商品持有者可以轉移價格波動的風險。風險轉移是期貨契約產生的原因之一，這項功能將現貨供給者或需求者之風險降低在可以控制的範圍內。

價格發現功能 (price discovery function) 期貨市場的價格係由供需雙方共同決定，而供需雙方對於期貨價格認知，則是基於未來市場價格形成預期而決定，因此期貨價格對於未來商品價格常有領先發現的功能。此外，期貨市場交易係以公開、透明的人工喊價或電子撮合方式進行交易，同一月份合約只有一個價格。交易完成後，立即將期貨成交價格透過電子資訊媒體傳輸到各地。此價格是所有市場投資人對該項商品未來價格所形成的共識，因此期貨市場所產生的價格對現貨市場具有指標性的強烈宣示作用。

投機功能 (speculation function) 期貨避險者不願承擔價格波動帶來之風險，但投機者則對未來市場看法不同，寧願承擔風險以獲取利潤。期貨市場高槓桿操作吸引投機者進入期貨市場。大量的投機者參與，一方面承擔了避險者的風險，同時也活絡了市場的流動性，使市場機制能正常發揮。若無投機者參與，避險交易行為就無法順利進行，避險功能也無法發揮。

7-1-4 期貨與股票、遠期契約之比較

期貨與股票市場 前一章曾介紹股票市場投資，而期貨與股票兩者間有何差異？我們可從表 7-1 中看出它們的不同。

期貨與遠期契約 遠期契約與期貨均是買賣雙方為避免未來現貨市場的價格波動招致損失所發展的合約。但遠期契約由買賣雙方共同決定，並無標準化合約。期貨則具有標準化合約，是兩者最大不同。兩者間的差異如表 7-2 所示。

7-2 臺灣期貨市場交易制度

7-2-1 期貨市場組成

臺灣期貨市場組成架構，依管理機構、交易所及業務不同區分為數個不同機構，分述如下：

▌表 7-1　期貨與股票之差異

項 目	股 票	期 貨
交易所	臺灣證券交易所	臺灣期貨交易所
交易標的	公司股票	股價指數
籌碼限制	限公司流通在外股數	無限制
到期日	無限制	有到期日，到期後該契約無任何價值
資　金	1. 現金交易 100% 2. 融資交易自備 40% 現金	僅需合約總值 10%～15%
財務槓桿	1. 現金交易無財務槓桿 2. 融資交易有財務槓桿，約 2 倍	交易繳付的並非交易金額，而是保證金。槓桿倍數比較大，約 10～20 倍
股　利	公司年度有盈餘可參與配股	無權參與配股
交易操作	1. 先買進才能賣出 2. 信用交易可當日沖銷 3. 作空時有融券限制	1. 可同時作空與作多 2. 可當日沖銷
結　算	不需要每日結算	每日結算，保證金淨額必須高於維持保證金
交易成本	1. 手續費：買賣金額之 1.425‰ 2. 交易稅：賣出時課 3‰ 3. 融資需另付手續費與利息	1. 期交稅為買進、賣出時按契約總值各課十萬分 4 2. 手續費由交易人與期貨商議定
交　割	成交後第二個營業日需辦理款、券交割	現金交割

▌表 7-2　期貨與遠期契約之差異

項 目	期 貨	遠期契約
交易場所	期貨交易所	買賣雙方約定
契約標準化	交易所制定之標準化契約	無標準化，由買賣雙方商議契約內容
結算方式	每日結算以調整保證金，以求降低履約風險	履約前不需支付任何金額，但履約風險買賣雙方自負
交易成本	1. 期交稅為買進、賣出時按契約總值各課十萬分 4 2. 手續費由交易人與期貨商議定	需支付仲介者費用，成本較高
履約方式	以平倉方式	實物交割
契約流動性	期貨交易所買賣，流動性佳	缺乏流動性

主管機關　《期貨交易法》第 4 條規定，我國期貨交易之目的事業主管機關為「行政院金融監督管理委員會」，負責行政督導期貨市場交易。此外，為配合期貨市場發展及發揮自律功能，期貨市場尚訂有自律組織「全國期貨商業同業公會聯合會」，目前為「中華民國期貨業商業同業公會」。

期貨交易所

臺灣期貨交易所籌備處於 1996 年 12 月正式成立，1997 年 3 月《期貨交易法》通過後，臺灣期貨交易所係依據《期貨交易法》成立之公司制期貨交易所，公司全名為「臺灣期貨交易所股份有限公司」，英文名稱為 Taiwan Futures Exchange，簡稱 TAIFEX。臺灣期貨交易所於 1998 年 7 月 21 日正式開業，並推出第一項期貨商品——「臺股期貨」。之後陸續推出「電子期貨」、「金融期貨」與「小型臺指期貨」等股價指數期貨商品。

《期貨交易法》第 7 條：期貨交易所之設立，應以促進公共利益及確保期貨市場交易之公正為宗旨。期貨交易所之組織，分為會員制及公司制。

目前許多國家如美、日兩國的期貨交易所，均採非營利的會員制。臺灣則採公司制，臺灣期貨交易所股份有限公司組成股東有 100 餘位法人股東，由期貨業、證券業、銀行業、證券暨期貨相關機構四大行業出資 20 億元所組成，係具會員制精神之公司制期貨交易所。臺灣期貨交易所組織結構如圖 7-1 所示。

期貨結算機構　在期貨交易中，期貨結算機構扮演交易雙方之對方，承擔履行契約的義務。對期貨交易之買方而言，結算機構代表賣方；對期貨賣方來說，結算機構代表買方。結算機構提供期貨交易的結算、交割及履約，以確保投資人交易保障。

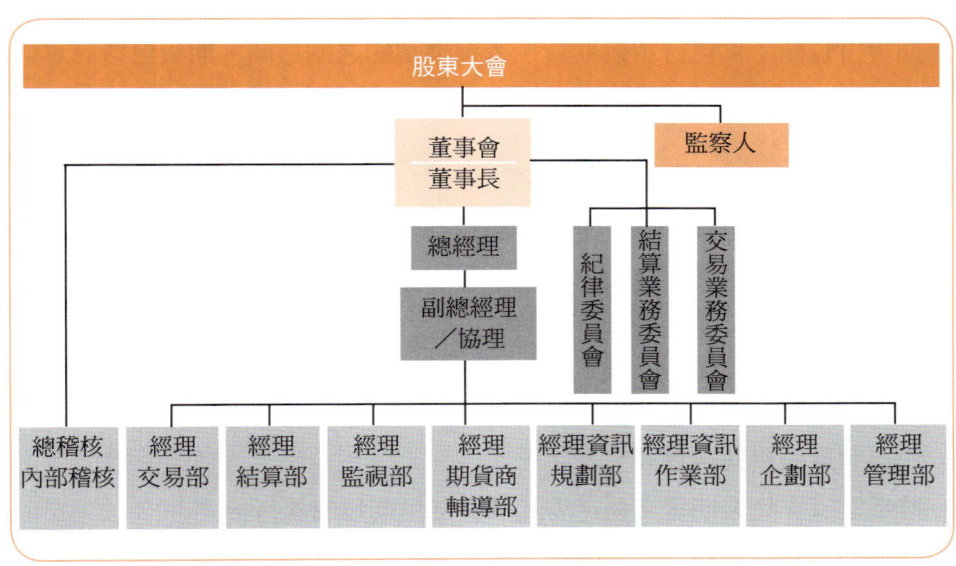

資料來源：臺灣期貨交易所。

圖 7-1　臺灣期貨交易所組織圖

期貨結算機構辦理期貨交易後之結算交割工作，其業務包含訂定與調整保證金金額、訂定結算與交割程序、辦理結算與到期交割作業、管理結算保證金與交割結算基金、結算會員風險管理等。

期貨交易的結算是由結算會員向期貨結算機構辦理。目前臺灣期貨結算機構由臺灣期貨交易所股份有限公司兼營，如圖 7-1 之組織圖。結算會員為代表期貨商進行期貨結算業務之法人。結算會員除特別結算會員外，應具期貨商資格。以下分別說明三種結算會員：

1. 個別結算會員：僅能為個別結算會員所屬之期貨經紀或自營業務之交易辦理結算交割。
2. 一般結算會員：除了可替一般結算會員之期貨經紀或自營業務之交易辦理結算交割外，也可受託為其它期貨商辦理結算交割業務。
3. 特別結算會員：特別結算會員較特殊，須經目的事業主管機關許可之金融機構，因此僅能受託為期貨商辦理結算交割業務。

期貨商 《期貨交易法》第 56 條規定：期貨商須經主管機關之許可並發給許可證照，始得營業。期貨商分為經紀商及自營商兩類。

1. 期貨經紀商：係指得接受客戶委託買賣期貨、選擇權契約並接受客戶委託開設期貨交易帳戶之公司。期貨經紀商專營者最低實收資本額為新臺幣 2 億元。
2. 期貨自營商：係自行買賣期貨、選擇權契約之期貨商，期貨自營商專營者最低實收資本額為新臺幣 4 億元。

期貨交易輔助人 其業務係協助期貨經紀商招攬客戶，並接受客戶下單，再轉單給期貨經紀商，惟不得經手保證金業務。目前僅有證券經紀商經營期貨交易輔助業務者，可申請成為期貨交易輔助人。期貨交易輔助人之主要業務範圍包括：

1. 招攬期貨交易人從事期貨交易。
2. 代理期貨商接受期貨交易人開戶。
3. 接受期貨交易人期貨交易之委託單並交付期貨商執行。
4. 通知期貨交易人繳交追加保證金及代為沖銷交易。

期貨業務員 指為期貨商從事下列業務之人員，其主要業務範圍有：

1. 期貨交易之招攬、開戶、受託、執行或結算交割。
2. 期貨交易之自行買賣、結算交割。
3. 期貨交易之內部稽核。
4. 期貨交易之全權委託。
5. 期貨交易之自行查核或法令遵循。
6. 期貨交易之主辦會計。
7. 期貨交易之風險管理。

期貨交易人 指在期貨商開設期貨帳戶，委託期貨商從事期貨交易之人。交易人必須先在期貨商指定之金融機構開立存款帳戶，並將保證金轉入期貨商「客戶保證金專戶」後，才可以從事期貨交易。交易人進行期貨交易時，得當面或以語音、電話、網際網路、專線、封閉式專屬網路、書面、電報或其方式進行委託。期貨交易人參與期貨交易動機約有下列幾項：

1. 避險動機：因持有現貨部位，為避免暴露於現貨價格波動風險，採用期貨交易以避險。
2. 投機動機：為獲取高額報酬率而願意承擔風險，以期貨交易投機獲利。
3. 套利動機：基於期貨價格與現貨價格差距，以買低賣高進行套利。

7-2-2 期貨交易流程

　　計算期貨契約的單位為口 (lot)，一口表示一張期貨契約，賣出一口期貨契約，表示賣出一單位的期貨契約。交易人或其代表人以電話、語音或網路等各種方式下單後到期貨商。

　　期貨商接受交易人委託時，依據交易人買賣委託書所載事項，按交易所別及交易種類別，依委託方式或時間順序執行之。確認買賣委託書所載事項均正確無誤後，進行風險控管與執行交易。期貨商須執行以下風險控管作業，以維護交易安全：檢查交易人帳戶可用保證金是否足夠；對於沖銷部位之委託，檢查交易人是否具有足夠之未了結部位供其沖銷。

　　期貨交易契約在期貨交易所市場之交易，採電腦自動撮合。期貨商之買賣申報撮合成交後，期貨交易所電腦立即予以回報，並將成交資料內容

傳送至結算主機電腦，進行洗價與結算作業。

期貨交易人下單到成交間期貨交易流程，可以圖 7-2 表示。

7-2-3 期貨交易方式

臺灣期貨市場交易時間為正常營業日 8 點 45 分開始，於 13 點 45 分結束。期貨市場領先股票市場 9 點開盤前十五分鐘開市，延至股票市場收盤 13 點 30 分後十五分鐘結束。期貨交易人可於每交易日開市前上午 8 點 30 分至 45 分開始下單，期貨交易所接受期貨交易買賣委託申報後，揭示總委買筆數、總委買口數、總委賣筆數、總委賣口數。

期貨交易人下單的方式有下列幾種：

1. **市價委託單 (market order)**：依市價的買賣價進行交易，買進時依市價賣價為參考成交價；賣出時依市價買價為參考成交價。市價單可分成

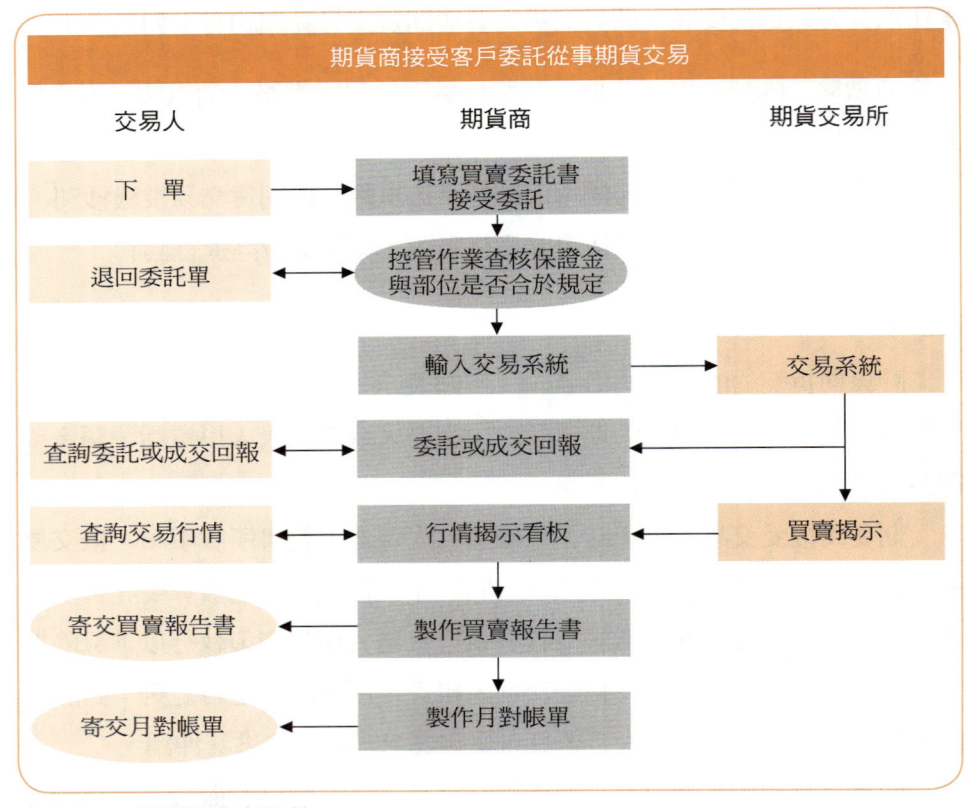

資料來源：臺灣期貨交易所。

圖 7-2　期貨交易流程

FOK 及 IOC 兩種交易條件。

2. 限價委託單 (limit order)：依指定之價位進行交易，成交價與指定價格間必須是買低賣高。限價單有 FOK、IOC 及 ROD 三種交易條件。
3. 觸及市價單 (market if touched order, MIT)：當市場價格達到委託單所指定的價位後，轉為市價單成交的委託單。
4. 停損委託單 (stop order, STP)：投資人指定某一價格為停損價格，當市場觸及此停損價格時發出一市價單，以市價進行交易。此種委託單之買單停損價格應該高於目前的市場價格；賣單停損價格應該低於目前的市場價格。
5. 停損限價委託單 (stop limit order)：當市價觸及所設停損價格時，該委託自動變成限價委託，必須比所限價格好或相同時才能成交。此委託必須設定兩個價格：一為停損價格；另一為限定成交之價格，兩者可相同或不同。
6. 開盤市價單 (market on opening order, MOO)：投資人在開盤前即委託期貨商，在開盤時段以市價交易。
7. 收盤市價單 (market on close order, MOC)：投資人在收盤前即委託經紀人，在收盤時段以市價交易。
8. 二擇一委託單 (one-cancels-the-other order, OCO)：投資人可以同時指定兩種價格：若一種價格成交；另一價格即取消。

委託單的設定條件有 FOK、IOC 及 ROD 三項：

1. FOK (fill or kill)：委託單之數量價位必須全部且立即成交才有效，否則取消。
2. IOC (immediate or cancel)：委託單所訂之數量價位立即成交，否則取消。
3. ROD (rest of day)：委託單所訂之數量及價位一直有效，直到當日期貨市場結束。

期貨委託單排序除價格順位外，成交優先順位依設定條件排序為 FOK > IOC > ROD。

另外，在委託數量限制上亦有規範：股價指數期貨、利率期貨、黃金

期貨等合約每筆委託上限為 100 口；股價指數選擇權契約、黃金選擇權契約每筆委託上限為 200 口；股票期貨契約及股票選擇權契約每筆委託上限為 499 口。

7-2-4　臺灣期貨商品

臺灣期貨交易所於 1998 年 7 月 21 日正式開業，並推出第一項期貨商品——「臺股期貨」。之後陸續推出「電子期貨」、「金融期貨」與「小型臺指期貨」等股價指數期貨商品。2001 年 12 月推出「臺指選擇權」，國內期貨交易從期貨商品拓展至選擇權商品，市場之避險管道更趨多元化。2003 年 1 月推出我國第一項非指數型商品「股票選擇權」。2004 年則推出「十年期公債期貨」及「三十天期利率期貨」兩項利率類商品，將期貨市場產品線由股價類跨入利率類商品。2006 年 3 月上市「美元計價黃金期貨」，2008 年及 2009 年分別推出「新臺幣計價黃金期貨」及「黃金選擇權」，以提供黃金現貨參與者更多元化之交易與避險管道。另為提供股票現貨投資人良好避險管道，降低追蹤誤差，於 2010 年 1 月 25 日推動「股票期貨」上市。

2015 年 7 月 20 日推出以美元兌人民幣匯率為交易標的之「人民幣匯率期貨」。2015 年 12 月 21 日推出「日本東證期貨」，以日本東京證券交易所股價指數為標的，是臺灣期貨市場第一個掛牌之國外指數期貨商品。2016 年 6 月 27 日推出人民幣匯率選擇權，並於 2016 年 11 月 7 日推出「印度 50 期貨」、「歐元兌美元匯率期貨」及「美元兌日圓匯率期貨」等三項新商品，持續為市場挹注新動能。

2017 年 5 月 15 日，期交所推動夜盤交易上線，於日盤時段收盤後一段時間開啟盤交易，夜盤交易時間一律交易至隔日凌晨 5 時。夜盤交易上線同日，期交所推動「美國道瓊期貨」及「美國標普 500 期貨」上市，以豐富國外指數商品線。2018 年 1 月 22 日推出「英鎊兌美元匯率期貨」及「澳幣兌美元匯率期貨」，以提供多元匯率避險管道。

有關期貨商品部分彙整如圖 7-3 所示。

臺灣期貨交易以股價指數期貨為主，臺股指數期貨、電子指數期貨、金融指數期貨、小型臺指期貨、臺灣 50 指數合約內容分別列於表 7-3。

臺灣期貨商品分類			
股價指數期貨類	個股期貨類	利率期貨類	匯率期貨類
臺股期貨 電子期貨 金融期貨 小型臺指期貨 臺灣 50 期貨 櫃買期貨 非金電期貨 東證期貨 印度 50 期貨 美國道瓊期貨 美國標普 500 期貨	股票期貨	十年期政府 公債期貨	小型美元兌人民幣期貨 美元兌人民幣期貨 歐元兌美元期貨 美元兌日圓期貨 英鎊兌美元期貨 澳幣兌美元期貨

資料來源：臺灣期貨交易所。

圖 7-3　臺灣期貨商品分類圖

7-2-5　期貨保證金

期貨契約與遠期契約不同之處，在於期貨契約有保證金制度，並且每日結算。保證金制度在期貨交易中非常重要，未提存保證金或保證金不足，將無法參與期貨交易。期貨保證金有下列幾項：

1. 原始保證金 (original margin)：期貨交易人進入市場交易時所必須存入的保證金，其額度視商品之不同而異，一般約為合約總值的 5%～15%。
2. 維持保證金 (maintenance margin)：維持保證金通常為原始保證金的 70%～80%，若客戶保證金帳戶中，每日計算浮動損益後之餘額低於原始保證金時，期貨經紀商便會通知客戶補繳保證金至原始保證金之水準，客戶有義務於規定時間內補足差額，否則經紀商便有權利代客戶就該期貨部位平倉。
3. 結算保證金 (clearing margin)：期貨市場上所有交易，必須經過期貨結算所 (clearing house) 登記，才算完成買賣。結算所的主要功能在於確保買賣雙方履行契約的義務。結算所會向會員收取保證金，期貨結算會員繳存於期貨結算機構之交易保證金，稱之為結算保證金。期貨結算會員於

表 7-3 臺灣股價指數等期貨契約

項　目	臺股指數期貨	電子指數期貨	金融指數期貨	小型臺指期貨	臺灣 50 指數期貨
交易標的	臺灣證券交易所發行量加權股價指數	臺灣證券交易所電子類股價指數	臺灣證券交易所金融保險類股價指數	臺灣證券交易所發行量加權股價指數	富時臺灣證券交易所臺灣 50 指數
中文簡稱	臺股期貨	電子期貨	金融期貨	小型臺指期貨	臺灣 50 期貨
英文代碼	TX	TE	TF	MTX	T5F
交易時間	本契約交易日同臺灣證券交易所交易日 交易時間為營業日上午 8：45～下午 1：45 到期月份契約最後交易日之交易時間為上午 8：45～下午 1：30				
契約價值	臺股期貨指數乘上新臺幣 200 元	電子期貨指數乘上新臺幣 4,000 元	金融期貨指數乘上新臺幣 1,000 元	小型臺指期貨指數乘上新臺幣 50 元	臺灣 50 期貨指數乘上新臺幣 100 元
到期月份	自交易當月起連續兩個月份，另加上 3 月、6 月、9 月、12 月中三個接續的季月，總共有五個月份的契約在市場交易				
每日結算價	每日結算價原則上採當日收盤前一分鐘內所有交易之成交量加權平均價				
每日漲跌幅	最大漲跌幅限制為前一營業日結算價上下 7%				
最小升降單位	指數 1 點 (相當於新臺幣 200 元)	指數 0.05 點 (相當於新臺幣 200 元)	指數 0.2 點 (相當於新臺幣 200 元)	指數 1 點 (相當於新臺幣 50 元)	指數 1 點 (相當於新臺幣 100 元)
最後交易日	各契約的最後交易日為各該契約交割月份第三個星期三，其次一營業日為新契約的開始交易日				
最後結算日	最後結算日同最後交易日				
最後結算價	以最後結算日臺灣證券交易所當日交易時間收盤前三十分鐘內所提供標的指數之簡單算術平均價訂之。其計算方式，由臺灣期貨交易所另訂之				
交割方式	以現金交割，交易人於最後結算日依最後結算價之差額，以淨額進行現金之交付或收受				
部位限制	• 交易人於任何時間持有本契約同一方之未了結部位總和，不得逾臺灣期貨交易所公告之限制標準 • 法人機構基於避險需求得向臺灣期貨交易所申請放寬部位限制 • 綜合帳戶之持有部位不在此限				
保證金	• 期貨商向交易人收取之交易保證金及保證金追繳標準，不得低於臺灣期貨交易所公告之原始保證金及維持保證金水準 • 臺灣期貨交易所公告之原始保證金及維持保證金，以「臺灣期貨交易所結算保證金收取方式及標準」計算之結算保證金為基準，按臺灣期貨交易所訂定之成數加成計算之				

資料來源：臺灣期貨交易所。

成立時，為確保履行交割義務所繳交於期貨結算機構之一規定款項稱之為交割結算基金。

　　以上三項保證金依各項期貨契約略有不同，目前臺灣期貨保證金如表 7-4 所示。

表 7-4　臺灣期貨商品保證金
(單位：元)

商品別	結算保證金	維持保證金	原始保證金
臺股期貨	61,000	64,000	83,000
電子期貨	56,000	58,000	76,000
金融期貨	34,000	36,000	46,000
小型臺指期貨	15,250	16,000	20,750
臺灣 50 期貨	25,000	26,000	34,000
櫃買期貨	18,000	19,000	25,000
非金電期貨	37,000	39,000	50,000
東證期貨	9,000	10,000	13,000
印度 50 期貨	16,000	17,000	22,000
美國道瓊期貨	15,000	16,000	21,000
美國標普 500 期貨	17,000	18,000	23,000

資料來源：臺灣期貨交易所。

另外，還有三項相關之保證金：

1. 超額保證金 (excess margin)：指期貨投資人證券金融存款餘額超過原始保證金部分之金額。
2. 追繳保證金 (margin call)：投資人存款帳戶內保證金餘額低於維持保證金時，期貨商將通知客戶補繳保證金，客戶若未於指定期限內補足保證金，期貨商強制平倉，此即俗稱之砍倉或斷頭。
3. 變動保證金 (variation margins)：投資人進行期貨交易後，因價格下跌導致該日結算有所損失，致保證金金額低於期貨商訂定的維持保證金金額，經期貨商追繳通知後必須存入的保證金金額。

期貨交易所為維護買賣雙方市場交易安全，於盤中以市場即時成交價格進行盤中損益試算，若發現結算會員保證金餘額低於應有保證金時，即對該結算會員發出盤中保證金追繳。

期貨商對期貨交易人保證金也進行嚴格控管，流程如下：

1. 盤中依最新市價進行交易人持有部位之損益計算。
2. 每日收盤後計算交易人總持有部位損益。
3. 結算後期貨商將應補繳之保證金撥入結算會員保證金專戶，再計算交易人保證金餘額。

4. 若交易保證金餘額低於維持保證金時，期貨商依規定發出保證金追繳通知。
5. 交易人於限期內補繳其保證金餘額與原始保證金之差額。
6. 未能限期內補足保證金差額，期貨商將予以平倉。作業流程如圖 7-4 所示。

7-2-6 期貨交易實例

★ **例 1：保證金變化**

禧禧於 2018 年 7 月 4 日買進 1 口臺指期貨，[1] 當時期貨價格 7,300 點，並繳交原始保證金新臺幣 83,000 元給期貨經紀商。隔一營業日，7 月 5 日期貨結算價格上漲 100 點，升至 7,400 點，以 1 點 200 元計算，保證

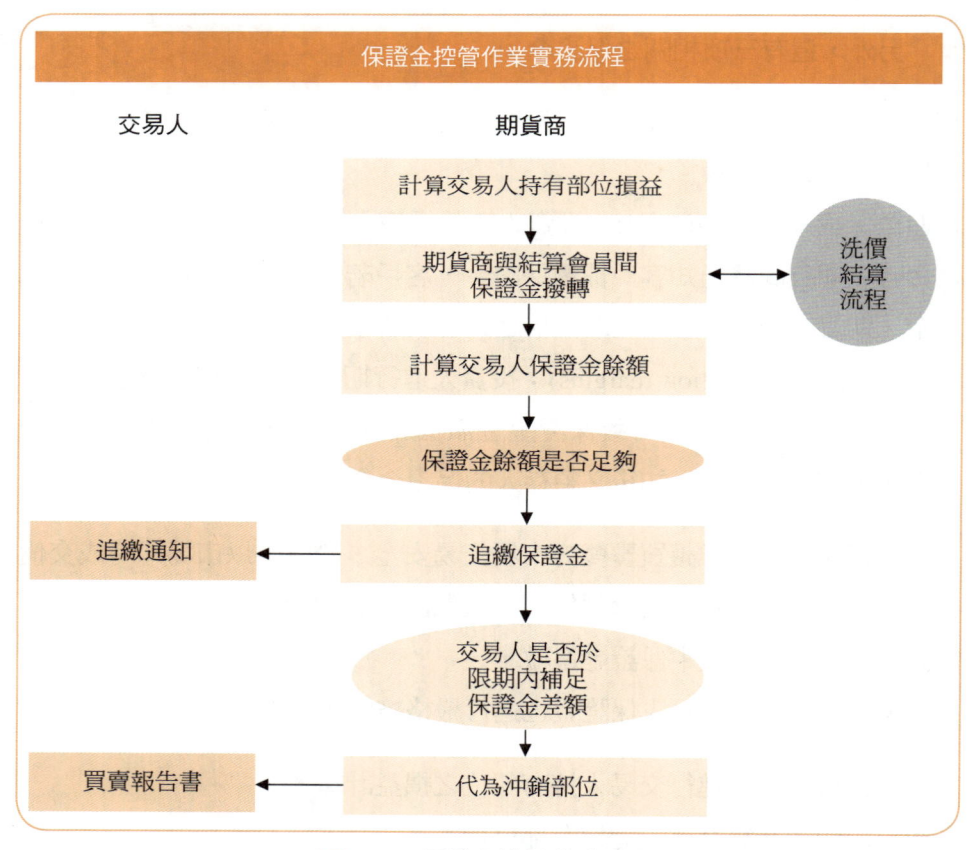

圖 7-4 保證金控管作業流程

---

[1] 期貨交易人留置在期貨市場中的期貨契約，稱為倉位或部位 (position)。若買入 1 口臺指期貨，再買入 1 口，則買進部位共有 2 口。

金增加 20,000 元，保證金餘額成為 103,000 元。7 月 6 日因有歐債利空消息，指數下跌 200 點，當日結算價為 7,200 點，保證金餘額減少至 63,000 元。低於維持保證金 64,000 元，禧禧將於盤中或盤後收到期貨經紀商的保證金追繳通知，盤後追繳時限為次一營業日下午 3 點 30 分前，此時禧禧必須於下一營業日 15 點 30 分前將保證金餘額補足到 64,000 元。若追繳時限後未補足保證金至 64,000 元，或淨值未回升至 100% 原始保證金以上，則期貨經紀商於次日開盤前以市價掛出砍倉。[2] 保證金變化見表 7-5。

表 7-5 保證金金額之變化

日　期	當日結算價 (點)	價格變動 (點)	當日損期 (元)	保證金餘額 (元)
7 月 4 日	7,300	—	—	83,000
7 月 5 日	7,400	+100	+20,000	103,000
7 月 6 日	7,200	−200	−40,000	63,000

★ **例 2：交易費及期貨交易稅**

我國期貨集中交易市場裡，主管機關及期貨交易所皆未對期貨商向交易人收取之手續費訂定上限或下限之標準，完全由個別期貨商視其成本及市場狀況與交易人商議而定。目前每次交易手續費臺股期貨指數約新臺幣 70～150 元左右，小臺股指數期貨及其它期貨約為 30～70 元。

交易成本除手續費外，買賣期貨尚須繳納期貨交易稅。期貨交易稅係對在我國境內期貨交易所從事期貨交易，依期貨交易稅條例之規定課徵期貨交易稅。買賣雙方均須負擔，由期貨商代徵繳納。目前課徵期貨交易稅計有股價類期貨、利率類期貨、選擇權及期貨選擇權三種。按不同期貨商

表 7-6 臺灣各類期貨商品之期貨交易稅率表

期貨商品	期貨交易稅稅率
股價類期貨契約 *	十萬分之 4
三十天期商業本票利率期貨契約	百萬分之 0.125
中華民國十年期政府債券期貨契約	百萬分之 1.25
黃金期貨	百萬分之 2.5

* 股價類期貨交易稅率原為 0.1。為降低投資人交易成本，擴大我國期貨市場規模，財政部 2008 年 10 月 2 日函送期交所股價類期貨契約之交易稅徵收率自 2008 年 10 月 6 日起調降為十萬分之 4。

---

[2] 如果獲利出現超額保證金部分，投資人也可隨時提領。投資人帳戶內保證金餘額若是超過原始保證金部分可以提領，俗稱出金。

品，向買賣雙方每次交易之契約金額課徵不同稅率。表 7-6 為目前臺灣各類期貨商品之期貨交易稅率。

書豪於 2018 年 7 月 4 日買進 1 口臺股期貨，期貨價格 7,300 點，按臺股期貨 1 點 200 元，1 口合約價值為 7,300 點×$200 ＝ $1,460,000，按期貨交易稅率十萬分之 4，每口臺股期貨契約交易稅為 58.4 元，手續費每口以 70 元計算，四捨五入後，每口交易成本為 128 元。

伯格於 2018 年 7 月 4 日買進 1 口小臺股指數期貨，期貨價格 7,300 點，小臺股指數期貨 1 點 50 元，1 口合約價值為 7,300 點×$50 ＝ $365,000，按期貨交易稅率十萬分之 4，每口小臺股指數期貨契約交易稅為 14.6 元，手續費每口以 30 元計算，四捨五入後，每口交易成本為 48 元。

巴菲特於 2018 年 7 月 4 日買進 1 口公債期貨，成交價 110 元，1 口合約價值為 50,000 點×$110 ＝$5,500,000，按公債期貨交易稅率百萬分之 1.25 課徵，每口公債期貨交易稅為 6.8 元，手續費每口以 30 元計算，四捨五入後，每口交易成本為 37 元。

以上三人的期貨買賣交易成本計算彙總於表 7-7。

表 7-7　各式期貨契約的買賣交易成本

項　目	成交價 (點)	合約價值	交易稅率	交易稅	手續費	交易成本
臺股期貨	7,300	7,300×$200	0.00004	58.4	70	128
小臺股期貨	7,300	7,300×$50	0.00004	14.6	30	48
公債期貨	50,000	50,000×$110	0.00000125	6.875	30	37

★ **例 3：投資損益**

劉翔於 2018 年 7 月 4 日買進 1 口臺股指數期貨，當時期貨價格 7,300 點，並繳交原始保證金新臺幣 83,000 元給期貨經紀商。隔一營業日，7 月 5 日期貨結算價格上漲 100 點至 7,400 點賣出後，[3] 劉翔投資損益為何？

7 月 4 日買進 1 口臺股指數期貨，合約價值為 7,300 點×$200，買進手續費及期貨交易稅約 128 元，保證金 83,000 元扣除 128 元，淨值 82,872 元。翌日臺股指數期貨上漲 100 點，劉翔賣出，合約價值為 7,400

---

[3] 先買進之後再賣出，或先賣出再買進稱為平倉。平倉 (cover/offset)：以等量但相反買賣方向沖銷原有的契約稱之為平倉。未平倉量 (open interest) 期貨市場中所有期貨買方尚未賣出平倉或是期貨賣方尚未買進平倉之單方總部位。當日沖銷 (day trade)：當日買進或賣出期貨契約，並於當日平倉持有部位，結算差價。

點×$200，保證金增加 20,000 元，扣除手續費及期貨交易稅 129 元，淨值為 102,743 元。保證金淨值扣除原始保證金 83,000 元，淨增加 19,743 元，為此例投資 1 口臺股指數期貨收益。另外，投資損益也可以臺股指數期貨點數差異之合約價值扣除手續費及期貨交易稅表示，即指數上漲 100 點，乘以每點 200 元，為 20,000 元，扣除手續費及期貨交易稅買進 128 元及賣出 129 元，此例期貨每口投資損益為 19,743 元。

表 7-8 說明了劉翔購買 1 口臺指期貨的獲利。

表 7-8　臺股指數期貨投資損益

日期	當日結算價(點)	每口合約價值	交易成本	保證金變動	保證金淨值
7月4日	7,300	7,300×$200	128	－128	82,872
7月5日	7,400	7,400×$200	129	＋20,000 －129	102,743
損益	結算收入 (100 點 ×$200)－總交易成本 ($128＋$129)＝$19,743				

7-3　期貨市場理論

期貨市場之評價理論主要有持有成本理論與預期理論兩種。在第 7-1 節中，我們曾提及期貨的功能有三，其中之一為價格發現功能，亦即期貨市場與現貨市場價格之間具有某種關係。

7-3-1　持有成本理論

持有成本理論 (carrying cost theory) 又稱為現貨－期貨等價理論 (spot-futures parity theory)，亦即期貨的價格應該等於現貨的價格加上持有現貨商品至期貨契約交割日的持有成本。它是基於現貨與期貨間套利行為而建構的理論。[4]

理論上期貨契約到期時，期貨價格應和現貨價格相同，若現貨價格高於期貨價格，投資人可賣空現貨而買進期貨並接受交割而套利；當現貨價格低於期貨，投資人可賣空期貨，同時買入現貨進行交割而套利。當期貨價格高於現貨價格，而較遠期的期貨契約價格高於近期的合約價格時，稱

---

[4] 套利是指買入一個商品契約同時又賣出另外一個商品契約，以獲取兩個契約間的差價為目的之一種交易策略。套利的類型又包括同時買進及賣出不同交割月份的同一商品，或在不同交易所買進及賣出同樣交割月份的同一商品，或在現貨市場及期貨市場同時買進及賣出同一商品。

為<u>正向市場</u> (normal market)；反之，若期貨價格低於現貨價格，而較遠期的期貨契約價格低於近期的合約價格時，則為<u>逆向市場</u> (inverted market)。另外，期貨市場上<u>正價差</u> (positive price spread) 是指期貨價格高於現貨價格，亦即正向市場，此時基差為負值，即市場預期未來價格看漲；而<u>逆價差</u> (negative price spread)，也就是反向市場，表示期貨價格低於現貨價格，此時基差為正值，即市場預期未來價格看跌。現貨價與期貨價之差，稱為<u>基差</u> (basis)：

基差＝現貨價－期貨價

正常狀況下現貨價應低於期貨價，正向市場之基差值為負，逆向市場之基差值為正。基差不論為正值或負值，均會隨著愈接近到期日而趨近於0，此過程稱為基差之<u>收斂</u> (convergence)。

若以未來時點上持有某項資產而言，可以在現貨市場或在期貨市場投資取得。若在現貨市場購買付出費用後再持有一段時期，但現在持有到未來時間點上持有也須付出成本。若先將資金暫存入銀行體系，於期貨方式買進期貨契約持有，未來期限到時再將銀行存款領出，交割期貨契約而取得該項資產。

如果以現貨市場購買成本較低時，投資人將於現貨市場操作；反之，若期貨市場成本較低時，投資人會在期貨市場交易。當兩者成本相同時，沒有套利情況下，現貨市場與期貨市場間會維持均衡狀態。

現貨市場與期貨市場等價理論公式如下所示：

$$S_t + C_t = \frac{F_t}{(1+r)^T} \quad (7\text{-}1)$$

經過移項後，可寫成

$$(S_t + C_t)(1+r)^T = F_t \quad (7\text{-}2)$$

式 (7-1) 及式 (7-2) 中，

$S_t = t$ 期的現貨價格

$C_t = t$ 期的現貨持有成本

$r=$ 無風險利率

$F_t=t$ 期的期貨價格

$t=0, 1, 2, ... , T$，單位年

當式 (7-1) 或式 (7-2) 不成立時，表示期貨價格不等於現貨價格加其持有成本之和，此時就有套利機會。若期貨價格高於現貨價格及其持有成本之和，此時，投資人可在現貨市場低價買進 (作多)，同時在期貨市場高價賣出 (放空) 以賺取利潤；反之，當時，投資人可在現貨市場高價賣出 (放空)，同時在期貨市場低價買進 (作多) 可賺取利潤。讓我們舉一個例子來說明期貨與現貨間的套利與操作策略。2018 年 7 月 16 日黃金現貨價格為每盎司 1,590 美元，持有成本為一年 10%，若一年期的黃金期貨價格為 1,800 美元，投資人有無套利機會？又應如何操作？

★ **例 4：套利與操作策略**

答：1. 持有成本 10%，無套利下，一年期的黃金期貨價格依持有成本理論計算約為 $1,590×(1+10\%)=\$1,749$，若一年期的黃金期貨價格為 1,800 美元，有套利機會。

2. 套利的操作方式為，先借入 1,590 美元，在現貨市場買入黃金，並在期貨市場賣出一年期黃金期貨。在一年後到期時，投資人須償還本利計 1,749 美元，同時以 1,800 美元賣出所持有之黃金，淨獲利為 51 美元。

若現貨持有成本很低，可假設為 0，則式 (7-2) 可再簡化為式 (7-3)：

$$S_t(1+r)^T=F_t \tag{7-3}$$

★ **例 5：套利**

2018 年 7 月 17 日臺股指數期貨現貨價格 7,085 點，無持有成本，無風險利率為 1%，若臺股指數期貨 12 月的期貨價格為 6,872 點，投資人有無套利機會？

答：1. 無持有成本，無風險利率 1%，期間 T 為半年 (6/12)，半年期的臺股指數期貨依持有成本理論計算約為 7,085 點 $×(1+1\%)^{6/12}=7,120$ 點。

2. 半年期的臺股指數期貨為 6,872，兩者的差距為 248 點 (＝7,120 點－6,872 點)，有套利機會。

練習題 7-1

若黃金現貨價格 1 盎司 1,200 美元，市場利率 10%，交易成本為 3%，當期貨價格為 1,500 美元及 1,200 美元時，套利狀況為何？

答：交易成本 $1,200 × (1 + 10% + 3%) = $1,359.6
當期貨價格為 1,500 時，$1,500 − $1,359.6 = $140.4，有套利機會
當期貨價格為 1,200 時，$1,200 − $1,359.6 = −$159.6，無套利機會

7-3-2　預期理論

預期理論是另外一個期貨評價的理論。期貨是由現貨衍生出來的契約，透過現貨與期貨價格間的關係，我們可以試著評估期貨的合理價值。

因為期貨具有「價格發現」功能，**預期理論** (expectations theory) 主張期貨價格可反映投資人對現貨價格的預期，故期貨價格可視為未來現貨價格的預期值。

假設目前期貨價格為 F_t，未來交割日現貨價格的預期值為 $E(S_T)$，則兩者的關係為：

$$F_t = E(S_T) \tag{7-4}$$

但市場中的每位交易者不可能有相同的預期。有人看多也有人看空，也就是對未來看法有人想買進持有，但也有人想先賣出獲利。

若 $F_t > E(S_T)$，期貨投資人於期貨市場先賣出期貨，未來再於現貨市場買進以應交割所需；反之，當 $F_t < E(S_T)$ 時，期貨投資人於期貨市場先買進期貨，未來再於現貨市場賣出。

練習題 7-2

倘若中油公司預期原油在一個月後每桶為 100 美元，而當前原油期貨價格為 90 美元，請問中油該如何操作？

答：$F_t(= 90) < E(S_T = 100)$，投資人於期貨市場買進期貨，一個月後於現貨市場賣出。

7-4 期貨交易策略

期貨交易具有避險、價格發現、投機三大功能,有關期貨交易策略約可分為避險策略、價格差異策略、投機策略三種。

7-4-1 避險策略

期貨交易最初創設的目的是投資人可利用期貨規避現貨價格變動的風險。避險策略乃是利用期貨市場與現貨市場的持有部位來規避風險,其目的主要是希望藉由與現貨部位相反方向操作期貨,並利用現貨市場與期貨市場價格之差異,規避現貨部位的風險。避險策略可分成多頭避險、空頭避險、交叉避險三種,分述於下:

多頭避險 交易者將於未來買進現貨,但擔心未來現貨價格大幅上揚而遭受損失,因此透過期貨市場買進期貨以規避未來現貨價格上漲的風險,又稱買進避險 (buying hedge)。我們以臺幣計價的黃金期貨為例。

★ 例 6:多頭避險

臺灣期交所交易的臺幣計價黃金期貨契約規模 10 臺兩 (100 臺錢、375 公克),每點臺幣 100 元,合約價值為臺幣黃金期貨指數×$100,原始保證金 41,000 元。2017 年 7 月 20 日的收盤價為 5,476 元。憶如預計六個月後需要買進 10 臺兩黃金現貨,為了規避現貨價格上漲而增加購買成本,憶如決定在期貨市場建立多頭部位。多頭避險策略操作如下:

	現貨市場	期貨市場
2014 年 7 月 20 日	黃金現貨價每臺錢 5,370 元	買進 1 口臺幣黃金期貨價位在 5,476 元
2015 年 1 月 20 日	黃金現貨價格每臺錢 5,670 元	平倉 1 口臺幣黃金期貨價位在 5,776 元
損　益	(5,370 − 5,670)×$100 = −$30,000 現貨成本增加 30,000 元	(5,776 − 5,476)×$100 = $30,000 期貨部位獲利 30,000 元
避險效果	減少損失 30,000 元	

六個月後,2018 年 1 月 20 日買進 10 臺兩現貨成本共增加 30,000 元,採用多頭避險策略,期貨市場共獲利 30,000 元,經由期貨市場多頭避險可降低現貨市場價格上升之損失。

空頭避險 投資人擔心未來現貨賣出時將因價格下跌而造成損失，因此先於期貨市場賣出，以規避現在持有的現貨部位之價格風險。我們以臺灣50指數期貨為例說明如下：

★ 例 7：空頭避險

台銘持有現貨股票市值 100 萬元，但擔心歐債危機持續擴大將導致國內股市持續下跌，放空臺灣 50 期貨避險 5 口，臺灣 50 期貨原始保證金每口 26,000 元：

	現　股	臺灣 50 期貨
2018 年 6 月 20 日	持有現股市值＝ 1,000,000 元	臺灣 50 期貨為 7,300 點，賣出 5 口進行避險
2018 年 7 月 12 日	股票市值下跌＝ 800,000 元 損失 = $800,000 − $1,000,000 　　　＝ −$200,000	臺灣 50 期貨跌至 7,100 點，買回持有部位 獲利 = (7,300 點 − 7,100 點) × $100 × 5 口 　　＝ $100,000
總損益	−$200,000 + $100,000 = −$100,000	
避險效果	減少損失 100,000 元	

2018 年 7 月 12 日大盤下跌，股票市值由 100 萬元減少至 80 萬元，損失 20 萬元。臺灣 50 期貨指數下跌至 7,100 點，採用空頭避險策略，先賣出後買回，期貨市場共獲利 10 萬元。經由期貨市場空頭避險，可降低現貨價格下跌損失 10 萬元。

交叉避險 上述多頭避險及空頭避險操作都是以與現貨商品相同的期貨契約，例如以黃金期貨規避黃金的價格風險。但是如果期貨市場合約中，並無任何標的資產與所欲規避之現貨商品時，此時可以採用交叉避險 (cross hedge) 策略。交叉避險策略乃是採用買進或賣出與現貨商品相似標的資產之期貨契約以規避風險。

若投資人目前擁有 100 盎司的白金，擔心未來白金價格可能下跌，可是目前臺灣並沒有白金的期貨契約，此時投資人也可以在臺灣期貨交易所賣出 1 口黃金期貨 (GDF) (黃金期貨契約規格為 100 盎司) 以規避未來白金價格變動之風險。

7-4-2　價格差異策略

價格差異策略又名價差策略，是指同時買入及賣出兩種以上期貨契

約。一般而言，價差策略可區分為市場內價差、市場間價差及商品間價差。

市場內價差交易　在同一交易所買賣相同數量、相同標的，但不同交易月份之期貨契約，進而賺取價差偏離時之利潤，稱為市場內價差交易 (intra-market spread)，又稱水平價差交易 (horizontal spread)。一個市場內價差的例子是，在臺灣期貨市場買進臺灣股票指數 8 月期貨，賣出臺灣股票指數 9 月份期貨。

若投資人預期現貨價格即將上漲時，可買入期限較長的期貨契約並同時賣出期限較短的期貨契約。當現貨價格果真如同預期上漲時，期限長的期貨契約獲利大於期限短期貨契約的損失，投資人可賺取價差利潤。此種操作方式，稱為多頭價差 (bull spread)；反之，如果投資人預期現貨價格將大幅下跌時，可賣出期限較長的期貨契約，並同時買入期限較短的期貨契約。若現貨市場價格如同預期下跌時，期限長的期貨契約獲利大於期限短期貨契約的損失，投資人也可因價格下跌而賺取價差利潤。此種操作方式，稱為空頭價差 (bear spread)。

★ 例 8：空頭價差

忠謀在對於全球景氣抱持悲觀看法，因此於 2018 年 7 月 20 日在臺灣期貨市場買進臺灣股票指數 8 月期貨，賣出臺灣股票指數 9 月份期貨各 1 口。當日結算價分別為 7,012 元及 6,796 元。

	臺股指數 8 月份期貨 (臺指期 08)	臺股指數 9 月份期貨 (臺指期 09)
2018 年 7 月 20 日	結算價 7,012 點，買進 1 口	結算價 6,796 點，賣出 1 口
2018 年 8 月 1 日	結算價 6,800 點，平倉 1 口	結算價 6,500 點，平倉 1 口
損　益	(6,800 點－7,012 點)×\$200 ＝－\$42,400	(6,796 點－6,500 點)×\$200 ＝ \$59,200
價差損益	\$59,200－\$42,400 ＝ \$16,800	

2018 年 8 月 1 日大盤指數如預期下跌，臺指期 08 結算價為 6,800 點，平倉後指數為 －212 點 (＝6,800 點－7,012 點)，以臺指期每點 200 元計，1 口損失 42,400 元。臺指期 09 結算價為 6,500 點，平倉後指數為 296 點 (＝6,796 點－6,500 點)，獲利 59,200 元。買進臺指期 08、賣出臺指期 09 之市場內價差策略總損益為獲利 16,800 元。

一般進行市場內價差交易較容易，只要於盤中發現次月及近月期貨的價差出現逆價差時，即可進場從事一買一賣的價差交易，而於價差拉回正價差時反向操作即可。

市場間價差交易　市場間價差交易 (inter-market spread) 乃同一標的物兩個相同交割月份，但在不同交易所交易的期貨契約，一買一賣，且交易數量相同的價差交易。譬如，買進 1 口臺灣臺股指數期貨 8 月份合約，同時賣空 1 口 SIMEX 摩根臺股指數 8 月份合約。[5]

市場間價差交易乃在於不同市場交易成本的差異與市場供需差異，相同期貨契約在不同市場可能有不同的成交價格，藉由買入價格相對便宜的合約，同時賣出價格相對昂貴的合約來獲利。

★ **例 9：市場間價差策略**

雪紅於 2018 年 7 月 20 日在臺灣期貨市場買進臺股指數 8 月期貨，同時於新加坡交易所賣出 SIMEX 摩根臺股指數期貨各 1 口，當日結算價分別為 7,012 點及 253.8 點。

	臺股指數 8 月份期貨 (臺指期 08)	SIMEX 摩根臺股指數
2018 年 7 月 20 日	結算價 7,012 點，買進 1 口	結算價 253.8 點，賣出 1 口
2018 年 8 月 1 日	結算價 6,800 點，平倉 1 口	結算價 233.8 點，平倉 1 口
損　益	(6,800 點－7,012 點)×$200 ＝－$42,400	(253.8 點－233.8 點)×$100 (美元)×$30 ＝ $60,000

2018 年 8 月 1 日大盤指數如預期下跌，臺指期 08 結算價為 6,800 點，平倉後指數為 －212 點 (＝6,800 點－7,012 點)，以臺指期每點 200 元計，1 口損失 42,400 元。新加坡 SIMEX 摩根臺股指數期貨結算價為 233.8 點，平倉後指數為 20 點 (＝253.8 點－233.8 點)，SIMEX 摩根臺股指數期貨每點 100 美元，以 1 美元兌換臺幣 30 元計算，獲利 60,000 元 [＝20 點 ×$100 (美元)×$30]。買進臺指期 08、賣出 SIMEX 摩根臺股指數期貨之市場間價差策略總損益為獲利 17,600 元。

---

[5] SIMEX 摩根臺股是指，新加坡國際金融交易所 (SIMEX) 於 1997 年 1 月 9 日正式掛牌交易摩根臺股指數期貨，SIMEX 係採用摩根史坦利公司 (Morgan Stanley) 所編制的臺灣指數為藍本進行期貨交易。摩根臺股指數的編制始於 1988 年，現採取於臺灣證券交易所上市交易的 77 檔個股為樣本進行資本加權以成一指數，其中包括大、中、小型企業股票，包含整體臺灣股票市場的 70%。

商品間價差交易 商品間價差交易 (inter-commodity spreads) 是指同時買進與賣出兩種標的資產性質相近之期貨契約。若目前臺股指數期貨 8 月份價格呈現逆價差，亦即期貨價格低於現貨價格或正基差；而摩根臺股指數期貨呈現正價差，亦即期貨價格高於現貨價格或負基差。兩種期貨標的資產性質相近，現貨價格波動也相似，投資人可以買入臺股指數期貨 8 月份，同時賣出摩根臺股指數期貨，以商品間價差交易方式賺取差價利潤。

7-4-3 投機策略

投資人如果沒有現貨部位，而只是根據自己對未來現貨價格的預期買入或賣空期貨的策略，稱為投機策略 (speculative strategy)。投機者是對市場動向加以預測，希望藉由價格變動獲取利潤；換言之，投機者是期貨市場中願意承擔風險的人。投機策略因只有單邊操作買或賣，因此獲利較高，但風險也而加大。投機策略可分為多頭投機及空頭投機兩種。

多頭投機 投機者預期未來商品期貨價格上漲，而買進期貨契約；亦即，對後市看漲而買進期貨。

★ **例 10：多頭投機**

憲哥認為歐債問題已近尾聲，此時臺股指數已回到 7,000 點低點，未來景氣反彈時，可能會有一波上漲行情，因此於 2018 年 7 月 20 日在臺灣期貨市場買進臺灣股票指數 8 月期貨 1 口。當日結算價為 7,012 點。

	臺股指數 8 月份期貨 (臺指期 08)
2018 年 7 月 20 日	結算價 7,012 點，買進 1 口
2018 年 8 月 1 日	結算價 7,300 點，平倉 1 口 結算價 6,800 點，平倉 1 口
損　益	(7,300 點－7,012 點)×\$200 ＝ \$57,600 (6,800 點－7,012 點)×\$200 ＝－\$42,400

倘若 2018 年 8 月 1 日大盤指數如預期上揚，臺指期 08 結算價為 7,300 點，平倉後指數為 288 點 (＝7,300 點－7,012 點)，憲哥獲利 57,600 元；反之，大盤指數不漲反跌，臺指期 08 結算價為 6,800，平倉後指數為 －212 點 (＝6,800 點－7,012 點)，以臺指期每點 200 元計，1 口損失 42,400 元。

空頭投機　若投機者預期未來商品期貨契約下跌，而賣出期貨契約；亦即，對後市看空而賣空期貨。

★ 例 11：空頭投機

敬騰對於全球景氣抱持悲觀看法，同時也看空臺灣股票市場，因此於 2018 年 7 月 2 日。在臺灣期貨市場賣出臺灣股票指數 8 月期貨 1 口，當日結算價為 7,012 點。

倘若 2018 年 8 月 1 日大盤指數如預期下跌，臺指期 08 結算價為 6,800 點，平倉後指數為 212 點 (＝7,012 點－6,800 點)，以臺指期每點 200 元計，1 口獲利 42,400 元；反之，大盤指數不跌反漲，臺指期 08 結算價為 7,300 點，平倉後指數 －288 點 (＝7,012 點－7,300 點)，損失 57,600 元。

	臺股指數 8 月份期貨 (臺指期 08)
2018 年 7 月 20 日	結算價 7,012 點，賣出 1 口
2018 年 8 月 1 日	結算價 6,800 點，平倉 1 口 結算價 7,300 點，平倉 1 口
損　益	(7,012 點－6,800 點)×$200 ＝ $42,400 (7,012 點－7,300 點)×$200 ＝－$57,600

習　題

選擇題

1. 停損限價委託單在價位的成交上，具有下列哪一性質？　(A) 市價委託單　(B) 限價委託單　(C) 觸及市價單　(D) 開盤市價單
2. 價格下跌，交易量及未平倉量均增加，通常表示：　(A) 空頭部位增加　(B) 多頭部位增加　(C) 市場轉弱的趨勢　(D) 選項 (A)、(B)、(C) 皆是
3. 下達代換委託單時，不可更改之內容為：　(A) 價位　(B) 數量　(C) 月份　(D) 買賣的方向
4. 下列何者通常又稱為 Local？　(A) 場內經紀人 (floor broker)　(B) 場內自營商 (floor trader)　(C) 期貨自營商　(D) 結算會員
5. 下列何者為「期貨交易」與「遠期交易」相同點？　(A) 執行契約內容的日期都在未來　(B) 契約標準化　(C) 集中交易市場交易　(D) 均可對沖交易
6. 保證金多半設定在足以涵蓋多少天內價格變化的水準？　(A) 一天　(B) 兩天　(C) 三天　(D) 一星期

7. 當期貨商替客戶強迫平倉時，若平倉後造成超額損失 (overloss)，此部分的損失應由誰來承擔？ (A) 客戶 (B) 期貨商 (C) 交易所 (D) 結算所
8. 下列除何者外，當市場價格在指定價格之下時，委託單就會被觸發？ (A) 停損賣單 (B) 停損限價賣單 (C) 觸價賣單 (D) 觸價買單
9. 期貨契約標準化要素中決定「契約大小」的考量因素為何？ (A) 須滿足大公司避險需求 (B) 不可使交易廳經紀人或一般投機客無法承受 (C) 價格波動率 (D) 選項 (A)、(B)、(C) 皆是
10. 期貨市場之逐日結算制度，係以何種價位為計算基準？ (A) 當日收盤價 (B) 交易所決定之結算價 (C) 當日最低價 (D) 當日最高價
11. 交易所公布某商品期貨之交易量 (volume) 為 500 口，下列敘述何者不正確？ (A) 有一多頭部位必有一空頭部位 (B) 表示當天有 250 口多頭部位及 250 口空頭部位成交 (C) 表示當天有 500 口多頭部位及 500 口空頭部位成交 (D) 以上資料無法判斷當沖 (day trade) 之交易量
12. 假如一位期貨交易人對期貨商發出之保證金催繳通知置之不理，其後果如何？ (A) 期貨商可能將其期貨部位強制部分或全部平倉 (B) 期貨商可能將其帳戶強制撤銷 (C) 期貨商可能借款融資給該期貨交易人 (D) 期貨商可能向期貨交易人收取利息
13. 當期貨交易人進行限價停損 (stop limit) 委託賣出一口期貨契約，以下敘述何者正確？ (A) 該委託單將會以限價保證成交 (B) 該委託單可能以比限價較高之價格成交 (C) 該委託單可能以比限價較低之價格成交 (D) 任何價位皆有可能成交
14. 「買進 1 口 9 月歐洲美元期貨 94.25 STOP」之委託，下列何價位可能成交？ (A) 94.29 (B) 94.24 (C) 94.25 (D) 選項 (A)、(B)、(C) 皆可能
15. 期貨交易的買賣雙方皆有現貨交割之責任，但交割行為是由誰提出？ (A) 買方主動提出 (B) 賣方主動提出 (C) 交易所主動提出 (D) 買方的結算期貨商提出
16. 道瓊工業指數期貨原始保證金為 4,000 美元，某交易人以 8,000 美元之價位買進 1 口，問保證金對契約值之比為：(道瓊工業指數期貨契約值為 10 美元×指數。) (A) 25% (B) 10% (C) 5% (D) 50%
17. 目前客戶的保證金淨值為 22,000 元，而其未平倉部位所需原始保證金為 24,000 元，維持保證金為 18,000 元，則客戶被追繳的保證金是： (A) 2,000 元 (B) 4,000 元 (C) 8,000 元 (D) 不會被追繳
18. 臺灣期貨交易所之美元計價黃金期貨之到期交割方式為： (A) 實物交割 (B) 現金交割 (C) 由買方指定現金或實物交割 (D) 由賣方選擇現金或實物交割
19. 下列何者不屬於利率期貨？ (A) Euroyen 期貨 (B) T-Bond 期貨 (C) T-Bill 期貨 (D) 美元指數期貨
20. 假設原油期貨契約之市價為 16.00 元，某期貨交易人想要以 16.50 元或更低之價格買進，則他應該使用哪一種委託單？ (A) 市價委託單 (B) 觸及市價單 (C) 停損限價委託單 (D) 停損委託單

21. 某英國進口商,從瑞士進口手錶,總價為 180 萬美元,他決定避險。目前的匯率為 1 英鎊兌 1.53 美元,此進口商須如何操作 CME 的英鎊期貨? (A) 買 17 口 (B) 賣 17 口 (C) 買 19 口 (D) 賣 19 口
22. 下列何者不是價差交易吸引交易人的主要原因? (A) 交易成本較小 (B) 交易風險較小 (C) 保證金較少 (D) 獲利較高
23. 限價委託賣單,其委託價與市價之關係為: (A) 委託價低於市價 (B) 委託價不低於市價 (C) 委託價格沒有限制 (D) 依市場波動而決定
24. 若客戶原已持有 2 口 6 月黃金期貨的多頭部位,當他下達賣出 1 口 6 月黃金期貨的委託單,則此一委託單是: (A) 平倉單 (B) 新倉單 (C) 既不是新倉單,亦非平倉單 (D) 可能是新倉單,亦可能是平倉單
25. 下列何者非價差交易的功能? (A) 可使市場之流動性增加 (B) 可使相關的期貨價格間維持一相對均衡之關係 (C) 從事價差交易的人愈多,市場便會更具效率 (D) 可提供一般交易人較簡易的投資方式
26. 在價差 (＝近期期貨價格－遠期期貨價格) 為＋5 時,買入近期期貨並賣出遠期期貨,價差多少時平倉會有損失? (A) 4 (B) 5 (C) 6 (D) 7
27. 假設目前臺股期貨的原始保證金額度為 14 萬元,維持保證金額度為 11 萬元,今老張放空 1 口臺股期貨,價格為 5,350 點,繳交 16 萬元之保證金,請問老張會在臺股期貨價格為多少點以上時,開始被追繳保證金? (A) 5,100 (B) 5,200 (C) 5,400 (D) 5,600
28. 若持有成本大於 0,則期貨價格一定會較現貨價格高,該敘述為: (A) 正確 (B) 錯誤 (C) 不一定 (D) 持有成本與期貨價格沒有關係
29. 利用期貨市場降低風險,即是以何種風險來取代現貨市場價格風險? (A) 時差 (B) 基差 (C) 匯差 (D) 息差
30. 在何種情況下,基差絕對值變大對空頭避險較為有利? (A) 正向市場 (B) 逆向市場 (C) 期貨價格＝現貨價格 (D) 選項 (A)、(B)、(C) 皆非

問答題

1. 期貨契約與遠期契約有何不同?試說明之。
2. 期貨市場與股票市場有何差別?請以臺股為例說明之。
3. 多頭投機 (bull speculation) 與空頭投機 (bear speculation) 有何不同?
4. 何謂市場內價差交易 (intra-market spread)、市場間價差交易 (inter-market spread) 及商品間價差交易 (inter-commodity spread)?三者有何不同?如何操作?
5. 何謂多頭避險 (long hedge) 及空頭避險 (short hedge)?如何操作?
6. 阿基兄預期大盤將呈下跌走勢,於 6 月 1 日選擇於期貨市場放空一張 6 月臺股期貨,成交價為 7,500 點,當日收盤結算價為 7,750 點。6 月 2 日大盤亦如預期下挫,收盤結算價為 7,400 點。6 月 3 日大盤先跌然後回穩,阿基兄於盤中以 7,200 點買回沖銷以了結獲利,其保證金及損益變動如何?(假設臺股期貨原始保證金 8.3 萬元,維持保證金 6.4 萬元。)

Chapter 8

選擇權

1995 年霸菱銀行新加坡分行的交易員尼克・李森 (Nick Leeson) 因操作衍生性金融商品的超額交易失敗,導致損失 14 億美元。1995 年 2 月 26 日,霸菱銀行宣布倒閉。

2008 年 3 月 5 日中華電信公司公布,因為新臺幣升值,匯兌產生鉅額虧損,震驚全臺金融界。中華電信公司當時的財務長是國內知名的財經學者,他所寫的財務管理、衍生性金融商品相關書籍,是許多大學、證照考試的指定用書,但卻栽在自己最熟悉的領域。中華電信公司 2007 年 9 月與高盛簽約時,匯率為新臺幣 33.03 元兌 1 美元,2008 年 2 月底匯率已降為 30.6。新臺幣兌美元升值,中華電信公司操作外匯選擇權衍生性金融商品損失 40 億元。

某大學生初學選擇權時,以做 BUY 開始,運氣很好,半年內把父母給的 10 萬元變成 100 萬元。後來他開始研究 SELL,發現做 SELL 也很容易贏。2011 年 3 月 11 日,日本發生大地震,他踢到鐵板,開始套牢了,但他不停損,也不平倉,仍然不斷地加碼。2011 年 3 月 15 日,賣權盤中都觸及漲停,他輸了 1,000 多萬元。天哪!這是多大的數字呀!要如何償還呢?幸好在親朋好友及時的協助之下,終於平安度過。現在他還在玩選擇權……

本章首先介紹選擇權的基本概念，其次探討臺灣選擇權市場的交易制度、選擇權價值及評價，最後介紹各種選擇權交易策略。

8-1 選擇權的基本概念

遠在古希臘羅馬時代就有選擇權 (options) 交易模式形成。選擇權交易起源於 17 世紀荷蘭人購買鬱金香時獲利避險的工具。鬱金香在當時價格非常昂貴且波動劇烈，使得鬱金香選擇權商品紅極一時。但因當時市場交易制度不夠健全，鬱金香選擇權很快就沒落了。選擇權基本上是一種契約，這個契約賦予你擁有選擇執行或不執行的權利，且契約是可以買賣的，你可以買選擇權，也可以賣選擇權，支付買賣選擇權的代價稱為「權利金」。

18 世紀時，櫃檯交易的股票和農產品選擇權就很活躍，而選擇權交易則遲至 1973 年芝加哥選擇權交易所 (Chicago Board Options Exchange, CBOE) 成立後才開始有股票選擇權交易。期貨選擇權則是在 1982 年 10 月正式登場，其標的物是美國「長期公債」和「糖」的期貨契約。從此以後，期貨選擇權和其它的選擇權交易，如雨後春筍般開始運作。到了 1992 年，主要的期貨契約多數已附有選擇權交易，且選擇權契約的交易量占該商品合約交易量約 40%，可說是最有潛力的衍生性金融商品 (derivative securities)。這些金融商品的價位決定於其它有價證券，報酬隨著標的資產價格的變動而波動，又稱為或有求償權 (contingent claims)。

8-1-1 選擇權的定義

選擇權是一種權利契約，買方支付權利金後，便有權利在未來約定的某特定日期 (到期日)，依約定之履約價格 (strike price)，買入或賣出一定數量的約定標的物。

選擇權是指標的物為期貨合約的選擇權，所以形成一種衍生性商品的再衍生金融工具。

1. **選擇權契約**：指當事人約定，選擇權買方支付權金，取得購入或售出之權利，得於特定期間內，依特定價格及數量等交易條件買賣約定標的

物；選擇權賣方於買方要求履約時，有依約履行義務；或雙方同意於到期前或到期時結算差價之契約。

2. **期貨選擇權契約**：指當事人約定，選擇權買方支付權利金，取得購入或售出之權利，得於特定期間內，依特定價格數量等交易條件買賣期貨契約；選擇權賣方，於買方要求履約時，有依選擇權約定履行義務；或雙方同意於到期前或到期時結算差之契約。

8-1-2 選擇權的種類

依權利種類區分

1. **買權 (call)**：指該權利的買方有權在約定期間內，以履約價格買入約定標的物，但無義務一定要執行該項權利；而買權的賣方則有義務在買方選擇執行買入權利時，依約履行賣出標的物。此項選擇權合約稱為買權。
2. **賣權 (put)**：指該權利的買方有權在約定期間內，以履約價格賣出約定標的物，但無義務一定要執行該項權利；而賣權的賣方則有義務在買方選擇執行賣出權利時，依約履行買進標的物。此項選擇權合約稱為賣權。

買方 (buyer) 及賣方 (seller) 可依經濟局勢、景氣變化、市場波動對買權及賣權操作。四種交易方式如表 8-1 所示。

表 8-1　選擇權交易的種類

	買 (buy)	賣 (sell)
買權 (call)	買買權	賣買權
賣權 (put)	買賣權	賣賣權

★ **例 1：預期標的物大幅上漲：買進買權，反之則賣出買權**

依林看好市價 2 萬元的筆電在兩個月後會因熱賣而價格上揚。於是以 1,000 元的代價向錦榮買進一個買權，約定兩個月後以 2 萬元的價格跟他買筆電。這項契約就叫做「選擇權」。

如果兩個月後，筆電的價格高於 2 萬元，依林就以 2 萬元的價格向錦榮買進這臺筆電，錦榮也必須遵守約定，履約賣出；但是如果兩個月後，筆電的價格並不值 2 萬元，那麼依林當然不會願意用 2 萬元去買。她可以選擇放棄執行這項權利，所以說購買選擇權擁有選擇執行或不執行的權利。

如果錦榮抱持相反的看法,並不認為筆電兩個月後會漲價,他就可以收取依林 1,000 元的權利金,但他必須負擔履約的義務。對他來說,最大的獲利就是賺到權利金,但如果筆電在到期日之後確實漲到超過 2 萬元,他的損失也會隨之擴大。基於錦榮有履行合約的義務,因此有潛在的風險,所以依林要繳保證金 (margin) 以確保依林具有履行合約的能力。

★ **例 2:預期標的物大幅下跌:買進賣權,反之則賣出賣權**

若依林覺得筆電會跌價,則可以去買一個「賣權」,在到期日內以約定的價錢將商品賣出,一旦筆電價格低於 2 萬元,可能只剩 15,000 元,但她還是可以用 2 萬元的價錢賣給錦榮。錦榮一旦收了權利金,無論價格如何都得履約。對錦榮來說,最大的損失就是如果筆電價格超過 2 萬元,他就不賣,1,000 元的權利金也拿不回來。

依標的資產區分

選擇權的標的資產很多,大多以金融資產為主,商品則為少數。大致可分為:

1. **股票選擇權** (stock option):以股票市場中之普通股股票為標的,選擇權買方有權在約定期間內,以履約價格買入特定數量標的普通股股票。
2. **股價指數選擇權** (stock index option):以股票市場中之大盤或分類等成交指數,作為標的進行之選擇權,如臺股指數選擇權、標準普爾 500 (S&P 500) 指數選擇權、那斯達克 100 (Nasdaq 100) 指數選擇權、道瓊工業平均 (Dow Jones Industrial Average) 指數選擇權。
3. **外匯選擇權** (currency option):以外匯市場中之外國貨幣為標的之選擇權,稱為外匯選擇權。常見的外匯選擇權的標的有美元、歐元、英鎊、日圓、加拿大幣、澳幣及瑞士法郎。
4. **利率選擇權**:以利率商品為標的資產之選擇權契約,稱為利率選擇權。常見的利率選擇權標的有國庫券 (Treasury Bills)、歐洲美元 (Eurodollars)、商業本票 (commercial papers)、中長期政府公債 (Treasury Notes/Treasury Bonds) 等。
5. **現貨選擇權**:以現貨期貨契約作為標的資產之選擇權契約,稱為現貨選

擇權。如農產品為標的之黃豆選擇權，或貴金屬為標的之黃金選擇權。
6. **期貨選擇權**：以現貨期貨契約作為標的資產之選擇權契約，稱為期貨選擇權。

依履約價值區分[1]

選擇權因履約價值不同，可分為三種不同選擇權：

1. **價內選擇權** (in the money option)：履約價值大於零的選擇權。
2. **價平選擇權** (at the money option)：履約價值等於零的選擇權。
3. **價外選擇權** (out the money option)：履約價值小於零的選擇權。

依履約期限區分

可分為美式選擇權及歐式選擇權：

1. **美式選擇權** (American option)：美式選擇權讓持有人在到期日當天及到期日前，皆擁有執行買進或賣出的權利。
2. **歐式選擇權** (European option)：只允許持有人在到期日當天擁有選擇執行與否的權利。

8-1-3 選擇權特性

選擇權有別於股票現貨市場及期貨交易方式，具有下列幾項特性：

槓桿操作，以小搏大 選擇權的買方只須先支付小額權利金，卻有獲利無限的可能，相對於信用資融交易所使用的資金低，所以具有以小搏大的特性。

規避風險 當市場的未來發展不確定時，為了控制風險，確保獲利，投資人可以購買選擇權的方式規避持有現貨的風險。當市場走勢不利現貨，則選擇權的獲利可以彌補現貨的損失；若市場走勢利於現貨，則選擇權部分也只損失小額權利金。

投資決策時效性 選擇權的買方未來的一段期間之中，有權決定是否執行買入或賣出標的物的權利，因此投資人有較足夠的時間來觀察及判斷，避

---
[1] 履約價值＝履約價格與標的價格差距。

免於市場趨勢混沌不明時做出錯誤的判斷。此外，美式選擇權的買方能於選擇權到期前任何一天執行權利，因此投資人在資金不足時可先暫時不執行權利，有利於投資人資金調度。

權利和義務的不對稱　選擇權之買方享有權利但無義務履約，所以通常在可獲利時才會執行履約的權利。買方在進場時支付給賣方以取得權利的金額，作為買進或契約的 權利金 (premium)。[2] 選擇權之賣方負擔義務，先收取買方所支付之權利金，當買方要求履約時，有義務依約履行，但為防止有違約之虞，故賣方需繳交保證金。

8-1-4　選擇權與期貨

期貨與選擇權均屬於衍生性金融商品，但選擇權的交易標的為「權利」，標的資產是「權利」的內容，而期貨的交易標的即為標的資產。選擇權合約與期貨契約在權利義務上有明顯差異。主要的差異列於表 8-2。

選擇權買賣雙方權利義務不同，選擇權賦予買方權利，可選擇是否履約，故買方須支付權利金給賣方；選擇權賣方負有履約義務，必須履行交割義務；故賣方須繳交保證金以為履約之保證。相反地，期貨一旦建立部位，在未沖銷前，買賣雙方均有義務履行合約，其買、賣雙方均需負擔履約的義務。期貨契約成交時，買賣雙方並無金錢之移轉，繳交之保證金乃作為履約保證，買賣雙方均須繳交。

表 8-2　選擇權與期貨之比較

	選擇權	期　貨
權　利	買方	以實物交割之期貨契約，賣方有權利決定交割條件
義　務	賣方	買賣雙方只有義務、沒有權利
交易金	權利金，買方支付給賣方	無
保證金	賣方繳交	買賣雙方均須繳交
履約價格	由交易所訂定	依市場買賣結果而定
結　算	針對賣方部位每日結算	買賣雙方部位每日結算
合　約	不同履約價格與到期月份組成各種合約	僅有不同到期月份之分別
風　險	買方最大風險為權利金，賣方風險極大	買賣雙方均有相同之價格風險

---

[2]　權利金即為選擇權的價格。

選擇權標的履約價格，由選擇權交易所訂定；期貨契約的交割價格則是由市場供需決定，其價格會隨市場狀況改變。選擇權掛牌交易時，不同到期月份及不同的履約價格，數量較多。另外，在合約存續期間內，標的資產價格若波動至特定程度時，尚須加掛新履約價格。選擇權有買權及賣權，因此掛牌交易之合約數量較多。而期貨契約僅有到期月份之差異，數量有限。

8-2 臺灣選擇權市場的交易制度

8-2-1 臺灣選擇權市場

目前臺灣選擇權交易集中於臺灣期貨交易所交易，現有臺指選擇權 (TXO)、電子選擇權 (TEO)、金融選擇權 (TFO)、櫃買選擇權 (GTO)、非金電選擇權 (XIO)、股票選擇權 (equity options)、黃金選擇權 (TGO) 等選擇權商品。臺灣選擇權商品分類圖，如圖 8-1 所示。有關指數選擇權之合約如表 8-3 所示。

8-2-2 臺灣選擇權交易流程

臺灣選擇權交易流程如圖 8-2 所示。[3]

臺灣選擇權商品分類			
股價指數選擇權類	個股選擇權類	商品期貨與選擇權類	匯率選擇權類
・臺指選擇權 ・電子選擇權 ・金融選擇權 ・櫃買選擇權 ・非金電選擇權	・股票選擇權	・黃金期貨 ・新臺幣計價黃金期貨 ・黃金選擇權	・小型美元兌人民幣選擇權 ・美元兌人民幣選擇權

資料來源：臺灣期貨交易所。

圖 8-1　臺灣選擇權商品分類圖

---

[3] 造市者 (market maker) 多為法人，其主要功能在於提升交易市場的穩定性及流動性。

表 8-3　臺灣指數選擇權合約

交易標的	臺灣證券交易所發行量加權股價指數	臺灣證券交易所電子類發行量加權股價指數	臺灣證券交易所金融保險類發行量加權股價指數	於臺灣證券交易所上市之普通股股票
中文簡稱	臺指選擇權(臺指買權、臺指賣權)	電子選擇權(電子買權、電子賣權)	金融選擇權(金融買權、金融賣權)	股票選擇權(買權、賣權)
英文代碼	TXO	TEO	TFO	各標的證券依序以英文代碼表示
履約型態	歐式	歐式	歐式	歐式
契約乘數	指數每點新臺幣 50 元	指數每點新臺幣 1,000 元	指數每點新臺幣 250 元	2,000 股標的證券 (但依規定為契約經調整者,不在此限)
到期月份	自交易當月起連續三個月份,另加上 3月、6月、9月、12月中兩個接續的季月,總共有五個月份的契約在市場交易	自交易當月起連續三個月份,另加上 3月、6月、9月、12月中兩個接續的季月,總共有五個月份的契約在市場交易	自交易當月起連續三個月份,另加上 3月、6月、9月、12月中兩個接續的季月,總共有五個月份的契約在市場交易	交易當月起連續兩個月份,另加上 3月、6月、9月、12月中三個接續的季月,總共有五個月份的契約在市場交易
履約價格間距	• 履約價格未達 3,000 點:近月契約為 50 點,季月契約為 100 點 • 履約價格 3,000 點以上,未達 10,000 點:近月契約為 100 點,季月契約為 200 點 • 履約價格 10,000 點以上:近月契約為 200 點,季月契約為 400 點	• 履約價格未達 150 點:近月契約為 2.5 點,季月契約為 5 點 • 履約價格 150 點以上,未達 500 點:近月契約為 5 點,季月契約為 10 點 • 履約價格 500 點以上:近月契約為 10 點,季月契約為 20 點	• 履約價格未達 600 點:近月契約為 10 點,季月契約為 20 點 • 履約價格 600 點以上,未達 2,000 點:近月契約為 20 點,季月契約為 40 點 • 履約價格 2,000 點以上:近月契約為 40 點,季月契約為 80 點	履約價格(新臺幣) | 間距(新臺幣) 2元以上,未滿10元 | 1元 10元以上,未滿50元 | 2元 50元以上,未滿100元 | 5元 100元以上,未滿200元 | 10元 200元以上,未滿500元 | 20元 500元以上,未滿1,000元 | 50元 1,000元以上 | 100元
契約序列	新到期月份契約掛牌時及契約存續期間,以前一營業日標的指數收盤價為基準,依履約價格間距,向上及向下連續推出不同之履約價格契約至滿足下列條件為止: • 交易月份起之三個連續近月契約,最高及最低履約價格涵蓋基準指數之上下15% • 接續之兩個季月契約,最高及最低履約價格涵蓋基準指數之上下20%	新到期月份契約掛牌時及契約存續期間,以前一營業日標的指數收盤價為基準,依履約價格間距,向上及向下連續推出不同之履約價格契約至滿足下列條件為止: • 交易月份起之三個連續近月契約,最高及最低履約價格涵蓋基準指數之上下15% • 接續之兩個季月契約,最高及最低履約價格涵蓋基準指數之上下20%	新到期月份契約掛牌時及契約存續期間,以前一營業日標的指數收盤價為基準,依履約價格間距,向上及向下連續推出不同之履約價格契約至滿足下列條件為止: • 交易月份起之三個連續近月契約,最高及最低履約價格涵蓋基準指數之上下15% • 接續之兩個季月契約,最高及最低履約價格涵蓋基準指數之上下20%	新月份契約之上市,以當日標的證券開盤參考價為基準,取最接近之間距倍數為履約價格推出一個契約,另以前述履約價格為基準,依履約價格間距上下各推出兩個不同履約價格之契約,共計五個序列契約存續期間,標的證券開盤參考價達已上市契約之次高或次低履約價格時,於該日即依履約價格間距依序推出新履約價格契約,至履約價格高於或低於該日標的證券開盤參考價之契約達兩個為止

表 8-3　臺灣指數選擇權合約 (續)

權利金報價單位	• 報價未滿 10 點：0.1 點 (5 元) • 報價 10 點以上，未滿 50 點：0.5 點 (25 元) • 報價 50 點以上，未滿 500 點：1 點 (50 元) • 報價 500 點以上，未滿 1,000 點：5 點 (250 元) • 報價 1,000 點以上：10 點 (500 元)	• 報價未滿 0.5 點：0.005 點 (5 元) • 報價 0.5 點以上，未滿 2.5 點：0.025 點 (25 元) • 報價 2.5 點以上，未滿 25 點：0.05 點 (50 元) • 報價 25 點以上，未滿 50 點：0.25 點 (250 元) • 報價 50 點以上：0.50 點 (500 元)	• 報價未滿 2 點：0.02 點 (5 元) • 報價 2 點以上，未滿 10 點：0.1 點 (25 元) • 報價 10 點以上，未滿 100 點：0.2 點 (50 元) • 報價 100 點以上，未滿 200 點：1 點 (250 元) • 報價 200 點以上：2 點 (500 元)	• 權利金報價，1 點價值為新臺幣 2,000 元 • 權利金未滿 5 點：0.01 點 • 權利金 5 點以上，未滿 15 點：0.05 點 • 權利金 15 點以上，未滿 50 點：0.1 點 • 權利金 50 點以上，未滿 150 點：0.5 點 • 權利金 150 點以上，未滿 1,000 點：1 點 • 權利金 1,000 點以上：5 點
每日漲跌幅	權利金每日最大漲跌點數以前一營業日臺灣證券交易所發行量加權股價指數收盤價之 7% 為限	權利金每日最大漲跌點數以前一營業日臺灣證券交易所電子類發行量加權股價指數收盤價之 7% 為限	權利金每日最大漲跌點數以前一營業日臺灣證券交易所金融保險類發行量加權股價指數收盤價之 7% 為限	交易權利金最大漲跌點數，以約定標的物價值之當日最大變動金額除以權利金乘數 (2,000 元) 計算
部位限制	• 交易人於任何時間持有本契約同一方之未了結部位總和，不得逾本公司公告之限制標準 • 所謂同一方未了結部位，係指買進買權與賣出賣權之部位合計數，或賣出買權與買進賣權之部位合計數 • 法人機構基於避險需求得向本公司申請放寬部位限制 • 綜合帳戶之持有部位不在此限	• 交易人於任何時間持有本契約同一方之未了結部位總和，不得逾本公司公告之限制標準 • 所謂同一方未了結部位，係指買進買權與賣出賣權之部位合計數，或賣出買權與買進賣權之部位合計數 • 法人機構基於避險需求得向本公司申請放寬部位限制 • 綜合帳戶之持有部位不在此限	• 交易人於任何時間持有本契約同一方之未了結部位總和，不得逾本公司公告之限制標準 • 所謂同一方未了結部位，係指買進買權與賣出賣權之部位合計數，或賣出買權與買進賣權之部位合計數 • 法人機構基於避險需求得向本公司申請放寬部位限制 • 綜合帳戶之持有部位不在此限	標的證券級距｜自然人｜法人｜造市者 第一級｜5,000｜15,000｜37,500 第二級｜3,750｜11,250｜28,100 第三級｜2,500｜7,500｜18,750 第四級｜1,250｜3,750｜9,350 第五級｜350｜1,250｜3,100
交易時間	• 本契約之交易日與臺灣證券交易所交易日相同 • 交易時間為營業日上午 8：45～下午 1：45 • 到期月份契約最後交易日之交易時間為上午 8：45～下午 1：30	• 本契約之交易日與臺灣證券交易所交易日相同 • 交易時間為營業日上午 8：45～下午 1：45 • 到期月份契約最後交易日之交易時間為上午 8：45～下午 1：30	• 本契約之交易日與臺灣證券交易所交易日相同 • 交易時間為營業日上午 8：45～下午 1：45 • 到期月份契約最後交易日之交易時間為上午 8：45～下午 1：30	• 本契約交易日同臺灣證券交易所標的證券交易日 • 交易時間為營業日上午 8：45～下午 1：45 • 到期月份契約最後交易日之交易時間為上午 8：45～下午 1：30
最後交易日	各契約的最後交易日為各該契約交割月份第三個星期三	各契約的最後交易日為各該契約交割月份第三個星期三	各契約的最後交易日為各該契約交割月份第三個星期三	各契約的最後交易日為各該契約交割月份第三個星期三
到期日	同最後交易日	同最後交易日	同最後交易日	同最後交易日
最後結算價	以到期日臺灣證券交易所當日交易時間收盤前三十分鐘內所提供標的指數之簡單算術平均價訂之。其計算方式，由本公司另訂之	以到期日臺灣證券交易所當日交易時間收盤前三十分鐘內所提供標的指數之簡單算術平均價訂之。其計算方式，由本公司另訂之	以到期日臺灣證券交易所當日交易時間收盤前三十分鐘內所提供標的指數之簡單算術平均價訂之。其計算方式，由本公司另訂之	以到期日證券市場當日交易時間收盤前六十分鐘內標的證券之算術平均價訂之，前項算術平均價之計算方式，由本公司另訂之
交割方式	符合本公司公告範圍之未沖銷價內部位，於到期日當天自動履約，以現金交付或收受履約價格與最後結算價之差額	符合本公司公告範圍之未沖銷價內部位，於到期日當天自動履約，以現金交付或收受履約價格與最後結算價之差額	符合本公司公告範圍之未沖銷價內部位，於到期日當天自動履約，以現金交付或收受履約價格與最後結算價之差額	符合本公司公告範圍之未沖銷價內部位，於到期日當天自動履約，以現金交付或收受依最後結算價計算約定標的物價值與履約價款之差額

資料來源：臺灣期貨交易所。

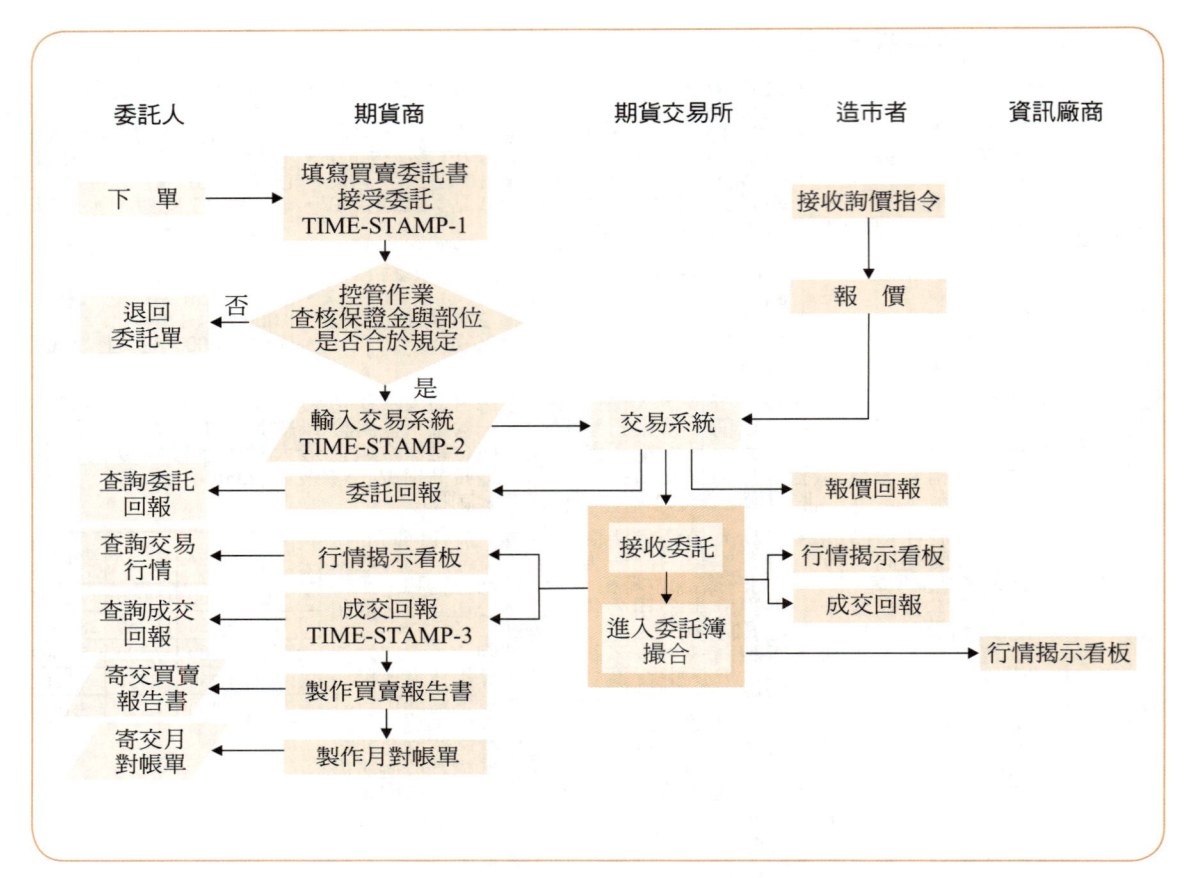

圖 8-2　臺灣選擇權交易流程

資料來源：臺灣期貨交易所。

8-2-3　交易委託

臺灣選擇權交易方式與期貨相似，可分為 FOK、IOC、DAY 等，選擇權交易委託種類如表 8-4 所示。

表 8-4　選擇權交易委託種類

委託種類	一般委託	組合式委託*
市價委託	FOK、IOC、(DAY)	FOK、IOC、(DAY)
限價委託	DAY、FOK、IOC	FOK、IOC、(DAY)

* 組合式委託是指同時買或賣不同選擇權序列之複合式交易委託。

8-2-4 選擇權交易實務

為了進一步瞭解選擇權的交易，我們以臺灣指數選擇權市場之實務舉例如下：

★ 例3：買進電子買權

假設阿信看好電子類股後市，7月3日買進1口7月份履約價格200點的TEO買權，支付權利金10點 ($1,000×10＝$10,000)。

case 1 7/6 權利金上漲至15點時，到期前平倉出場，賣出此買權。

$$損益＝\$1,000×(15－10)＝\$5,000$$

case 2 7/18 選擇權到期，假設最後結算價220點，進行履約。

$$損益＝\$1,000×(220－200)－\$10,000＝\$10,000$$

case 3 7/18 選擇權到期，假設最後結算價190點，放棄執行權利，損失權利金 10,000 元。

★ 例4：賣出金融買權

假設淑君看空金融類股後市，7月3日賣出1口7月份履約價格1,000點的TFO買權，收取權利金40點 ($250×40＝$10,000)。

case 1 7/6 權利金下跌至30點時，買回該買權，到期前平倉出場。

$$損益＝\$250×(40－30)＝\$2,500$$

case 2 7/18 選擇權到期，假設最後結算價900點，買方放棄履約，賺取權利金。

$$損益＝收取的權利金＝\$10,000$$

case 3 7/18 選擇權到期，假設最後結算價1,040點，買方進行履約。

$$損益＝\$250×(1,000－1,040)＋10,000＝\$0$$

練習題 8-1　賣權多頭價差

阿龍看好電子類股後市，7 月 3 日買進 1 口 7 月份履約價格 200 點 TEO 賣權，支付權利金 5 點；並同時賣出 1 口 7 月份履約價格 220 點 TEO 賣權，收取權利金 10 點，合計淨收取 5 點。

case 1　7/6 到期前平倉出場，賣出 200 點賣權收取權利金 3 點；買進 220 點賣權利金付出 6 點，合計淨支付 3 點。

$$損益 = \$1,000 \times (5 - 3) = \$2,000$$

case 2　7/18 選擇權到期，最後指數上升，結算價 230 點，買進 200 點賣權部位放棄履約，賣出 220 點賣權部位之買方不履約。

$$損益 = \$5,000$$

case 3　7/18 選擇權到期，最後指數下跌，結算價 190 點，買進 200 點賣權部位履約獲利 10 點，賣出 220 點賣權部位之買方履約，損失 30 點。

$$損益 = \$1,000 \times (5 + 10 - 30) = -\$15,000$$

8-2-5　選擇權交易成本

交易成本包括交易費及期貨交易稅。選擇權的交易手續費與期貨相同，期交所並無規定手續費訂定上限或下限之標準，而是由交易人與期貨經紀商議定。目前每次選擇權交易手續費約為 30～70 元。此外，期貨交易稅係對在我國境內期貨交易所從事期貨交易，依《期貨交易稅條例》之規定課徵期貨交易稅。買賣雙方均須負擔，由期貨商代徵繳納。目前選擇權及期貨選擇權期貨交易稅為 1‰。

★ 例 5：臺指選擇權交易稅

文龍在到期前買賣臺指選擇權成交權利金 (P) = 30.5 點，1 口的契約價值 = 30.5 點 × \$50 = \$1,525，每口的交易稅 = \$1,525 × 1‰ (稅率) = \$1.525，1 口臺指選擇權應付的交易稅 = \$2。

★ 例 6：電子選擇權交易稅

益世在到期前買賣 1 口電子選擇權成交權利金 (P) = 30.5 點，1 口的契約價值 = 30.5 點 × \$1,000 = \$30,500，每口的交易稅 = \$30,500 × 1‰ (稅率) = \$30.5，1 口電子選擇權應付的交易稅 = \$31。

練習題 8-2　金融選擇權交易稅

小馬在到期前買賣 1 口金融選擇權成交權利金 (P) = 35.6 點，1 口的契約價值 = 35.6 點×$250 = $8,900，每口的交易稅 = $8,900×1‰ (稅率) = $8.9，1 口金融選擇權應付的交易稅 = $9。

練習題 8-3　櫃買選擇權交易稅

小吳在到期前買賣 1 口櫃買選擇權成交權利金 (P) = 3.5 點，1 口的契約價值 = 3.5 點×$1,000 = $3,500，其交易稅 = $3,500×1‰ (稅率) = $3.5，1 口櫃買選擇權應付的交易稅 = $4。

8-2-6　選擇權價值

影響選擇權價值的因素

選擇權是期貨的衍生性金融商品，因此其價格會受期貨價格的影響。若期貨價格上揚，則買權必跟著水漲船高，而賣權價格則降低，這是隨著期貨行情而改變。另外，選擇權的價格還會受到履約價格高低的影響，履約價格低的買權其權利金必然高，因為買方可以較低價格買進的權利；反之，賣權是在履約價格高時較昂貴。無風險利率也會影響選擇權的價格。利率愈高，履約價格經折現後價值會愈低，因此對買權的影響是正向的，即價格變高；而對賣權則是負向影響。

除了上述因素外，權利期間和期貨價格波動兩項因素也會影響選擇權的價格。權利期間愈長，則不論買權或賣權其可行使的期限加長，權利金自然要多付，因此皆為正向的關係。一般是用價格差來衡量期貨價格波動性，波動性愈大的期貨商品其選擇權的價格愈高。以向上波動而言，買權獲利無限，而賣權損失有限；以向下波動來說，買權損失有限，而賣權獲利無限。波動性對買、賣權的買方而言仍是有利的，所以權利金會較高。

綜合上述影響選擇權價值的五種因素，我們可整理如表 8-5 所示。

表 8-5　影響選擇權價值因素

影響因素	1. 目前價格 (S)	2. 履約價格 (K)	3. 無風險利率 (R)	4. 權利期限 (T)	5. 波動性 (σ)
買權 (call)	+	−	+	+	+
賣權 (put)	−	+	−	+	+

選擇權之價內、價平與價外

選擇權因履約價格與標的價格不同，可分為三種價格：價內、價平及價外。**價內** (in the money) 是指買權的履約價格低於標的物的現價，賣權的履約價格高於標的物的現價；**價平** (at the money) 是指買權的履約價格等於標的物的現價，賣權的履約價格等於標的物的現價；**價外** (out of the money) 是指買權的履約價格高於標的物的現價，賣權的履約價格低於標的物的現價。

價內選擇權指買方在要求履約時可獲利；執行選擇權並沒有任何損失時稱價平選擇權；但買方在履約時有損失，稱價外選擇權。

上述損益之認定是以標的物目前市場價格 (S) 與履約價格 (K) 之高低來衡量。因此價內買權，必是目前市場價格高於履約價格 ($S > K$)，買方可要求履約以低價買進，旋即以較高的市價賣出而獲利；價平買權則是目前市場價格等於履約價格 ($S=K$)；價外買權是目前市場價格低於履約價格 ($S < K$)。

我們可以用表 8-6 的資料說明：聯電買權履約價有 9 元、10 元、12 元、14 元及 16 元五種價格。2012 年 7 月 11 日聯電當日股票收盤價格為 12.05 元，對履約價為 9 元、10 元的聯電買權而言是價內選擇權；但對履約價為 12 元、14 元及 16 元的聯電買權而言是價外選擇權。

就賣權而言，持有者是以履約價格賣出標的物，而在股票市場買回標的物。因此，履約價格是收入，股票市場價格是成本。如此價內賣權，必是目前市場價格低於履約價格 ($S < K$)；價平賣權則是目前市場價格等於履約價格 ($S=K$)；價外賣權是目前市場價格高於履約價格 ($S > K$)。如果從表 8-6 來看，聯電賣權履約價為 9 元、10 元、12 元、14 元及 16 元五

表 8-6 聯電選擇權行情表 (依日期)

聯電 CCO											
買 權					2012/07		賣 權				
結算價	漲 跌	成交量	收盤價	未平倉	履約價	結算價	漲 跌	成交量	收盤價	未平倉
3.4	─	0	─	0	9	0.0	0.0	5	0.0	15
2.4	─	0	─	0	10	0.0	0.0	5	0.0	15
0.5	─	0	─	8	12	0.2	─	0	─	1
0.0	─	0	─	4	14	1.7	─	0	─	0
0.0	0.0	5	0.0	15	16	3.6	─	0	─	0

資料來源：玉山證券，2012 年 7 月 11 日，https://www.esunsec.com.tw/futures/info-a6.asp。

種。聯電 2012 年 7 月 11 日當日股票收盤價格為 12.05 元，對履約價為 14 元及 16 元的聯電賣權而言是價內選擇權；但對履約價為 9 元、10 元及 12 元的聯電賣權而言是價外選擇權。

綜合上述，將買權、賣權、價內、價平及價外等有關市場價格 (S) 與履約價格 (K) 的關係彙整於下：

選擇權	買權 股票市場價格 (S) 是收入， 履約價格 (K) 是成本	賣權 履約價格 (K) 是收入， 股票市場價格 (S) 是成本
價內 (獲利)	$S > K$	$S < K$
價平 (無損益)	$S = K$	$S = K$
價外 (損失)	$S < K$	$S > K$

內含價值與時間價值

選擇權的價值可分為兩部分：一是內含價值；二是時間價值。所謂內含價值，就是價內選擇權立即履約所獲得「利潤」的部分。回到表 8-6 的聯電買權，我們可以計算在不同履約價時聯電買權的內含價值如下：

買權／履約價格	聯電 CCO 股票市場價格－履約價格	內含價值 (利潤的部分)
9	12.05 － 9 ＝ 3.05	3.05 元
10	12.05 － 10 ＝ 2.05	2.05 元
12	12.05 － 12 ＝ 0.05	0.05 元
14	12.05 － 14 ＝－1.95*	0 元
16	12.05 － 16 ＝－3.95	0 元

＊選擇權價值不為負值，即其下限價值為零，因此當計算出內含價值為負值時，代表內含價值為零。

時間價值就是買方對價平或價外選擇權進入價內或已為價內但更深入價內的一種期望，所願意支付的權利金，這種期望會隨著時間的消逝而機會愈來愈少，直至到期日為零，所以稱作時間價值。我們算出履約價 10 元的聯電買權之內含價值為 2.05 元，但表 8-6 的買權最後價為 2.4 元，其中有 0.35 元 (＝$2.4－$2.05) 的差價，此部分即為選擇權尚未到期部分的價值稱為時間價值。因此，我們可以將選擇權價格、內含價值與時間價值三者間的關係寫成下式：

選擇權價格＝內含價值＋時間價值

8-3 選擇權評價理論

選擇權評價方法一般可分為三大類型：第一類型為解析模型 (analytical model) 或稱公式解 (closed form solution)，譬如歐式 B-S 公式與 R-G-W 複合選擇權公式 [Roll (1977)、Geske (1979)、Whaley (1981) 三人分別以複合選擇權的概念，來評價在單期發放股利情形下的美式買權，簡稱 R-G-W]；第二類為數值分析法 (numerical analysis approach)，基本上是利用電腦的快速運算求出選擇權理論價格，如二項式解法、蒙地卡羅模擬法等；第三類為解析近似模型 (analytic approximation model)，如 B-A-W 的美式模型 (Barone-Adesi 與 Whaley 兩人利用二次逼近法聯合推出美式的解析逼近公式解，簡稱 B-A-W，1987 年)。最常使用的選擇權評價模型有兩種，分別敘述如下。

8-3-1 Black-Scholes 評價模型

B-S 評價模型是由兩位美國財務經濟學家布萊克 (Fischer Black) 及修斯 (Myron Scholes) 於 1973 年聯合提出的。此一公式之推出，奠定了衍生性金融商品快速發展的基礎。修斯更因此獲得 1997 年的諾貝爾經濟學獎。B-S 公式是用來評價歐式買權與賣權的合理價格。

基本假設

B-S 評價模型在推導買權價格時，做了以下幾點假設：

1. 資本市場是完美的，沒有稅或交易成本，股票價格上下限，任何股票可無限分割且無限賣空。
2. 股價過程符合對數常態分配，亦即股價取對數後為常態分配。
3. 無風險利率及股票報酬率的波動度常數。
4. 選擇權存續期間，股票不發放任何股利。
5. 歐式選擇權，只能在到期日時履約。
6. 標的股票不會違約。
7. 股價是連續的，不會有突發性股價跳空情況發生。

Black & Scholes 買權公式

$$C = SN(d_1) - Ke^{-rT}N(d_2) \tag{8-1}$$

$$d_1 = \frac{\ln\left(\frac{S}{K}\right) + \left(r + \frac{\sigma^2}{2}\right)T}{\sigma\sqrt{T}} \tag{8-2}$$

$$d_2 = d_1 - \sigma\sqrt{T} \tag{8-3}$$

練習題 8-4 B-S 歐式買權公式應用

若 A 股買權是以 A 股票為標的資產之歐式買權，且 A 股目前股價為 60 元，買權之履約價格為 65 元，目前距選擇權到期日還有半年。若 A 股股價報酬率的年波動率為 30%，假設無風險年利率為 2%，試以 B-S 公式求算 A 股買權之理論價格。

答：$S = 60$，$K = 65$，$T = 0.5$，$\sigma = 0.3$，$r = 2\%$

(1) 先求 d_1：

$$d_1 = \frac{\ln\left(\frac{S}{K}\right) + \left(r + \frac{\sigma^2}{2}\right)T}{\sigma\sqrt{T}} = \frac{\ln\left(\frac{60}{65}\right) + \left(0.02 + \frac{0.3^2}{2}\right) \times 0.5}{0.3 \times \sqrt{0.5}}$$

$$= \frac{-0.08 + 0.0325}{0.21213} = -0.224$$

再求 d_2：

$$d_2 = d_1 - \sigma\sqrt{T} = -0.2239 - 0.3 \times \sqrt{0.5}$$
$$= -0.436$$

查累積標準常態分配表，可得：

$$N(d_1) = N(-0.224) = 0.41，N(d_2) = N(-0.436) = 0.332$$

(2) 將 $N(d_1)$ 及 $N(d_2)$ 套入 B-S 公式中：

$$C = SN(d_1) - Ke^{-rT}N(d_2) = 60 \times 0.41 - 65 \times e^{-0.02 \times 0.5} \times 0.332$$
$$= 24.6 - 65 \times 0.99 \times 0.332$$
$$= 3.24$$

Black & Scholes 賣權公式

應用「買權賣權平價關係」，則可求得 B-S 歐式賣權之理論解。

$$P = C + K \times e^{-rt} - S$$

其中 B-S 公式為 $C = SN(d_1) - Ke^{-rT}N(d_2)$ 代入：

$$P = S \times N(d_1) - K \times e^{-rt} \times N(d_2) + K \times e^{-rt} - S$$
$$= K \times e^{-rt} \times [1 - N(d_2)] - S[1 - N(d_1)]$$

將 $N(d_1)$ 及 $N(d_2)$ 套入 B-S 公式中：

$$C = S \times N(d_1) - K \times e^{-rt} \times N(d_2)$$
$$= 60 \times 0.41 - 65 \times e^{-0.02 \times 0.5} \times 0.332 = 3.23$$

由於標準常態為左右對稱，因此 $1 - N(d_1) = N(-d_1)$ 可改寫為：

$$P = K \times e^{-rt} \times N(-d_2) - S \times N(-d_1)$$

更簡單地來看「B-S 賣權公式」，當某一機率下之賣權執行價格 (K) 需大於某一機率下的標的物市價 (S)，賣權 (P) 才有正的價值。

練習題 8-5　B-S 歐式賣權公式應用

若 A 股買權是以 A 股票為標的資產之歐式賣權，且 A 股目前股價為 60 元，買權之履約價格為 65 元，目前距選擇權到期日半年。若 A 股股價報酬率的年波動率為 30%，假設無風險年利率為 2%，試以 B-S 公式求算 A 股賣權之理論價格。

答：$P = K \times e^{-rt} \times [1 - N(d_2)] - S[1 - N(d_1)]$
  = $\$65 \times e^{-0.025 \times 0.5} \times (1 - 0.332) - \$60(1 - 0.41)$
  = $\$65 \times 0.99 \times 0.668 - 35.4$
  = $\$7.59$

故 A 股賣權之理論價格為 7.59 元。

8-3-2　二項式選擇權評價模型

二項樹 (binomial trees) 之選擇權評價模型係由夏普 (1978) 最早引入，並由考克斯、羅斯及魯賓斯坦 (1979) 三位學者發揚光大。幾乎任何的選擇權皆可以用二項樹模型來訂價。

簡單二項式模型

假設現在某個股票的價格,是每股 20 美元。在三個月後,股價會上升到每股 22 美元,或下跌到每股 18 美元。

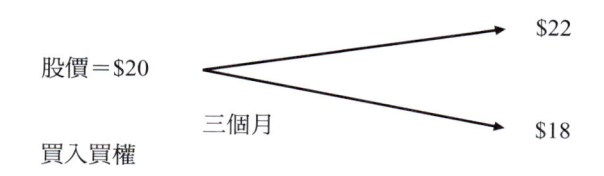

```
                         → $22
股價 = $20 ─┤
           │   三個月
買入買權       → $18
```

考慮一個三個月以後到期,執行價格為 21 美元,以該股票為標的之買入買權。

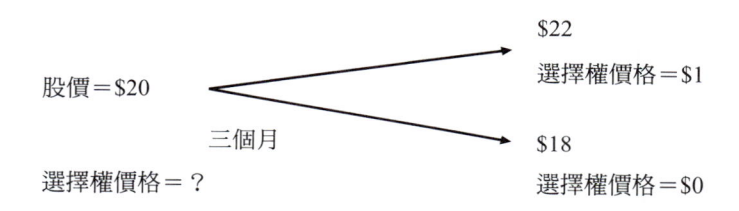

```
                         → $22
                           選擇權價格 = $1
股價 = $20 ─┤
           │   三個月
選擇權價格 = ?   → $18
                           選擇權價格 = $0
```

基本觀念

選擇權訂價的基本觀念:選擇權與標的股票其波動(不確定性)來源為什麼?

1. 我們可以建構一適當的投資組合(含選擇權與股票),將不確定性消除。
2. 若不確定性可以消除,則此投資組合是無風險的。
3. 套利原則:無風險的投資組合,所賺取的利率必須是無風險利率。

建構一個無風險的投資組合

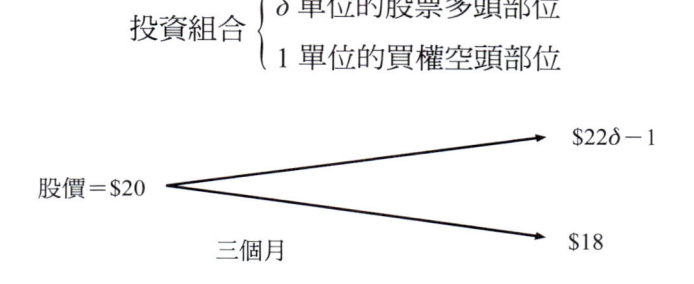

$$投資組合 \begin{cases} \delta \text{ 單位的股票多頭部位} \\ 1 \text{ 單位的買權空頭部位} \end{cases}$$

```
                         → $22δ − 1
股價 = $20 ─┤
           │   三個月
                         → $18
```

則投資組合在以下的狀況是無風險的：

$$當\ \$22\delta - 1 = \$18\delta\ ，則\ \delta = 0.25$$

估算投資組合的價值

無風險的投資組合是 $\begin{cases} 0.25\ 單位的股票多頭部位 \\ 1\ 單位的買權空頭部位 \end{cases}$

三個月以後投資組合的價值為：

$$\$22 \times 0.25 - \$1 = \$18 \times 0.25 = \$4.50$$

為了避免套利機會發生，此一無風險投資組合，必須賺取無風險利率(假設是 12%)，則此一投資組合現在的價值為：

$$\$4.5 e^{-0.12 \times 0.25} = \$4.367$$

估算選擇權價值

包含 0.25 單位的股票多頭部位，以及 1 單位的選擇權空頭部位的無風險投資組合，今日價值 4.367 美元。

$$無風險投資組合 = \delta S - C$$
$$C = \delta S - 無風險投資組合$$

因此，選擇權的價值為：

$$0.25 \times \$20 - \$4.367 = \$0.633$$

二項式選擇權評價模式

$$C = \frac{P \times C_u + (1-P) \times C_d}{1 + r_f} = \frac{P \times C_u + (1-P) \times C_d}{R}$$

其中 r_f 為無風險利率，$(1 + r_f)$ 以 R 代表。

上漲機率：$P = \dfrac{R - d}{u - d}$

練習題 8-6

若目前 A 股價格為 100 元,預期下一期價格可能漲為 1.3 倍或跌為 0.8 倍,假設無風險利率 (R_f) 為 10%,且下期買權之履約價格為 110 元,小新想以上述條件求出目前買權之價格。

答:已知 $u = 1.3$,$d = 0.8$,故下一期 A 股可能漲至 $1.3 \times \$100 = \$130$ 或跌至 $0.8 \times \$100 = \$80$。

$$S \begin{cases} uS = 130 \\ dS = 80 \end{cases}$$
$$100$$

$$C \begin{cases} P & C_u = \text{Max}(130 - 100.0) = 30 \\ 1-P & C_u = \text{Max}(80 - 100.0) = 0 \end{cases}$$

已知上漲之機率為:

$$P = \frac{R-d}{u-d} = \frac{1+0.1-0.8}{1.3-0.8} = \frac{0.3}{0.5} = 0.6$$

因此,目前之買權價格為:

$$C = \frac{P \times C_u + (1-P) \times C_d}{R} = \frac{0.6 \times 30 + 0.2 \times 0}{1+0.1} = \frac{18}{1.1} = 16.36$$

8-3-3 選擇權的風險係數

Delta 係數 (δ)

Delta 係數 (δ) 是衡量標的物市價每變動一單位,選擇權價值變動的幅度;亦即當標的物市價上漲一個單位,買權權利金會隨標的物市價的上漲而增加,而此上升的幅度即為買權的 Delta 係數;而賣權權利金會隨股價上漲而減少,而此減少的幅度即為賣權的 Delta 係數。

$$\text{買權 Delta 係數} = \delta c = \Delta C = \frac{\Delta C}{\Delta S} = \frac{\partial C}{\partial S} = N(d_1) > 0$$

$$\text{賣權 Delta 係數} = \delta p = \Delta P = \frac{\Delta P}{\Delta S} = \frac{\partial P}{\partial S} = -N(-d_1) < 0$$

由圖 8-2 可分別看出買權之 Delta 係數 (即買權價格相對於標的物市價之斜率) 為正值,賣權之 Delta 係數為負值。

這個數值在決定發行商如何規避發行風險上具有重大的意義,其數學關係式如下:

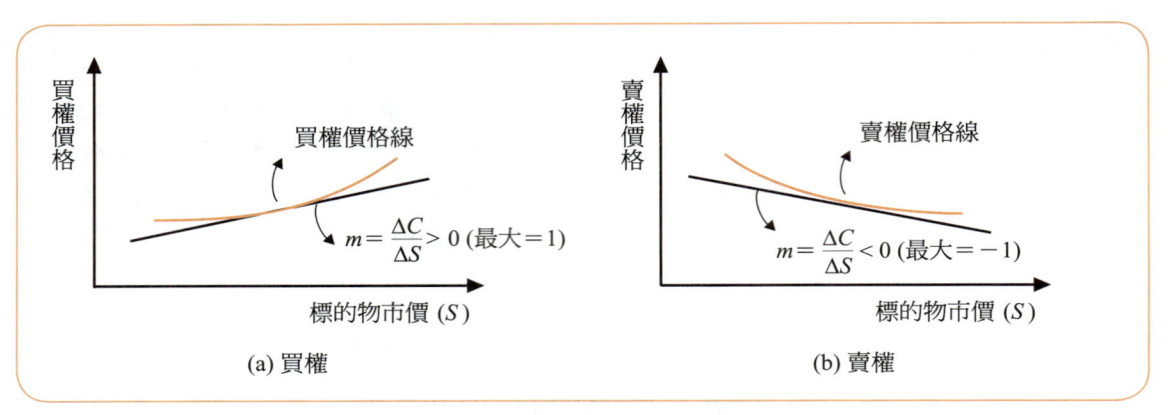

圖 8-2　選擇權價格與標的物市價關係圖

$$\text{Delta 係數 } (\delta) = 權利金變動金額／現股價格變動金額$$

由於 Delta 係數表達的是現貨價格變動對選擇權價值變動關係的敏感度指標，因此在做避險操作時非常有用，可以幫助發行商決定要持有多少現股部位 (position)，來消除發行 ELN 的風險。[4]

$$發行商發行 ELN 的數量 \times Delta 係數 = 發行商應買進現股數量$$

基本上，當現股價格變動時，Delta 係數也會跟著變動，因此發行商的避險操作也必須隨時跟著調整，故 Delta 係數避險可視為一連續性的動態避險過程。

Delta 係數的絕對值介於 0～1 之間，而買權價值的變動與 Delta 係數呈正向關係，賣權的價值變動與 Delta 係數呈反向關係。價內選擇權 Delta 係數的絕對值一般都大於 0.5，且隨到期時間接近而收斂至 1 (深度價內選擇權 Delta 係數的絕對值通常趨近於 1)；價平選擇權 Delta 係數的絕對值為接近 0.5，且隨到期時間接近而收斂至 0.5；而價外選擇權的絕對值 Delta 係數大多都小於 0.5，且隨到期時間接近而收斂至 0。

Gamma 係數 (γ)

Gamma 係數 (γ) 是衡量標的物市價每變動一個單位所引起 Delta 變動

---

[4] 股票連結債 (equity linked note, ELN) 是由固定收益商品再加上標的資產選擇權 (賣權或買權) 所組合成之金融投資工具。根據投資人在標的資產選擇權為買方或賣方，又可區分為高收益票券 (high yield note, HYN) 或保本型票券 (principal guaranteed note, PGN) 兩種。

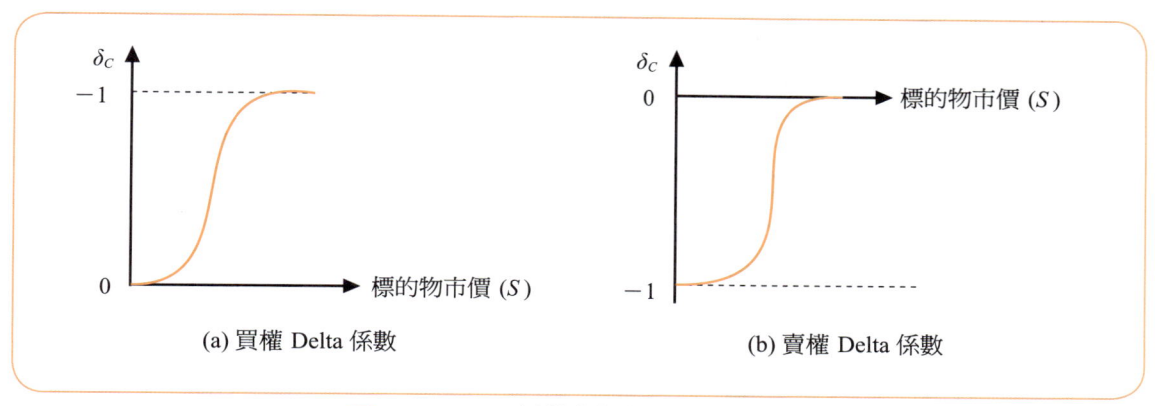

圖 8-3　Delta 係數與標的物市價關係圖

的幅度，其公式如下：

$$\text{Gamma 係數 }(\gamma) = \frac{\Delta \text{Delta 係數}}{\Delta S} = \frac{\partial^2 C}{\partial S^2} = \frac{\partial^2 P}{\partial S^2}$$

Gamma 係數即為 B-S 評價模型中，選擇權價格對標的物價格的二次微分，其斜率即為 Delta 係數的變動率。由圖 8-3 中「Delta 係數之變動率」可看出即為 Gamma 係數，不論是買權或賣權，Gamma 係數值會相同，且均大於 0。

當選擇權處於深度價外時，Gamma 係數變動速度較慢，此時 Delta 係數上升速度較慢；接近價平時，Gamma 係數變動速度最快，此時 Delta 係數上升速度最快；而處於深度價內時，Gamma 係數的變動速度減緩，此時的 Delta 係數變動速度降低。

Theta 係數 (θ)

指當其它條件不變時，選擇權權利金隨時間經過的下跌速度，亦即衡量選擇權價值對時間的敏感度。當選擇權為價平或略為價內時，其 Theta 係數的絕對值為最大；相反地，若其處於深度價外時，其 Theta 係數的絕對值會很小。

$$\text{買權 Theta }(\theta_c) = \frac{\Delta C}{\Delta T}\text{，或賣權 Theta }(\theta_p) = \frac{\Delta P}{\Delta T}$$

Vega 係數

Vega 係數是衡量標的物波動率變動一個單位時，對選擇權價格影響

的程度。在 B-S 選擇權評價模型中，買權與賣權的 Vega 係數是相同的，而且通常都是正值，即當標的物波動率增加時，買權與賣權的價格亦會上升。Vega 係數又常以 Kappa、Lamda 或 Sigma 稱之。Vega 值愈大，表示選擇權的價格相對於標的物價格的波動率敏感性愈大。

$$買權\ Vega\ (V_c) = \frac{\Delta C}{\Delta \sigma}，或賣權\ Vega\ (V_p) = \frac{\Delta P}{\Delta \sigma}$$

以 Vega 係數計算獲利的預估公式為：

預估獲利＝Vega 係數×(預估市場波動率－目前隱含波動率)

隱含波動率

隱含波動率 (implied volatility) 係指選擇權本身的波動率，即使選擇權理論價格等於實際市場價格的波動率。在假設選擇權理論價格等於實際市場價格下，所求得之波動率稱為隱含波動率。預期隱含波動率上升時，表示選擇權之價格將上漲；預期隱含波動率下跌時，表示選擇權之價格將下跌。

相較於歷史波動率 (historical volatility) (即標的物價格過去的波動率)而言，隱含波動率則更能有效地判定選擇權價格的走勢。在應用隱含波動率評價選擇權時，價內或價外之隱含波動率通常高於價平之隱含波動率，此圖形稱之為微笑曲線 (smile curve)，如圖 8-4 所示。

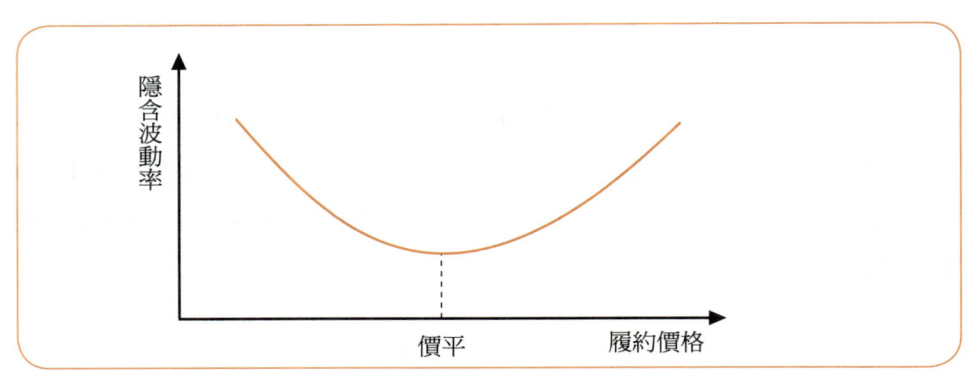

圖 8-4　隱含波動率所形成之「微笑曲線」

8-4 選擇權策略

選擇權投資策略主要可分為單一選擇權的操作、價差選擇權交易及混合式選擇權交易三類。下面介紹一些常見的策略。

8-4-1 單一選擇權

單一選擇權操作又稱為單一部位策略，包括買進買權、買進賣權、賣出買權及賣出賣權四種。

買進買權 (long call option)

其適用時機為預期盤勢大漲時：(1) 最大損失：支付之權利金；(2) 最大利潤：無限；(3) 損益平衡點：履約價＋權利金點數。

★ 例 7：買進 1 口 4 月到期，履約價為 6,500，權利金為 260 點的買權。

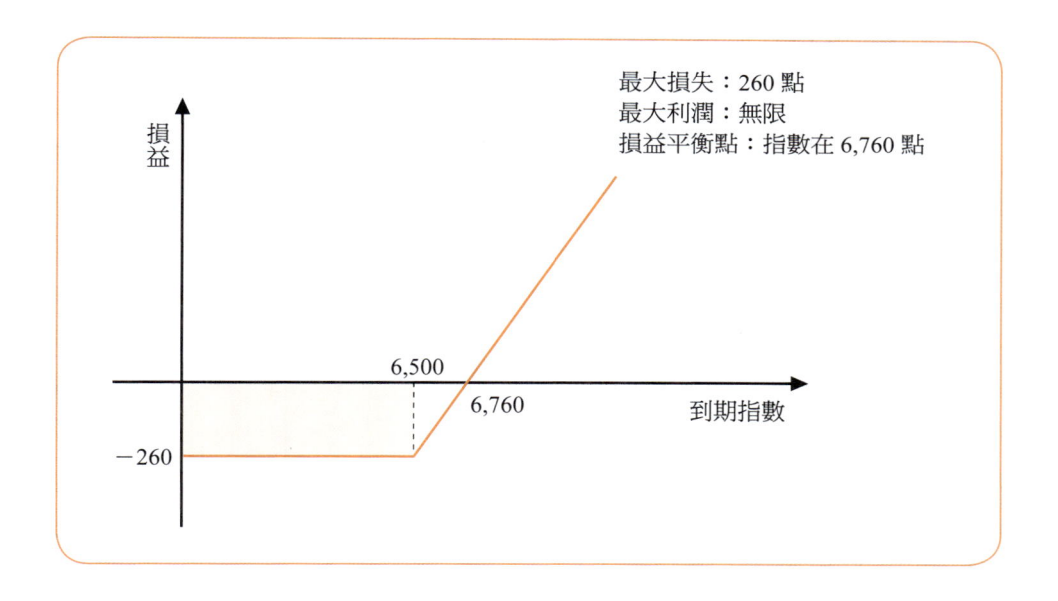

最大損失：260 點
最大利潤：無限
損益平衡點：指數在 6,760 點

買進賣權 (long put option)

其適用時機為預期盤勢大跌時：(1) 最大損失：支付之權利金；(2) 最大利潤：無限；(3) 損益平衡點：履約價－權利金點數。

★ 例 8：買進 1 口 4 月到期，履約價為 6,500，權利金為 240 點的賣權。

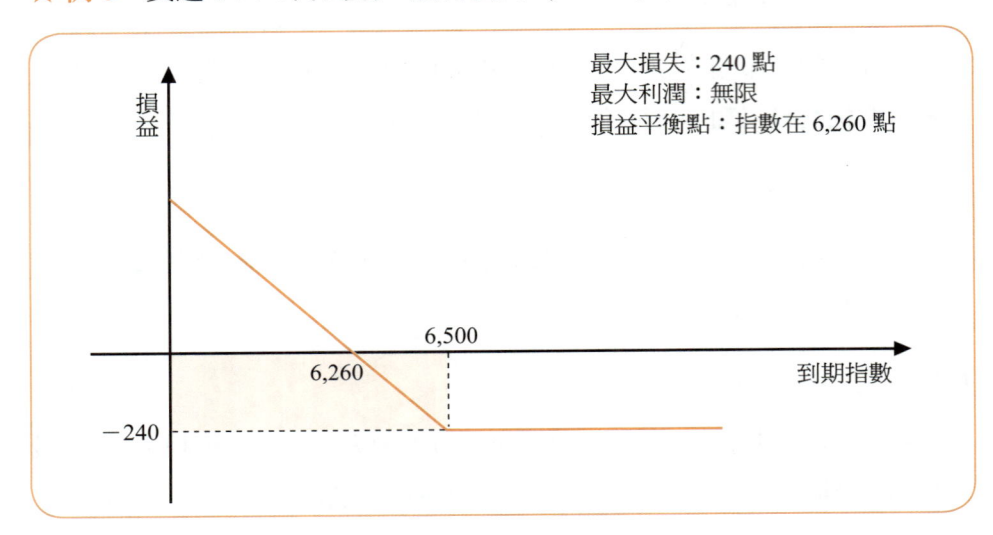

最大損失：240 點
最大利潤：無限
損益平衡點：指數在 6,260 點

賣出買權 (short call option)

其適用時機為預期盤勢小跌時：(1) 最大損失：無限；(2) 最大利潤：收取之權利金；(3) 損益平衡點：履約價＋權利金點數。

★ 例 9：賣出 1 口 4 月到期，履約價為 6,500，權利金為 260 點的買權。

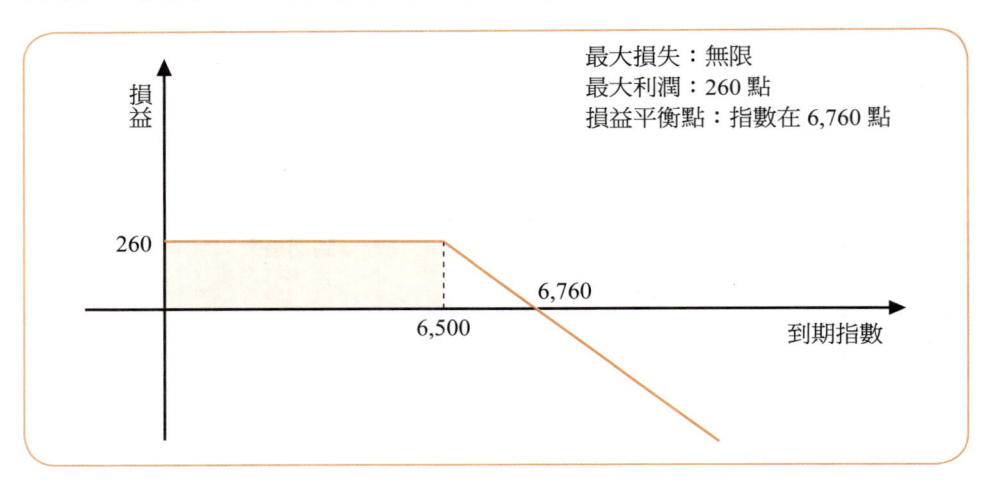

最大損失：無限
最大利潤：260 點
損益平衡點：指數在 6,760 點

賣出賣權 (short put option)

其適用時機為預期小漲時：(1) 最大損失：整個標的物價值－權利金；(2) 最大利潤：收取之權利金；(3) 損益平衡點：履約價－權利金點數。

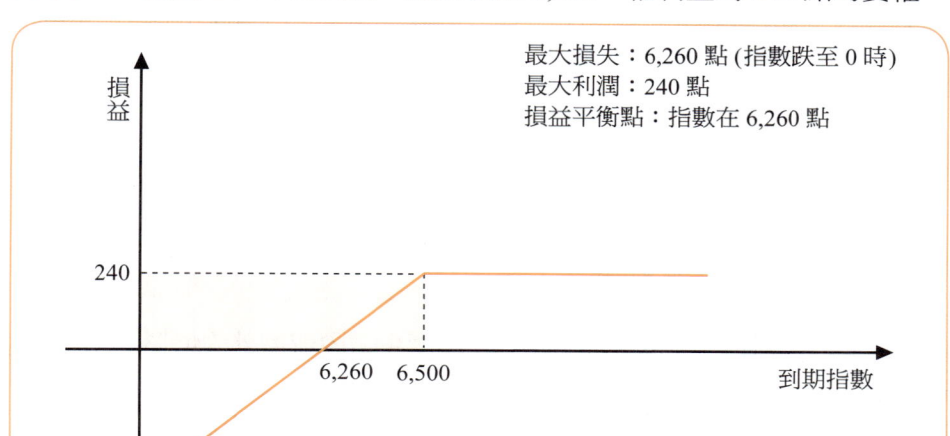

★ **例 10**：賣出 1 口 4 月到期，履約價為 6,500，權利金為 240 點的賣權。

最大損失：6,260 點 (指數跌至 0 時)
最大利潤：240 點
損益平衡點：指數在 6,260 點

★ **例 11：賣權買權平價關係 (put-call parity)**

賣權買權平價關係是指相同的履約價格 (K) 及合約期間 (T) 的歐式買權與賣權間具有某種均衡關係。因此買權與賣權間可彼此推算。

$$S + P = C + K(1+r)^{-T}$$
股票＋賣權＝買權＋買權履約價格折現值

將之移項我們可以得到：

$$S+P-C-K(1+r)^{-T}=0$$

假設投資人同時進行下列的交易活動：

1. 買入 1 單位股票，價格為 S。
2. 買入 1 單位 (履約價為 K) 歐式賣權，付出的權利金為 P。
3. 放空 1 單位 (履約價為 K) 歐式買權，收到權利金 C。
4. 借入一筆資金 (或放空債券)，到期償還借入之資金 K，利率為 r，即可知目前實際借入可支用之金額為 $K(1+r)^{-T}$。

在此說明，將以「＋」表示現金流入，而以「－」表示現金流出；則投資人此交易活動構成了一個投資組合，其目前的價值為 $S+P-C-K(1+r)^{-T}$。

表 8-7　分析說明在合約到期時所產生價內或價外

投資組合之內容	目前之價值	合約到期時 $S_T \leq K$	合約到期時 $S_T > K$
股　票	S	S_T	S_T
賣　權	P	$K - S_T$	0
買　權	$-C$	0	$-(S_T - K)$
借　款	$-K(1+r)^{-T}$	$-K$	$-K$
合　計	$S + P - C - K(1+r)^{T}$	0	0

表 8-7 說明在合約到期時，$S_T - K$ 所產生價內或價外的情形 (不管 $S_T \leq K$ 或 $S_T > K$)。

從上述的交易活動中，我們發現該投資組合在合約到期時的價值為 0，所以其目前價值 $S + P - C - K(1+r)^{-T}$，必須亦為 0，否則將有套利機會。唯有賣權買權平價關係成立時，市場上方能達至均衡，不再有套利機會。

賣權買權平價關係並不適用於美式選擇權，因為其可以在到期日前執行，而對於到期時的現金流量無法事先確知。

我們可以其它方式，表示賣權買權平價關係條件：

$$P = C - S + K(1+r)^{-T}$$
$$C = P + S - K(1+r)^{-T}$$
$$C - P = S + K(1+r)^{-T}$$

若等價關係不成立，則表示買權或賣權間可能至少有一個有價格偏差情形存在，可藉由買價格低的選擇權，並同時賣價格高的選擇權來套利。在瞭解選擇權平價理論後，我們可以在盤中觀察是否有套利機會出現。但實務上其實出現套利的機會不多，通常會出現在行情急漲或急跌的情況下，而且一有套利機會出現時，就會有很多人進場套利，這意味著選擇權市場是非常有效率的。

不過在臺灣，只有指數選擇權交易比較有流動性，個股選擇權通常沒人玩，大部分投資人選擇去玩權證，一種類選擇權的商品，但只能作多，不能放空，所以賣權買權平價關係不一定會成立。

練習題 8-7

根據民國 101 年 11 月 14 日元大 FV 宏達電的認購權證資料，元大 FV 收盤價是 7.10 元，當天宏達電股票收盤價為 234 元，履約價格為 300 元，民國 102 年 7 月 11 日到期 (還有 239 天到期)，$T = \dfrac{239}{365} = 0.655$，假設利率為 1%，求在相同條件下，賣權或認售權證之理論價格？

答：$P = C - S + K(1+r)^{-T} = 7.10 - 234 + 300(1.1)^{-0.654} = 54.98$

練習題 8-8　期貨選擇權買賣權平價模型

台積電的股票價格為 50 元，一個月後到期，履約價格 50 元的台積電歐式買權 (1 點 5,000 元) 報價為 11 點，履約價格 50 元的台積電歐式賣權報價為 21 點，在不考慮交易成本且假設無風險利率為 0 的情況下，試問：

(1) 請列出台積電股票及其股票選擇權之歐式買賣權平價公式為何？
(2) 在上述條件下，是否存在套利機會？如果有套利機會，請說明如何組成套利投資組合？

答：將 $S = 50$，$T = 1/12$，$K = 50$，$P = 21$，$r = 0$ 代入公式 $S + P = C + K(1+r)^{-T}$，可得 $50 + 21 = C + 50[1/(1 + 0\%)^{(1/12)}]$，理論買權為 $50 + 21 - 50 = 21$，而目前市場買權報價為 11 點，與理論買權價格 21 點相比是低估，所以有套利機會。套利操作過程如下：買進 1 個買權，同時放空 1 個賣權與 1 股股票，並存入銀行 $[K(1+r)^{-T}]$ 即為 50 元。

★ **例 12**：假設臺股今天收盤 7,159.75 點，現行利率為 0.88%，五天後到期，履約價為 7,150 之買權為 51 元，賣權為 73 元，假設賣權定價正確，請利用賣權買權平價關係判斷買權高估或低估。

答：將 $S = 7,159.75$，$T = \dfrac{5}{250}$，$r = 0.88\%$，$K = 715$，$P = 73$ 代入 $S + P = C + K(1+r)^{-T}$，可求得理論買權為

$$\begin{aligned}
C &= S + P - K(1+r)^{-T} \\
&= 7,159.75 + 73 - 7,150(1.0088)^{-\frac{5}{250}} \\
&= 84.18
\end{aligned}$$

所以市價買權低估。

練習題 8-9

下列歐式買權與賣權均有相同的標的物與權利期間,若買權賣權平價關係成立,且不考慮交易成本與稅捐,請問下表中的 $X+Y$ 應為多少?

履約價	權利金	
	買　權	賣　權
8,200	X	200
8,300	330	240
8,400	280	Y
8,500	230	330

答:由買權賣權平價公式來看:$P+S=C+K/(1+R)$
由履約價 8,300:$240+S=330+8,300/(1+R)$ ……………………………(1)
由履約價 8,500:$330+S=230+8,500/(1+R)$ ……………………………(2)
式 (2) − 式 (1) 得 $90=-100+200/(1+R)$
$R=5.26\%$ 代入式 (1) $\Rightarrow S=7,975$
代回 8,200 的履約價
$200+7,975=X+8,200/1.0526 \Rightarrow X=385$
$Y+7,975=280+8,400/(1.0526) \Rightarrow Y=285$

8-4-2　價差選擇權

　　價差選擇權交易是將同一類但不同系列的選擇權組合起來的投資策略。所謂同一類,即指皆為買權或皆為賣權;所謂不同系列,即指組合的月份不同或履約價不同,前者稱作水平價差 (horizontal spread),後者稱作垂直價差 (vertical spread)。若兩者皆不同,則稱作對角價差。以下介紹垂直價差的兩種型態。

多頭價差 (bull spread)

作法一:以買權來組合,買入低履約價買權+賣出高履約價買權。
　　此方式完全利用買權組成多頭價差,於期初為淨支出,故不用付出保證金,成本較低,也是一般多價差的組成方式。

★ 例 13：馬先生買進 1 口 4 月到期，履約價為 6,500，權利金為 260 點的買權；賣出 1 口 4 月到期，履約價為 6,600，權利金為 220 點的買權。

其適用時機為預期小漲，但僅願承擔有限風險：(1) 最大損失：買進買權支付之權利金－賣出買權收取之權利金；(2) 最大利潤：(高履約價－低履約價)－投資成本 (買進買權權利金點數－賣出買權權利金點數)；(3) 損益平衡點：低履約價＋(買進買權權利金點數－賣出買權權利金點數)。

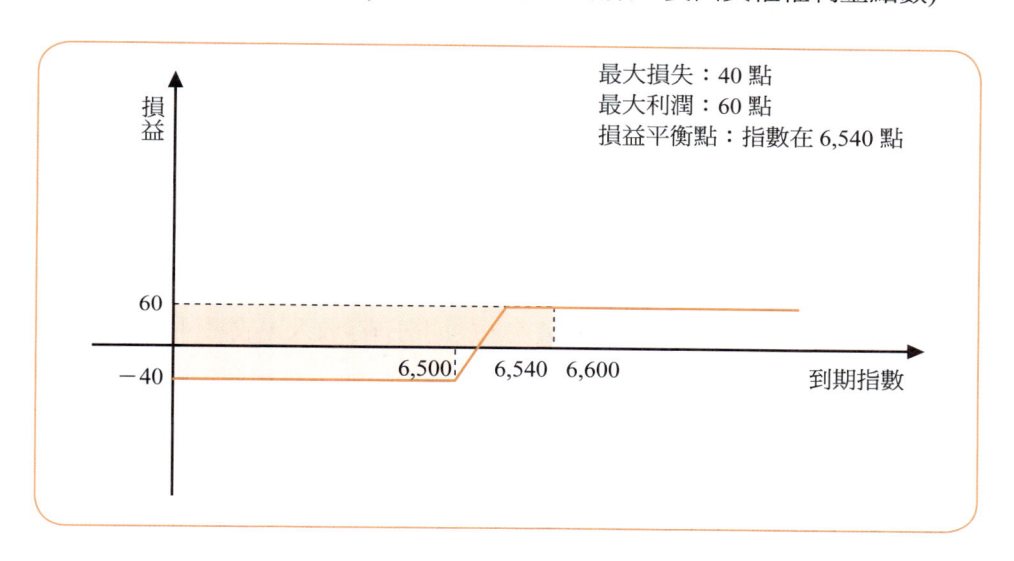

```
                    最大損失：40 點
                    最大利潤：60 點
                    損益平衡點：指數在 6,540 點
```

作法二：以賣權來組合，買入低履約價賣權＋賣出高履約價賣權。

此方式完全利用賣權組成多頭價差，於期初有淨收入，所以需要付出保證金，成本較高；但在接近到期日時，時間價值減損較快，應用此策略較適合。

★ 例 14：李先生買進 1 口 4 月到期，履約價為 6,500，權利金為 240 點的賣權；賣出 1 口 4 月到期，履約價為 6,600，權利金為 260 點的賣權。

其適用時機為預期小漲，但想獲取權利金收入：(1) 最大損失：(高履約價－低履約價)－(賣出賣權權利金－買進賣權權利金)；(2) 最大利潤：賣出賣權收取權利金－買進賣權支付權利金；(3) 損益平衡點：高履約價－(賣出賣權權利金點數－買進賣權權利金點數)。

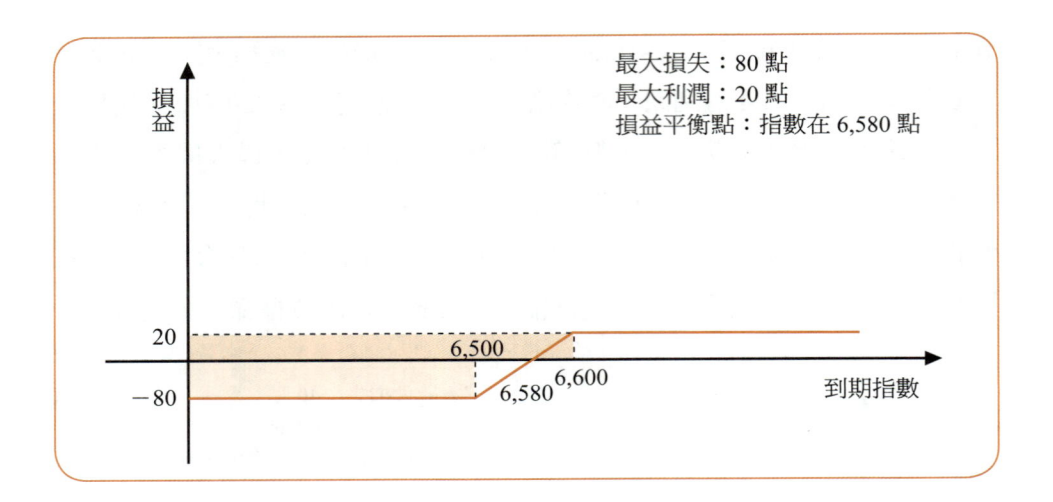

```
                                      最大損失：80 點
                                      最大利潤：20 點
                                      損益平衡點：指數在 6,580 點
損
益

    20                  6,500
                                         6,600
    -80                      6,580                到期指數
```

空頭價差 (bear spread)

作法一：以買權來組合，買入高履約價買權＋賣出低履約價買權。

　　此方式完全利用買權組成空頭價差，於期初有淨收入，故需付出保證金，成本較高；但在接近到期日時，時間價值減損較快，應用此策略較適合。

★ **例 15**：大 S 買進 1 口 4 月到期，履約價為 6,500，權利金為 220 點的賣權；賣出 1 口 4 月到期，履約價為 6,600，權利金為 260 點的賣權。

　　其適用時機為預期小跌，但想獲取權利金收入：(1) 最大損失：(高履約價－低履約價)－(賣出買權權利金－買進買權權利金)；(2) 最大利潤：賣出買權權利金－買進買權權利金；(3) 損益平衡點：低履約價＋(賣出買權權利金點數－買進買權權利金點數)。

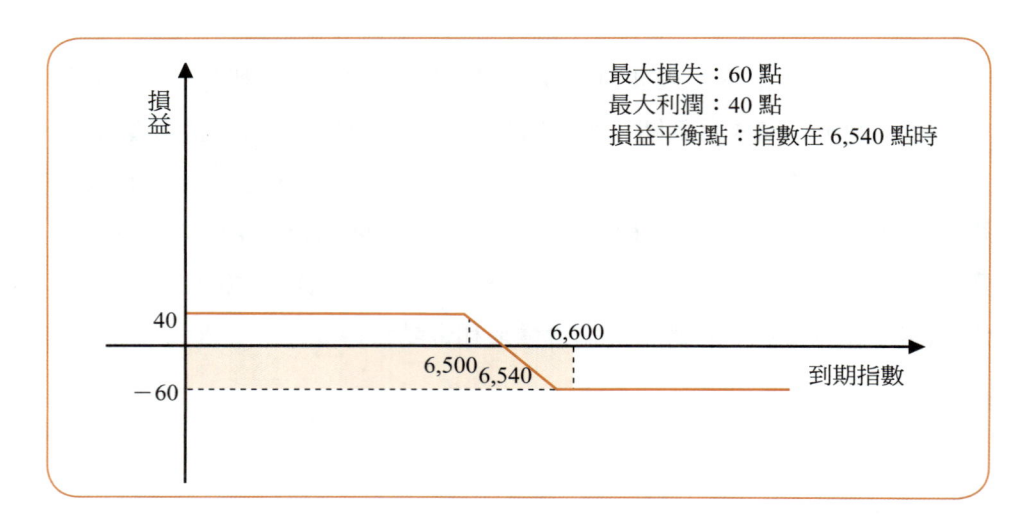

```
                                      最大損失：60 點
                                      最大利潤：40 點
                                      損益平衡點：指數在 6,540 點時
損
益

    40
                                   6,600
                         6,500 6,540
    -60                                         到期指數
```

作法二：以賣權來組合，買入高履約價賣權＋賣出低履約價賣權。

此方式完全利用賣權組成空頭價差，於期初為淨支出，故不用付出保證金，成本較低，也是一般多價差的組成方式。

★ **例 16**：小 S 買進 1 口 4 月到期，履約價為 6,600，權利金為 280 點的賣權；賣出 1 口 4 月到期，履約價為 6,500，權利金為 260 點的賣權。

其適用時機為預期市場小跌，但僅願承擔有限風險：(1) 最大損失：買進賣權權利金－賣出賣權權利金；(2) 最大利潤：(高履約價－低履約價)－(買進賣權權利金－賣出賣權權利金)；(3) 損益平衡點：高履約價－(買進賣權權利金點數－賣出賣權權利金點數)。

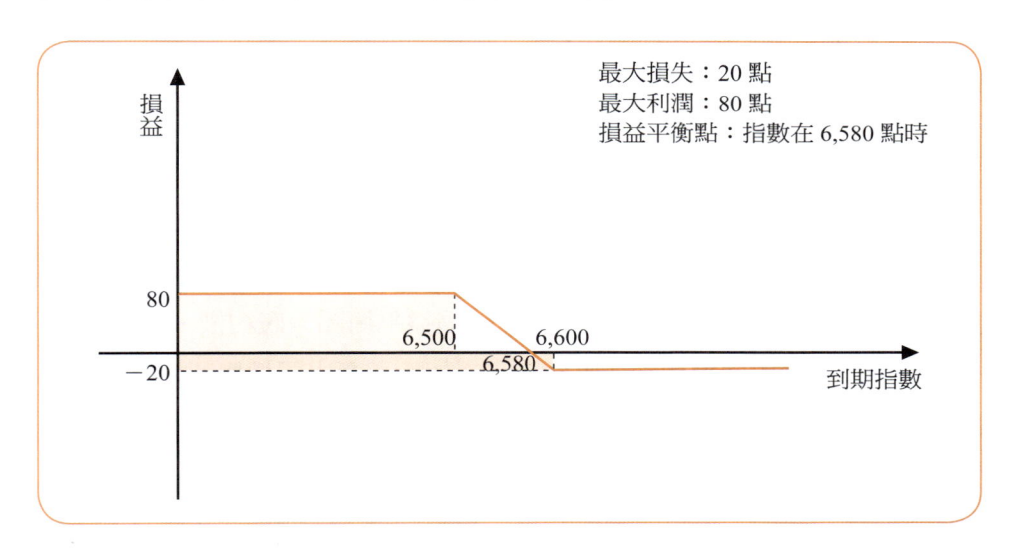

最大損失：20 點
最大利潤：80 點
損益平衡點：指數在 6,580 點時

8-4-3 混合式選擇權

混合部位指的是同時買進或賣出權利期間相同的買權或賣權，若履約價相同，則形成跨式 (straddle)，若履約價不同則組合成勒式 (strangle)。

買進跨式 (long straddle)

★ **例 17**：阿基叔買進 1 口 4 月到期，履約價為 6,500，權利金為 260 點的買權；買進 1 口 4 月到期，履約價為 6,500，權利金為 260 點的賣權。

其適用時機為預期標的物大漲或大跌時：(1) 最大損失：買進買權權利金＋買進賣權權利金；(2) 最大利潤：無限；(3) 損益平衡點：履約價＋

(買進買權權利金點數＋買進賣權權利金點數)，或履約價－(買進買權權利金點數＋買進賣權權利金點數)。

最大損失：520 點
最大利潤：無限
損益平衡點：指數在 5,980 點或 7,020 點

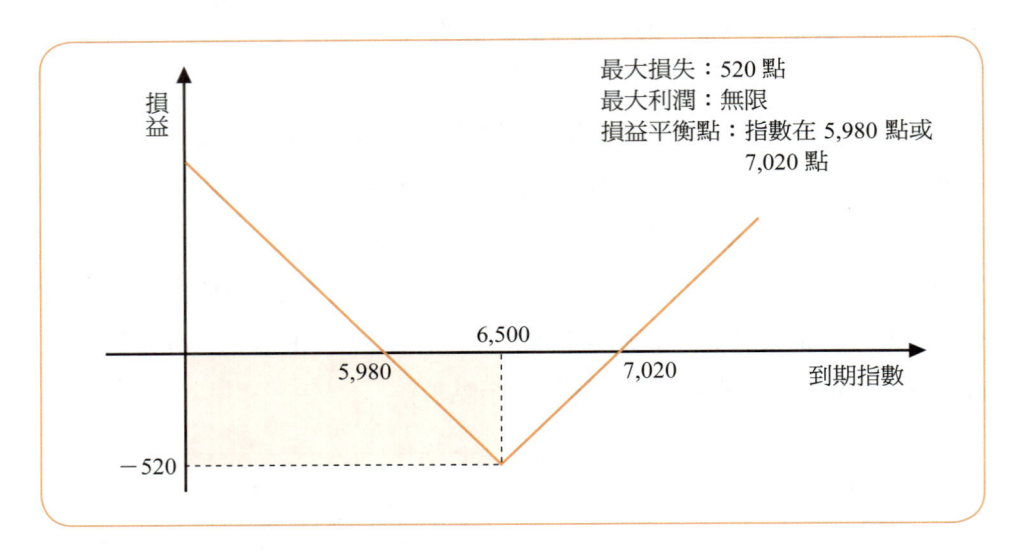

★ 例 18：又青姊賣出 1 口 4 月到期，履約價為 6,500，權利金為 260 點的買權；賣出 1 口 4 月到期，履約價為 6,500，權利金為 260 點的賣權。

其適用時機為預期市場盤整時：(1) 最大損失：無限；(2) 最大利潤：賣出買權權利金＋賣出賣權權利金；(3) 損益平衡點：履約價＋(賣出買權權利金點數＋賣出賣權權利金點數) 或履約價－(賣出買權權利金點數＋賣出賣權權利金點數)。

最大損失：無限
最大利潤：520 點
損益平衡點：指數在 5,980 點或 7,020 點

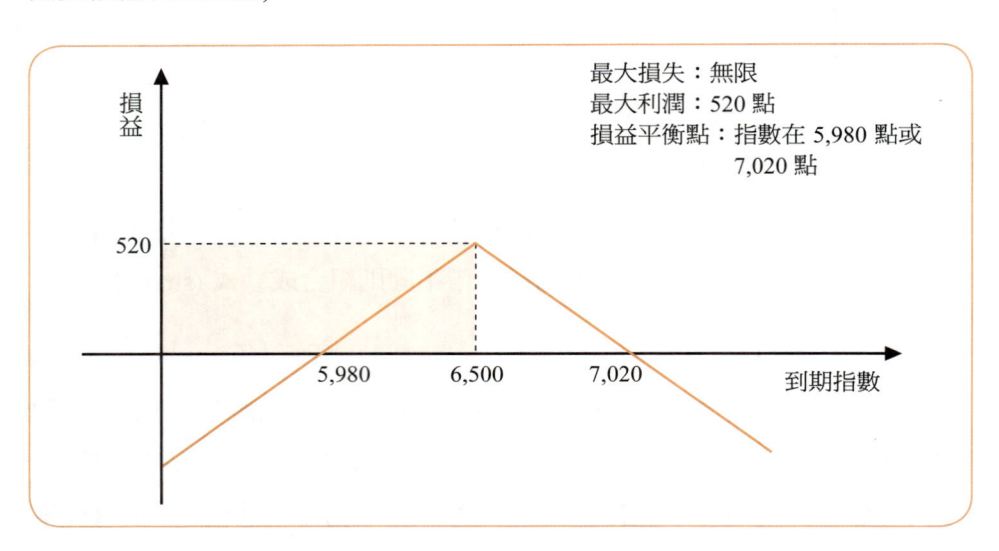

★ **例 19**：大仁哥買進 1 口 4 月到期，履約價為 6,600，權利金為 240 點的買權；買進 1 口 4 月到期，履約價為 6,400，權利金為 240 點的賣權。

其適用時機為預期標的物大漲或大跌時：(1) 最大損失：買進買權權利金＋買進賣權權利金；(2) 最大利潤：無限；(3) 損益平衡點：高履約價＋(買進買權權利金點數＋買進賣權權利金點數) 或低履約價－(買進買權權利金點數＋買進賣權權利金點數)。

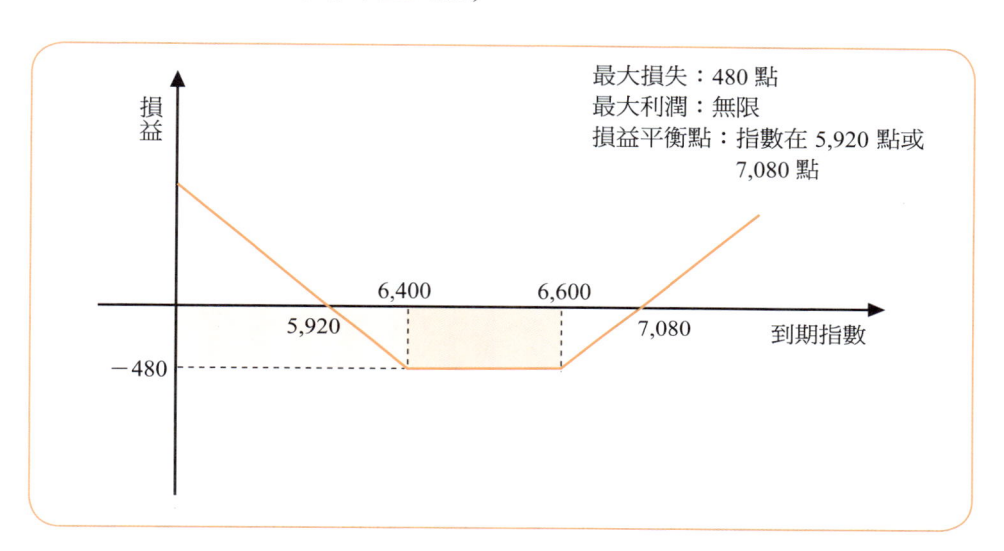

最大損失：480 點
最大利潤：無限
損益平衡點：指數在 5,920 點或 7,080 點

賣出勒式 (short strangle)

★ **例 20**：阿妹買進 1 口 4 月到期，履約價為 6,600，權利金為 240 點的買權；買進 1 口 4 月到期，履約價為 6,400，權利金為 240 點的賣權。

其適用時機為預期市場盤整時：(1) 最大損失：無限；(2) 最大利潤：賣出買權權利金＋賣出賣權權利金；(3) 損益平衡點：高履約價＋(賣出買權權利金點數＋賣出賣權權利金點數) 或低履約價－(賣出買權權利金點數＋賣出賣權權利金點數)。

最大損失：無限
最大利潤：480 點
損益平衡點：指數在 5,920 點

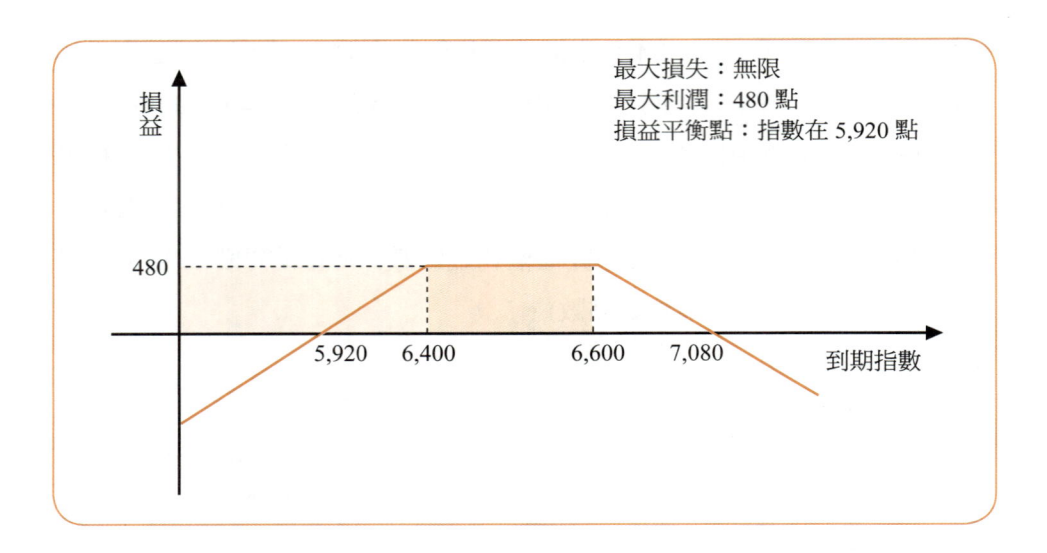

習　題

選擇題

1. 下列何者屬於保護性賣權 (protective put) 的交易策略？　(A) 賣出期貨及買入期貨賣權　(B) 賣出期貨及期貨賣權　(C) 買入期貨及賣出期貨賣權　(D) 買入期貨及期貨賣權

2. 賣出黃金期貨賣權一般是：　(A) 看空黃金市場　(B) 預期黃金市場平穩　(C) 預期黃金市場大波動　(D) 預期利率將大幅波動

3. 9 月歐洲美元期貨市價為 95.70，履約價格為 95.75 的期貨買權之權利金為 0.1，則時間價值為：　(A) 0.05　(B) 0.1　(C) 0.15　(D) 0

4. 持有黃金的人若認為黃金可能微幅下挫，何種避險方式較佳？　(A) 買進黃金期貨賣權　(B) 買進黃金期貨買權　(C) 賣出黃金期貨買權　(D) 賣出黃金期貨賣權

5. 買入履約價格為 970 之 S&P 500 期貨賣權，權利金為 20，則最大可能獲利為多少？　(A) 970　(B) 950　(C) 20　(D) 無限大

6. 賣出標的物與到期日期均相同的買權與賣權各 1 口，但買權的履約價格較賣權為高，則當標的物價格如何變動時，較可能產生獲利？　(A) 大跌　(B) 大漲　(C) 微幅波動　(D) 選項 (A)、(B)、(C) 皆非

7. 關於歐元期貨買權，以下何者正確？　(A) 價內買權價值小於價外買權價值　(B) 價內買權內含價值小於價外買權內含價值　(C) 價內買權內含價值大於價外買權內含價值　(D) 價內買權時間價值大於價外買權內含價值

8. 白銀期貨賣權之買方，履約時： (A) 以履約價買入白銀 (B) 以履約價賣出白銀 (C) 以履約價買入白銀期貨契約，取得白銀期貨多頭部位 (D) 以履約價賣出白銀期貨合約，取得白銀期貨空頭部位
9. 我國臺指選擇權的契約乘數為： (A) 每點 50 元 (B) 每點 100 元 (C) 每點 150 元 (D) 每點 200 元
10. 選擇權契約因為有不同月份與不同的執行價格，有些契約 (例如遠月或深度價外) 交易可能不活絡，下列哪一種方式解決此問題最有效率？ (A) 鼓勵期貨自營商多做交易 (B) 交易人不要買賣交易量不活絡的契約 (C) 建立造市者制度 (D) 選項 (A)、(B)、(C) 皆是
11. 下列何種情況下，選擇權的 Gamma 風險最大？ (A) 深價內，距到期日尚久 (B) 深價外，距到期日尚久 (C) 價平，很接近到期日 (D) 價平，距到期日尚久
12. 下列哪一種情況下，美式買權的價格和歐式買權的價格一樣？ (A) 標的股票發放大額現金股利 (B) 標的股票不發放任何現金股利 (C) 標的股票發放小額現金股利 (D) 以上皆是
13. 關於期貨買權，何者正確？ (A) 時間價值＝權利金－內含價值 (B) 時間價值＝權利金＋內含價值 (C) 時間價值＞內含價值 (D) 時間價值＜內含價值
14. 若不考慮其它條件，當利率上揚，則期貨買權價格應： (A) 愈高 (B) 愈低 (C) 無關 (D) 不一定
15. 買進三個月期貨買權，履約價格 800，賣出六個月期貨買權，履約價格 820，此稱為： (A) 水平價差交易 (horizontal spread) (B) 垂直價差交易 (vertical spread) (C) 對角價差交易 (diagonal spread) (D) 買進跨式交易 (long straddle)
16. 小平買進 1 口美國長期公債期貨買權後，執行契約時，小平將： (A) 收到現金 (B) 買進美國長期公債 (C) 買進美國長期公債期貨 (D) 無任何的風險
17. 賣 10 月 400 黃金買權，買 12 月 400 買權，乃因： (A) 預期金價上漲 (B) 預期金價下跌 (C) 預期金價持平，12 月份買權時間價值下降快 (D) 預期金價持平，10 月買權時間價值下降快
18. 歐洲美元期貨賣權之內含價值與時間價值之關係為何？ (A) 成正向關係 (B) 無關 (C) 不一定 (D) 成反向關係
19. 某甲在歐元期貨選擇權市場持有一看跌之買權價差部位，其中履約價格 0.5755 之六個月買權，權利金為 3.15，履約價格為 0.5355 之六個月買權，權利金為 6.15，其最大可能獲利為多少？(每一契約為 12,500 歐元。) (A) 112.50 歐元 (B) 5,000 歐元 (C) 3,750 歐元 (D) 3,450 歐元
20. 複合選擇權的標的物為： (A) 股票 (B) 期貨 (C) 互換合約 (D) 選擇權

問答題

1. 買進 1 口 7 月到期、履約價為 7,000 的臺指選擇權買權，成本 (權利金) 為 180 點。當時加權指數為 6,618。到 7 月 18 日到期時，大盤反彈至 6,800，平倉出場。請問要付多少交易稅？
2. 請利用表 8-6，計算聯電買權履約價格為 12 元及賣權履約價格為 12 元的內含價值及時間價值。
3. 某一股票價格為 90 元，買權之履約價格為 92 元，距履約日期為一年，該股票年報酬率標準差為 30%，無風險名目利率為 2%。請問該股票買權的價格為何？
4. 若某股目前之市價為 50 元，未來可能漲跌之幅度均為 20%，若無風險利率為 8%，在下一期到期時賣權之履約價格為 49 元，試求：
  a. 下期上漲及下跌時之賣權價格。
  b. 目前之賣權價格。
  c. 在風險中立下，預期下一期之股價。
5. 選擇權與期貨有何不同？
6. 何謂價內、價平、價外？
7. 美式選擇權與歐式選擇權有何差異？
8. 請說明 Black-Scholes 選擇權評價模型的假設。
9. 請說明選擇權合約的基本內容。

「當大浪退去時，我們才知道誰在裸泳。」—華倫・巴菲特

Chapter 9

總體經濟與產業分析

新臺幣升不停，2017 年全年升值幅度高達 8%。根據金管會公布資料顯示，2017 年 1 月至 11 月，壽險業匯損合計共 1,623 億元。

同時，電子業許多產品均以美金計價。台積電董事長張忠謀就提到，即使營收創新高，匯損卻讓台積電帳面硬是少賺了 60 億元。

面對這些新聞，阿雞師究竟要危機入市，還是抱著現金過年？這正是證券分析的中心議題。做分析需要像一個經濟學家——明瞭市場的未來趨勢 (總體經濟學)，與評估產業的相對位置 (個體經濟學)；做分析也要像一個社會學家——知道人口與社會的未來趨勢，好制定產業未來藍圖；做分析更要像一個會計師——分析企業的財務報表，好讓我們從沙中淘金。總體經濟、產業議題與財報分析都是基本面分析的關鍵課題。基本分析 (fundamental analysis) 乃利用經濟學或財務分析來評估公司價值的未來走勢，這也是本章所要探討的重點。

9-1 總體經濟因素

總體經濟衡量整體經濟的表現,包括通貨膨脹、失業與國民所得。2012 年總統大選曾流傳一個網路笑話,日月潭賣阿婆茶葉蛋的阿婆不再挺馬,因為一天賣 5,000 個茶葉蛋太累了。簽訂 ECFA 與開放陸客觀光,不是只有茶葉蛋賣得好,鳳梨酥、烏龍茶、飯店、旅行社,甚至夜市小吃業者的荷包都比以前滿。收入增加,自然就比較敢消費。產品賣得好,廠商利潤上升,公司股價也就水漲船高。總體經濟與金融市場,特別是股價息息相關,其對企業前景的衝擊是從宏觀層面,也就是公司所處的總體經濟環境。在本節,我們將說明幾個能夠衡量總體環境的重要經濟指標。

9-1-1 國內生產毛額

國內生產毛額 (gross domestic product, GDP) 是一個國家人民的總所得,也是總支出。大家搭捷運或公車時都可能有以下的經驗:每個人都沉默不語自顧自地玩智慧型手機。HTC 每天賣 1,000 支,宏達電每天就收到 1,000 支手機的錢。手機賣得愈好,財報數字就愈亮麗。表 9-1 列出臺灣與美國的 GDP 及其組成,2016 年美國 GDP 是臺灣 GDP 的 35 倍。

GDP 是消費、投資、政府支出與淨出口的加總。從表 9-1 來看,一個

表 9-1　2016 年 GDP 及其組成

	臺 灣*	美 國**
民間消費	9,031,513	12,820.7
	(52.66%)‡	(68.84%)
投資	3,569,704	3,057.2
	(20.81%)	(16.41%)
政府支出	2,465,870	3,267.8
	(14.38%)	(17.55%)
淨出口	2,085,006	－521.5
	(2.16%)	(－2.798%)
出口	10,771,164	2,214.6
進口	8,686,158	2,735.8
GDP	17,152,093	18,624.5
	(100%)	(100%)

* 單位:新臺幣百萬元。
** 單位:十億美元。
‡ 括弧內為各組成占 GDP 的比例。

國家的消費金額愈大，政府支出愈高，企業投資愈踴躍 (包含存貨)，或從外國人手中賺更多的錢，一國的 GDP 就會愈高。

經濟成長愈高，股市漲幅愈大嗎？股市是一個經濟的晴雨表，它不僅表現當下的經濟狀況，也蘊涵投資人對未來的預期。在全球經濟穩步復甦，主要央行維持低利率的有利環境下，表徵全球股市行情的 MSCI ACWI 全球指數，連 13 個月上漲，是該指數編纂 30 年來首見，13 個月累計漲幅 23%。同樣的情景也出現在 2017 年，如表 9-2 所示。

中國股市在 2017 年以年市收場，關鍵因素在強勁的獲利成長及全球經濟復甦，另在貨幣中性偏緊的基調下，次級與初級市場表現優秀，2017 年發售活動急升至 405 項，集資額達到 2,130 億人民幣。

看好全球經濟將繼續在景氣循環周期的上升階段，國際貨幣基金 (IMF) 在世界經濟展望報告中，把 2018 年全球經濟成長率調升至 3.7%，其中美國、歐元區與日本都獲得上調。[1]

在 2017 年的最後一份經濟報告中，高盛討論了 2018 年美國經濟的 10 個最重要問題。其中包括美國經濟復甦走勢持續 (預估為 2.6%)，失業率進一步走低 (3.5%)，工資與核心物價指數有望增長。在貨幣政策方面，高盛 2018 年會升息四次，同時按照當前計畫進行縮表。[1]

表 9-2　2017 年各國經濟表現

國　家	股市報酬率	股市指數
美國	29.72%	道瓊工業指數
英國	6.67%	富時 100 指數
日本	23.62%	日經 225 指數
德國	14.96%	DAX 指數
中國	27.35%	滬深 300 指數
法國	13.43%	巴黎 CAC 40 指數
巴西	24.07%	聖保羅證交指數
全球	23.85%	MSCI AC 世界指數

資料來源：Stock-AI.com，2018 年 1 月 12 日。

---

[1] 資料來源：《工商時報》，2017 年 12 月 31 日。

9-1-2 通貨膨脹

倘若歐洲央行神機妙算 2019 年以後,「通膨」怪獸將來襲,有錢有閒的阿雞師該如何應對?通貨膨脹 (inflation) 指一般物價水準的上升。如果所有商品售價上升 10%,而你的薪資也調升 10%,皮包裡的錢看起來很多,卻沒有因此變得富有,我們只是以更高的價格買到和以前一樣的東西。

中國流行一句話:「你可以跑不過劉翔,你不能跑不過 CPI。」[2] CPI 消費者物價指數,常用來計算一個國家的通貨膨脹率。在通膨怪獸陰影籠罩時,與其消極地對抗通膨,不如積極參與。如何操作呢?把自己的投資組合與通膨連結,讓通貨膨脹為你賺錢。

第一,增加原物料投資部位,搭上通膨列車,跟著原物料國家一起財富增值。需求拉動的通貨膨脹,來自於全世界對原物料需求大增,因而帶動原物料價格上漲。短期間原物料,譬如石油,很難找到替代品且開採耗時。投資供應鏈最上游的產業,較具成本優勢,譬如,台塑集團的台塑、台化及台塑化等。此外,替代能源產業,如風力發電、綠能產業的相關基金或股票也是不能忽略的投資標的。

第二,挑選不受通膨影響的產業,譬如房地產可以保值。一般投資人直接買房地產價格太高,流動不易。想用小錢布局商用不動產,當個包租公或包租婆,集中市場的不動產證券化受益證券 (REITs) 是一個值得考慮的投資工具。

第三,是投資黃金,黃金是通膨時代下的最佳保值工具。圖 9-1 顯示國際金價自 1998 年 1 月至 2018 年 1 月的走勢。這 20 年期間,金價大約漲了 4 倍。只要美元走貶和避險需求旺盛,黃金是熱門的投資標的。同樣地,與黃金和貴金屬相關的貴金屬股票型基金,更可以讓小額投資人放入投資組合當中。此外,在歐洲央行宣布 QE 的次日,黃金保值需求增加,金價順勢上揚 8%。

第四,操作另類債券基金,不要將錢放在銀行定存。根據央行統計,2018 年五大銀行平均存款利率一個月期是 0.60%,而物價上漲率卻高達

---

[2] 劉翔是中國最會跑的男人。在 2006 年瑞士洛桑田徑超級大賽男子 110 米跨欄比賽,以 12 秒 88 打破沉睡十三年之久的世界紀錄。

20 年黃金歷史價格

20 Year Gold Price in USD/oz　　　　　　　　Last Close: 1333.40
High 1889.70　Low: 252.57　▲1054.50　378.09%

Friday, January 12, 2018

圖 9-1　國際金價走勢

1.2%。換句話說，莎莎將新臺幣 100 萬元放在臺灣銀行，一個月後，拿回來的錢變薄了。另類債券與傳統債券不同，傳統債券以配息為主，另類債券有**抗通膨債券** (treasury inflation-protected securities, TIPS)。此種債券利息跟隨 CPI 年增率連動再加碼，保障投資人的報酬，一定跟得上通貨膨脹的腳步。臺灣投資人可選擇的抗通膨債券商品，有 PIMCO 全球實質回報債券基金—E 級類別 (六個月報酬率是 2.62%)、貝萊德全球通膨連結債券基金 A2-USD (三年報酬率是 8.28%)，及 PIMCO 全球通膨連結債券基金 (2017 年報酬率是 1.98%)。另一種主動式策略是購買開放式連動債，它可以提供客製化的投資主題，連結的商品是市面上沒有的商品，如巴菲特的波克夏股票、花旗銀行股票及碳交易股票等；或原物料投資商品，包括黃金、石油、農產品等。不過，因為它的風險較高，投資人最好先做足功課，以免血本無歸。

最後一個觀念是投資高現金殖利率的股票。[3] 只要每年固定配息在 2

---

[3] 真正的殖利率應該是以除權基準日前一天收盤價來計算會比較準確。所以在中鋼除權基準日前，若你能夠以更低的價位買到中鋼並參與除權，則你的殖利率報酬會更高！但要小心的是，若預期中鋼明年的營收狀況會比今年差，則參與除權後有可能發生賺到殖利率，但賠了股票價差的慘事。

> **練習題 9-1　殖利率**
>
> 股票殖利率怎麼算？
>
> 答：殖利率＝(每股股利／收盤價)×100%
> 其中每股股利＝該公司每股配發之現金股利＋盈餘轉增資股票股利
> 以中鋼為例，2018 年 3 月 25 日收盤價每股 34.65 元來說，2018 年每股現金股利配發 1.99 元＋股票股利 0.5 元，中鋼 3 月 25 日概算殖利率為：
>
> $$(\$1.99 + \$0.5)/\$34.65 \times 100\% = 0.07186... ≒ 7.186\%$$
>
> 所以，殖利率為 7.186。

元至 4 元，現金殖利率維持在 6% 左右，就能夠打敗通膨和定存。這類型的股票多為防禦型股票，進可攻退可守，以 2017 年為例，包括一零四 (3130)、美律 (2439)、凡甲 (3526) 等。

在通貨膨脹時代，投資人要慎選投資工具。相反地，在通貨緊縮時代，擁有現金為王。阿雞師今天買進一瓶御茶園 20 元，一個星期後，同樣的御茶園只要 18 元。價格下跌是通貨緊縮的最大特色。抱持現金為王邏輯的投資人不妨選擇高現金、低債務、穩定股息的股票。譬如，醫療保健領域中的輝瑞與默克、農業與肥料的台肥，甚至一籃子指數的指數型股票基金 (ETF) 也是不錯的投資。

9-1-3　利　率

利率 (interest rates) 是投資分析中最重要的總體經濟因素。利率的預測直接影響到固定收益市場的報酬。倘若利率無預警地上升，對股票市場來說是一個再壞也不過的消息。原因很簡單：利率是資金的價格。利率上升意味著企業舉債成本增加，獲利水準將會下跌。投資人一旦瞭解公司的前景堪憂，就會拋售手中持股，股價自然節節下滑。

不幸的是，利率預測就像預測今年會有幾個颱風，令人摸不著頭緒。儘管如此，從資金供需的一些蛛絲馬跡仍可看出端倪。舉例來說，政府預備舉債來興建機場捷運或預期未來幾個月內通膨壓力即將浮現，都會造成利率上升。升息不是只對股市造成衝擊，對那些手中握有大筆資金的機構法人而言，升息就像是鯊魚聞到血腥味一般，資金馬上流入利率較高的

國家，尋求較佳的投資機會。舉例來說，2012 年年初，歐洲被主權債務危機纏身，歐盟各國信評調降，而美國經濟比預期強 (新成屋銷售增加到十一個月的新高)。這代表歐洲央行認為後續升息的可能性很低。出脫歐元買進美元是一正確作法。同樣地，歐元區各國公債殖利率在歐洲央行總裁德拉吉宣布要收購最多 1.3 兆美元的債券之後全面走低。德國 10 年期公債殖利率下跌至 0.408%，而西班牙及義大利 10 年期公債殖利率也分別下跌至 1.399% 與 1.555%。

9-2 財政政策與貨幣政策

　　除了 GDP、通膨與利率之外，還有一些經濟指標會造成國際股市的動盪，如表 9-3 所示。

　　財政政策 (fiscal policy) 是政府微調稅收與支出，重燃經濟往前的動力。當消費者坐在家裡勒緊褲帶時，政府可以開始蓋高速公路或港口。營造公司會採買水泥、營建工人開始找到工作。當景氣開始回春後，消費者信心恢復，也比較放心消費，然後景氣便正式脫離谷底往上走。

　　貨幣政策 (monetary policy) 是指央行控制貨幣數量來推升經濟或防止衰退。1950 年代至 1960 年代擔任聯準會主席的馬丁曾形容聯準會的工作就是「在派對開始熱鬧起來時，抱走雞尾酒缸」。

表 9-3　經濟指標日曆

經濟指標	發布日期 **	來源	網站
企業存貨	每個月 15 日	美國普查局	https://www.census.gov
消費者信心指數	每個月最後一週的週二	美國經濟諮商局	https://www.conference-board.org
耐久財訂單	每個月 26 日	美國普查局	https://www.census.org/manufactury/m3
就業統計 *	每個月的第一個星期五	美國勞工部	https://www.bls.gov
新屋開工率	每個月 16 日	美國普查局	https://www.census.gov/construction/nrc
初次申請失業保險人數	每週四	美國勞工部	https://www.bls.gov
新屋銷售	每個月最後一個營業日	美國普查局	https://www.census.gov/construction/nrs
領先經濟指標	每個月初	美國經濟諮商局	https://www.conference-board.org
最新景氣指標	每個月底	行政院國發會	https://www.ndc.gov.tw

* 就業統計包括失業率、平均工作週數、非農業薪資等。
** 許多發布日期都是近似日期。

政府常常利用貨幣與財政政策來順遂其目的。譬如，2008 年金融海嘯期間，政府就曾以消費券鼓勵民眾消費。

財政政策　評估政府財政政策擴張或緊縮的方式是檢視政府的預算赤字或盈餘。政府入不敷出時，便會產生預算赤字。預算赤字究竟是好還是壞？如果經濟衰退，政府的稅收跟著減少，各項計畫支出 (失業保險、醫療補助) 隨之攀升。適當的政府支出可能幫助景氣復甦，減輕人民痛苦。

不過，毫無節制的支出，有時會造成無法彌補的傷害。最著名的預算赤字例子是歐豬五國中的希臘。發明數學的希臘是歐洲債信危機的震央，預算赤字占 GDP 的比例是 12.7%，遠超過歐盟允許的 3%。而債務占 GDP 的比例更高達 142.8%，十年期公債殖利率是 17.58%。同一時期的臺灣，債務占 GDP 比例是 39.7%，十年期公債殖利率是 1.48%。為什麼希臘財政會陷入萬劫不復的境界？答案很簡單，大而無當的政府支出與逃漏稅。

希臘走的是大政府福利路線。只要是希臘人，從小學到大學念書都免費。為了領國家補助，大學念七、八年的大有人在。公務員是福利制度的最大受益者。如果從事的工作被列為危險工作，甚至可提前到 55 歲退休，一輩子領終身俸。[4] 在希臘，有十分之一的人口是公務員。英國《衛報》指出，希臘有個管理湖泊的單位，管理的湖早已消失，該單位卻還在，且編制多達 300 人。

另外，為了舉辦 2004 年的奧運，希臘不惜舉債 70 億歐元，還賣掉政府的金雞母——郵政儲蓄銀行。希臘的公共醫療保健制度每年供應的相關物品支出，遠遠超過歐洲平均水準，醫生和護士下班回家時拎著滿手紙巾和尿布的情景並不罕見。

浮濫的政府支出已經令人頭痛，逃漏稅更令人瞠目結舌。希臘人逃稅成習。據估計，希臘的醫生有高達三分之二的年收入申報低於 12,000 歐元以下，依稅法規定得以免繳所得稅。這並非無法可管，事實上，逃漏稅金額超過 15 萬歐元是要接受法律制裁的。問題是：如果認真執法，希臘民眾就找不到醫生看病了。

美國哈佛大學教授羅格夫 (Kenneth Rogoff) 針對四十四個國家、兩百

---

[4] 希臘的法定退休年齡是男 65 歲，女 60 歲。

多年歷史的研究發現，當政府負債占 GDP 比率超過 90%，該國的經濟成長率會比未超過負債占 GDP 90% 的國家少 4%。原因很容易瞭解，債務太多，光是還利息就喘不過氣，更遑論投資未來。

英國脫歐後，分析師預測英鎊將跌至 1.1 美元至 1.2 美元。西班牙也好不到哪裡。2017 年 10 月，加泰隆尼亞舉行獨立公投，近 90% 選民支持獨立。西班牙財政部長德金多斯 (Luis de Guindos) 警告，加泰隆尼亞獨立使經濟萎縮 25% 至 30%，失業率更將上升一倍。

貨幣政策　央行是唯一能印製鈔票的銀行，也是控制經濟體系信貸的水龍頭。當水龍頭打開，水流如注，利率下降，我們便能用借來的錢大方地買我們喜歡的東西。因此，央行能利用貨幣政策來刺激景氣或預防通膨過熱，或在意外發生時挹注資金到金融體系。譬如，在 2010 年 11 月 3 日美國聯準會宣布第二次量化寬鬆政策 (QE2)，計畫購買 6,000 億美元的中長期美國政府債券，相當於每個月倒出 750 億美元 (約新臺幣 2 兆 3,000 萬元)，一直持續到隔年 6 月底。

消息一宣布，就像是打開水庫洩洪，千軍萬馬的熱錢傾巢而出，流入全球新興市場的股匯市，並推升原物料的行情。以原物料行情而言，MSCI 全球金屬和礦業指數在 11 月 4 日一天內就漲了 4.67%。這股熱錢更讓外資連續十二天砸下新臺幣 1,027 億元買超臺股，臺股應聲漲破 8,400 點。同時，匯市再度推升新臺幣，新臺幣兌美元匯率在 2011 年 5 月 4 日是以 28.67 兌 1 美元，創下自 2008 年 7 月 13 日以來的最高點。

美國利率走貶，各國央行持續拋售美元資產，取而代之的是，全球央行買超黃金。黃金是一個天然的避險工具。因為你儲存黃金再賣出時，可以用任一種貨幣賣出，完全不會有匯兌損失的問題。黃金對一國經濟作用的最好例子是土耳其。在 2008 年，土耳其貨幣「里拉」面臨貶值壓力，土耳其央行在 2008 年和 2009 年陸續賣出 400 噸黃金，紓解里拉貶值和國內的通膨壓力。

如果派對開得過火，央行還得負責熄火。2009 年 10 月 6 日，澳洲央行為了澆熄資產泡沫化 (前八個月平均房價上漲 8%，且仍持續上升)，拉開了升息的序幕。印度央行從 2010 年 3 月以來也升息十三次，附買回及

附賣回利率分別升息 1 碼，為 8.5% 及 7.5%。中國在 2010 年 10 月 20 日終於調整存貸款基準利率，無預警宣布升息，其目的是為了抑制通貨膨脹。新華社報導，國家統計局資料顯示，2011 年 12 月，70 個大城市新建商品住宅價格下降的城市達 52 個，比例高達 74%，比 11 月多出 3 個。

歐洲版 QE 的衝擊也不遑多讓，歐元貶值至十一年來的新低，貶破 1.12 美元價位。投資人擔心若 QE 失敗，歐元區可能崩解；又擔心 QE 成功，使通膨失控，這兩者都促使投資人買進黃金。除此之外，超預期的歐洲版 QE 改變中國境內機構及投資人思維。大家都作多美元，人民幣兌美元即期在一天內貶近 200 基點，創近 7 個月收盤新低。另外，避險需求也可望推升德國、倫敦、蘇黎世及紐約房市。

9-3　景氣循環

景氣循環 (business cycle) 是指經濟活動，如就業與生產的波動。一個循環是許多經濟同時發生擴張，隨後發生收縮、衰退，然後又開始復甦的現象，如圖 9-2 所示。實務上，擴張期與衰退期應各持續五個月以上，全循環至少需十五個月。

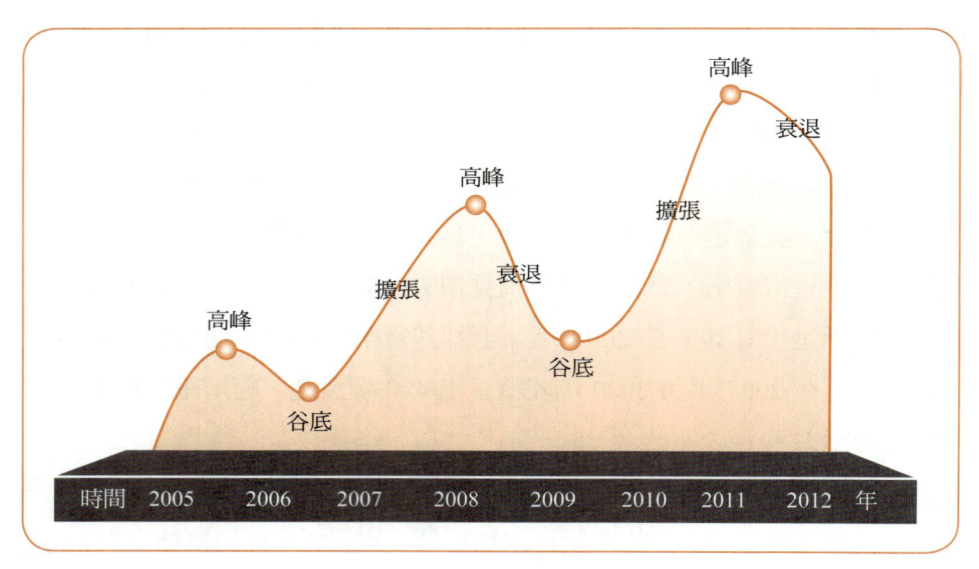

圖 9-2　景氣循環

9-3-1 臺灣的景氣循環

儘管許多報章雜誌定義衰退是指連續兩季實質 GDP 的下跌。行政院國家發展委員會利用實質 GDP、工業生產、非農業部門就業人數、實質製造業銷售值、批發零售及餐飲業營業額指數五項指標，綜合為基準循環數列，再進行轉折點之認定。臺灣已認定的景氣循環總共有十四次，如表 9-4 所示。

在表 9-4 中，臺灣最長一次的循環是 1956 年 9 月至 1966 年 1 月的第 2 循環，總共持續一百一十二個月。而最長一次衰退期間發生在第 5 循環，有三十七個月。

9-3-2 景氣指標與對策信號

為了衡量總體經濟活動，國發會將一些代表經濟活動且景氣變動敏感的指標以適當統計方式處理，製作成景氣指標與景氣對策信號。景氣指標

表 9-4　臺灣景氣循環基準日期

循環次序	谷底	高峰	谷底	擴張期	收縮期	全循環
第 1 循環	1954/11	1955/11	1956/09	12	10	22
第 2 循環	1956/09	1964/09	1966/01	96	16	112
第 3 循環	1966/01	1968/08	1969/10	31	14	45
第 4 循環	1969/10	1974/02	1975/02	52	12	64
第 5 循環	1975/02	1980/01	1983/02	59	37	96
第 6 循環	1983/02	1984/05	1985/08	15	15	30
第 7 循環	1985/08	1989/05	1990/08	45	15	60
第 8 循環	1990/08	1995/02	1996/03	54	13	67
第 9 循環	1996/03	1997/12	1998/12	21	12	33
第 10 循環	1998/12	2000/09	2001/09	21	12	33
第 11 循環	2001/09	2004/03	2005/02	30	11	41
第 12 循環	2005/02	2008/03	2009/02	37	11	48
第 13 循環	2009/02	2011/02	2012/01	24	11	35
第 14 循環	2012/01	2014/10	－	33		
平　　均				38	15	53

資料來源：行政院國家發展委員會。

包含領先、同時及落後三項指標。景氣對策信號亦稱景氣燈號，以類似交通號誌方式的五種燈號代表景氣狀況的一種指標。其中「綠燈」代表景氣穩定，「紅燈」代表景氣熱絡，「藍燈」代表景氣低迷，至於「黃紅燈」與「黃藍燈」皆為注意性燈號，告訴我們要注意觀察景氣是否轉向。表 9-5 整理出目前景氣對策信號的各構成項目檢查值與編製說明。

表 9-5　目前景氣對策信號各構成項目

	紅燈 熱絡	黃紅燈 轉向	綠燈 穩定	黃藍燈 轉向	藍燈 低迷
綜合判斷	45～38 分	37～32 分	31～23 分	22～17 分	16～9 分
個別項目分數	5 分	4 分	3 分	2 分	1 分
	(% yoy)				
貨幣總計數 M1B	17	10.5	6	2	
股價指數	22.5	11.5	－2	－22	
工業生產指數	11	8	3.5	－1	
非農業部門就業人數	2.4	2.1	1.4	0.4	
海關出口值	16	13	5.5	0	
機械及電機設備進口值	23.5	9.5	－2.5	－11.5	
製造業銷售量指數	11	8.5	3	－1	
批發、零售及餐飲業營業額	9	7	4.5	0	
製造業營業氣候測驗點	104.5	101	96.5	91.5	

註：1. 除製造業營業氣候測驗點檢查值為點 (2006 = 100) 外，其餘項目則為年變動率。
　　2. 各個別項目除股價指數外均經季節調整。
資料來源：行政院國家發展委員會。

練習題 9-2　景氣對策信號

請至行政院國發會網站：https://www.ndc.gov.tw，下載最近一年的景氣對策信號。

　　景氣對策信號是進出臺股基金最有用的一個法寶，基金部落格作家王仲麟表示：「我做過長達二十年的比較研究，景氣對策冷熱與臺股大盤幾乎亦步亦趨。」

　　經過歸納，王仲麟建議只要對策信號判斷分數跌破 17，即可開始對臺股基金定期定額買進；然後持續扣款到分數突破 30 時全部出清。他以自己為例，在雷曼兄弟破產前一個月，景氣對策信號判斷分數跌破 17 後，開始以 30,000 元定期定額買日盛臺股基金。隔一年後，臺股已反彈至 6,000 多點，基金累計報酬已近 40%。

至於單筆投資，他發現「領先指標六個月平滑化變動率」最好用。一旦這個變動率跌破 −4% 且首次回升時，是單筆敲進臺股基金的最佳時機。譬如，2009 年 3 月單筆買進群益葛萊美基金，淨值為 6.34 元。至 2009 年 11 月 6 日，基金淨值為 10.45 元，報酬率高達 64.8%。賣出時點為六個月平滑化變動率突破 11% 止漲，景氣過熱，即可出場。

　　最後一招是依據 M1B 年增率。當指標跌破零軸後再翻回，這表示資金恢復流動，即為進場訊號。而在 M1B 年增率超過 17%，就應該賣出手中臺股基金，靠著這三招，王仲麟在十年內資產翻 10 倍，而且每年還能出國好幾次，不用跟著大盤漲跌而擔心受怕。

　　景氣對策信號就像溫度計一樣簡單易讀，從燈號的變化也能對應到股市的操作。首先要注意的是「黃藍燈」，這個燈號代表轉折，如果是轉折向上可加碼，但若向下轉折就要出脫手中持股。「黃紅燈」是另一個轉折訊號，若沒有偏向過熱可續抱；若是走向過熱 (紅燈) 則要考慮減碼。最後，就是「紅燈」與「藍燈」，「紅燈」代表高檔過熱，記得出脫股票，而改買原物料基金；「藍燈」則是逢低布局股票。

　　每一次的景氣循環都不相同，繁榮與衰退時間長短以及哪一個產業受影響最深，幾乎都不相同。但多數景氣循環都有一些共通點。譬如，在景氣好的時候，速食店能提供員工比較好的福利，企業也能用幾百萬股票選擇權吸引優秀人才，消費者變得比較有錢，投資人可輕易地在股市賺到兩位數的報酬率。

　　在景氣繁榮持續一段時間後，投資人眼見股市樂觀，開始投入股市，消費者財富迅速累積，開始追逐名牌服飾、昂貴跑車、精饌美食及競相購買豪宅。當這些公司發現無法生產足夠衣服、跑車、豪宅來滿足市場需求，便開始調高售價，一般商品與服務價格開始上升，通貨膨脹蠢蠢欲動。在經濟擴張的末期，景氣過熱，企業獲利下降，股市由多轉空。

　　相對地，當企業開始降低資本支出，停止興建新的工廠，或是消費者不再買新房子或停止追逐名貴跑車等奢侈品時，榮景就會結束。如果大家都不消費，企業減少對原物料的購買並開始裁員，公司利潤跟著下挫。利潤降低意味著股價下挫，消費者支出變得謹慎，投資人可以放空股票或黃金來獲利，保守型投資人可以改抱現金或購買貨幣市場基金。

不景氣的共通現象是失業率高漲，消費與投資減少，通貨膨脹減緩，甚至出現通貨緊縮，在景氣落入谷底之際，債券型基金或避險基金比較能提供穩定收益。隨著景氣衰退接近尾聲，對那些不想承受股市大幅波動又想參與景氣復甦動能的投資人來說，高收益債券及新興市場債券是一個不錯的投資標的。簡單來說，景氣復甦時，股票的收益高；景氣高峰時，原物料行情佳，原物料及能源基金較能獲利；景氣往下走時，賣掉原物料基金，改為持有現金或貨幣市場基金是不錯的選擇，而在景氣落入谷底後，債券及避險基金比較能提供穩定收益。

除了以景氣燈號來連結投資策略外，部分投資機構提供投資指標。富達投資時鐘利用經濟成長與通貨膨脹兩項指標，將全球景氣循環分為四個階段：復甦、過熱、停滯性通膨及通貨再膨脹，[5] 如圖 9-3 所示。四個階

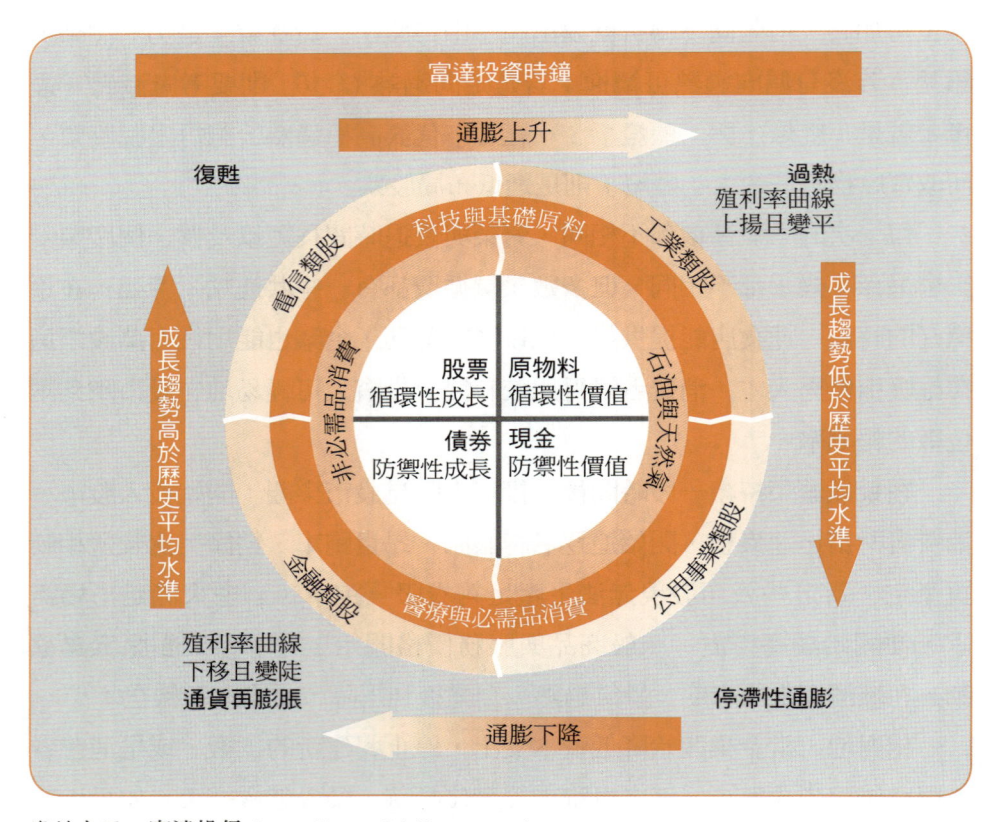

資料來源：富達投信 (https://www.fidelity.com.tw)。

圖 9-3　全球景氣循環與投資時鐘

---

[5] 請至富達投信網站 (https://www.fidelity.com.tw)，下載最新的「富達投資時鐘」報告。

段大致依順時針方向周而復始循環。最適合投資的資產依序為股票、原物料、現金及債券。富達每個月更新經濟成長與通貨膨脹這兩項構成指標，以預測未來三個月至六個月全球景氣循環所處階段，並據此擬定資產配置策略。

9-4 產業分析

德國投資大師科斯托蘭尼 (André Kostolany) 曾用狗與主人比喻股市與經濟的關係。狗是股市，經濟是主人。有時候，狗喜歡跑在主人前面，跑得太遠會停下來等主人；有時候跑在後面，主人也會讓狗跟上，最終狗仍會在主人身邊。因此，懂得掌握景氣趨勢，就能抓得住股市。

掌握股市走向是看得懂趨勢。下一個問題是：要布局哪一個產業？該買哪一檔股票？

9-4-1 景氣循環與產業脈動

阿雞師一直從事長線操作，嚴格依照總體經濟指標進行投資。他發現不論是總體經濟事件 (如加速投資臺灣專案會議) 或景氣指標報告 (如綜合判斷分數跌破十六分)，都會對大盤趨勢產生巨大影響。

阿雞師根據過去一個月的持續性利多資訊，預計今天大盤將轉折向上。他開始進場買進 1,000 股金融類股中的國泰金 (2882)，同時他還買了 1,000 股公用事業類股的大台北 (9908)。

兩個月後，阿雞師彷彿就是一個天才，至少就大盤指數來說——加權股價指數逐漸走高，而且已上漲超過 10% (從 9,947 點至 10,962 點)。然而，股市上漲，阿雞師卻有苦難言。他買的大台北一直在箱型盤整 (17.05 元至 18.1 元間)。更糟的是，他買的國泰金卻在大盤上漲時逆勢下跌 (報酬率是 −3.69%)，阿雞師做錯了什麼事？他正確地預測市場走勢，卻選錯產業，正可謂賺了指數，賠了價差。

想要在景氣波動當中選對產業，投資人得具備三個基本觀念。第一是銷售額的敏感度。必需品，譬如，食品業、製藥業和醫療保健，與景氣好壞關係並不密切。此外，對那些即便口袋裡沒什麼錢的癮君子來說，香菸

是一種必需品。相反地，汽車、航空業、鋼鐵對景氣的敏感度就很高，一旦景氣轉壞，可能就會改搭捷運或減少出國旅遊次數。

　　第二個觀念是營運槓桿，即企業固定成本與變動成本的規模大小。變動成本比固定成本多的企業，在不景氣時，比較容易應變。譬如，在夜市擺攤賣衣服就比優衣庫 (Uniqlo) 更有彈性。固定成本較高的公司，如塑膠業、航運業、半導體製造業，面對景氣轉壞就會束手無策。

　　最後一個要牢記的觀念是財務槓桿，即借貸程度的高低。不管景氣有多糟，該付的利息還是得付。負債比例較高的公司，就像是固定成本比例較高的公司，景氣衰退時，很難降低成本，這些公司的獲利狀況在景氣反轉時也較易變差。同樣是面板廠，友達董事長早就與臺灣銀行簽下新臺幣 450 億元聯貸案，手握大筆現金來應付景氣寒冬。[6] 相比之下，奇美電聯貸案籌組超過半年，逾千億元債務無法解決。

　　除了受景氣好壞的影響外，產業脈動還受一些其它因素影響。舉例來說，臺灣的電子業是出口導向的產業，新臺幣匯率的高低或競爭對手是否殺價，都直接衝擊公司獲利；相反地，金融業、水泥業則與對外貿易較無關係。同樣地，能源密集產業，如航運業，對國際原油價格的變化就很敏感；內需型產業，如貿易百貨、營建業，則與消費者信心指數或利率變動關係密切。

9-4-2　類股輪動

　　類股輪動 (sector rotation) 是指依據總體經濟預測，資金會移往產業獲利前景較佳的產業。其基本概念很簡單：不同階段的景氣循環，投資不同的產業。譬如，拉斯‧特維德 (Lars Tvede) 在暢銷著作《景氣為什麼會循環》(*Business Cycles: History, Theory and Investment Reality*) 一書中表示，景氣從谷底翻揚之際，企業對資金需求增加，消費者也因為利率處於低檔而放心貸款。因此，當放款活動逐漸上升，以及不良債信從高點往下的訊號出現，金融業如銀行、保險、證券及營建業的獲利前景都比較好。

　　圖 9-4 描繪典型景氣循環與經濟指標。當經濟趨近高峰時，大家開始

---

[6] 友達光電為充實營運資金，於 2011 年 1 月 18 日與臺灣銀行、土銀、星展、日商三井住友銀行等 14 家銀行，完成共新臺幣 450 億元的聯貸授信案。

借錢買房子、買股票、信用急速擴張，而資產泡沫化疑慮逐漸加升。景氣過熱的後果就是利率高漲與通膨加劇，這可能是一個投資能源相關產業的好時點，如礦業、石油產業。從高峰往下挫後，經濟步入不景氣或衰退的階段。民眾覺得前景混沌不明，擔心隨時接到無薪假的通知，消費變得比較謹慎，各行各業的產品賣不出去，倉庫堆滿存貨，企業獲利逐漸下滑。在這個階段，投資人可選擇能夠對抗景氣的標的，如製藥、食品與其它消費必需品產業。此外，有些人開始付不出房貸，違約事件層出不窮，金融業獲利變差。

碰上不景氣，譬如，美國次貸風暴與歐洲債信危機，央行開始將新的鈔票運到各家商業銀行。銀行有多餘的資金，想辦法提供低利率以吸引客戶借錢。這些資金可以資助各種經濟活動，譬如，蓋住宅或買機器設備。

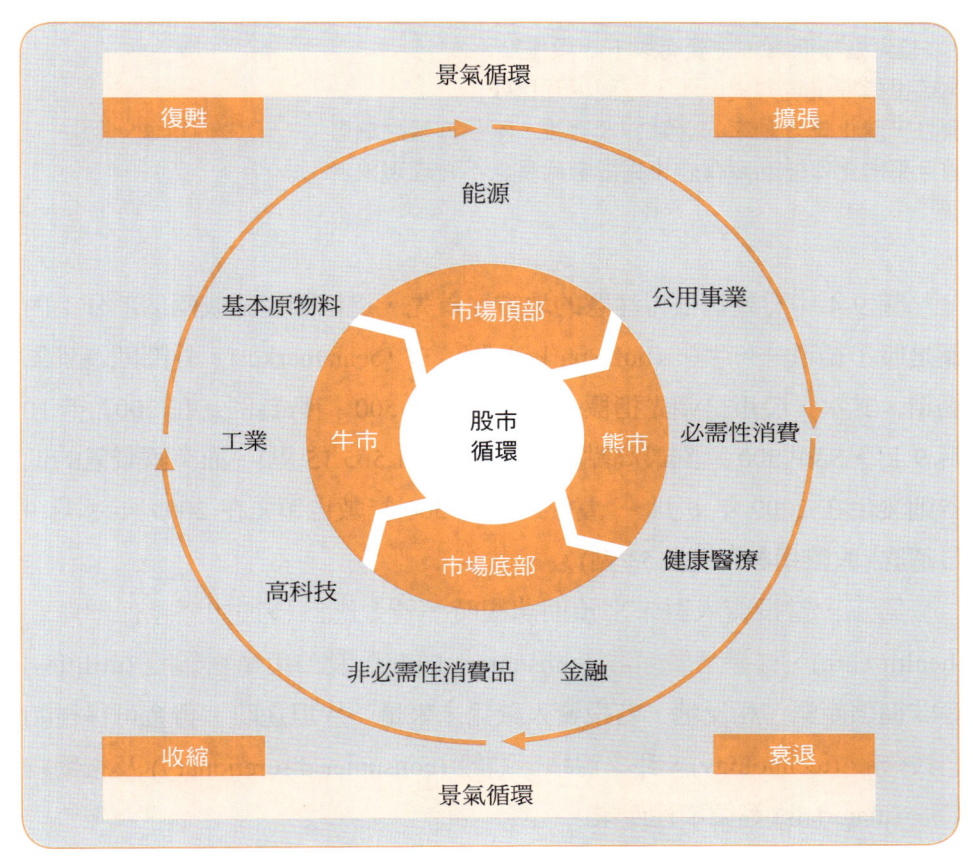

資料來源：作者自行製作。

圖 9-4　典型景氣循環與經濟指標

景氣到達谷底的共通點就是利率與通膨持續下降,景氣對策判斷分數逐漸轉折向上。此時,投資人可選擇資本密集產業,如運輸、營建及設備等。

當經濟走出陰霾步向復甦道路時,電腦業及休閒業會是一個不錯的選擇,因為它們都嚴重依賴消費者的直接消費。最後,在景氣擴張階段,循環性產業,如消費性耐久財和奢侈品,利潤比較會有大幅成長,受僱員工的薪情較佳,房地產價格因而上升。另一方面,銀行受惠於財富管理與利息收入的增加,優異的績效應該能推升股價。

練習題 9-3 領先指標

領先指標 6 個月平滑化年變動率為何停止發布?改發布不含趨勢之領先指標有何優點?

答:領先指標 6 個月平滑化年變動率原係參考 OECD 原先作法,惟該機構多年前已改為發布不含趨勢之領先指標。經長期分析兩種領先指標呈現方式發現,6 個月平滑化年變動率相對於不含趨勢之領先指標而言,主要有以下 3 項優點:
(1) 與同時、落後指標呈現方式一致,方便相互比較;
(2) 改善 6 個月平滑化年變動率的計算方式複雜、不易理解之缺失;
(3) 改善 6 個月平滑化年變動率有時領先期數過長之不合理現象。

圖 9-4 中有幾個值得注意的地方。首先,這個圖形分成兩個部分:內圈是股市循環——牛市 (bull market) 和熊市 (bear market),外圈則為景氣循環。其次,股市是領先指標,以標準普爾 500 指數為例。在 2007 年 10 月 9 日,S&P 500 達到最高點 (收盤指數為 1,565.15 點),而美國景氣的低谷則發生在 2009 年 6 月。[7] 當然,S&P 500 指數也領先在 2009 年 3 月 9 日落底 (收盤指數是 676.53 點)。

第三,當投資人對未來預期悲觀時,資金應該移往如醫療保健類股 (health care)、必需消費類股 (consumer staples) 及公用事業類股 (utilities) 等非循環產業。相反地,若投資人感覺未來是一片坦途時,資金可移往如科技類股 (technology)、非必需消費類股 (consumer discretionary) 及原物料類股 (materials) 等循環性產業。

---

[7] 美國最近一次的景氣高峰 (peak) 是在 2007 年 12 月。

投資人如果不想費心去抓住類股輪動的脈絡或無法精確掌握股市循環與景氣循環的趨勢，可考慮投資類股輪動基金。目前紐約證券交易所有一檔 Guggenheim 類股輪動 ETF。它以複製成分股的方式追求 Zack Sector Rotation Index 的指數績效。[8] 這個基金 90% 的資產投資在指數包含的股票、美國存託憑證，以及業主合夥有限權益 (MPLs)。

9-4-3　產業生命週期

創立於 1880 年，曾以科技創新蜚聲國際的美國柯達公司申請破產保護，而競爭對手富士軟片業務仍蒸蒸日上，為什麼境遇差別如此之大？

英國《經濟學人》提供了答案。據說列寧曾挖苦地說道：資本主義者會賣繩子給你來吊死他自己。柯達 (Eastman kodak Company) 便是絕佳的例子。1975 年，柯達製造出第一台數位相機，後來這項科技發展成智慧型手機和數位相機，幾乎把柯達軟片及相機業務打死。柯達像極了抗拒改變的傳統日本企業，沒有儘快推出新產品再不斷修改高科技業新概念。1993 年至 1997 年，老闆費雪決定讓客戶將相片上傳與其他人分享，可惜卻未能轉變成類似「臉書」的產品。

相比之下，富士 (FUJIFILM) 卻像是一家有彈性的美國公司，富士因有 4,000 種與抗氧化有關的化合物，並推出「艾詩緹」(ASTALIFT) 化妝品行銷亞洲。富士也為 LCD 平板螢幕製造光學軟片。其中一種用來擴大 LCD 視角的軟片，壟斷整個市場。2008 年開始，富士決定將醫療作為未來業務重心，影像業務所占比重已在三成以下。目前富士市值約 126 億美元，全年營收接近 500 億美元。同樣身處影像產業，並不保證兩家公司股東報酬率相同。

產業生命週期 (industry life cycle) 說明一家公司可能經過四個不同的階段：**創新期** (start-up stage)、**成長期** (consolidation stage)、**成熟期** (maturity stage) 及**衰退期** (relative decline stage)，如圖 9-5 所示。

創新期　產業最早階段的特色是新產品或新技術的問世，譬如，1990 年代的手機和 21 世紀的平板電腦。在平板電腦這一塊領域市場充滿無限的

---

[8]　Zack 類股輪動指數是由 Zack Investment Research Inc. 建構，其目標著重於那些能超越標準普爾 500 指數與其它基準指數的類股指數，中心指數包括大約 100 種證券。

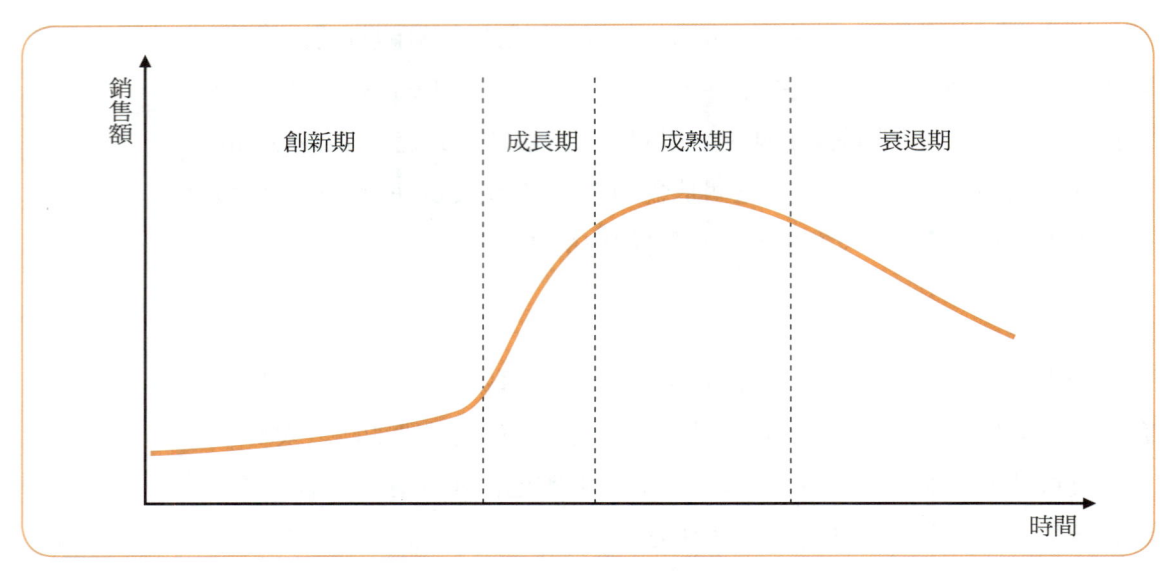

圖 9-5　產品生命週期

商機與風險。譬如，蘋果的 iPad、三星的 Galaxy Tab，以及華碩的變形金剛等。

　　這個階段的產品尚未標準化，公司的銷售額與獲利成長可能十分驚人。譬如，蘋果在 2011 年第 4 季的淨利為 131 億美元，每股盈餘 13.87 美元，比 2010 年前的 60 億美元，每股盈餘 6.43 美元，成長逾 1 倍。iPad 賣出 1,543 萬台，銷量比前一年逾 1 倍。

成長期　成長期是指消費者逐漸接受該產品，產品在市場站得住腳，並成為領導品牌。譬如，智慧型手機中的宏達電 HTC、蘋果 iPhone 及三星 Galaxy。這是需求增長階段，生產成本大幅下降，銷售額上升，利潤快速增加。然而，利潤增加的速度，因為競爭者紛紛加入市場而變緩慢。這個階段的特色是產業成長速度依舊比經濟體系中其它產品快。

　　買股票跟買東西一樣要物美價廉。什麼樣的公司算物美價廉？簡單地說，就是高成長公司，這是賺大錢最快的方法。產業前景看好的產業分成兩種：一種是「舊產業，新機會」，像機殼業的可成；一種是「新產業，新機會」，像生技醫療的佳醫。

　　不過對投資人來說，「舊產業，新機會」中的龍頭股獲利機會較大。一般來說，舊產業的內容較為人所知，當產業新機會起飛時，龍頭股可望

享有高市占率，股價表現占盡優勢。以可成 (2474) 為例：於 iPhone、iPad 及 Macintosh 的銷售業績長紅，淨利增加逾 2 倍。機殼廠可成從 2010 年 10 月的 70 元，漲到 2011 年 8 月的 234 元，股價成長逾 3 倍。歐系外資甚至在 2017 年 8 月上調目標價到 500 元。

除此之外，投資人可鎖定進入障礙高、政府特許或重要政策扶植的產業。政府扶植的產業多具有高成長性，而進入障礙高的產業，多為獨占或寡占產業，公司通常能維持穩定獲利。進入障礙高的產業，如晶圓代工、台塑化，最大特色在於毛利率能維持一定的水準。拿台積電來說，製程技術遙遙領先對手，且毛利率的變化多維持在 47% 至 48% 的高水準，相當穩定，這種公司非常適合投資人長期持有。

成熟期 在這一個階段，產品已廣為人知，市場需求漸趨飽和。產品標準化是這一個階段的最大特色。由於廠商之間競爭加劇，公司無所不用其極地在價格服務、品質、包裝等方面著墨。有時這些公司被稱為賺錢的**金牛** (cash cow)，即定期發放股利、擁有大量現金或每月擁有穩定現金收入的公司，譬如，台塑四寶、中鋼、鴻海等每年都會配發優渥的現金股利。

衰退期 這個階段的產品已進入淘汰階段，市場可能有功能更好、價格更低的產品 (如數位相機取代傳統相機)，或者是因為消費習慣的改變 (平板電腦取代筆電)。此時，成本高的公司將由盈轉虧而停止生產，最終不得不黯然退出市場。

被美國基金評等公司評為「史上最傳奇基金經理人」也是 (全球最佳選股者) 的彼得‧林區在《選股戰略》(One up on Wall Street) 一書中提到：

> 許多人偏好投資高成長的產業，但我不喜歡，我偏好投資低成長產業……，在低成長產業中，特別是從事無聊生意 (如瓶蓋) 或令人搖頭的事業 (如殯葬業)，它們沒有競爭的問題。你需憂慮競爭者從側面攻擊你……，這會讓個別企業有成長的空間。

練習題 9-4　產品生命週期

產品生命週期各階段特徵為何？

答：在產品生命週期的不同階段中，銷售量、利潤、購買者、市場競爭等都有不同的特徵，這些特徵可用下表概括。

產品生命週期不同階段的特徵

	創新期	成長期	成熟期 前期	成熟期 後期	衰退期
銷售量	低	快速增大	繼續增長	有降低趨勢	下降
利　潤	微小或負	大	高峰	逐漸下降	低或負
購買者	愛好新奇者	較多	大眾	大眾	後隨者
競爭者	甚微	興起	增加	甚多	減少

習　題

問答題

1. 何謂不動產證券化受益證券？
2. 新聞公布立錡 (6286) 今年每股現金股利 7 元，股票股利 0.5 元，若現有股價 764 元，則其殖利率為何？
3. 何謂景氣指標？
4. 景氣指標的基期年是哪一年？
5. 景氣對策信號有何優點？解讀上有何限制？
6. 景氣指標及對策信號之意義功能為何？
7. 產品生命週期各階段特徵與策略為何？

網路習題

1. 請至美國國家經濟研究局網站：https://www.nber.org/cycles，查詢最近一次的景氣循環，請問從高峰到低谷歷經多少個月份？
2. 請至美國普查局網站：https://www.census.org，下載最近一期的新屋開工率。請問私人房屋 (privately-owned housing) 開工率為何？
3. 請至行政院國發會網站：https://www.ndc.gov.tw，下載景氣指標的各構成項目資料來源。
4. 請至行政院國發會網站，下載最新一期的《臺灣景氣指標月刊》。請問景氣概況如何？
5. 請至富達臺灣網站，下載最新一期的「富達投資時鐘」報告，請問投資時鐘目前在哪一個階段？

Chapter 10

財報分析

坦伯頓集團創始人約翰‧坦伯頓 (John M. Templeton)，被譽為「全球投資之父」。人們總是問他：「什麼地方的展望不錯？」但這個問題問錯了，正確的問法是：「什麼地方的展望最慘？」

務必記得一件事：投資每一種資產，最要緊該做的事，是確認它的價值和市場價格之間的差異。不能只聽故事，不管這些故事是來自華爾街最厲害的名嘴，還是鄰居會計師，投資人必須自行評估股價是否低於一家公司具有的價值。

現在只剩下一個問題要問：如何才能確定這支股票就是題材股 (story stock)，然後避開它。談到這件事，數字不會說謊。你可以拿股價除以營收，或每股帳面價值。如果算出來的數字遠高於競爭同業，那麼你可能獵到一支太過熱門的題材股。

同樣抱持著價值投資觀念的是股神巴菲特。巴菲特在 2008 年以 620 億美元 (約合新臺幣 1 兆 9,000 億元) 擠下比爾‧蓋茲成為全球首富。[1] 巴菲特的致富訣竅就是：「找體質好的公司，低價買進，長期持有。」聽起來很簡單，沒有什麼複雜的數學模型。奇怪的是，他經營的波克夏控股公

投資名家：華倫‧巴菲特

---

[1] 2011 年全球首富為墨西哥電信大亨卡羅斯，巴菲特以 500 億美元資產退居第三。

司，四十三年來都能維持每股淨值每年 20% 的成長。

巴菲特非常認真於研究公司。他每天要看各個公司的財報，讀出公司的營運前景，而不只是看數字。他堅持「不買看不懂的東西」，他曾說過：「如果你不能抱一樣東西十年，那你就連十分鐘都別擁有。」

本章將說明投資人如何利用財務資訊來尋找便宜價位股。首先，我們介紹資訊的基本來源：損益表、資產負債表及現金流量表。然後說明投資達人如何利用財務比率來發掘公司獲利的來源。最後，我們再用一個例子來說明財務分析的應用。

10-1　重要的財務報表

淘寶網在 2017 年光棍節促銷活動，打破全球網購單日交易金額，成交總額達 1,682 億人民幣，支付寶上的支付峰值達到每秒 25.6 萬筆。淘寶網、天貓和聚划算一起攜手舉辦，超過 14 萬個商家 (GAP、Adidas、Forever21、Uniqlo 等) 參與 5 折起優惠。想像一位遠在北歐芬蘭的投資人，2017 年年底買了一百張阿里巴巴 (NYSE: BABA) 的股票，他要如何得知投資是否獲利？每天到圖書館閱讀《華爾街日報》是一種途徑，但更有效的方法是透過瞭解阿里巴巴控股集團的財務報表。譬如，2017 年 3 月 31 日的營收是 158,273 百萬人民幣，比去年同期成長 56.48%。

財務報表 (financial statements) 包括資產負債表 (balance sheet)、綜合損益表 (statement of comprehensive income)、現金流量表 (statement of cash flows)，以及權益變動表 (statement of equity)。其中，資產負債表又稱財務狀況表 (statement of financial positions)。以下讓我們來介紹一些重要的財務報表。

10-1-1　資產負債表

資產負債表是一家公司在一特定時點 (如 12 月 31 日) 財務狀況的報表。一個瞭解資產負債表的方式是會計恆等式或會計方程式 (accounting equation)：

$$資產 = 負債 + 權益$$

以晶電 (2448) 收購台積電 (2330) 子公司台積固態照明為例。在 2015 年 1 月 9 日，晶電以總額 8.25 億元取得台積固態照明 94% 的股權。晶電的 8.25 億元不是來自債權人的資金 (負債) 就是來自股東 (權益)。圖 10-1 顯示資產負債表的基本架構。

資產負債表的第一個部分是公司資產。資產 (assets) 是公司 (晶電) 可控制的資源 (台積固態照明)，並能為公司帶來經濟效益。IFRS 將資產分成流動資產與非流動資產。[2] 流動資產 (current assets) 是一年內可轉換成現金的資產，如現金及約當現金、存貨、應收帳款，透過損益按公允價值衡量之金融資產 (流動) 等。[3] 非流動資產是扣除流動資產項目之外的資產，如長期資產 (廠房、設備、不動產及投資性不動產)、無形資產 (專利權、商譽、特許權) 和其它資產。有關各項會計科目之說明可參閱上市公司年報「重大會計政策之彙總說明」。表 10-1 呈現大粒光在 2017 年與 2018 年的合併資產負債表。

資產負債表除了以金額表示外，還可以用共同比的方式呈現。共同比資產負債表 (common-size balance sheets) 是指表中的每一個會計科目都表

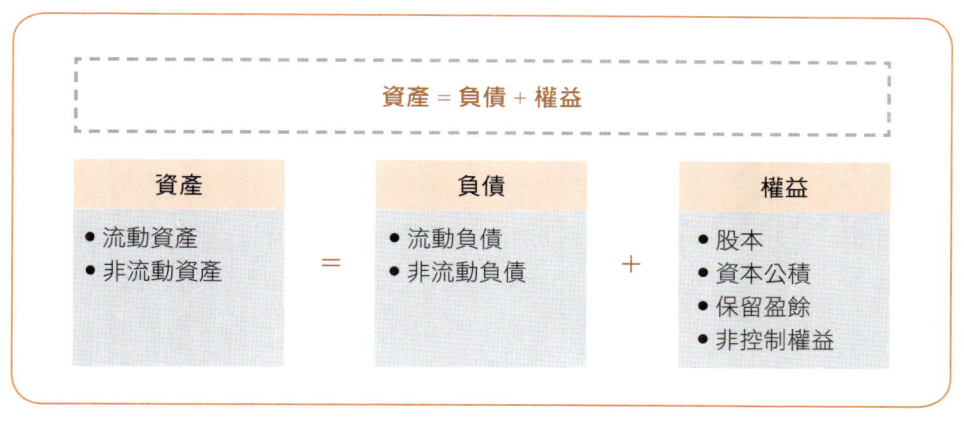

資產 = 負債 + 權益

資產	=	負債	+	權益
• 流動資產 • 非流動資產		• 流動負債 • 非流動負債		• 股本 • 資本公積 • 保留盈餘 • 非控制權益

圖 10-1　資產負債表

---

[2] IFRS (International Financial Reporting Standard) 是國際財務報導準則，係國際會計準則理事會 (IASB) 編寫發布的一套致力於使世界公司能夠相互理解與比較的財務會計準則和解釋公告。

[3] 資產符合下列條件之一者，分類為流動資產：(1) 預期將於正常營業週期中實現該資產，或意圖將其出售或消耗者；(2) 主要為交易目的而持有者；(3) 預期於資產負債表日後十二個月內實現者；(4) 現金或約當現金，但於資產負債表日後至少十二個月交換或用以清償負債受到限制者除外。不符合上述條件之資產分類為非流動資產。

表 10-1　大粒光電股份有限公司合併資產負債表

大粒光電股份有限公司
合併資產負債表
2017 年及 2018 年 12 月 31 日　　　　　　　　　　　　　　單位：新臺幣千元

會計項目	2018 年 12 月 31 日 金額	%	2017 年 12 月 31 日 金額	%	2017 年 01 月 01 日 金額	%
流動資產						
現金及約當現金	13,502,801	34.97	9,604,017	30.79	8,123,620	32.63
透過損益按公允價值衡量之金融資產－流動淨額	0	0	0	0	0	0
備供出售金融資產－流動淨額	3,542,153	9.17	2,000,442	6.41	3,144,582	12.63
應收票據淨額	232,216	0.6	72,493	0.23	2	0
應收帳款淨額	6,586,870	17.06	6,504,642	20.85	3,506,922	14.08
應收帳款－關係人淨額	4,177	0.01	6,075	0.02	3,308	0.01
其它應收款淨額	117,130	0.3	67,545	0.22	41,023	0.16
其它應收款－關係人淨額	15,890	0.04	1,189	0	33,539	0.13
存貨	2,693,251	6.97	2,532,123	8.12	1,460,583	5.87
預付款項	61,022	0.16	73,429	0.24	48,352	0.19
其它流動資產	53,613	0.14	44,895	0.14	44,677	0.18
流動資產合計	26,809,123	69.43	20,906,850	67.02	16,406,608	65.89
非流動資產						
以成本衡量之金融資產－非流動淨額	0	0	0	0	0	0
採用權益法之投資淨額	273,717	0.71	325,055	1.04	221,796	0.89
不動產、廠房及設備	9,800,315	25.38	8,315,502	26.66	7,421,724	29.81
投資性不動產淨額	0	0	0	0	0	0
無形資產	25,609	0.07	18,840	0.06	12,189	0.05
遞延所得稅資產	278,101	0.72	87,717	0.28	70,152	0.28
其它非流動資產	1,426,694	3.69	1,541,825	4.94	766,245	3.08
非流動資產合計	11,804,436	30.57	10,288,939	32.98	8,492,106	34.11
資產總額	38,613,559	100	31,195,789	100	24,898,714	100
流動負債						
短期借款	82,579	0.21	93,136	0.3	443,899	1.78
透過損益按公允價值衡量之金融負債－流動	1,244	0	916	0	180	0

表 10-1　大粒光電股份有限公司合併資產負債表 (續)

應付票據	2,886	0.01	442	0	961	0
應付帳款	2,504,544	6.49	3,554,554	11.39	1,356,998	5.45
其它應付款	3,895,490	10.09	3,583,214	11.49	2,795,392	11.23
其它應付款項－關係人	29,501	0.08	49,671	0.16	12,339	0.05
當期所得稅負債	1,551,082	4.02	792,488	2.54	443,369	1.78
負債準備－流動	0	0	0	0	0	0
其它流動負債	29,609	0.08	17,815	0.06	10,675	0.04
流動負債合計	8,096,935	20.97	8,092,236	25.94	5,063,813	20.34
非流動負債						
遞延所得稅負債	9,463	0.02	18,161	0.06	0	0
其它非流動負債	62,004	0.16	73,079	0.23	73,924	0.3
非流動負債合計	71,467	0.19	91,240	0.29	73,924	0.3
負債總額	8,168,402	21.15	8,183,476	26.23	5,137,737	20.63
歸屬於母公司業主之權益						
股本						
普通股股本	1,341,402	3.47	1,341,402	4.3	1,341,402	5.39
股本合計	1,341,402	3.47	1,341,402	4.3	1,341,402	5.39
資本公積						
資本公積－發行溢價	1,555,729	4.03	1,555,729	4.99	1,555,729	6.25
資本公積合計	1,555,729	4.03	1,555,729	4.99	1,555,729	6.25
保留盈餘						
法定盈餘公積	3,391,513	8.78	2,833,750	9.08	2,313,888	9.29
未分配盈餘 (或待彌補虧損)	23,916,247	61.94	17,145,768	54.96	14,373,640	57.73
保留盈餘合計	27,307,760	70.72	19,979,518	64.05	16,687,528	67.02
其它權益						
其它權益合計	240,266	0.62	135,664	0.43	176,318	0.71
庫藏股票	0	0	0	0	0	0
歸屬於母公司業主之權益合計	30,445,157	78.85	23,012,313	73.77	19,760,977	79.37
非控制權益	0	0	0	0	0	0
權益總額	30,445,157	78.85	23,012,313	73.77	19,760,977	79.37
預收股款 (權益項下) 之約當發行股數 (單位：股)	0		0		0	
母公司暨子公司所持有之母公司庫藏股股數 (單位：股)	0		0		0	

示成資產總額的百分比。這樣做的好處是可以對公司做跨年度的比較。在表 10-1 中，大粒光流動資產占總資產的比例，從 2012 年的 67.02% 上升至 69.43%。其中現金的增幅最大 (30.79% vs. 34.97%)。

資產負債表的第二個部分是負債。負債 (liabilities) 是公司既有義務，且在將來償還時會發生現金 (經濟資源) 流出。負債主要分成流動負債與非流動負債兩種。流動負債是指到期日在一年之內的債務，如短期借款、應付短期票券、應付帳款，透過損益按公允價值衡量之金融負債、當期所得稅負債及其它負債等。[4] 不屬於流動負債的負債就是非流動負債或長期負債。非流動負債包括長期借款、應付公司債、遞延所得稅負債、透過損益按公允價值衡量之金融負債——非流動性、其它非流動性負債等。

資產減去負債是權益，為資產負債表的第三個部分，此為公司的帳面價值或淨值。權益可細分成股本、資本公積 (溢價發行新股的部分)、保留盈餘 (公司利潤未分配給股東的部分) 及其它權益。表 10-1 顯示，權益總額占資產總額比例甚高，分別是 2017 年的 73.77% 和 2018 年的 78.85%。大粒光的長期負債甚低，其占資產總額比例分別為 2017 年的 0.29% 以及 2018 年的 0.19%。

就像是健康檢查的體檢表，現金、存貨與應收帳款都是投資人一定要看的會計科目，通常也是價值容易被扭曲或動手腳的科目。譬如，宏碁在 2011 年 6 月 1 日的新聞稿中坦承，泛歐地區通路庫存及應收帳款過高，一次認列 1 億 5,000 萬美元 (約合新臺幣 43 億元) 虧損，讓投資人傻眼。原因很簡單——塞貨。宏碁透過資訊系統清楚掌握歐洲十幾個國家經銷商的庫存，把自家的庫存降到最低，避免庫存跌價風險。此外，既然貨在經銷商手上，就變成賣出去的營收，美化財報數據。這樣做唯一的風險就是經銷商賣不出去，庫存過高。而讓宏碁魔法消失的咒語就是蘋果的 iPad。一台 iPad 當時要價 629 美元，比筆電的 650 美元還要便宜。存貨代表產品能否順利賣出，如果蘋果的平板電腦乏人問津，只好堆在倉庫裡，最後

---

[4] 負債符合下列條件之一者，分類為流動負債：(1) 預期將於正常營業週期償還者；(2) 主要為交易目的而持有者；(3) 預期於資產負債表日後十二個月內到期清償者；(4) 不能無條件將清償期限遞延至資產負債表日後至少十二個月者。負債之條款，可能依交易對方之選擇，以發行權益工具而導致清償者，不影響其分類。不符合上述條件之負債分類為非流動負債。

下場可能是當廢鐵賣。相反地，iPad 供不應求，代表獲得廣大消費者的青睞，倉庫裡的存貨一定所剩無幾。

至於應收帳款主要是表達企業賣出產品後，有多少在現階段拿不到錢，要等到買方付錢後才能回收。年報與半年報通常會在應收帳款項目中揭露客戶明細。如果一家公司的客戶都是國際大廠，如蘋果、阿里巴巴等，只要這些國際大廠業績發燒，這家公司的營運也會水漲船高。如果一家公司的客戶大都集中在來歷不明的公司，或產品銷售到風險極高的國家，就須小心查證是否一切屬實。

10-1-2　綜合損益表

綜合損益表報導一家公司在特定期間內的經營成果 (收入、利益、費用及損失) 以及其它綜合損益的財務報告，亦即

本期損益 + 本期其它綜合損益 = 本期綜合損益

綜合損益表的基本概念很簡單：收入 (利益) 減費用 (損失) 等於本期損益。若本期損益大於零，稱為本期淨利；相反地，若本期損益小於零，則稱為本期淨損。淨利 (損) 為衡量企業經營績效的指標。表 10-2 列出大粒光在 2017 年及 2018 年的合併綜合損益表。

費用與損失是營收的成本，通常分為四個部分：(1) 營業成本，係大立光生產光學鏡頭和鏡片的成本；(2) 營業費用，係與生產無直接關係的營運成本，包括管理費用、推銷費用及研究發展費用等；(3) 營業外費用及損失，包括利息費用 (銀行借款和公司債) 及其它利益等；(4) 所得稅費用，係公司上繳政府的營利事業所得稅。

綜合損益表內的利潤有三個不同的定義。首先，營業毛利是營業收入淨額減去營業成本。大粒光在 2018 年度的毛利率是 47.25%，比 2017 年度要高出 5.58%。第二，營業毛利扣除營業費用後為營業淨利。表 10-2 顯示，大粒光在 2018 年度與 2017 年度的營業淨利率分別為 39.3% 和 33.87%。最後一項為稅前淨利與稅後淨利。稅後淨利為稅前淨利扣除所得稅費用的金額。

綜合損益表除了以金額表示外，還可以用共同比的方式呈現。共同比損益表 (common-size income statement) 是指表中的每一個會計科目都表示

表 10-2　大粒光電股份有限公司合併綜合損益表

大粒光電股份有限公司
合併綜合損益表
2017 年及 2018 年 1 月 01 日至 2018 年 12 月 31 日　　單位：新臺幣千元

會計項目	2018 年 1 月 01 日至 2018 年 12 月 31 日 金額	%	2017 年 1 月 01 日至 2017 年 12 月 31 日 金額	%
銷貨收入	27,797,452	101.33	20,437,998	101.82
銷貨退回	325,266	1.19	296,873	1.48
銷貨折讓	38,893	0.14	69,123	0.34
銷貨收入淨額	27,433,293	100	20,072,002	100
營業收入合計	27,433,293	100	20,072,002	100
銷貨成本	14,472,392	52.75	11,707,892	58.33
營業成本合計	14,472,392	52.75	11,707,892	58.33
營業毛利(毛損)	12,960,901	47.25	8,364,110	41.67
營業毛利(毛損)淨額	12,960,901	47.25	8,364,110	41.67
營業費用				
推銷費用	283,310	1.03	170,554	0.85
管理費用	603,926	2.2	361,177	1.8
研究發展費用	1,292,632	4.71	1,033,738	5.15
營業費用合計	2,179,868	7.95	1,565,469	7.8
營業利益(損失)	10,781,033	39.3	6,798,641	33.87
營業外收入及支出				
其它收入	136,243	0.5	101,534	0.51
其它利益及損失淨額	634,924	2.31	−87,977	−0.44
財務成本淨額	38	0	53	0
採用權益法認列之關聯企業及合資損益之份額淨額	−51,447	−0.19	3,116	0.02
營業外收入及支出合計	719,682	2.62	16,620	0.08
稅前淨利(淨損)	11,500,715	41.92	6,815,261	33.95
所得稅費用(利益)合計	1,890,924	6.89	1,233,521	6.15
繼續營業單位本期淨利(淨損)	9,609,791	35.03	5,581,740	27.81
本期淨利(淨損)	9,609,791	35.03	5,581,740	27.81

表 10-2　大粒光電股份有限公司合併綜合損益表 (續)

其它綜合損益 (淨額)				
國外營運機構財務報表換算之兌換差額	81,731	0.3	−31,166	−0.16
備供出售金融資產未實現評價損益	22,762	0.08	−9,631	−0.05
確定福利計畫精算利益 (損失)	−1,166	0	−9,367	−0.05
採用權益法認列之關聯企業及合資之其它綜合損益之份額合計	109	0	143	0
其它綜合損益 (淨額)	103,436	0.38	−50,021	−0.25
本期綜合損益總額	9,713,227	35.41	5,531,719	27.56
淨利 (損) 歸屬於：				
母公司業主 (淨利／損)	9,609,791	35.03	5,581,740	27.81
共同控制下前手權益 (淨利／損)	0	0	0	0
非控制權益 (淨利／損)	0	0	0	0
綜合損益總額歸屬於：				
母公司業主 (綜合損益)	9,713,227	35.41	5,531,719	27.56
共同控制下前手權益 (綜合損益)	0	0	0	0
非控制權益 (綜合損益)	0	0	0	0
基本每股盈餘				
基本每股盈餘	71.64		41.61	
稀釋每股盈餘				
稀釋每股盈餘	70.63		40.98	

營業收入淨額 (net sales) 的百分比。這樣做的好處是可以對公司不同年度進行比較。以表 10-2 的大粒光為例。營業成本占營業收入淨額的比例。從 2017 年度的 58.33% 下降至 2018 年度的 52.75%。稅後淨利在 2018 年度為新臺幣 9,609,791 千元，較 2017 年度淨利 5,581,740 千元大幅成長 72%。

10-1-3　現金流量

想像中華電信向宏達電訂購 5 萬支 4G 智慧型手機，約定六十天後付款。宏達電公司的損益表會將這筆銷貨視為營收增加，資產負債表則立刻登錄應收帳款的增加，但現金流量表要等到現金入帳才算交易完成。換句話說，現金流量表只承認現金轉手的交易，其為顯示一家公司在一段時間

內 (如 1 月 1 日至 12 月 31 日) 現金支出與流入的報表。[5]

表 10-3 是大粒光在 2017 年度和 2018 年度的現金流量表。現金流量表大致分成三個部分：營業活動之現金流量、投資活動之現金流量及籌資活動之現金流量。營業活動的現金流量包括損益表中的稅前淨利 (2018 年度是新臺幣 11,500,715 千元) 與應收帳款的增加 (2018 年度為新臺幣 82,228 千元)，後者為銷售收入的增加，但現金尚未實現的部分。應收帳款的增減是這段期間 (2018 年 1 月 1 日至 12 月 31 日) 從營運而來的現金流量。同樣地，應付帳款增加意味著欠別家公司錢，費用已經發生，但現金還尚未離開公司的部分。這個會計科目增加本期現金流量 (在 2018 年度為新臺幣 1,050,010 千元)。

現金流量表的第二個部分是投資活動所創造的現金收入與支出。在 2018 年度，大粒光花了新臺幣 3,056,982 千元取得不動產、廠房及設備，比 2017 年度的 2,683,555 千元少新臺幣 373,427 千元。在購置無形資產部分，2018 年度的新臺幣 20,273 千元比 2017 年度的 19,600 千元少新臺幣 673 千元。這兩項都是大粒光想要多生產光學元件而增加的投資支出。就像儲蓄是為了將來收入的增加做準備，投資支出增加意味著投資活動本期現金流量的減少。

最後，現金流量表的最後一個部分是籌資活動的現金流量，買回庫藏股和償還公司債是現金流出，而發行新股和舉借長期借款是現金流入。台達電在 2017 年度第三季的淨現金流出金額為新臺幣 133,176,138 千元，最主要是發放現金股利所造成。

現金流量表能夠提供公司是否永續經營的線索。倘若公司無法從營運得到足夠資金來支付股利與維繫資本存量的生產力，就只能靠借貸彌補缺口。長期來說，入不敷出的窘境指向公司倒閉的機率愈來愈高。還有一種更糟的情況是，公司出售應收帳款，提前收到現金。其實這樣做只是將未來的現金流入挪到現在，投資人很容易對公司現金流量能力刮目相看。但敏感的投資人應該明白，這個成長代表未來現金流入出現了一個大洞。因

---

[5] 現金流量表的「現金」是廣義定義，指的是現金與約當現金。約當現金 (cash equivalents) 是形式上不屬於現金，但隨時可轉換成現金，或即將到期、利率變動對價值影響很小的金融工具，包括 3 個月到期之國庫券、商業本票及銀行承兌匯票等。

表 10-3　大粒光電股份有限公司合併現金流量表

大粒光電股份有限公司
合併現金流量表
2017 年及 2018 年 1 月 01 日至 2018 年 12 月 31 日　　單位：新臺幣千元

會計項目	2018年1月01日 至 2018 年 12 月 31 日 金　額	2017年1月01日 至 2017 年 12 月 31 日 金　額
營業活動之現金流量－間接法		
繼續營業單位稅前淨利 (淨損)	11,500,715	6,815,261
停業單位稅前淨利 (淨損)	0	0
本期稅前淨利 (淨損)	11,500,715	6,815,261
折舊費用	1,434,366	1,195,778
攤銷費用	13,442	12,947
透過損益按公允價值衡量金融資產及負債之淨損失 (利益)	328	736
利息費用	38	53
利息收入	－122,024	－84,379
採用權益法認列之關聯企業及合資損失 (利益) 之份額	51,447	－3,116
處分及報廢不動產、廠房及設備損失 (利益)	35,177	－2,872
處分無形資產損失 (利益)	73	0
處分投資損失 (利益)	－12,914	－34,442
不影響現金流量之收益費損項目合計	1,399,933	1,084,705
應收票據 (增加) 減少	－159,723	－72,491
應收帳款 (增加) 減少	－82,228	－2,997,720
應收帳款－關係人 (增加) 減少	1,898	－2,767
存貨 (增加) 減少	－169,939	－1,070,123
其它流動資產 (增加) 減少	－52,908	－18,169
其它營業資產 (增加) 減少	523	508
與營業活動相關之資產之淨變動合計	－462,377	－4,160,762
應付票據增加 (減少)	2,444	－519
應付帳款增加 (減少)	－1,050,010	2,197,556
其它流動負債增加 (減少)	1,053,562	454,028
應計退休金負債增加 (減少)	－787	－1,067

表 10-3　大粒光電股份有限公司合併現金流量表 (續)

與營業活動相關之負債之淨變動合計	5,209	2,649,998
與營業活動相關之資產及負債之淨變動合計	−457,168	−1,510,764
調整項目合計	942,765	−426,059
營運產生之現金流入 (流出)	12,443,480	6,389,202
收取之利息	114,335	83,081
支付之利息	−38	−53
退還 (支付) 之所得稅	−1,257,296	−726,526
營業活動之淨現金流入 (流出)	11,300,481	5,745,704
投資活動之現金流量		
取得備供出售金融資產	−8,025,121	−7,339,176
處分備供出售金融資產	6,519,086	8,508,127
取得採用權益法之投資	0	−100,000
取得不動產、廠房及設備	−3,056,982	−2,683,555
處分不動產、廠房及設備	1,000	23,069
存出保證金增加	−577,448	4,961
取得無形資產	−20,273	−19,600
投資活動之淨現金流入 (流出)	−5,159,738	−1,606,174
籌資活動之現金流量		
短期借款減少	−10,557	−350,763
存入保證金減少	−11,454	−9,145
發放現金股利	−2,280,383	−2,280,383
籌資活動之淨現金流入 (流出)	−2,302,394	−2,640,291
匯率變動對現金及約當現金之影響	60,435	−18,842
本期現金及約當現金增加 (減少) 數	3,898,784	1,480,397
期初現金及約當現金餘額	9,604,017	8,123,620
期末現金及約當現金餘額	13,502,801	9,604,017
資產負債表帳列之現金及約當現金	13,502,801	9,604,017
其它符合國際會計準則第七號現金及約當現金定義之項目	0	0

此,投資人不僅應聚焦營業現金流量或者多少,也要看看它成長的方式。

有一點值得注意的是,在臺灣,公司季報提供的資產負債表、損益表、現金流量表及股東權益變動表都是合併報表。合併財務報表是將子公司財務狀況一併列入,讓投資人可按圖索驥,使地雷股無所遁形。母公司可藉由與子公司的往來提高營收,但相對增加子公司存貨壓力,而且子公司也幫母公司護盤,維持股價。因此,研究財務報表,投資人要觀察財務結構、存貨和應收帳款的變化,以及轉投資公司的經營狀況。

練習題 10-1 報酬率的計算

企鵝食品公司的流動資產 $2,056,509、非流動資產 $5,260,234,流動負債 $1,566,914 和非流動負債 $2,044,688。請問企鵝公司的權益總額是多少?淨營運資金 (NWC) 是多少?

答:權益總額 = [($2,056,509 + $5,260,234) − ($1,566,914 + $2,044,688)]
　　　　　　= ($7,316,743 − $3,611,602)
　　　　　　= $3,705,141
　　NWC = $7,316,743/$3,611,602 = 202.59%

10-2　財務比率

檢驗公司經營是否健康的另一個方法是透過財務比率 (financial ratios) 的比較。這種方法的好處在於,你可以比較君悅酒店和晶華飯店的財務績效,而不需要擔心它們一個月賺多少錢,因為比率已經消除單位的影響。

財務比率只有一個問題有待解決。由於比率只是一個數字除以另外一個數字,而財務報表包含無數多個數字。我們可能需要檢視非常多個財務比率。每個人觀看事物的角度不同,因而可能有不同的偏好。在本節,我們僅介紹一些平常在財報中常見的數據。在此,我們將利用表 10-1 的大粒光合併資產負債表與表 10-2 的大粒光合併綜合損益表來說明財務比率。

10-2-1　流動性比率

流動性比率衡量一家公司的短期償債能力。無薪假讓科技業人心惶惶,想要挺過景氣寒冬,公司手中的現金要夠。現金對企業來說,就像人

體的血液一樣，即使短期虧損，只要有穩定的現金，就能把體內儲存的養分送到四肢，維持企業正常運作。

但若捉襟見肘，血流不止，公司馬上面臨倒閉危機。想要知道公司現金水位是否進入警戒線，不妨從一年內資產變現償債能力 (流動比率)、更短期的償債能力 (速動比率)，以及現金流量的變化 (現金流量比率) 三大指標，來檢視現金壓力測試。

流動比率 流動比率 (current ratio) 係衡量公司將流動資產換成現金後，償還流動負債的能力。

$$流動比率 = \frac{流動資產}{流動負債} \tag{10-1}$$

在 2018 年，大粒光的流動資產與流動負債分別為新臺幣 26,809,123 千元與 8,096,935 千元，流動比率可計算成：

$$流動比率 = \frac{\$26,809,123}{\$8,096,935} = 3.31$$

我們可以說在未來十二個月內，流動資產可以償付流動負債 3.31 次。對債權人來說，流動比率愈高愈好；然而對公司來說，流動比率愈高代表現金和其它短期資產的使用效率不彰。

速動比率 速動比率 (quick ratio) 又稱酸性測試比率 (acid test ratio)，衡量流動資產可立即變現、償還流動負債的能力。[6]

$$速動比率 = \frac{流動資產 - 存貨 - 預付款項}{流動負債} \tag{10-2}$$

扣除存貨的原因是存貨與預付款項的變現速度比應收帳款和現金要慢。有時候存貨過多可能是景氣不佳所致，這時要換成現金就更不容易。就大粒光而言，2018 年的存貨與預付款項分別是新臺幣 2,693,251 千元與 61,022 千元，其速動比率可計算成：

---

[6] 有時候速動比率並未將預付款項估入計算，即

$$速動比率 = \frac{流動資產 - 存貨}{流動負債}$$

$$速動比率 = \frac{\$26,809,123 - \$2,693,251 - \$61,022}{\$8,096,935} = 2.97$$

不同產業的流動比率與速動比率給人不同的印象。以設計遊戲軟體「幻想神域 Online」的傳奇 (4994) 為例，在 2017 年第三季的流動比率與速動比率分別為 6.66 和 6.26。兩者幾乎沒有什麼差異，原因就是遊戲軟體業幾乎沒有存貨可言。相反地，汽車業的裕隆 (2201) 在 2017 年第三季的流動比率與速動比率分別是 1.02 和 0.90，存貨對裕隆汽車來說就重要許多。

現金流量比率 現金流量比率 (cash flow ratio) 係衡量公司極短期的償債能力。公司最重要的現金來源是本業經營。一旦透過營運所創造的現金大幅衰退，就代表公司日常運轉入不敷出，需要向外界籌錢，甚至祭出無薪假，變賣公司資產才能度過寒冬。現金流量比率可定義成：

$$現金流量比率 = \frac{營業活動淨現金流量}{流動負債} \qquad (10\text{-}3)$$

大粒光在 2018 年的營業活動淨現金流入為新臺幣 11,300,481 千元。因此，大粒光在 2018 年的現金流量比率可計算成：[7]

$$現金流量比率 = \frac{\$11,300,481}{\$8,096,935} = 1.396$$

10-2-2 長期償債能力

長期償債比率是用來衡量公司在長期能夠償付債務的能力，又稱為財務槓桿比率 (financial leverage ratio)。我們介紹三個常用的衡量指標。

負債比率 負債比率 (total debt ratio) 是風險性指標，用來衡量公司的長期體質是否健康。譬如，臺灣證券交易所在 2014 年停止勝華科技 (2384) 買

---

[7] 現金流動比率與現金流量比率不同，現金流動比率定義成：

$$現金流動比率 = \frac{現金}{流動負債}$$

以大粒光為例，2018 年的現金流動比率為：

$$現金流動比率 = \frac{\$13,502,801}{\$8,096,935} = 1.668$$

賣，其中指標 3 已達警示標準。指標 3 為每股淨值低於 10 元，且負債比率高於 60% 及流動比率小於 100% 者。勝華在 2014 年第 3 季之每股淨值為 4.53 元，負債比率為 84.91% 且流動比率為 0.53%。顯然，其短期償債能力有問題。[8] 負債比率可定義成：

$$負債比率 = \frac{負債總額}{資產總額} \tag{10-4}$$

大粒光在 2018 年的總負債和總資產分別為新臺幣 8,168,402 千元和 38,613,559 千元。因此，其負債比率為：

$$負債比率 = \frac{\$8,168,402}{\$38,613,559} = 21.15\%$$

負債比率高的公司代表大部分的錢都是舉債而來。萬一碰到景氣寒冬，使得資產不足以償還負債時，公司就有破產危機。如觸控面板的勝華即為一例。

利息保障倍數 利息保障倍數 (times interest earned) 又稱利息涵蓋比率，係衡量公司對利息費用的保障程度。它是債券評等的關鍵決定因素。其意義為：

$$利息保障倍數 = \frac{EBIT}{本期利息支出} \tag{10-5}$$

式 (10-5) 中的 EBIT 是息前稅前盈餘 (稅前淨利加財務成本淨額，即所得稅及利息費用前純益)。就公司而言，大粒光公司在 2018 年的利息費用是 38 元，其利息保障倍數高達 302,651.89 倍。利息保障倍數愈高代表公司按時付息的能力愈強。以 2014 年前三季累計虧損達新臺幣 124.32 億元的榮化 (1704) 為例，稅前淨利與利息費用分別為 －11,972,444 千元與 27.38 千元，利息保障倍數可計算成：

$$利息保障倍數 = \frac{-\$11,972,444}{\$27.38} = -437,270$$

---

[8] 證交所紅色標記警示的「指標 3」是指最近期財務報告每股淨值低於 10 元，且負債比率高於 60%，及流動比率小於 1.00 者 (金融保險業除外)。

榮化公司的利息保障倍數不但小於 1，且為負值，意味著榮化根本無力償還利息費用，只能靠銀行聯貸度過難關。這種難堪的事實反映在股價上，從 2013 年 12 月的高點每股 42.8 元跌到最低的 12.15 元。

權益乘數　權益乘數 (equity multiplier) 是資產總額相對權益總額的比率。

$$權益乘數 = \frac{資產總額}{權益總額} \tag{10-6}$$

乘數愈小，表示公司較少向外舉債來融進公司總資產。相反地，乘數愈大，代表公司向外融資的槓桿倍數愈大，公司將承擔較大的財務風險。就大粒光而言，2018 年的權益乘數為：

$$權益乘數 = \frac{\$38,613,559}{\$30,445,157} = 1.27$$

練習題 10-2

吉卜力公司的總負債比率為 0.72，請問負債－權益比率是多少？權益乘數是多少？

答：$\frac{D}{A} = 0.72 = \frac{D}{D+E}$，$0.72E = 0.28D$

負債－權益比率 $= \frac{D}{E} = \frac{0.72}{0.28} = 2.57$

權益乘數 $= \frac{A}{E} = \frac{D+E}{E} = 1 + \frac{D}{E} = 3.57$

10-2-3　資產管理或週轉率

接下來，我們將重點轉向不同資產科目的管理效率。這些管理效率都可解釋成公司如何有效地使用資產來創造營收。讓我們先介紹兩個重要的流動資產：存貨與應收帳款。

存貨週轉率與存貨週轉天數　存貨週轉率 (inventory turnover) 通常表示成公司的存貨在一年當中的轉手次數，一般定義成：

$$存貨週轉率 = \frac{銷貨成本}{平均存貨} \tag{10-7}$$

以大粒光為例，2018 年的營業成本為新臺幣 14,472,392 千元，而期初與期末存貨分別為新臺幣 2,532,123 千元與 2,693,251 千元，其存貨週轉率可計算成：

$$存貨週轉率 = \frac{\$14,472,392}{(\$2,532,123 + \$2,693,251)/2} = 5.54$$

從存貨週轉率可以立刻算出存貨週轉天數。

$$存貨週轉天數 = \frac{365\ 天}{存貨週轉率} \tag{10-8}$$

$$= \frac{365\ 天}{5.54} = 65.88\ 天$$

存貨週轉天數又稱平均銷貨日數，可看出存貨管理能力。對於某些跌價速度很快的產業，如面板存貨過多會造成很大的損傷。以面板雙虎的友達為例，2016 年 3 月底的存貨週轉天數是 40.5 天，遠高於 2017 年 9 月底的 34.17 天。友達光電的存貨管理能力明顯改善。

應收款項週轉率與應收款項收現天數　存貨週轉率衡量銷售產品速度，而應收款項週轉率衡量銷貨後收現的速度。應收款項的週轉率可定義成：

$$應收款項週轉率 = \frac{銷貨淨額}{平均應收款項} \tag{10-9}$$

大粒光在 2018 年的銷貨收入淨額與平均應收款項分別為新臺幣 27,433,293 千元與 6,707,407 千元。[9] 應收款項週轉率可計算成：

$$應收款項週轉率 = \frac{\$27,433,293}{\$6,707,407} = 4.09\ 次$$

倘若我們知道，大粒光在 2018 年的應收款項轉手 4.09 次，我們馬上可計算出收回一筆應收款項的平均天數：

$$應收款項收現天數 = \frac{365\ 天}{應收款項週轉率} \tag{10-10}$$

---

[9] 平均應收款項 = (期初應收票據及款項總額 + 期末應收票據及款項總額)/2
應收款項及應收票據總額 = 應收票據淨額 + 應收款項淨額 + 應收款項 − 關係人淨額

$$=\frac{365 \text{ 天}}{4.09 \text{ 次}}=89.24 \text{ 天}$$

收現天數的長短可反映一家公司的競爭力，公司愈強，談判能力也愈強。相對地，競爭力弱的公司得提供較寬鬆的付款條件來吸引客戶。如果收現天數異常地升高，可能是公司虛灌業績的警訊。

總資產週轉率 總資產週轉率 (total asset turnover) 衡量公司資產的使用效率，體現經營期間從投入到產出的流轉速度。一般而言，總資產週轉率可定義成：

$$總資產週轉率 = \frac{銷貨收入淨額}{平均資產總額} \tag{10-11}$$

以大粒光為例，2018 年的銷貨收入淨額與平均資產總額分別為新臺幣 27,433,293 千元和 34,904,674 千元。因此，大粒光的總資產週轉率為：

$$總資產週轉率 = \frac{\$27,433,293}{\$34,904,674} = 0.79$$

大粒光的總資產週轉率上升至 2018 年的 0.79，代表各項資產 (特別是固定資產) 的利用效率提高。推究其原因，應該是銷貨淨額增加得比總資產 (特別是固定資產) 更快所致。

練習題 10-3

晶華故宮的流動負債是 $400,000，速動比率是 0.8，存貨週轉率是 5.8 和流動比率是 1.5。請問故宮晶華的營業成本是多少？

答：CA/CL = 1.5
CA = 1.5 × $400,000 = $600,000
(CA − 存貨)/CL = 0.8 = ($600,000 − 存貨)/$400,000 = $280,000
存貨週轉率 = 銷貨成本／存貨 = 5.8
銷貨成本 = $1,624,000

10-2-4 獲利能力比率

顧名思義，獲利能力比率聚焦於公司的獲利。為了要方便各公司進行比較，總獲利都表示成每一天投資。因此，衡量權益資本對獲利能力貢

獻程度的**權益報酬率** (return on equity, ROE)，定義成稅後淨利除以平均權益總額；而衡量資產對獲利能力貢獻程度的**資產報酬率** (return on assets, ROA)，定義成 [稅後淨利 + 利息費用 × (1－稅率)] 除以平均資產總額。稅後淨利即本期淨利 (淨損 ROE 與 ROA) 的公式如下：

$$權益報酬率 = \frac{稅後淨利}{平均權益總額} \tag{10-12}$$

$$資產報酬率 = \frac{[稅後淨利 + 利息費用 \times (1-稅率)]}{平均資產總額} \tag{10-13}$$

大粒光在 2018 年的權益報酬率及資產報酬率分別為：

$$ROE = \frac{\$9,609,791}{(\$23,012,313 + \$30,445,157)/2} = 35.95\%$$

$$ROA = \frac{\$9,679,091}{(\$31,195,789 + \$38,613,559)/2} = 27.73\%$$

我們知道 ROE 與 ROA 都較上一年度 (26.02% 和 19.89%) 大幅成長，其主要原因都是本期淨利大幅成長所致。

ROE 與 ROA 的觀念類似，但兩者間的關係受公司融資政策的不同而有差異。讓我們舉一個例子來說明。假設晶華飯店的總資產是新臺幣 1 億元且完全由權益資本 (股東) 融資。為了方便分析，我們假設營利事業所得稅是 40%。表 10-4 列出晶華飯店在不同景氣下的營業收入、息前稅前盈餘 (EBIT)、資產報酬率 (ROA)、稅後淨利及權益報酬率 (ROE)。由於晶華飯店並未對外舉債，晶華飯店的利息費用為零，EBIT 與稅前淨利相等。稅後淨利等於稅前淨利 × (1－稅率)。另外一家餐飲業王品集團與晶華飯店的營業額、EBIT 與稅率相同，唯一不同的地方是，總資產 1 億元中有

表 10-4　晶華飯店的稅後淨利 ROA 與 ROE

景　氣	營業收入 (百萬元)	EBIT (百萬元)	ROA (%)	稅後淨利 (百萬元)	ROE (%)
不好	80	5	5	3	3
正常	100	10	10	6	6
好	120	15	15	9	9

4,000 萬元是靠債務融資，且其利率假設為 8%。每一年王品集團要支付新臺幣 320 萬元的利息費用給其債權人。表 10-5 列出王品集團的 EBIT，以及其與晶華飯店的相異之處。

在表 10-5 中，晶華飯店的稅後淨利與 ROE 來自表 10-4。至於王品集團的稅後淨利是稅前淨利與 (1－稅率) 的乘積，稅前淨利則為 EBIT 減去利息費用。[10] 舉例來說，當 EBIT 為新臺幣 1,000 萬元時，稅前淨利為新臺幣 680 萬元 (= $1,000 萬－$320 萬)，而稅後淨利為新臺幣 408 萬元 [= $680 萬×(1－40%)]。權益報酬率則是 6.8% (= $408 萬/$600 萬)。從表 10-5 可知，王品集團的 ROE 在景氣正常與美好的年代會超過晶華飯店的 ROE。

ROE、ROA 與財務槓桿 (負債總額／權益總額) 間的關係可以下式表示：[11]

$$ROE = (1-稅率)\left[ROA + (ROA - 利率) \times \frac{負債總額}{權益總額}\right]$$

表 10-5　財務槓桿對 ROE 的影響

景　氣	EBIT (百萬元)	晶華飯店 稅後淨利 (百萬元)	ROE (%)	王品集團 稅後淨利 (百萬元)	ROE (%)
不好	5	3	3	1.08	1.8
正常	10	6	6	4.08	6.8
好	15	9	9	7.08	11.8

10　在 IFRSs 下，稅前淨利＝EBIT －財務成本淨額
　　稅後淨利＝稅前淨利 × (1 － t)
　　　　　　＝ [EBIT － 財務成本淨額] × (1 － t)

11　稅後淨利＝ EBIT －利息－稅＝ (EBIT －利息) －稅率 ×(EBIT －稅)
　　　　　　＝ (1 －稅率)×(EBIT －利息)
　　　　　　＝ (1 －稅率)×(資產總額 × $\frac{EBIT}{資產總額}$ －利率 × 負債總額)
　　　　　　＝ (1 －稅率)×[ROA×(權益＋負債) －利率 × 負債總額]
　　　　　　＝ (1 －稅率)×[ROA×權益＋ (ROA －利率)× 負債總額]

$$ROE = \frac{稅後淨利}{權益總額} = (1-稅率) \times \left[ROA \times \frac{負債總額}{權益總額} + (ROA-利率) \times \frac{負債總額}{權益總額}\right]$$

$$= (1-稅率) \times \left[ROA + (ROA-利率) \times \frac{負債總額}{權益總額}\right]$$

在式 (10-14) 的等號右邊，若 ROA 等於利率或負債等於 0，則 ROE 為 (1－稅率) 與 ROA 的乘積。另一方面，若 ROA 超過利率，則：

$$ROE-(1-稅率)\times ROA=(1-稅率)\times(ROA-利率)\times\frac{負債總額}{權益總額}$$

在上式，只要 ROA 超過利率，公司對外舉債愈多，公司股東能夠賺取的報酬愈高。這並不令人難以理解，景氣大好時公司業績大幅上升，獲利率輕鬆地超過貸款利率或公司債利率，公司股東也能享有較高的報酬率。相反地，若 ROA 低於利率，則對外舉債愈多，ROE 下降得愈快。景氣寒冬意味著公司業績大幅下滑，賺的錢往往無法支付利息，舉債愈多更使得稅前淨利下跌，權益報酬率跟著下滑。

純益率 另一個衡量企業獲利能力的比率是純益率 (profit margin)。純益率定義成稅後損益 (本期淨利) 除以銷貨淨額：

$$純益率=\frac{本期(稅後)淨利}{銷貨收入淨額} \qquad (10\text{-}14)$$

以大粒光為例，在 2014 年 9 月 30 日的銷貨收入淨額與本期淨利分別為新臺幣 12,088,090 千元與 5,285,545 千元。因此，大粒光的純益率為：

$$純益率=\frac{\$5,285,545}{\$12,088,090}=0.44$$

這意味著大粒光每 1 元的銷售可為公司帶來 0.44 元的淨利。同一期間，榮化的本期淨利與銷貨收入淨額分別為新臺幣－931,606 千元與 10,122,255 千元，其純益率為－0.09。相較於大粒光，榮化的營業成本與營業費用太高，導致榮化公司的稅前與稅後皆為淨損。

10-2-5　市場價格比率

市場價格比率衡量買賣股票的成本與權益。在此，我們介紹兩種重要的市場價格比率：本益比與市價對帳面價值比。

本益比 本益比 (price-earning ratio, P/E ratio) 是投資人股票的成本與上市公司每股獲利的比值。本益比的公式可寫成：

$$本益比 = \frac{每股股價}{每股盈餘} \qquad (10\text{-}15)$$

上式中的每股盈餘 (earning per share, EPS) 是稅後淨利 (扣除特別股利) 除以流通在外股數。它代表每一普通股所賺的利潤。[12] 以大粒光為例，2018 年的每股盈餘為：

$$EPS = \frac{稅後淨利 - 特別股股利}{流通在外股數}$$

$$= \frac{\$9{,}609{,}791}{134{,}140}$$

$$= \$71.64$$

EPS 愈高代表公司獲利能力愈強，以大立光 (3008) 與宏碁 (2353) 為例，2018 年全年的每股盈餘，大立光是每股 193.66 元，而宏碁是每股 0.48 元。過年前，阿雞師買了大立光的股票，而詹姆仕買了宏碁的股票。過完農曆春節，看到財務數字，是阿雞師比較開心？還是詹姆仕比較快樂？

本益比衡量是就每股盈餘來說，投資人願意付多少錢投資一家公司的股票。本益比愈低代表可以用較低的價格買到投資標的，也就是投資報酬率愈高。相反地，高本益比意味著需要更高的價格獲取相同的股利，投資報酬率較低。讓我們舉一個例子來說明本益比的計算。大立光在 2018 年的每股盈餘 (EPS) 是新臺幣 193.66 元，當天的收盤價是新臺幣 2,180 元，其本益比可計算為：

$$本益比 = \frac{\$4{,}035}{\$193.66} = 20.84$$

在歐美，懶人型投資首選是價值型選股基金，也有人稱為高股息或高價差基金，其篩選條件是企業需具備三低一高的特質：低本益比 (PE ratio)、低股價淨值比 (PB ratio)、低股價現金流量比，但高殖利率。目前臺灣共有五檔價值型基金：宏利臺灣高股息基金、元大巴菲特基金、富達

---

[12] 在 IFRS 下，
　　每股盈餘 = (歸屬於母公司業主損益 － 特別股股利) ／加權平均已發行股數

臺灣成長基金、野村臺灣高股息基金、摩根價值成長基金等。儘管基金表現各有千秋，長期報酬率依然十分誘人。截至 2017 年 12 月 31 日為止，富達投信成長基金的表現最佳，近五年報酬率為 58.73%。

市價對帳面價值比　第二個價值型選股標準就是**市價對帳面價值比** (market-to-book ratio, P/B ratio) 或稱為股價淨值比：

$$市價對帳面價值比 = \frac{每股股價}{每股帳面價值} \quad (10\text{-}16)$$

或

$$股價淨值比 = \frac{每股股價}{每股淨值}$$

上式中的每股帳面價值是權益總額與流通在外股數的比例。以大粒光為例，2018 年的權益總額 (淨值) 與流通在外股數分別為新臺幣 30,445,157 元與 134,140.2 股。

$$每股帳面帳值\,(每股淨值) = \frac{\$30,445,157}{134,140.2} = \$226.97$$

大粒光在 2018 年 12 月 31 日的股價為 2,395 元。市價對帳面價值比可計算成：

$$市價對帳面價值比 = \frac{\$2,395}{\$226.97} = 10.55$$

有些分析師將股價淨值比視為公司安全界限的指標。由於每股帳面價值反映公司的歷史成本，股價淨值比可視為公司成長的衡量指標。因此，分析師在篩選股票時，特意篩選掉高股價淨值比的股票。

最後，表 10-6 彙整我們討論過的財務比率。

表 10-6　財務比率

流動性比率

$$流動比率 = \frac{流動資產}{流動負債}$$

$$速動比率 = \frac{流動資產 - 存貨 - 預付費用}{流動負債}$$

$$現金流量比率 = \frac{營業活動淨現金流量}{流動負債}$$

長期償債能力

$$負債比率 = \frac{負債總額}{資產總額}$$

$$利息保障倍數 = \frac{EBIT}{本期利息支出}$$

$$權益乘數 = \frac{資產總額}{權益總額}$$

資產管理或週轉率

$$存貨週轉率 = \frac{銷貨成本}{平均存貨}$$

$$存貨週轉天數 = \frac{365 \text{ 天}}{存貨週轉率}$$

$$應收款項週轉率 = \frac{銷貨收入淨額}{平均應收款項}$$

$$應收款項收現天數 = \frac{365 \text{ 天}}{應收款項週轉率}$$

$$總資產週轉率 = \frac{銷貨收入淨額}{平均資產總額}$$

獲利能力比率

$$權益報酬率 = \frac{稅後淨利}{平均權益總額}$$

$$資產報酬率 = \frac{[稅後淨利 + 利息費用 \times (1 - 稅率)]}{平均資產總額}$$

$$純益率 = \frac{本期(稅後)淨利}{銷貨收入淨額}$$

市場價格比率

$$本益比 = \frac{每股股價}{每股盈餘}$$

$$市價對帳面價值比 = \frac{每股股價}{每股帳面價值}$$

10-3　分解 ROE：杜邦恆等式

為了要瞭解影響權益報酬率的因素，分析師通常將 ROE 分解成一連串的財務比率。記得權益報酬率是稅後淨利除以平均權益總額：

$$ROE = \frac{稅後淨利}{平均權益總額}$$

接著我們將上式的分子與分母都乘上銷貨收入淨額：

$$ROE = \frac{銷貨收入淨額}{銷貨收入淨額} \times \frac{稅後淨利}{平均資產總額} \times \frac{平均資產總額}{平均權益總額}$$

上式可改寫成：

$$ROE = \frac{稅後淨利}{銷貨收入淨額} \times \frac{銷貨收入淨額}{平均資產總額} \times \frac{平均資產總額}{平均權益總額} \qquad (10\text{-}17)$$

$$= 純益率 \times 總資產週轉率 \times 權益乘數$$

式 (10-17) 說明公司的權益報酬率取決於純益率、總資產週轉率及權益乘數的影響。純益率反映公司的營運效率，總資產週轉率反映公司的資產使用效率，而權益乘數反映公司財務槓桿。

在式 (10-17)，公司提高對外舉債似乎可提高權益報酬率，但不要忘了負債愈多，利息負擔也愈大，這將使純益率下降，ROE 也隨之減少。表 10-7 描繪晶華飯店 (未對外舉債) 與王品集團 (對外舉債 4,000 萬元) 的 ROE 杜邦恆等式。記得在表 10-4 與表 10-5 中，晶華飯店完全未對外舉債，利息支出為 0 元，而王品集團的利息支出為 320 萬元。為了方便分析，假設兩家業者的 EBIT 相同，景氣好時為 1,500 萬元，景氣正常時為 1,000 萬元，而景氣欠佳時則為 500 萬元。由於稅前淨利為 EBIT 減去利息費用，王品集團在稅前淨利景氣大好時，可達 1,180 萬元，而在不景氣時只有 180 萬元。

在表 10-7 中，因為利息費用不用繳稅，再加上王品集團的權益乘數大於 1，這兩個事實使得對外舉債的王品集團在景氣正常與景氣大好時的權益報酬率均超過同樣景氣階段晶華飯店的權益報酬率；也就是在景氣好年冬，使用財務槓桿有利於提升權益報酬率。

另外一個觀察 ROE 變化的方式是比較同一家公司過去與現在的股東權益報酬率。圖 10-2 描繪大粒光在 2014 年至 2018 年間的 ROE 及其分解

表 10-7 ROE 的分解

	ROE	(1) 純益率	(2) 總資產週轉率	(3) 權益乘數	稅前淨利	稅後淨利
景氣欠佳						
晶華飯店	0.030	0.0375	0.8	1.00	5	3
王品集團	0.018	0.0137	0.8	1.667	1.8	1.08
景氣正常						
晶華飯店	0.060	0.06	1.0	1.00	10	6
王品集團	0.068	0.0408	1.0	1.667	6.8	4.08
景氣大好						
晶華飯店	0.090	0.075	1.2	1.00	15	9
王品集團	0.118	0.059	1.2	1.667	11.8	7.08

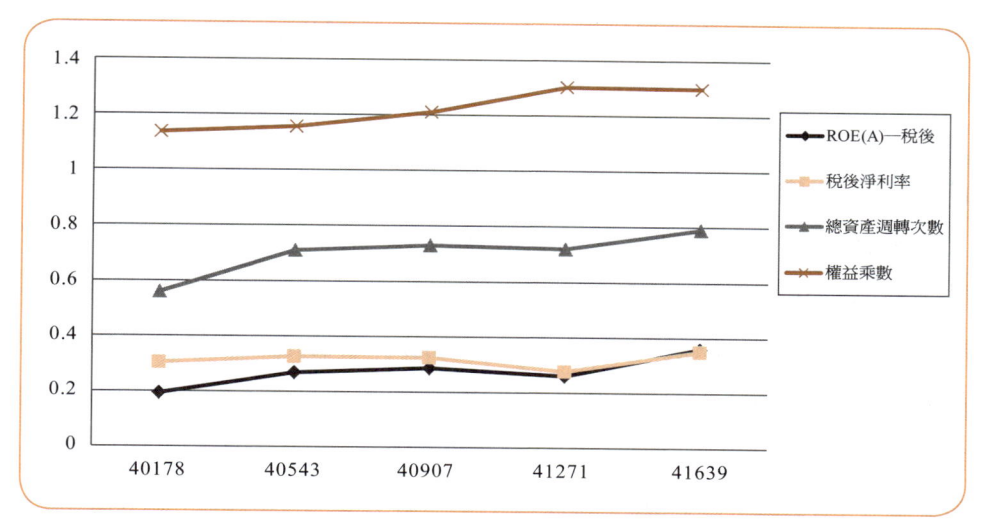

図 10-2　ROE 的分解股務比率

財務比率。一般來說，稅後淨利是 ROE 高低的關鍵決定因素。

稅後淨利愈高 (純益率)，ROE 也就愈高。對大粒光公司而言，隨著蘋果 iPhone 及 iPad 市占率逐漸擴大，大粒光業績持續發酵，營運效率愈佳，股東權益報酬就愈好。除了純益率之外，資產週轉率似乎是貢獻 ROE 的第二個重要因素。資產使用愈有效率，股東權益報酬也就水漲船高。

10-4　財報分析範例

「天堂 M」發威！遊戲橘子 (6180) 2017 年 12 月合併營收達新臺幣 16.7 億元，月增 208%，年增 150%，單月營收創歷史新高。

表 10-8 顯示遊戲橘子從 2015 年至 2017 年的財務比率。我們的目的是檢視遊戲橘子過去的績效表現，評估其未來成長性，並決定遊戲橘子的股價是否真正反映公司的價值。營收與資產成長 20%，並創歷史新高。但遊戲橘子卻沒有成功的一年，權益報酬率似乎告訴我們另外一個故事。

表 10-8　ROE 的分解

年　度	ROE	純益率	資產週轉率	權益乘數	ROA	P/B
2015	7.51%	11.71%	0.303	2.117	9.09%	0.5789
2016	6.08	8.45	0.303	2.375	9.09	0.3550
2017	3.03	3.67	0.303	2.723	9.09	0.1186
產業平均	8.64	14.4	0.400	1.500	12.00	0.69

從 2015 年 ROE 穩定地從 7.51% 大滑至 3.03%。若是與遊戲產業平均值 8.64% 相比，遊戲橘子的下滑趨勢更是令人觸目驚心。

另一方面，ROA 沒有下降的事實告訴我們：遊戲橘子 ROE 走勢下滑的原因來自於財務槓桿。事實上，如權益乘數從 2015 年的 2.117 上升至 2017 年的 2.723，顯示其利息負擔逐年加重。

從表 10-9 遊戲橘子的財務報表來看，2017 年長期負債的利率是 8%，而票面金額是新臺幣 7,500 萬元，也就是長期的利息費用是 $0.08 \times \$75,000,000 = \$6,000,000$。在 2017 年，遊戲橘子的利息總費用是新臺幣 34,391,000 元，因此短期負債的利息費用一定是 $\$34,391,000 - \$6,000,000 = \$28,391,000$。這說明了遊戲橘子短期負債的利率高達 20% ($= \$28,391,000/\$141,957$)。同樣地，2016 年與 2017 年短期負債的利率分別為 15% 與 10%。

表 10-9　遊戲橘子的財務報表　　　　　　　　　　　　　　（單位：新臺幣千元）

	2014	2015	2016	2017
損益表				
營業收入		$100,000	$120,000	$144,000
營業成本 (包括折舊)		55,000	66,000	19,200
折舊		15,000	18,000	21,600
營業費用		30,000	36,000	43,200
利息費用		10,500	19,095	34,391
稅前淨利		19,500	16,905	8,809
所得稅費用 (稅率 40%)		7,800	6,762	3,524
稅後淨利		11,700	10,143	5,285
資產負債表 (年底)				
現金及約當現金	$ 50,000	$ 60,000	$ 72,000	$ 86,400
應收帳款	25,000	30,000	36,000	43,200
存貨	75,000	90,000	108,000	129,600
固定資產	150,000	180,000	216,000	259,200
總資產	$300,000	$360,000	$432,000	$518,400
應付帳款	$ 30,000	$ 36,000	$ 43,200	$ 51,840
短期負債	45,000	87,300	141,957	214,432
長期負債 (8% 公司債到期 2012 年)	75,000	75,000	75,000	75,000
總負債	$150,000	$198,300	$260,157	$341,272
股東權益 (在外流通股數 100 萬股)	$150,000	$161,700	$171,843	$177,128
每股市價 (年底)		$ 93.60	$ 61.00	$ 21.00

從式 (10-17)，我們知道當資產報酬率低於利率時，公司對外舉債愈多，權益報酬率下降地愈快。這點出遊戲業者遊戲橘子令人震驚的事實，遊戲橘子每一年向外借貸愈來愈多的錢，來維繫每年 20% 資產與營收的成長。不幸的是，新資產無法帶來足夠現金以支付額外的利息負擔。最後，當老闆籌不到錢時，公司成長就會畫下句點。這就好比在沙丘上蓋豪宅，遊戲橘子的營運狀況岌岌可危。

從股價來看，遊戲橘子的買點似乎已經來到。從表 10-9 的資產負債表觀察，2017 年的股價淨值比只有 12%，而權益報酬率是 3.03%，其盈利收益率 (earning yield) 高達 25%。[13] 別家公司可能對遊戲橘子感到興趣而興起併購念頭。只要融資政策改變，以遊戲橘子在線上遊戲的知名度與市占率，起死回生指日可待。

通常盈利收益率可以拿去跟銀行利率比較。若股票收益率高於一年定存利率，應該把錢拿去投資股票；反之，就該把錢存入銀行。盈利收益率與權益報酬率 (ROE) 與股價淨值比 (P/B ratio) 之間的關係為：

$$ROE = \frac{淨利}{帳面價值} = \frac{市價}{帳面價值} \div \frac{市價}{淨利}$$

$$= \frac{P/B}{P/E}$$

經過整理，盈利收益率可寫成：

$$E/P = \frac{ROE}{P/B}$$

以遊戲橘子為例，2017 年的 ROE 與 P/B 分別為 3.03% 與 11.86%，盈利收益率可計算成：

$$盈利收益率 = \frac{3.03\%}{11.86\%} = 25.55\%$$

同樣地，2015 年與 2016 年的盈利收益率分別為 12.97% 與 17.13%。

---

[13] 盈利收益率是股票的收益率，定義為本益比的倒數，即：

$$E/P = \frac{1}{P/E}$$

練習題 10-3 總資產週轉率與權益乘數

「聖境傳說」遊戲業者傳奇 (4994) 的財務資訊如下表所示：

	2014	2017
稅後淨利	$ 239.0	$ 253.7
稅前淨利	375.6	411.9
EBIT	403.1	517.6
平均總資產	3,459.7	4,857.9
營業收入	4,537.0	6,679.3
股東權益	2,347.3	2,233.3

請將下表數據填滿：

年度	稅後淨利/稅前淨利	稅前淨利/EBIT	EBIT/營業收入	營業收入/平均總資產	平均總資產/股東權益
2014					
2017					

答：

年度	稅後淨利/稅前淨利	稅前淨利/EBIT	EBIT/營業收入	營業收入/平均總資產	平均總資產/股東權益
2014	0.636	0.932	8.88%	1.311	1.474
2017	0.616	0.796	7.75%	1.375	2.175

習 題

問答題

1. 請問固定資產週轉率為何？遠傳 (4904) 與台灣大 (3045) 最近一年的固定資產週轉率為何？
2. 遊戲橘子 (6180) 的資產負債表與損益表如表 10-9 所示。計算 2017 年的 ROE、P/E 及 P/B？

網路習題

1. 請至公開資訊觀測站網站：https://mops.twse.com.tw，下載晶華 (2707) 及國賓 (2704) 最新一期的現金流量表。請問營業活動淨現金流量各是多少？
2. 請至公開資訊觀測站，下載最近一期的中信金 (2891) 與華碩 (2357) 的財務報表。請問營運槓桿度與財務槓桿度各是多少？
3. 請至公開資訊觀測站，下載鴻海 (2317) 最近一期的資產負債表和損益表，並以昨天的收盤價作為鴻海股價。請計算本益比、股價淨值比、ROE 及 ROA。

Chapter 11

技術分析

分析股市的方法多到像夜空中的繁星一般不可勝數，阿雞師心裡明白，不管從基本面看財報，從技術面找買賣訊號，從籌碼面觀察資金動向，最終目的都是要找到正確的趨勢和賺錢的買賣點。而其中最關鍵的竅門，就是跟隨趨勢，絕對不能跟趨勢作對。

趨勢的道理其實用一張圖就可說明白。德國投資大師科斯托蘭尼畢生心法的雞蛋圖，清楚地說明一切。如圖 11-1 所示，不管是股票、債券、期貨，每一種金融商品的市場循環，都是由上漲和下跌行情所組成。投資人只要在底部起漲時進場，行情過熱時賺飽離場，並且持盈保泰，下跌過程中絕不買進，耐心等待下一次底部，就能再賺一次市場循環。如果在多頭沒有獲利了結，當市場下跌時，全部錢又吐回去。

在科斯托蘭尼心中，買賣股票是一門藝術。就如同欣賞印象派的作品，永遠無法看清輪廓。既然無法預測行情，投資人要如何在市場中賺錢？科斯托蘭尼說：「證券市場像漂亮女人或天氣一樣任性，所以不必太在意喜怒無常的脾氣，只要掌握投資人想買或想賣股票的心理，就等於手握行情趨勢的勝券。」換句話說，端看買股票的傻瓜比股票多，還是股票比傻瓜多，用供需決定價格的變化。

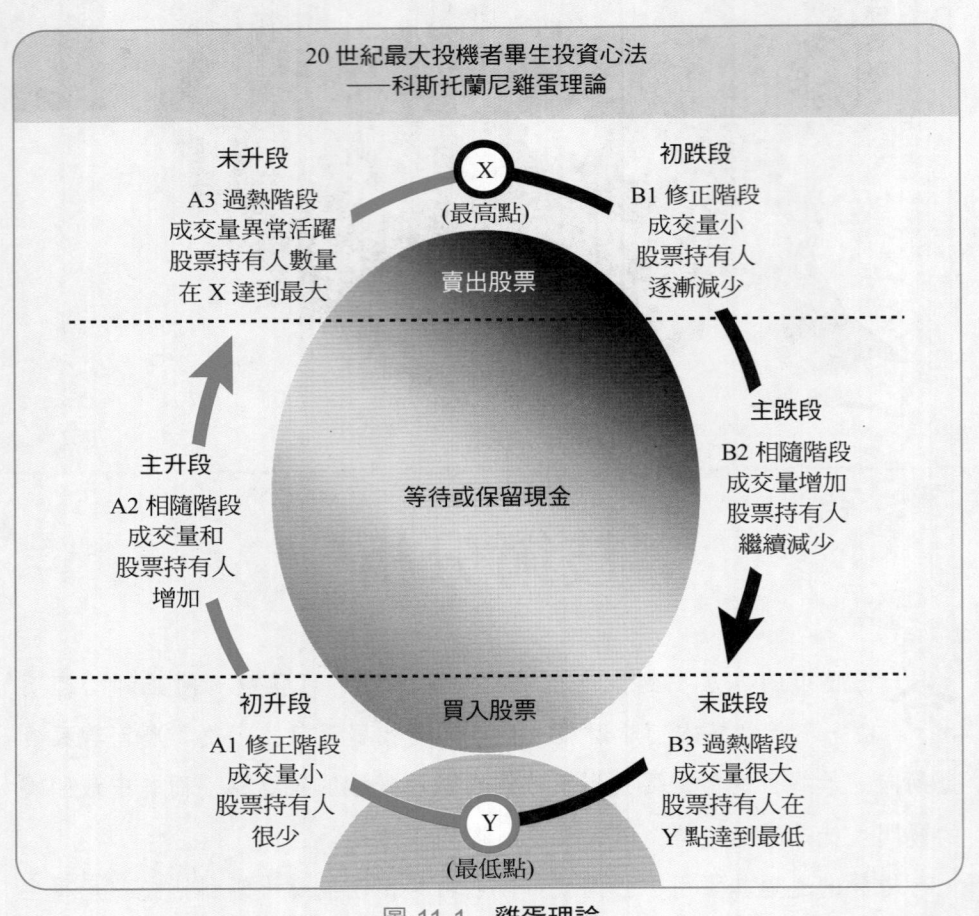

> **20世紀最大投機者畢生投資心法**
> **——科斯托蘭尼雞蛋理論**

末升段
A3 過熱階段
成交量異常活躍
股票持有人數量
在 X 達到最大

X（最高點）

初跌段
B1 修正階段
成交量小
股票持有人
逐漸減少

賣出股票

主升段
A2 相隨階段
成交量和
股票持有人
增加

等待或保留現金

主跌段
B2 相隨階段
成交量增加
股票持有人
繼續減少

初升段
A1 修正階段
成交量小
股票持有人
很少

買入股票

末跌段
B3 過熱階段
成交量很大
股票持有人在
Y 點達到最低

Y（最低點）

圖 11-1　**雞蛋理論**

　　被譽為技術分析聖經的《期貨市場之技術分析》(*Technical Analysis of the Futures*) 一書作者約翰・墨菲 (John J. Murphy) 認為，技術分析最重要的一個前提是市場行為包含一切資訊，包括心理、政治、基本面或其它方面等。所有技術分析人士的真正主張是，價格行為應當反映供需變化。這種說法與科斯托蘭尼的心法不謀而合。本章的目的即在運用市場行為的有用資訊——價格與成交量來預測未來股票、債券或期貨價格的趨勢。簡單地說，技術分析即為本章主題。為了簡化分析，我們都以股票作為技術分析的研究標的。

11-1　道氏理論

大部分的技術分析都在尋找價格趨勢的確立。**道氏理論** (Dow theory) 是趨勢分析中教父級的理論。現今成熟的電腦技術與日新月異的技術指標都源自於道氏理論的基本理念。它是由《華爾街日報》創辦人查爾斯・道 (Charles Dow) 所提出。

道氏理論企圖用來偵測股價的長期與短期趨勢。理論主張股價行為同時受到三股力量的衝擊：

1. **主要趨勢** (primary trend)：主要趨勢代表股價的長期趨勢，就像是大海中的潮汐，只要每一個後續的波浪比前一個波浪向前推進地更深 (指數高點超過前一個高點)，代表潮流正在上漲 (多頭市場，又稱牛市)；相反地，每一個後續波浪不斷跌落 (彈升的價位無法超越前波高點)，則潮流正在退卻 (空頭市場，又稱熊市)。空頭、多頭市場通常持續一年以上，甚至好幾年。當大盤往下走時，「覆巢之下無完卵」，基本面不好的股票先下跌，而且跌幅很深，最後連好公司也不能倖免。即使從本益比來看，都顯示股價已經跌深，但是買進之後，面臨的是股價破新低，而且低點深不可測。以宏達電為例，2011 年 4 月 23 日登上 1,300 元，坐上股王寶座，2012 年 7 月 13 日卻跌到 288 元。明明本益比已經在 10 倍以下，技術指標處於低檔。在這段急跌過程中，認為腰斬了好便宜就跳進去接手的投資人，若沒有設定停損，只能望著資產不斷縮水而跳腳。這些人都沒有體認到大盤及個股趨勢都已由多翻空，逆勢作多很難賺到錢。股市名言：「老鳥都死在反彈」，更何況是散戶。

2. **次級趨勢** (secondary trend)：次級趨勢就像是海洋的波浪，它經常與基本趨勢的運動方向相反，因而也稱為股價的修正趨勢。這種趨勢持續的時間從三週到好幾個月，其股價上升或下跌的幅度一般為基本趨勢的三分之一或三分之二。值得注意的是，三分之一或三分之二並非一成不變，有時也會回落原先漲 (跌) 幅的 50%。

理論上，次級趨勢判斷總是混淆不清。通常主力在高檔出貨時，短時間成交量放大，很容易看得出來。但主力在底部吃貨，時間拉得很長，不容易判斷。等買進訊號出現，往往已漲了一大段。因此，止跌訊

號的加入有助於風險規避與建立持股。當下跌趨勢中,低點不再破前低。譬如,有一天指數止跌反彈,且於平盤開出,收中長紅並高於昨天收盤價,代表今天的買家很有信心,把市場籌碼都吸走。此外,在下跌趨勢中,成交量異常放大。此時,散戶子彈已經用盡,而跌勢末端有量幾乎可確定是大戶吃貨,底部形成的訊號出現。

3. **短期波動** (tertiary trend):短期波動代表股價每天或好幾天的波動,波動通常不超過六天。就像是海浪中微小的漣漪,波動方向不定,容易覆蓋波浪,而使得股價基本趨勢富有神祕色彩。由於短期變化所得到的結論,很容易被投資人推導至錯誤方向。投機者傾向「操縱」股價的短期波動,從中套利。

圖 11-2 描繪股價行為的三種趨勢。臺灣發行量加權股價指數從 2011 年 9 月的 3,411.68 點上漲至 2011 年 11 月的 9,859.65 點。不過,在指數上漲的過程中,仍有幾段期間的次級趨勢是往下修正,譬如 2010 年 5 月份。至於不規則的變動則屢屢出現在各個次級趨勢,其對長期指數趨勢並無影響。

除了大盤指數之外,道氏理論也用成交量來作為判斷股價走勢的次要指標。在多頭市場時,成交量隨市場上漲而增加,隨市場下跌而減少;另一方面,在空頭市場時,成交量隨市場下跌而增加,隨市場上漲而萎縮。

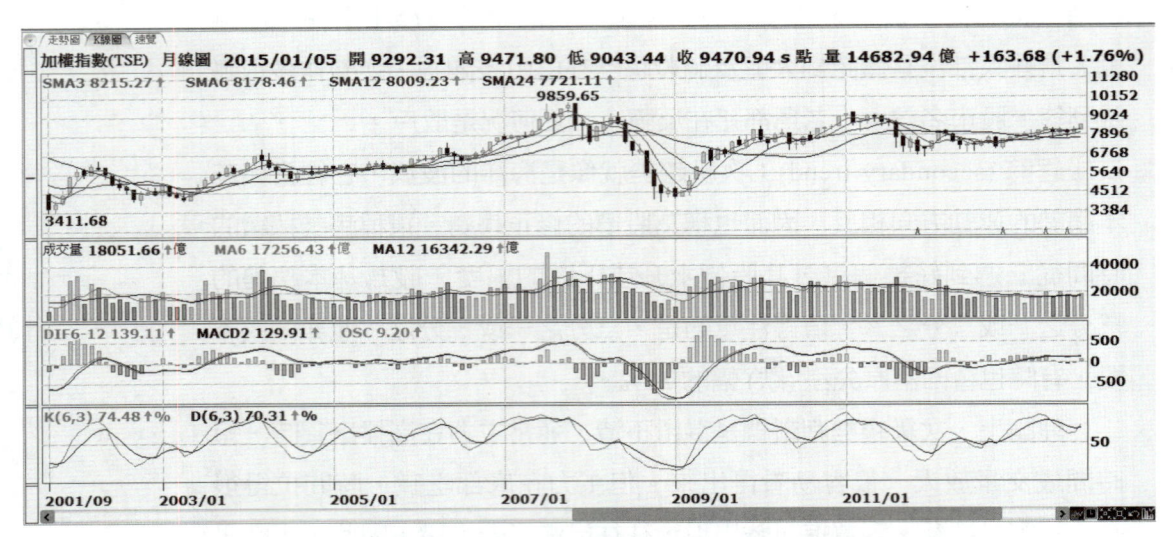

圖 11-2　道氏理論趨勢——臺灣發行量加權股價指數月線圖

還有一種比較有趣的推論是，道氏理論強調以道瓊運輸指數來作為道瓊工業指數漲跌的確認指標。運輸股為標準的景氣循環股，對景氣波動敏感，包括聯邦快遞 (FedEx) 與優比速 (UPS) 在內的道瓊運輸指數，常被市場視為股市的領先指標。

道氏理論的追隨者相信，製造商品是工業經濟的第一環，運輸這些商品則是第二環，因此兩者應該同步上漲或下跌。如果不同步，表示市場近期走向可能反轉。

鉅亨網在 2014 年 10 月 25 日的報導中指出，道瓊運輸指數從 10 月 14 日大盤低點以來大漲 10%，是道瓊工業平均指數的 3 倍，亦超過 S&P 500 指數漲幅的 2 倍。而道瓊工業平均指數果然在 12 月 23 日突破 18,000 點，創下歷史新高。

11-2　艾略特波浪理論

波浪理論是技術分析大師艾略特 (Ralph Nelson Elliott) 在 1946 年完成的《自然法則——宇宙的祕密》(*Nature's Law: The Secret of the Universe*) 一書中所提出。艾略特認為，不管是股票，還是商品價格的波動，都與大自然的潮汐一樣，一浪接著一浪，周而復始，具有相當的規律性。投資人可以根據這些規律性的波動預測價格的未來走勢。

波浪理論有三個重要的特性，分別是型態 (pattern)、比率 (ratio) 及時間 (time)。型態是指波浪的型態。在測量不同波浪間關鍵，以確定回吐點和價格點時，比率分析相當有用。而時間可用來確認波浪的型態和比例。

11-2-1　波浪的型態

艾略特波浪理論原本用在道瓊工業指數的走勢。在理論的最基本形式，股票市場遵循「上升 5 波段」(第 1 波段至第 5 波段)、「下跌 3 波段」(第 6 波段至第 8 波段) 模式循環不已。圖 11-3 顯示波浪理論的完整循環。浪 1、浪 3 及浪 5 為推動浪 (impulse wave)，與大盤走向一致的波浪。浪 2 和浪 4 為調整浪 (corrective wave)，是針對浪 1 和浪 3 的調整，與大盤上升趨勢相反的波浪。

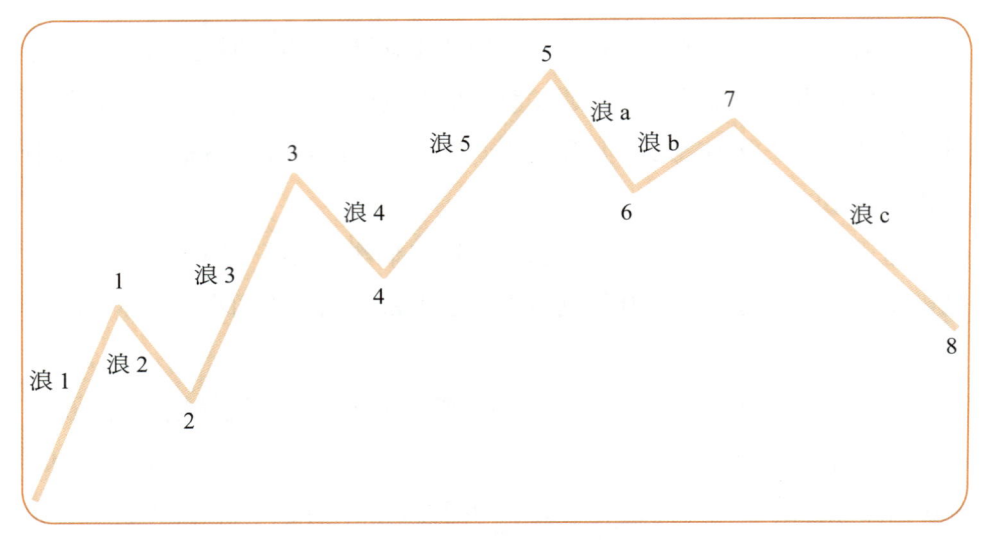

圖 11-3　艾略特波浪理論完整循環

　　通常，浪 1 屬於股市底部營造的第一部分，買方的力量不會很強。過去經驗指出，浪 1 的漲幅通常是五浪中最短的行情。浪 2 修正浪 1 的上漲幅度，有時會吃掉浪 1 的漲幅，直至接近浪 1 的起漲點，市場才出現惜售心理，成交量逐漸萎縮，浪 2 的調整才宣告結束。

　　浪 3 的漲勢往往最凶，市場投資人信心恢復。成交量大幅上升，指數屢屢突破新高，這段行情持續的時間與幅度經常是最長的。浪 4 是大行情後的修正浪，走勢也較為複雜。但浪 4 的低點不會低於浪 1 的高點。浪 5 的漲勢通常小於浪 3，此時投資人情緒相當高昂，小型股的表現會比大型股佳。

　　浪 b 和浪 c 為下跌浪。市場人士多認為浪 a 為暫時目標，調整型態可能是箱型或「之」字型整理。浪 b 是多頭的逃命線。由於是上升行情、投資人容易誤會成另一波段的漲勢，很多人在這個階段慘遭套牢。最後，浪 c 是破壞力最強的波浪，股價全面性下跌，且持續的時間較久。

　　艾略特波浪理論說明了進入股市前要知道大盤在哪個位置。簡單來說，只有兩個時點才能買股：一是波浪理論 8 波段走完的最低點；另一是第 2 波段，指數修正整理的次低點。在臺灣，一般股票最少會走三個波段。

11-2-2　波浪的比率

艾略特在《自然法則——宇宙的祕密》一書中主張，波浪理論的數學基礎是李奧納多・斐波納奇 (Leonardo Fibonacci) 在 1202 年提出的一個數字序列：0，1，1，2，3，5，8，13，21，34，55，89，144，……。這個序列稱為斐波納奇數列。[1]

這個數列的奧妙之處在於，任意一個數列與前一個數值的比率約為 1.618。譬如，13/8 等於 1.625；21/13 等於 1.615；34/21 等於 1.619。斐波納奇數列可用來推測波浪的上升幅度與回吐比率，譬如，浪 1 的高點以 1.618 加上浪 2 的低點，即為浪 3 的高點。下波浪的回吐比率有 0.618、0.5 和 0.382。在較強勢的大盤中，最小的回吐比率通常是 38.2%；而在較弱勢的大盤，最大的回吐比率通常是 61.8%。

11-2-3　波浪的時間

相信波浪理論的技術分析專家相信，從重要的轉折點向前數，期待未來的底部或頂部會在斐波納奇日出現——也就是將來在第 13、21、34、55 或 89 個交易日出現。同樣的分析方式可適用在週線、月線及年線上。

值得注意的是，波浪理論適用於大盤指數，但對個股來說它不太有效。因此，在練就底部入市功夫後，投資人可拿出三分之一的資金分散布局在不同類型的股票，如金融股、電子股、食品股、塑膠股及水泥股等。等到股市開始反彈，再汰弱留強，保留幾檔強勢股靜待獲利。就像是科斯托蘭尼所言，金錢、想法、耐心及運氣是股票市場的致勝之道。

11-3　線型圖

採用技術分析的投資人經常使用兩種工具進行股票買賣的操作。這種工具分別為線型圖 (charting) 與技術指標 (technical indicators)。線型圖是將股價與成交量的歷史資料畫成圖形，好讓投資人預測未來股價的漲跌。以下將介紹三種基本的線型圖：移動平均線、K 線圖及 OX 圖。

---

[1] 任意兩個相鄰數字相加等於下一個更大的數字，譬如，21 加 34 等於 55。

11-3-1 移動平均線

移動平均線 (moving average) 是道氏理論「平均成本」的概念。譬如，五日移動平均線代表投資人過去五個交易日購買股票的平均成本。讓我們以表 11-1 的例子來說明移動平均線概念。表 11-1 列出臺灣股票市場發行量加權股價指數的歷史資料。如果我們想要計算 2015 年 1 月 23 日的五日移動平均值 (MA5)，方法很簡單，只要將 1 月 23 日本日的收盤指數加上前 4 日交易日的收盤指數，然後除以 5，即可得到 MA5：

$$MA5 = (9,470.64 + 9,369.51 + 9,319.71 + 9,251.69 + 9,174.06) \div 5$$
$$= 9,317.12$$

運用相同的邏輯，2015 年 1 月 23 日的十日移動平均值 (MA10) 為：

表 11-1　發行量加權股票指數歷史資料

2015 年 1 月 發行量加權股價指數歷史資料				
日　　期	開盤指數	最高指數	最低指數	收盤指數
2015/1/05	9,292.31	9,292.31	9,182.02	9,274.11
2015/1/06	9,209.93	9,209.93	9,043.44	9,048.34
2015/1/07	9,051.94	9,108.66	9,050.54	9,080.09
2015/1/08	9,154.03	9,246.62	9,154.03	9,238.03
2015/1/09	9,247.40	9,284.57	9,215.58	9,215.58
2015/1/12	9,198.02	9,229.65	9,178.30	9,178.30
2015/1/13	9,162.77	9,253.82	9,161.71	9,231.80
2015/1/14	9,235.90	9,242.20	9,161.71	9,180.23
2015/1/15	9,197.32	9,219.43	9,149.10	9,165.09
2015/1/16	9,245.77	9,256.86	9,109.46	9,138.29
2015/1/19	9,183.76	9,247.09	9,151.82	9,174.06
2015/1/20	9,188.76	9,259.31	9,177.48	9,251.69
2015/1/21	9,283.79	9,319.71	9,275.68	9,319.71
2015/1/22	9,336.81	9,386.56	9,336.81	9,369.51
2015/1/23	9,422.00	9,471.80	9,422.00	9,470.94

$$\begin{aligned} \text{MA}10 &= (9{,}470.64 + 9{,}369.51 + 9{,}319.71 + 9{,}251.69 + 9{,}174.06 + 9{,}138.29 \\ &\quad + 9{,}165.09 + 9{,}180.23 + 9{,}231.80 + 9{,}178.30) \div 10 \\ &= 9{,}247.93 \end{aligned}$$

從上面的說明，我們知道移動平均值的計算公式為：

$$\text{MA}(n) = (P_t + P_{t-1} + P_{t-2} + \cdots + P_{t-n+1}) \div n \qquad (11\text{-}1)$$

上式中的 MA 是移動平均，n 是移動平均的天數，P_t 代表第 t 個交易日的股價指數。

其實，五日移動平均值 9,317.12 介於過去五個交易日股價指數之間，也就是說，移動平均線具有「平滑」股價指數變動的功能。它的目的是跟隨市場趨勢，顯示新趨勢已經開始或結束，而非預測股價的走勢。

股票價格運動在某一段時間內總是存有一定的慣性。移動平均線能夠顯示「進出場」的訊號。有些投資人利用一條移動平均線來產生趨勢信號。在圖 11-4 中，當收盤指數向上突破移動平均線 (如 2015 年 1 月 19 日)，便產生進場訊號；相反地，當收盤指數跌破移動平均線 (2014 年 12 月 9 日)，便產生出場訊號。

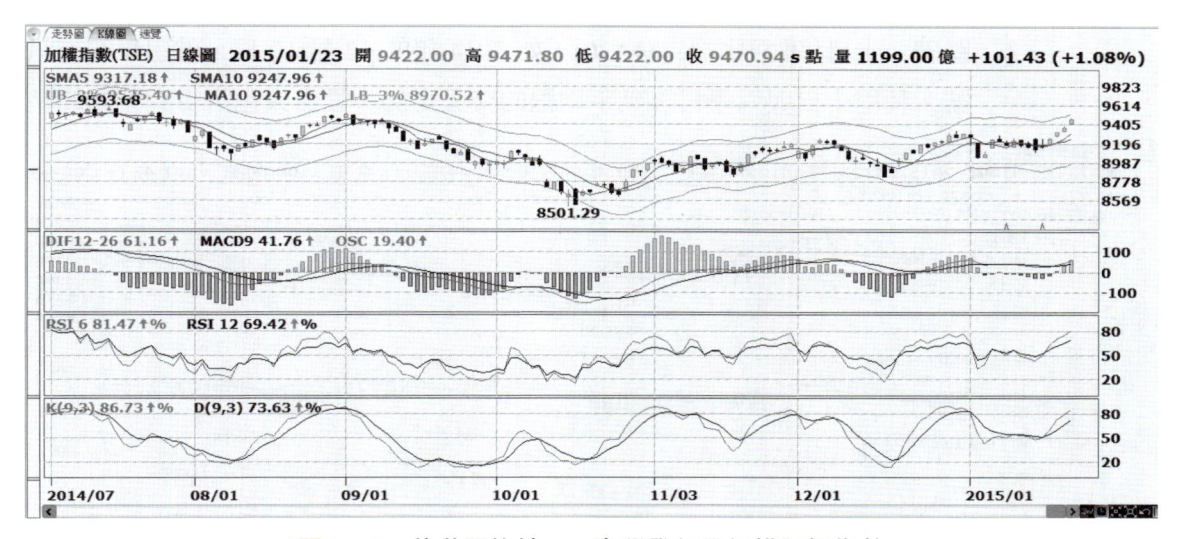

圖 11-4　移動平均線——臺灣發行量加權股價指數

練習題 11-1 移動平均值

表 11-2 為臺灣證券交易所發行量加權股價指數在 2016 年的數據。請計算四週的移動平均線。

表 11-2　發行量加權股票指數歷史資料

2016 年 2 月發行量加權股價指數歷史資料			
日　　期	開盤指數	最高指數	最低指數	收盤指數
2016/1/06	7,129.53	7,139.04	7,090.47	7,120.51
2016/1/13	7,226.24	7,249.94	7,169.92	7,181.54
2016/2/03	7,658.68	7,674.99	7,608.41	7,674.99
2016/2/10	7,922.61	7,941.63	7,848.78	7,862.27
2016/2/17	7,956.91	8,013.46	7,862.11	7,894.36
2016/3/02	8,161.87	8,170.72	8,114.14	8,144.04

除了用一條移動線，有些謹慎的投資人會偏好用兩條移動平均線來辨別股票的買進與賣出時機。最流行的兩種組合是五日和二十日移動平均線以及十日和六十日移動平均線。以圖 11-5 為例，在 2014 年 12 月 17 日大盤指數最低來到 8,828.36 點，聖誕節前，五日移動平均線 (MA5) 便由下往上突破二十日移動平均線 (MA20)，多方訊號正式出現。大盤一路漲至 2015 年 1 月 5 日的 9,274.11 點；相反地，如果五日移動平均線由上往下跌破二十日移動平均線 (MA20)，如 2014 年的 12 月 10 日，就出現空方訊號。利用十日與六十日移動平均線的交叉走勢，投資人也可得到相同的結

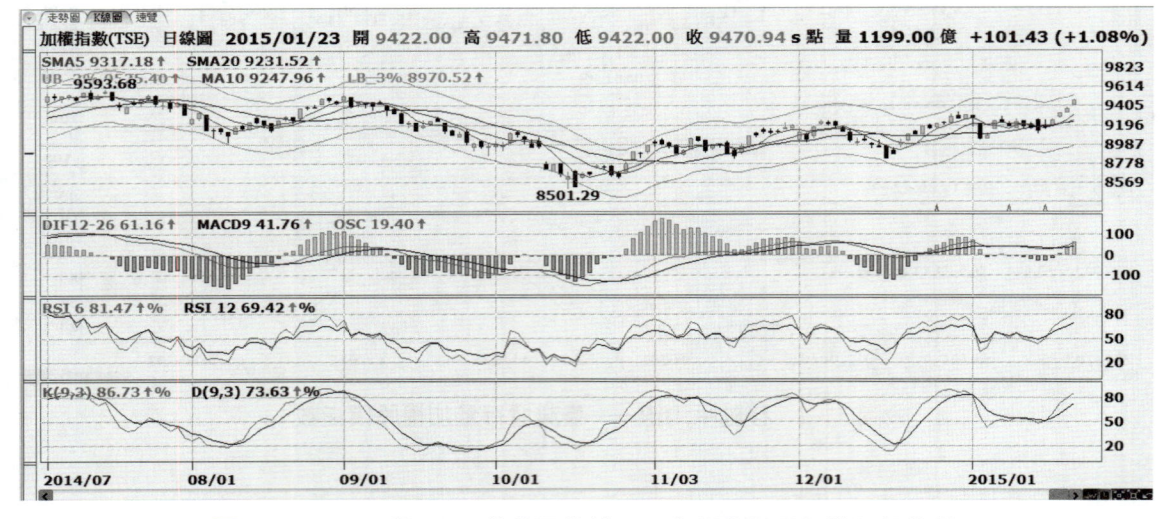

圖 11-5　MA5 與 M20 移動平均線——臺灣發行量加權股價指數

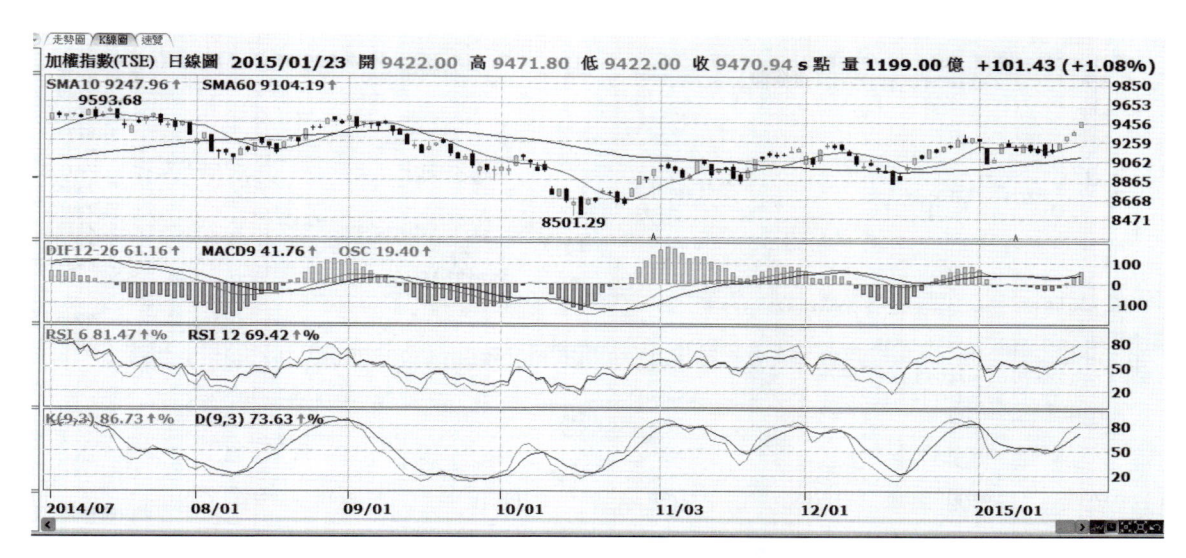

圖 11-6　MA10 與 M60 移動平均線──臺灣發行量加權股價指數

論，如圖 11-6 所示。

　　趨勢性代表股價變動的方向，而價格是最誠實的指標。R. C. 艾倫 (R. C. Allen) 在 1974 年出版的《如何利用四日、九日和十八日移動平均線從商品市場中獲利更大利潤》(*How to Use the 4-Day, 9-Day and 18-Day Moving Averages to Earn Larger Profits from Commodities*)，提出利用三條移動平均線交叉走勢來買賣股票。4-9-18 日移動平均線是 5-10-20 日移動平均線的變種。非常短期的平均線比較貼近價格走勢，穿越現象也經常出現。值得注意的是，長期趨勢是由很多個短期趨勢結合而成。如果等到長期趨勢形成再進出場，已經來不及了。因此，短期趨勢在操作上是重要的依循指標。

　　想要判斷短多進場訊號，五日均線向上穿越十日與二十日均線，且這三條線必須是上揚走勢才算。這時投資人可選擇開始投入少量資金進場買股票；相反地，如果五日均線向下跌破十日與二十日均線並同步下彎，則是短線空頭乍現的訊號，這時投資人要留意趨勢是否即將反轉向下。臺灣股市在 2011 年的最後一個交易日，加權股價指數開高走低 (下跌 37.77 點)，指數收在 7,072.38 點。當天大盤指數的五日均線在十日和二十日均線之上，且十日均線正式突破二十日均線。三條均線均呈現上揚走勢，而股價指數從此一路上升連漲三個月。指數漲幅超過 1,000 點，如圖 11-7 所

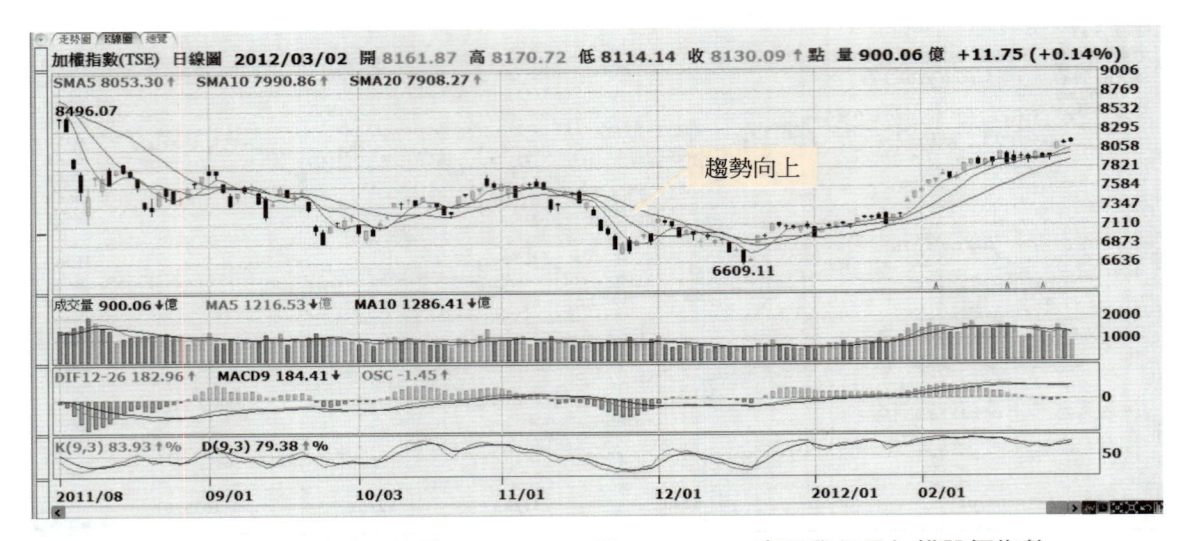

圖 11-7　三條移動平均線 MA5、M10 與 MA20 ——臺灣發行量加權股價指數

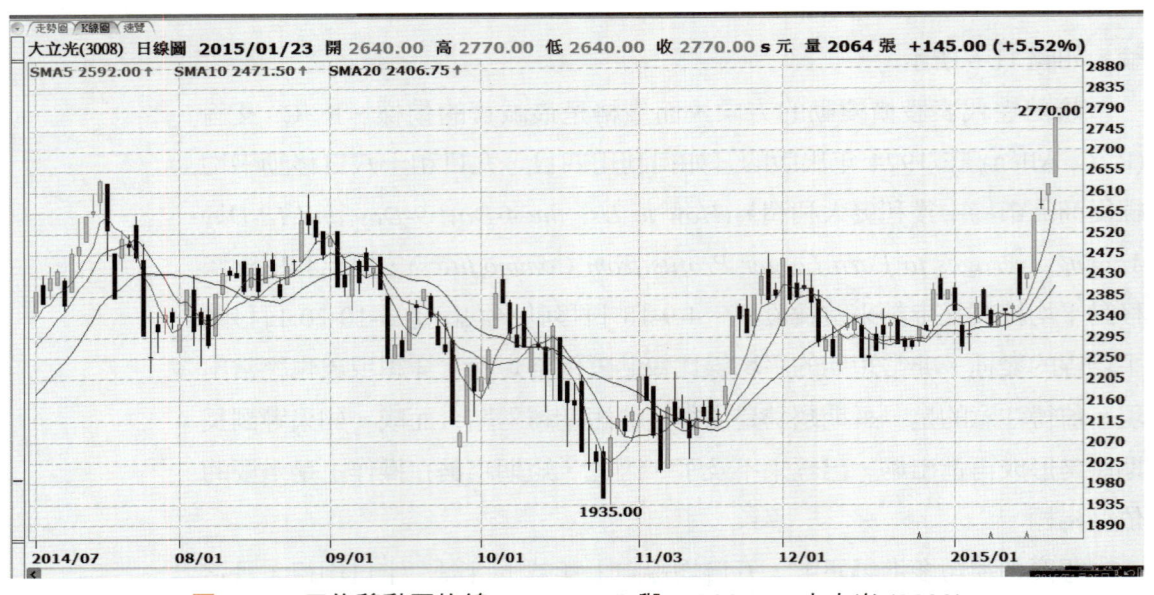

圖 11-8　三條移動平均線 MA5、M10 與 MA20 ——大立光 (3008)

示。同樣的分析方式應用在個別股票上似乎也可成立，如圖 11-8 的大立光。投資人如果在 2014 年 11 月 17 日以每股 2,115 元買進一張大立光股票，當天的五日均線向上突破十日及二十日均線，且 5-10-20 日均線往上走。即使是在 2015 年 1 月 23 日以收盤價 2,770 元賣出，也可為投資人帶來豐厚的報酬，一個月的報酬率高達 34.09%。

11-3-2 K 線圖

K 線圖源自於日本，被當時大阪米市商人用來記錄米市的行情與價格波動，因其細膩獨到的繪圖方式而被引入到股市和期貨市場。由於用這種方法繪製出來的圖表形狀類似一根蠟燭，加上這些蠟燭有黑白之分，因而又稱為日本蠟燭圖 (Japanese candle stick chart)。

日本蠟燭圖基本型態　日本蠟燭圖與長條圖 (bar chart) 十分相似，不同的地方在於它還包括開盤價，也就是開盤價、收盤價、最高價及最低價全都顯示在 K 線圖中。圖 11-9 描繪股價的黑 K 線。圖 11-9(a) 註明股票的收盤價低於開盤價。而當天最高價與最低價以「影線」表示，高價拉回則留上影線、低價回升則留下影線。圖 11-9(b) 則為大立光在 2015 年 1 月 16 日的蠟燭圖。1 月 16 日當天，大立光 (3008) 以每股 2,320 元開出，隨即震盪走低，最低點為 2,260 元，而最後收在每股 2,275 元。由於收盤價低於開盤價，大立光收了一個黑 K，又稱陰 K 線。

另一方面，圖 11-10 描繪股價的紅 K 線。圖 11-10(a) 說明股票的收盤價高於開盤價，一般以實體紅線表示。圖 11-10(b) 則為機殼大廠可成 (2474) 在 2015 年 1 月 20 日的蠟燭圖。1 月 20 日當天，可成以每股 261 元開出，一路在平盤以上振盪，最高是 268.5 元，最低為 259 元，最後的收盤價為 267 元，高於開盤價。因此，可成收了一根紅 K，又稱陽 K 線。由

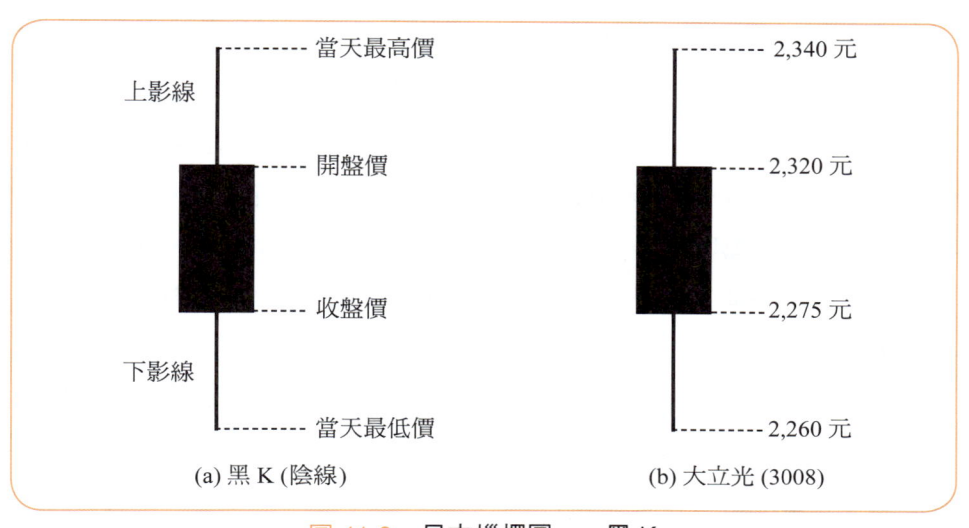

圖 11-9　日本蠟燭圖──黑 K

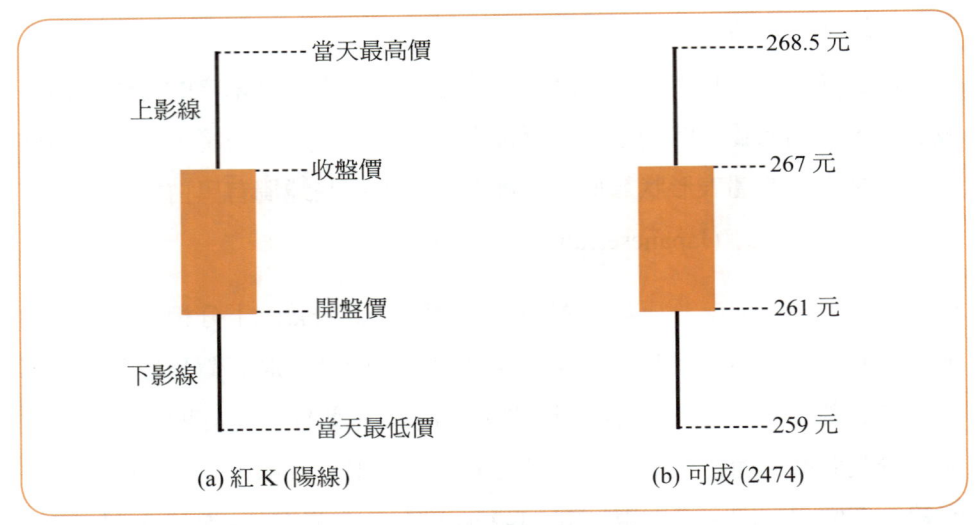

圖 11-10　日本蠟燭圖──紅 K

(a) 紅 K (陽線)　　(b) 可成 (2474)

於蠟燭圖比條形圖更容易顯示股價資訊，雅虎奇摩股市及一些股票看盤軟體的大盤指數都是以 K 線圖表示。

　　散戶多半沒什麼錢，學習技術線型最適合小型投資人，20 萬元就可以開始。散戶的優勢就是進出靈活，遇到線型不對馬上賣，對了馬上買，不易錯過時機。大戶可就累了，有時籌碼好的股票，光布局就要花上好幾個月。基本面選股沒什麼不好，但對一般散戶來說，根本拿不到第一手資訊。但技術面不同，它都是同一張圖。尤其是處於類股輪動迅速的大盤技術分析更是利器。

　　就像是臺北東區的電視牆，不同型態的蠟燭釋放出不同的訊息。譬如，長紅線「■」是上下沒有影線，收盤價是最高價，而開盤價是最低價。從一開盤，買方瘋狂買進，持有股票者不願拋售，出現供不應求現象。與長紅線相反的是長黑線「■」，同樣是上下沒有影線，但開盤就出現最高價，而收盤則為最低價。市場呈現一面倒，供過於求，導致價格嚴重下挫。還有一種叫做十字線「＋」，只有下上影線，但沒有實體圖形。開盤價即是收盤價買賣雙方勢均力敵。十字線又可因影線的長短而有不同的解讀。簡單來說，上影線愈長代表賣壓愈重，而下影線愈長則透露買氣旺盛。當然還有所謂的跌後漲帶下影線的紅 K「■」，或是漲後跌帶上影線的黑 K「■」。

K 線型態分析　卡通《萬能阿曼》(Handy Manny) 中，只要幾個簡單的工具，任何疑難雜症，阿曼都能迎刃而解。日本蠟燭圖也具有這種神奇的功能。不管是一根、兩根、三根，甚至多根，都能釋放出一些有用的訊號。不過，想要有效地利用蠟燭線型圖，必須搭配移動平均線，更能相得益彰。

以 2011 年 9 月的臺股為例。從 9 月 5 日 7,551.57 點到 9 月 23 日 7,046.22 點，雖然跌幅只有 500 點，但已經讓許多投資人把前一陣子賺的錢吐回去。以短線而言，第 1 根黑 K 跌破五日線第 8 根黑 K 跌破十日線，當時指數只跌了 165 點，但技術面顯示已該出場。印證當時的大盤走勢，9 月 26 日跌破 7,000 點大關，來到 6,877.12 點。而後面的一個月，加權股價指數再也沒有站上 7,500 點。

幾乎所有日本蠟燭圖可用來確認股價的轉折點。根據日本研究指出，光是反轉型態的蠟燭線型就有 40 多種。在此，我們只簡單介紹比較流行的型態。

晨星　圖 11-11 描繪反轉向上的**晨星** (morning star) 十字。顧名思義，晨星是指在下降趨勢中的三日線型。第一天是一根長黑 K；第二天出現向下跳空的變盤十字線，表示行情在波段低點處多空拉鋸，可能變盤易位；第

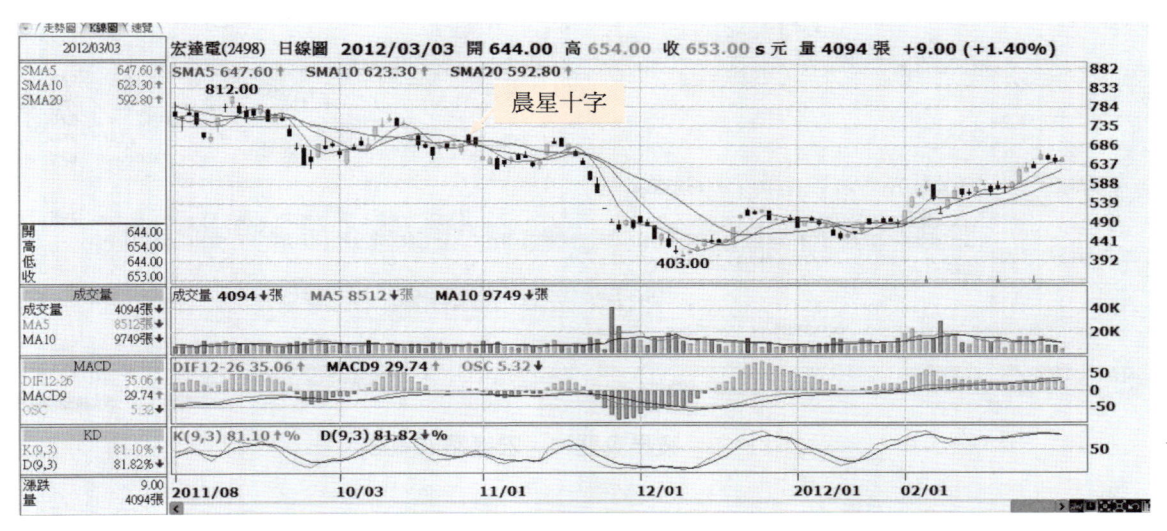

圖 11-11　晨星十字──宏達電 (2498)

三天出現跳空開高的長紅 K。[2] 值得注意的是，若第三天的長紅 K 帶量大漲，則**趨勢轉強**訊號更為明顯。

夜星　相反地，圖 11-12 顯示反轉向下的夜星 (evening star) 棄嬰。夜星棄嬰的蠟燭型態是指在上漲或反彈趨勢中，第一天是一根長紅 K，大大增強當前上升趨勢；第二天出現跳空開高之後，收了一根實體很小的變盤線，收盤價非常接近開盤價。且留下很長的上影線，代表當天賣壓沉重；第三天出現跳空開低的黑 K 或長黑走跌型態，則為夜星棄嬰的反空型態。值得注意的是，如果第三天的黑 K 爆出大量，則島狀反轉型態確立，**趨勢轉空**，多單宜出場。

頭肩底　頭肩型排列是最常見的反轉型態，這種排列可以分為頭肩底與頭肩頂兩種。前者是發行在行情的底部，如圖 11-13(a) 所示；而後者則是形成於行情的高峰時期，如圖 11-13(b) 所示。

在圖 11-13(a)，我們很清楚地看到，在一波恐慌性的下跌後，投資人出清手中持股，股價下跌，成交量相對增加。因為處於行情低檔，買盤開始湧入，而使跌勢暫歇。此時，股價小幅回檔，成交量也略微放大，這便

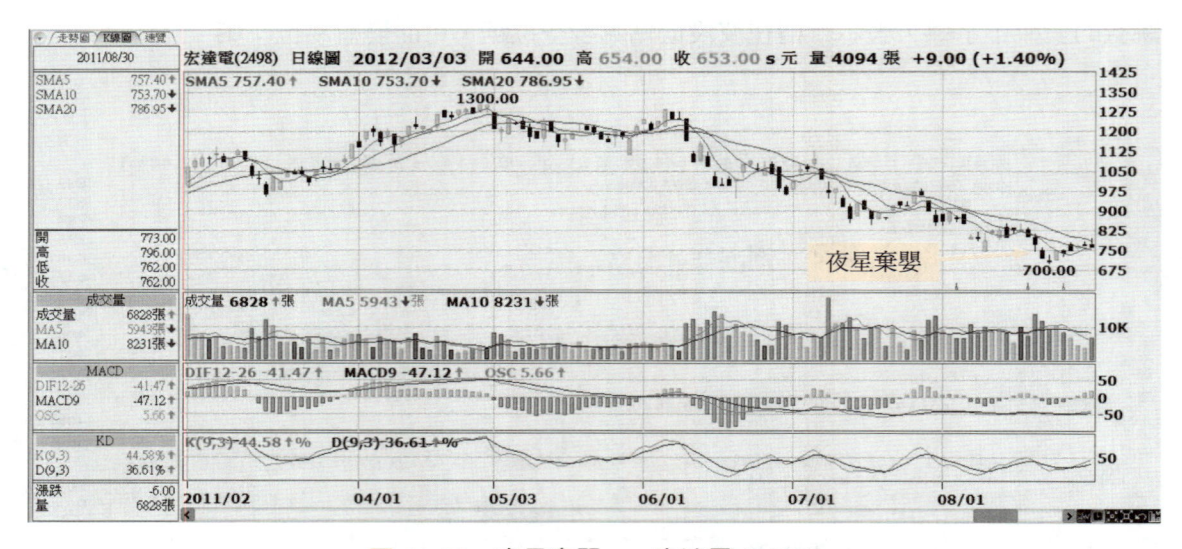

圖 11-12　夜星棄嬰──宏達電 (2498)

---

[2] 在晨星十字中，若與前後兩根存在真正跳空缺口，稱為晨星棄嬰 (abandoned baby)。

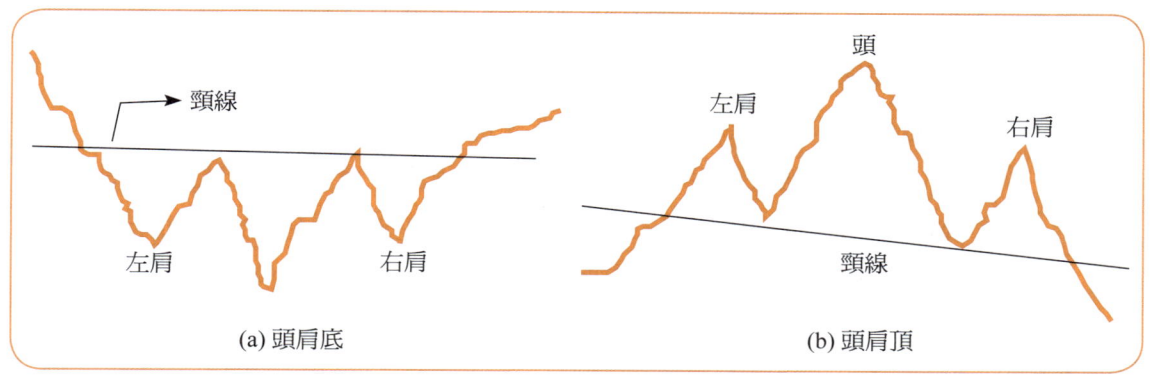

圖 11-13　頭肩型排列

構成了「左肩」。

在小漲後，行情延續原來的下跌趨勢，股價再創新低，並配合大成交量，而後股價反轉彈升，市場看多的力量正反轉空方力道。這是「頭部」正式形成。值得注意的是，整個頭部的成交量與左肩約略相當，或較左肩多。

當股價反彈至頸線附近時，出現第三次的回落。儘管行情再延續既有趨勢下跌，第三波的跌幅不若先前之大，不但股價高於頭部峰位且成交量亦明顯縮小。顯然經過兩次洗盤，市場看多的投資人逐漸增多，空頭部隊撤退。這時行情反轉的可能性大為提高，這就是「右肩」。

當頭肩底頸線突破時，就是一個真正的買入訊號。雖然股價較最低點上漲一段，但升勢剛剛啟動。另外，當頸線阻力突破時，應配合成交量激增；否則這可能是一個錯誤的突破。圖 11-14 顯示臺灣發行量加權股價指數的頭肩底排列。

頭肩頂　頭肩頂與頭肩底的排列相同，只是整個型態倒轉過來而已。通常都發生在牛市的盡頭，在一波漲勢後，因為獲利了結，而使得漲勢暫歇，投資人相繼獲利了結，成交量隨之放大，並且價格作小幅拉回，這便構成「左肩」。

股價短暫回落後，延續原來上升的趨勢，再度強力彈升，成交量隨之放大。股價突破前高後，再度拉回。值得注意的是，因此次回檔的價格低於前波峰位，且成交量亦比前左肩減少，這便是「頭部」。

在拉回整理後，第三波依然延續既有趨勢，但漲勢已不如先前強勁，不但高峰價位低於頭部高峰，且成交量亦明顯縮小。此時，市場投資人警覺心提高，介入意願大幅降低，「右肩」於是形成。

當行情跌破頸線時，持股信心開始瓦解，賣壓紛紛出籠，行情開始反轉。如果頸線向下傾斜，代表市場非常疲乏無力。圖 11-15 顯示臺股在金融海嘯期間的頭肩頂排列圖形。臺股在 2008 年 5 月 19 日形成頭部，頂峰

圖 11-14　頭肩底──臺灣發行量加權股價指數

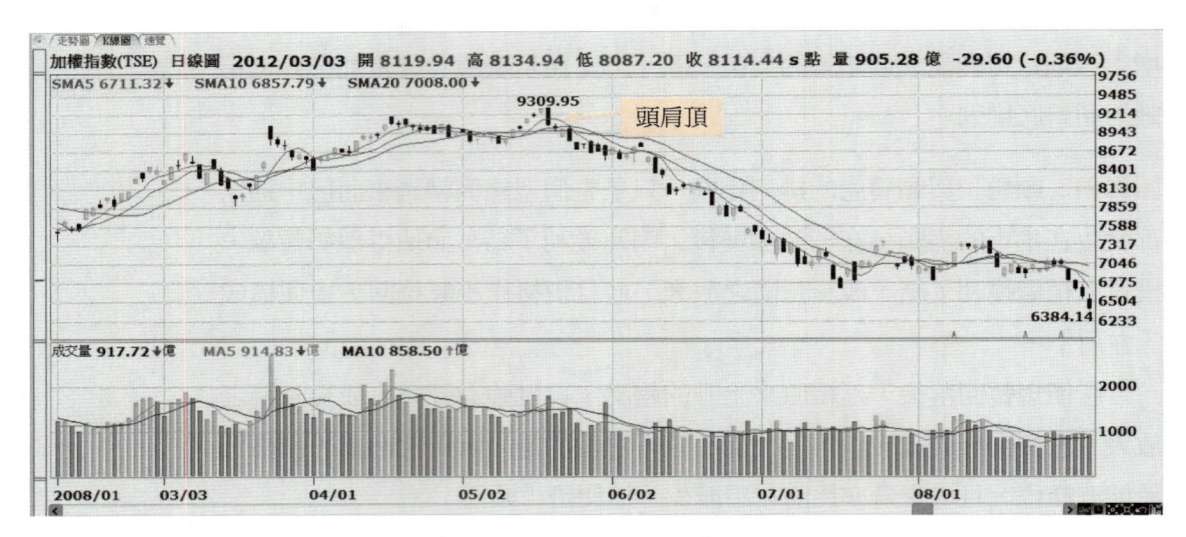

圖 11-15　頭肩頂──臺灣發行量加權股價指數

為 9,309.95 點。而後一路下滑，跌至 9 月 5 日的 6,307.28 點，超過 3,000 點的跌幅。

11-3-3　OX 圖

OX 圖是由維克托・德維利爾斯 (Victor De Villiers) 在 1933 年出版的《點數圖法預測股價變化》(*The Point and Figure Method of Anticipating Stock Price Movement*) 一書中所提出。「O」代表當天收盤價低於前一天的收盤價，而「X」則代表當天收盤價高於前一天的收盤價。

讓我們以台積電 (2330) 的例子來說明如何繪製 OX 圖。OX 圖一開始是記錄在方格紙上，縱軸代表股價的變化，只有在趨勢反轉時才會換行記錄，因此 OX 圖又稱為點線圖。通常，在繪製 OX 圖時會作兩個設定：其一為一格代表多少股價的變化，如 1 元或 5 元。以圖 11-16 來說，一格就是 1 元的股價變化。另一為反轉量，圖 11-16 的反轉量設定為 1。

表 11-3 列出台積電 (2330) 股價的開盤價、最高價、最低價與收盤價 (週資料)。以十五個交易日 (1 月 9 日至 1 月 23 日) 而言：

第 1 週：1 月 14 日的收盤價是 130 元，而前一個交易日的最低價為 136 元。我們設定反轉為 1 元，從 130 元至 136 元，畫上 8 個「O」。

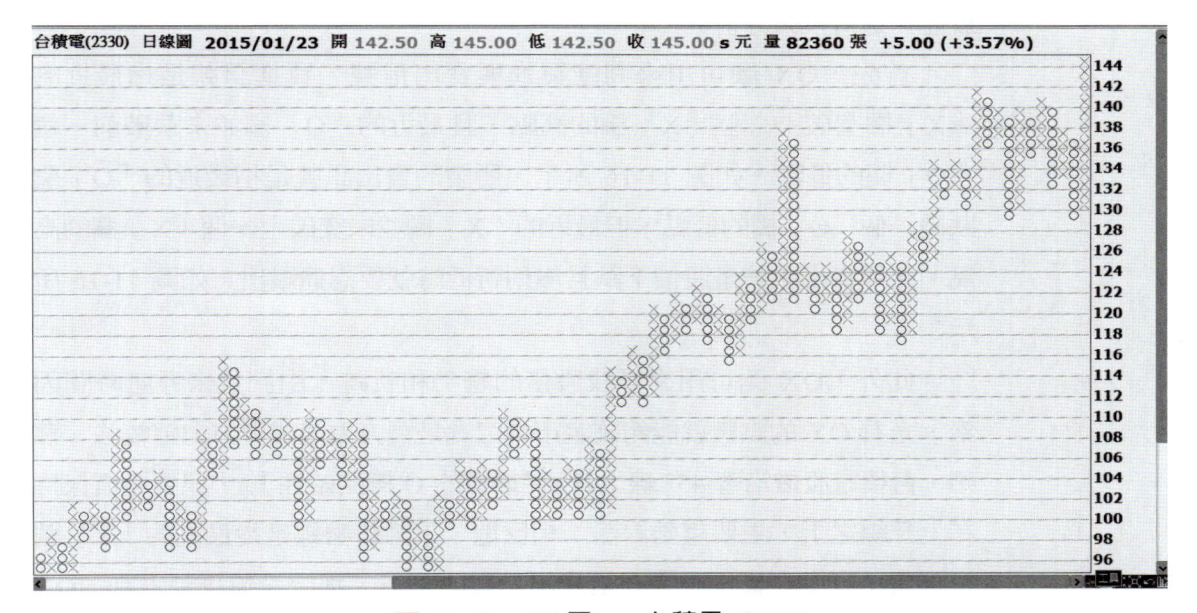

圖 11-16　OX 圖──台積電 (2330)

表 11-3　台積電的股價變化：2015 年 1 月 5 日至 2015 年 1 月 23 日

日　期	最高價	最低價	收盤價	開盤價
1/05	140.5	140.5	137.5	139.5
1/06	137.5	137.5	133	133.5
1/07	133.5	135	133.5	134
1/08	136.5	138	136	138
1/09	135	135.5	133	134
1/12	132.5	133.5	132	132
1/13	131	133	130.5	132.5
1/14	132.5	133	130	130
1/15	131.5	133	131.5	131.5
1/16	140	140	136	137
1/19	138.5	139.5	137.5	139
1/20	139	139	137.5	138
1/21	139.5	141	139.5	141
1/22	141.5	142	139.5	140
1/23	142.5	145	142.5	145

　　第 2 週：1 月 23 日的最高價是 145 元，而前一個交易日的最低價為 130 元。由於股價處於上升趨勢，從 130 元至 145 元，畫上 15 個「X」。

　　實務上來說，OX 圖並不容易繪製，幸好現在的股票下單軟體都有提供已繪製好的圖形。投資人只要事先設定好反轉量及每一格的股價變化，就能夠進行技術分析。

　　首先，OX 圖可用來判斷買進與賣出信號。買進訊號是指最近的「X」欄突破上一個「X」欄的高點，且最近的「O」欄並未跌破前一個「O」欄的低點，如圖 11-16 所示。所謂的賣出訊號是指最近的「O」欄跌破一個「O」欄的低點，但最近的「X」欄並未突破上一個「X」欄的高點。此種賣出訊號是股價下跌且屢創新低時就要忍痛殺出，如圖 11-16 所示。

　　此外，OX 圖可用來尋找股價的趨勢和軌跡。由於並未考慮時間因素，光看 OX 的點數就能夠確定市場究竟是買方力道或賣方力道較強。譬如，台積電股價沿著 45° 線上升 (從最低的 O 欄開始往上)，只要股價保持在上升線之上，主要趨勢看漲；相反地，下降趨勢線是從最高的「X」欄往下畫，只要台積電股價在這條趨勢線的下方，那麼股價趨勢看跌。OX 圖比 K 線圖突出的地方在於：我們從 OX 圖較容易找到突破點，而 K 線

圖卻不容易看出。此外，OX 圖也比 K 線圖更容易讓投資人判斷股價的變動方向。

11-4　技術指標

「林來瘋」(Linsanity) 一夕成名後，林書豪成為全民公敵，每個對手都緊盯他，並用季後賽的防守強度去對付他。假如對手在他切入突破後，斷去他的傳球路線，失誤就會發生。此時，隊友的搭配和默契，讓林書豪能輕鬆傳給籃下空檔的中鋒或前鋒，得分變得輕而易舉。分析師依賴技術指標的情景大致與球隊的團隊合作模式相同。利用這些指標擇股，或許是技術分析中最有趣也最具挑戰的部分。以下我們將簡單介紹幾個常用的技術指標。

11-4-1　KD 指標

KD 指標是由美國喬治・萊恩 (George Lane) 博士在 1957 年率先提出。萊恩觀察到股價上漲時，收盤價朝當日最高價接近；相反地，股價下跌時，收盤價朝當日最低價接近。KD 指標在設計上充分考慮價格波動的隨機振幅與中短期波動的計算。其計算公式為：

$$RSV(未成熟隨機值) = \frac{(今日收盤價 - 最近九天的最低價)}{(最近九天的最高價 - 最近九天的最低價)} \times 100$$

$$K 值 = RSV 的三日移動平均$$
$$= 前日 K 值 \times (2/3) + 當日 RSV \times (1/3)$$

$$D 值 = K 值的三日移動平均$$
$$= 前日 D 值 \times (2/3) + 當日 K 值 \times (1/3)$$

未成熟隨機值 (raw stochastic value, RSV) 主要衡量股價收盤的強弱。股價處於多頭時，會不斷地上升。如果投資人追高殺低超過合理價位的買進行為，將使 RSV 指標超過某一區。不過，因為 RSV 的波動程度大於價格波動程度，會造成許多假突破現象。

想要解決這個問題，萊恩博士採取指標平滑概念，利用 RSV 移動平

均及 K 值移動平均來減低雜訊影響。K 值是衡量 RSV 的趨勢，而 D 值是衡量 K 值的趨勢。運用在股價分析上，K 值與 D 值就是衡量股價的速度與加速度。換句話說，K 值比 D 值更快速反映股價變動。

D 值在 80 以上代表股價已經持續走多一段時間，此為超買區；另一方面，D 值在 20 以下代表股價已經走跌一段時間，此為超賣區。習慣上，我們以 D 值等於 50 作為確認空頭與多頭的指標。若 D 值大於 50，代表股價走揚，屬多頭行情較有利；而若 D 值小於 50，代表股價下滑，屬空頭行情，作空較有利。當 K 值線 (快速移動平均線) 由下往上穿超 D 值線 (慢速移動平均線) 且股票超賣時，便出現買進訊號，如圖 11-17 所示；相反地，若 K 值線由上往下穿過 D 值線且股票在超買區，則形成賣出訊號，如圖 11-18 所示。

從手握 7,000 萬元的富翁淪為負債千萬的債務人，投資部落客羅威 (Railway) 憑技術分析的訊號，謹慎操作短短六年，不但還清債務，每年還穩當獲利 50%。

羅威經過二十年淬鍊出來的心得是 KD 值最有用。要怎樣使用 KD 值為自己的投資加分？羅威說，同樣是 KD 值，在月線、週線及日線的功能不同。簡單來說，月 KD 值用來選股，找尋可以長線投資的股票；週 KD

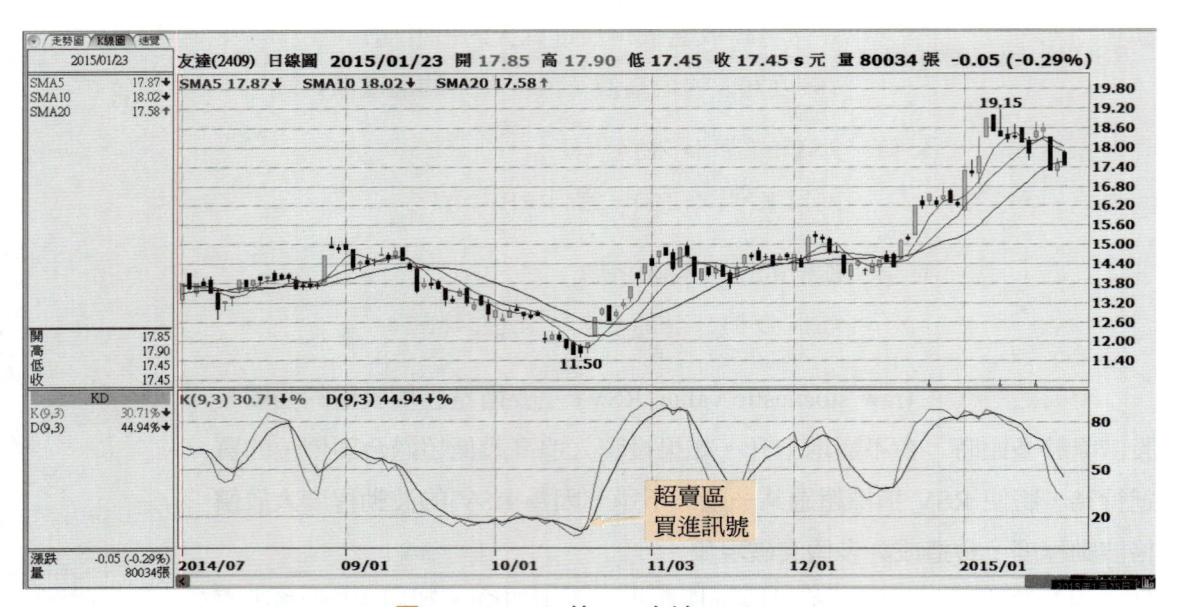

圖 11-17　KD 值──友達 (2409)

值是找股票與月 KD 值同步的買點；而日 KD 值則是用來找正確的切入點，只要量價對了，就可以進場。以台塑 (1301) 為例，月 KD 值在 20 附近且黃金交叉 (K 值向下往上穿破 D 值) 時，準備找買點；月 KD 值在 80 附近且死亡交叉時 (K 值由下往下跌破 D 值)，準備找賣點。他曾在台塑每股股價 42 元至 45 元間買進，理由是月 KD 值和週 KD 值都在 20 附近，且週 KD 值交叉向上。此外，低檔出現長紅 K 棒。憑藉這種方式來回操作，兩年之間羅威獲利達 1.39 倍，賺得穩當又安心。

羅威特別強調，月 KD 值在高檔都會出現鈍化現象，鈍化就是強勢。股價往往回檔還會再創新高，可以等到跌破 80 元再賣也不遲。

11-4-2　相對強弱指標

相對強弱指標 (relative strength index, RSI) 是透過比較一段期間內收盤的平均漲幅與平均跌幅，評估買方與賣方力道強弱的技術指標。RSI 是由美國威爾斯・韋爾達 (Welles Wilder) 在 1978 年所提出，其基本觀念是把價格上漲日視為買方的力量，價格下跌日視為賣方的力量，並以價格漲跌幅度作為力道的強弱，然後以該段期間內漲勢的平均值占漲勢與跌勢平均

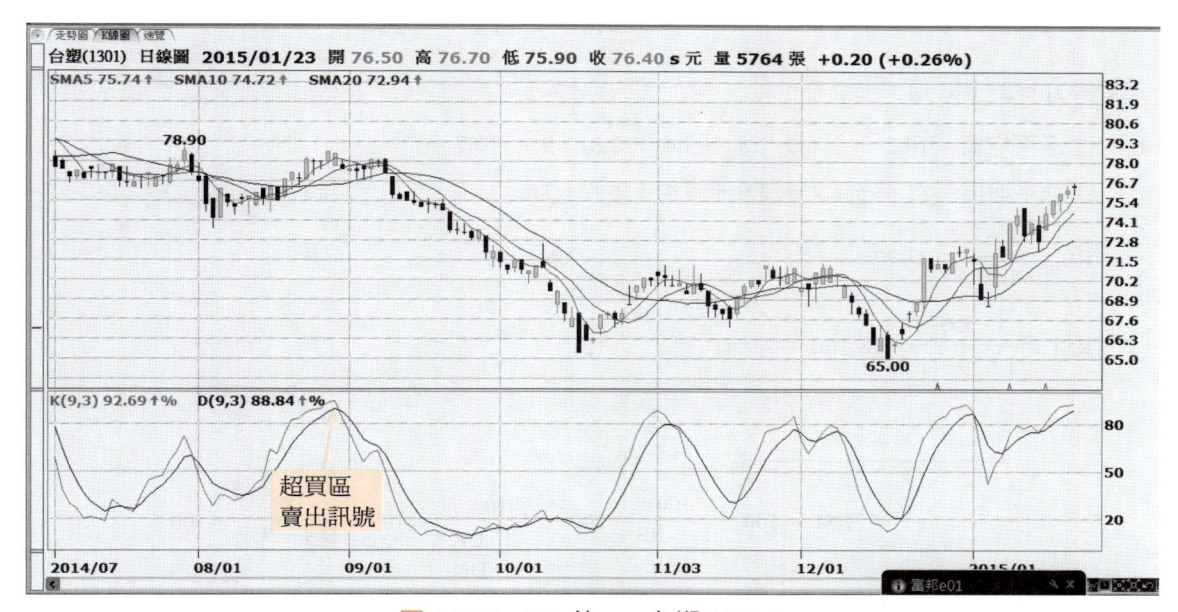

圖 11-18　KD 值──台塑 (1301)

值總和的百分比來代表。詳細的 RSI 公式如下：[3]

$$RS\ (相對強弱) = \frac{過去\ X\ 日上漲平均值}{過去\ X\ 日下跌平均值}$$

$$RSI\ (相對強弱指標) = 100 - \frac{100}{(1+RS)}$$

上式中的一般期間 X 日可以是六日、十二日、二十日或甚至更長。當 RSI 等於 50 時，代表 RS＝1，即過去一般期間內上漲與下跌平均值相等。這意味著多空雙方的力道相等，漲勢與跌勢相當，市場上的報酬率幾

練習題 11-2　計算 RSI

假設味全 (1201) 在 2012 年 3 月的股價如下：

	收盤價	漲	跌		收盤價	漲	跌
3/1	23.7			3/8	29.4		1.7
3/2	27.9	4.2		3/9	25.5		3.9
3/5	26.5		1.4	3/12	28.9	3.4	
3/6	29.6	3.1		3/13	20.5		8.4
3/7	31.1	1.5		3/14	23.2	2.8	

請計算九日的 RSI 值。

答：上漲平均值＝(4.2 ＋ 3.1 ＋ 1.5 ＋ 3.4 ＋ 2.8)÷9 ＝ 1.67

下跌平均值＝(1.4 ＋ 1.7 ＋ 3.9 ＋ 8.4)÷9 ＝ 1.71

$$RS = \frac{1.67}{1.71} = 0.977$$

$$RSI = \frac{1.67}{1.67 + 1.71} \times 100 = 49.41$$

---

[3]
$$RSI = 100 - \frac{100}{1+RS} = 100 - \frac{100}{1+\frac{UP}{DN}} = 100 - \frac{DN}{DN+UP} \times 100$$

$$= 100 \times \frac{UP}{DN+UP}$$

上式中的 UP 和 DN 分別代表股價上漲平均值和股價下跌平均值。

近於零;而當 RSI 大於 50,即 RS 大於 1,買方的力量占上風,市場的漲勢大於跌勢。此時,市場的報酬率為正值;相反地,RSI 低於 50,代表市場的報酬率低於 0。

當市場持續地上升或下跌一段時間後,市場便進入所謂的超買超賣區。也就是說,當股價連續走揚,一般投資人都享有一定的利差,獲利了結的賣壓容易形成頭部,市場進入超買區。通常 RSI 在 80 以上,即落入超買區;相反地,當股價屢屢下跌,逢低介入的買氣逐漸形成市場進入超賣區。通常 RSI 在 20 以下即落入超賣區。[4]

除了觀察一條 RSI 曲線外,我們也可以利用兩條長短不同天數的 RSI 來判斷買賣訊號。當短天期的 RSI 由下往上突破長天期的 RSI 線時,這意味股價有轉而走強的跡象,可以考慮買進,如圖 11-19 所示。相反地,若短天期 RSI 線下往下貫破長天期 RSI 線時,股價走勢轉弱,投資人可考慮賣出,如圖 11-19 所示。同樣地,判斷訊號也可適用在個別股票上,如圖 11-20 所示。

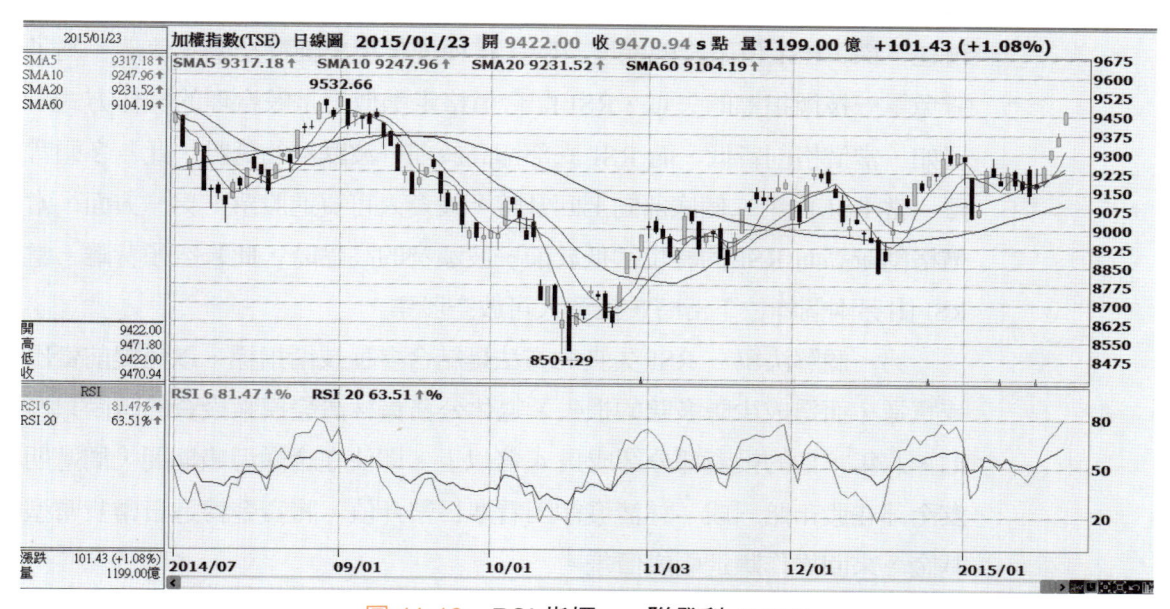

圖 11-19　RSI 指標──聯發科 (2454)

---

[4] 韋爾達認為,在上升趨勢中,RSI (70 以上) 的高峰無法超越前一個高峰,且隨後跌破前一個谷底即出現賣出訊號;反之,在下降趨勢中,RSI (30 以下) 無力創新低,隨後又超越前一個高峰即形成買進訊號。

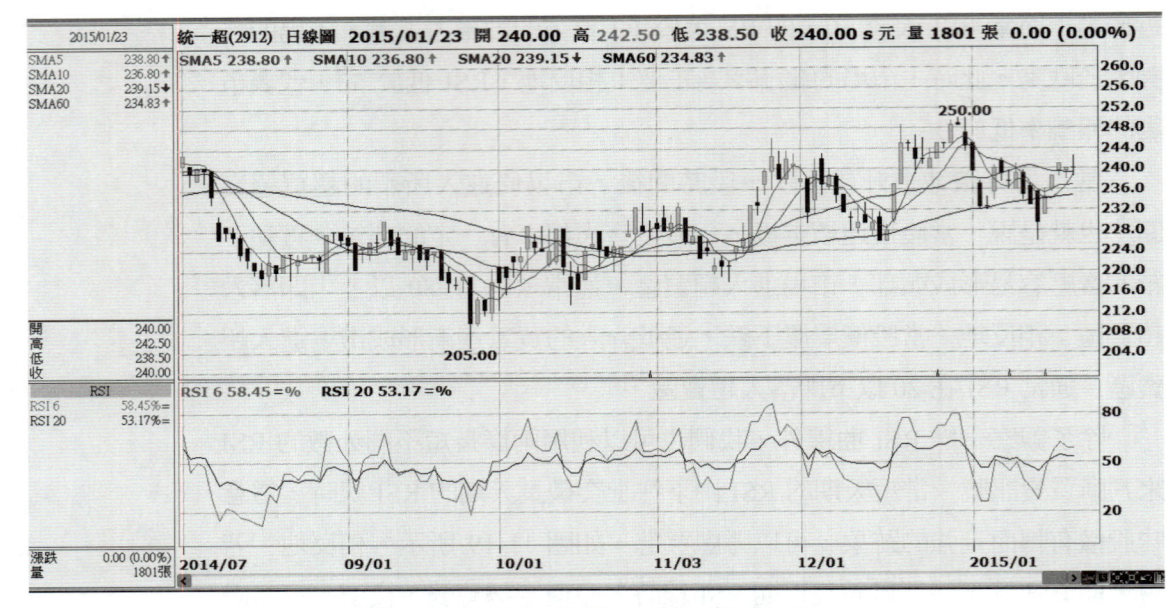

圖 11-20　RSI 指標──統一超 (2912)

　　RSI 在高檔與低檔有時會出現鈍化的現象。亦即，RSI 值很高時，即使行情再上漲，RSI 往上的力道有限。同樣地，RSI 值很低時，即便行情再往下探，RSI 值下降的幅度有限。這種鈍化現象純粹是公式使然。為了避免單一技術指標的失真，RSI 配合價格走勢似乎是較合理的操作方式。譬如，當價格創新低，而 RSI 底部卻高於前一波跌勢的低點，此為多頭背離。當 RSI 由第二個底部向上回升時，投資人可買進股票。另一方面，當價格創新高而 RSI 的峰位卻低於前一波漲勢的高點時，此為空頭背離。當 RSI 由另兩個峰位下滑時，投資人可放空股票。

　　另一個解決單一 RSI 失真的方法是結合多種技術指標，以免提前賣出或買進，而造成少賺多賠的損失。退休公務員林清發摸索投資的時間只有七、八年，他的投資部分卻成長 4 倍以上。即使在金融海嘯期間，周遭朋友全部在股市賠三成。林清發卻因看準日幣升值，將資金轉進日幣貨幣型基金，來回操作賺進兩成價差。

　　林清發是如何辦到的？「要找相對低點，必須結合總經數據對大環境的研判和技術分析指標。」林清發說：「許多人都以為技術分析很複雜，我用自創的四分之一法，簡單多了。」

　　所謂「四分之一法」指的是三大線型指標──KD 值、RSI 值及

MACD 值全部落在四分之一以下,即週 KD 值在 20 以下,RSI 值落在 20 以下,以及 MACD 值在 －25 以下,就出現相對最低價。當然在確認最佳進場時機後,接著要找出價值被低估、漲幅落後的產業或公司。

11-4-3 指數平滑異同移動平均線

指數平滑異同移動平均線 (moving average convergence and divergence, MACD) 是美國阿佩爾 (Gerald Appel) 所提出的交易方法。儘管計算上使用三條線,快速線是兩條股價指數移動平均之間的離差值 (difference, DIF) 通常是十二日和二十六日,或十二週和二十六週;而慢速線是九日或九週快速線的移動平均線,即 MACD 線。

當股價處於上升趨勢時,快速線與慢速線之間的差距會愈來愈大。而漲多整理時,兩者間的差距會縮小或交叉。相反地,當股價處於下降趨勢中,快速線 (短期均線) 會跌破慢速線 (中期均線),且在慢速線 (中期均線) 之下,兩者間的差距會隨著跌勢加劇而擴大。藉由離差值與離差平均值之間的聚合 (convergence) 與分散 (divergence) 的徵兆,研判股市或個股的買賣時機。與 KD 和 RSI 不同的是,MACD 比較像是中期波段性的技術指標。現在我們以普遍使用的 MACD (12, 26, 9) 來說明其計算公式:

1. 首先,計算需求指標 (demand index, DI):

$$DI = \frac{最高價 + 最低價 + 2 \times 收盤價}{4}$$

2. 計算十二日及二十六日的移動平均:

$$EMA_t = EMA_{t-1} + \alpha(DI_t - EMA_{t-1})$$

$$12\text{ 日 } EMA_t = 12\text{ 日 } EMA_{t-1} + \frac{2}{13}(DI_t - 12\text{ 日 } EMA_{t-1})$$

$$26\text{ 日 } EMA_t = 26\text{ 日 } EMA_{t-1} + \frac{2}{27}(DI_t - 26\text{ 日 } EMA_{t-1})$$

3. 計算離差值 (DIF):

$$DIF = 12\text{ 日 } EMA_t - 26\text{ 日 } EMA_t$$

4. 計算 DIF 的九日指數平滑移動平均值，即 MACD_t：

$$\text{MACD}_t = \text{MACD}_{t-1} + \frac{1}{9+1}(\text{DIF}_t - \text{MACD}_{t-1})$$

MACD 為 DIF 的九日 (或九週) 指數平滑移動平均線，或稱為慢速線。

5. $\text{OSC} = \text{DIF}_t - \text{MACD}_t$ (柱狀圖)。

步驟 3 的 DIF 為短期指數平滑移動平均值減去長期指數移動平均值。若股價處多頭行情，DIF 值為正且愈來愈低；相反地，若股價處空頭行情，DIF 值為負，且程度加劇。

MACD 的應用　DIF 與 MACD 可以為正值或負值，形成在零軸上下移動的快速與慢速線。由兩條線的交叉可研判買賣訊號，而 DIF 減去 DEM 描繪而成的柱狀圖，更容易作視覺判斷。

1. DIF 與 MACD 均在零軸以上，大盤為多盤走勢。若 DIF 向下往上突破 MACD，此為買進訊號。但若 DIF 由上往下穿破 MACD，則可減碼部分手中持股，如圖 11-21 所示。

圖 11-21　MACD 指標──聯發科 (2454)

2. DIF 與 MACD 均在零軸以下，大盤為空頭走勢，DIF 由上往下跌破 MACD，此為賣出訊號。但若 DIF 由下往上突破 MACD，則可視為短中線反彈，空單可回補或搭反彈，如圖 11-22 所示。

3. 當股價創新高，但 DIF 無法續創新高時，此為高檔負背離，應為賣出時機。相反地，當股價走跌破低，但 DIF 卻未續創新低時，此為低檔負背離，應為買進時機，如圖 11-22 所示。

4. 當市場屬於盤整格局，股價不上不下時，MACD 的績效將不理想。此時，觀察短期指標如 KD 與 RSI，可作為買賣訊號的確認 MACD 柱狀圖。記得步驟 5 定義柱狀圖為 DIF 與 MACD 間的差距。柱狀圖在零軸之上是指快速線在慢速線的上方。如果斜率由正轉負，這是最理想的賣出訊號，因為多頭氣力放盡；相反地，柱狀圖在零軸之下是指快速線在慢速線的下方。如果斜率由負轉正，這是最理想的買進訊號，因為空頭氣力放盡。

MACD 柱狀圖與股價有可能發生背離現象。這種訊號很少發生，可是一旦發生，經常發展成主要的反轉與新趨勢。譬如，股價持續新高，而柱狀圖的頭部卻下滑，代表多頭在股價上漲過程中已經顯露疲態，此為空

圖 11-22　MACD 指標──華南金 (2880)

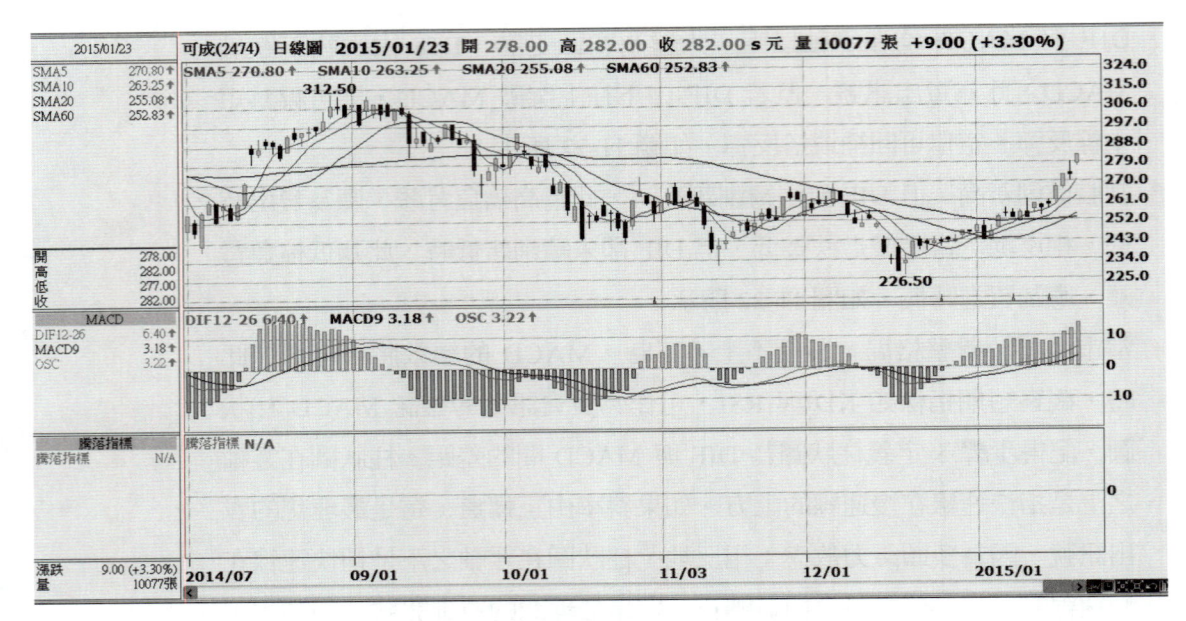

圖 11-23　MACD 柱狀圖——可成 (2474)

頭背離 (bearish divergence)，如圖 11-23 所示。相反地，多頭背離 (bullish divergence) 是指股價在下跌趨勢中，柱狀圖的底部墊高，空頭已外強中乾，多頭即將主導盤勢，如圖 11-23 所示。有一點要提醒的是，柱狀圖適用於任何時間架構。週線圖訊號所代表的意義將大於日線圖和盤中走勢圖。愈長時間架構的訊號，它所代表的意義愈重要。

11-5　情緒指標

王建民贏球，股市大漲？天氣變冷，股市下跌？就像是湯姆·克魯斯 (Tom Cruise) 在《不可能任務 4》從杜拜哈里發塔一躍而下，都是令人不可思議的一件事。投資人的情緒與股市的關聯性一向受人注目。譬如，晴天萬里無雲，總是令人心情開朗，比較會注意市場的正面訊息，而對負面消息抱持較樂觀態度。有學者研究指出，白天長度能夠解釋元月效應。以下我們介紹幾個比較常見的投資情緒指標。

11-5-1　券資比

券資比是融券張數除以融資張數。融券 (short interest) 係指投資人預

期股價下跌時，會先向券商借股票 (融券) 賣出。待日後股價下跌時再以低價回補。譬如，阿雞師在 2011 年 4 月 29 日以每股 1,300 元融券賣出一張宏達電股票。然後，在 2012 年 7 月 13 日以 288 元回補一張宏達電股票。短短八個月，阿雞師可賺進新臺幣 102 萬元。

通常，融券一定要有券源，也就是要有融資才能融券。因此，融券張數一定小於 (或等於) 融資張數。以玉晶光 (3406) 為例，2015 年 1 月 23 日的融資與融券張數分別為 18,602 張與 8,055 張，其券資比可計算成：

$$券資比 = \frac{8,055}{18,602} = 43.30\%$$

圖 11-24 描繪玉晶光的券資比。資深分析師賴憲政曾說過：「在大漲過程中，券資比超過六成的個股，將會先軋空頭再軋空手，最有機會上演軋空行情。」倘若市場上的融資全數以現金贖回，市場沒有券源或股東會前需求融券回補。而市場惜售，融券放空的投資人在一定回補的壓力下開始搶券，股價自然扶搖直上。憲哥也提醒，要發動軋空行情，還要配合技術面轉強。首要觀察指標為季線是否翻揚；否則，即使券資比高達八成，也有可能是「處空」。

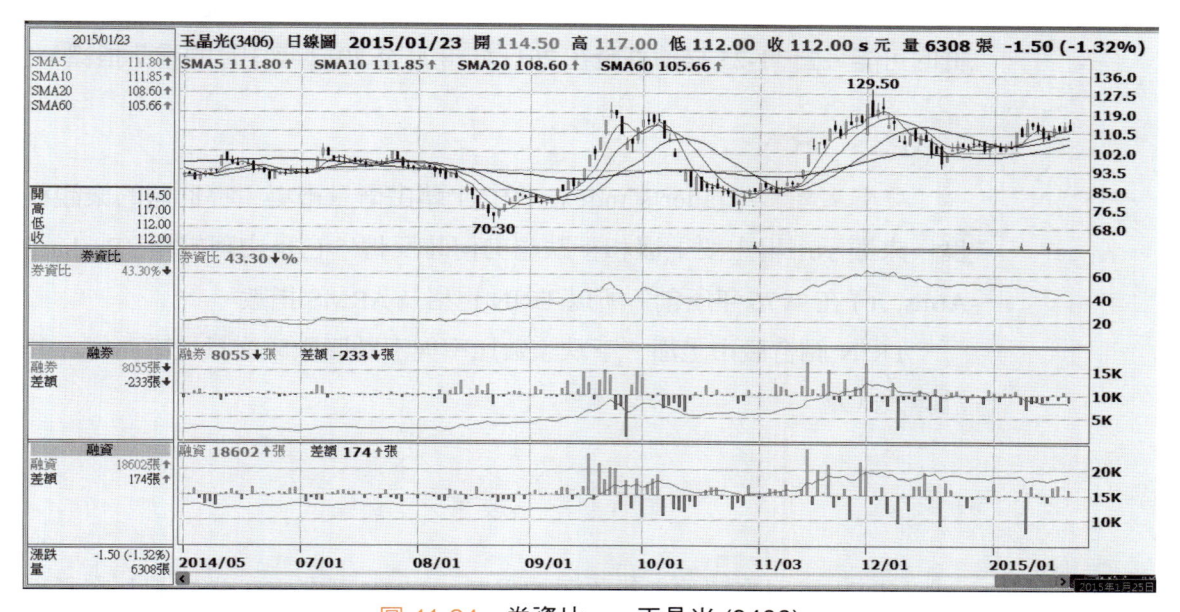

圖 11-24　券資比──玉晶光 (3406)

11-5-2 騰落指標

騰落指標 (advance decline line, ADL) 是依據每日股票市場漲跌家數不同變化所計算出來的技術指標。其公式為：

$$ADL_t = ADL_{t-1} + (上漲家數 - 下跌家數)$$

以 2012 年 3 月 12 日為例，集中市場的上漲與下跌家數分別為 1,104 家與 3,122 家，而前一天 (3 月 11 日) 的騰落指標為 −73,958 家，因此 3 月 12 日的 ADL 為 −73,958 − 2,018 = −75,976 家。換句話說，騰落指標是累計過去交易日的上漲／下跌家數。我們在觀察 ADL 線型時，重點應放在 ADL 的走勢，而非絕對數值的大小。

騰落指標在應用上，通常拿來與大盤指數對照。舉例來說，若騰落指標與大盤走勢都上升 (下跌)，表示市場繼續走揚 (走跌) 的可能性很大。其次，若騰落指標由高檔滑落 (低檔向上)，而大盤指數依舊上揚 (下挫)，股價背離訊號出現，大盤隨時可能回檔 (回升)。最後，多頭市場中大盤指數尚未超越前波高點，而 ADL 已突破前高時，表示市場上揚動能充足，大盤指數有創新高點的可能。相反地，空頭市場中，大盤指數未跌破前波低點，而 ADL 已下挫創下新低時，顯示空方力道強勁，大盤指數有再創新低的可能。圖 11-25 描繪臺股在 2011 年 8 月至 2012 年 3 月的騰落指標。

11-5-3 TRIN

交易者指數 (trader's index, TRIN) 藉由衡量市場主導群體的樂觀程度，來顯示市場主要上漲和下跌趨勢何時反轉。它是由阿姆斯 (Richard Arms, Jr.) 在 1976 年所創，所以 TRIN 也稱為 ARMS 指數。

TRIN 結合股市上漲／下跌家數比率與漲跌股數成交量比率而得，其計算公式為：

$$TRIN = \frac{下跌成交量／下跌家數}{上漲成交量／上漲家數}$$

TRIN 可用來解讀大盤強弱的程度。TRIN 大於 1，常被視為空頭市場，因為下跌股票的平均成交量比上漲股票的平均成交量高。相反地，

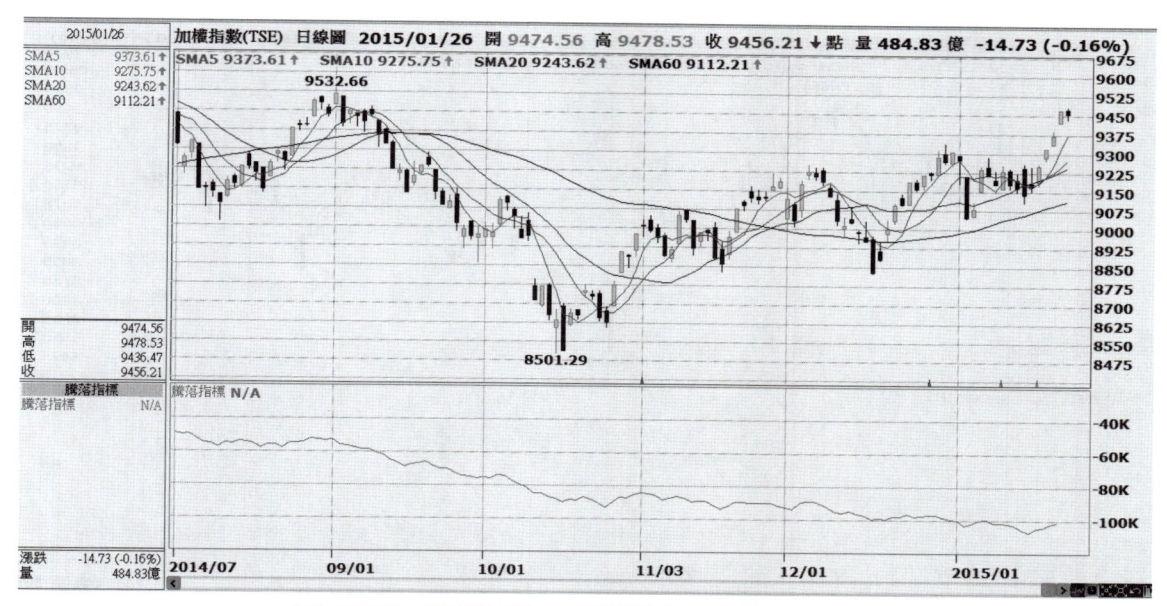

圖 11-25　騰落指標──臺灣發行量加權股價指數

TRIN 小於 1，代表上漲股票比下跌股票的平均成交量高，市場的買方力道較強，可視為多頭市場。倘若市場處於上漲趨勢，上漲股票成交量的擴大程度通常超過上漲家數。譬如，若漲／跌家數比為 2：1，而漲／跌成交量比為 4：1，則 TRIN 等於 0.5，意味著多頭較樂觀。TRIN 指數愈小，代表股價可能接近頭部。相反地，市場處於下跌趨勢，下跌股票成交量擴大程度通常超過下跌家數。譬如，若漲／跌家數比為 1：2，而漲／跌成交量比為 1：6，則 TRIN 等於 3，意味著空方力道較強。但 TRIN 指數愈高，代表價格愈接近底部。圖 11-26 顯示 TRIN 指數與臺股大盤指數之間的關係。

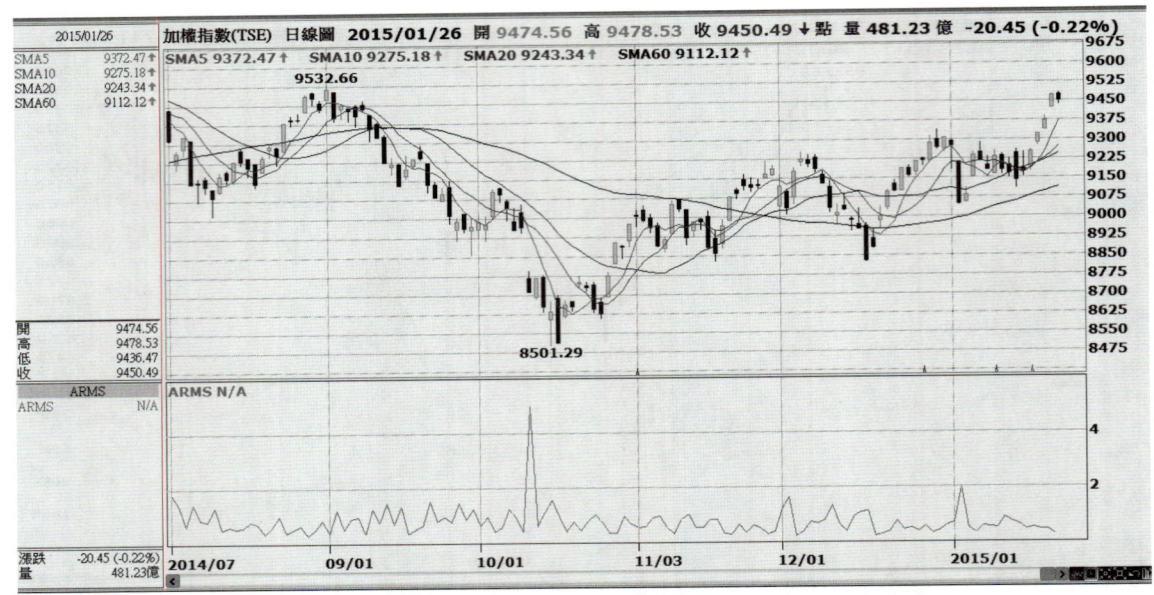

圖 11-26　交易者指數 (TRIN)──臺灣發行量加權股價指數

習　題

問答題

1. 請至臺灣證券交易所網站：https://www.twse.com.tw，下載最近六個月的發行量加權股價指數歷史資料。請分別計算六十日及一百二十日的移動平均值。
2. 延續練習題 11-2 的資料，若味全 (1201) 在 3 月 15 日的收盤價為 25.3 元，則 3 月 15 日的 RSI 為何？

網路習題

1. 請至雅虎奇摩網站，查看股市之集中市場大盤走勢。請問 MA5 與 MA20 的走勢為何？
2. 請上雅虎奇摩網站，下載宏達電 (2498) 最近七個交易日的股價，並計算六日 RSI。

投資績效評估與歸因

　　天國又好比一個主人要往外國去，就叫了僕人來，把他的家業交給他們。主人按照僕人各自的才幹，給他們銀子。一個給了 5,000，一個給了 2,000，一個給了 1,000，就往外國去了。那領 5,000 的，隨即拿去做買賣，另外賺了 5,000。那領 2,000 的，也照樣另賺了 2,000。但那領 1,000 的，去掘開地，把主人的銀子埋藏了。過了許久，那些僕人的主人回來了，和他們算帳。那領 5,000 銀子的，又帶著那另外的 5,000 來：「說，主啊，你交給我 5,000 銀子，請看，我又賺了 5,000。」主人說：「好，你這又良善又忠心的僕人。你在不多的事上有忠心，我要把許多事派你管理；可以進來享受你主人的快樂。」……那領 1,000 的也來，說：「主啊，我知道你是忍心的人，沒有種的地方要收割，沒有散的地方要聚斂。我就害怕，去把你的 1,000 銀子埋藏在地裡。請看，你的原銀子在這裡。」主人回答說：「你這又惡又懶的僕人，你既知道我沒有種的地方要收割，沒有散的地方要聚斂。就當把我的銀子放給兌換銀錢的人，到我來的時候，可以連本帶利收回。奪過他這 1,000 來，給那有 10,000 的。因為凡有的，還要加給他，叫他有餘；沒有的，連他所有的，也要奪過來。把這無用的僕人，丟在外面黑暗裡。在那裡必要哀哭切齒了。」

　　　　　　　　　　　　　——《馬太福音，二十五章，14-30 節》

上面那一段的聖經故事，後來企業界普遍稱為「馬太效應」。那領 5,000 的僕人，賺了 5,000；那領 2,000 的僕人，也賺了 2,000；兩人的投資報酬率都是 100%。那領 1,000 的僕人，因為害怕風險，把主人的銀子埋在地底下，沒有把主人的銀子放給兌換銀兩的人賺取定存報酬，所以他的報酬是零，最後落到被主人丟出去的下場。

12-1　投資績效評估

12-1-1　指標介紹

我們可以看見，投資績效評估 (performance evaluation) 除了傳統的報酬與風險之外，也必須考慮經過風險調整後的指標。首先，我們介紹幾個常用的指標：短期與長期的報酬、年化標準差、貝它 (Beta)、傑森阿爾法 (Jensen's alpha)、夏普指數 (Sharpe ratio)、崔諾指數 (Treynor ratio)、資訊比率 (information ratio)，來評估一個投資組合的表現。我們介紹這些指標，主要是讓不同風險愛好的投資人，可以根據自己對風險跟報酬的承受度，選擇自己適合的指標。因為報酬長期而言，會與風險成正比，想要賺取高報酬就要有承擔高風險的準備。最後，我們介紹投資績效歸因，透過權重與報酬來說明經理人的選股能力與擇時能力。

要如何評估投資組合的績效？我們利用表 12-1 的資料來說明如何計算各種評估指標。

12-1-2　短期與長期的報酬率

股票在評估期間之報酬率是股票在該期間之累計報酬率。過去 n 個月累計報酬率可以用下列公式表示：

$$U_n = \sum_{i=1}^{n} R_i \qquad (12\text{-}1)$$

上式中，U_n 為 N 期累計報酬率，R_i 為第 i 期報酬率，n 為期數。

一般所謂短期報酬包括最近一個月、三個月、六個月及一年，所以一年以內的績效可以視為短期，三年為中期報酬績效，七年以上為長期報酬

表 12-1　2010 年 7 月至 2012 年 6 月臺股加權指數、臺銀 1 月定存與台積電收盤價的月報酬率

	A	B	C	D	E	F
	日　期	臺股加權指數報酬率	臺銀1月定存利率報酬率	台積電收盤價報酬率	B3－C3差額	D3－C3差額
1	2010/07/30	5.88%	0.00%	8.26%	0.0588	0.0826
2	2010/08/31	－1.86%	0.00%	－5.62%	－0.0186	－0.0562
3	2010/09/30	8.16%	0.00%	5.27%	0.0816	0.0527
4	2010/10/29	0.60%	7.69%	1.29%	－0.0709	－0.0640
5	2010/11/30	1.03%	0.00%	0.95%	0.0103	0.0095
6	2010/12/31	7.17%	7.14%	11.99%	0.0002	0.0485
7	2011/01/28	1.93%	0.00%	7.46%	0.0193	0.0746
8	2011/02/25	－5.97%	0.00%	－7.60%	－0.0597	－0.0760
9	2011/03/31	0.97%	0.00%	0.14%	0.0097	0.0014
10	2011/04/29	3.74%	9.33%	3.68%	－0.0560	－0.0566
11	2011/05/31	－0.21%	0.00%	4.79%	－0.0021	0.0479
12	2011/06/30	－3.74%	0.00%	－1.81%	－0.0374	－0.0181
13	2011/07/29	－0.10%	7.32%	－0.27%	－0.0741	－0.0759
14	2011/08/31	－10.44%	0.00%	－3.61%	－0.1044	－0.0361
15	2011/09/30	－6.67%	0.00%	0.87%	－0.0667	0.0087
16	2011/10/31	5.01%	0.00%	5.14%	0.0501	0.0514
17	2011/11/30	－9.01%	0.00%	1.35%	－0.0901	0.0135
18	2011/12/30	2.43%	0.00%	1.61%	0.0243	0.0161
19	2012/01/31	6.29%	0.00%	3.56%	0.0629	0.0356
20	2012/02/29	8.04%	0.00%	3.32%	0.0804	0.0332
21	2012/03/30	－2.32%	0.00%	4.69%	－0.0232	0.0469
22	2012/04/30	－5.44%	0.00%	2.23%	－0.0544	0.0223
23	2012/05/31	－2.67%	0.00%	－1.96%	－0.0267	－0.0196
24	2012/06/29	－0.07%	0.00%	－4.47%	－0.0007	－0.0447

績效。

譬如在表 12-1 中，台積電過去一個月、三個月、六個月及一年的累計報酬率，我們利用 Excel 分別計算出為 －4.47%、－4.2%、7.37%、12.46%。

12-1-3　年化標準差

標準差衡量報酬率的波動程度，是一種常用的風險指標。標準差愈大表示高報酬率與低報酬率之間相差愈大。平均報酬率加上兩個標準差大約是狀況很好時的報酬率；平均報酬率減去兩個標準差大約是狀況很壞時的

報酬率。我們可以利用下列公式分別求出月、季與年的標準差：

$$\sigma_{月}=\sqrt{\frac{\sum_{i=1}^{n}(R_i-\overline{R}_n)^2}{n-1}} \qquad (12\text{-}2)$$

$$\sigma_{季}=\sigma_{月}\times\sqrt{3} \qquad (12\text{-}3)$$

$$\sigma_{年}=\sigma_{月}\times\sqrt{12} \qquad (12\text{-}4)$$

上列公式中，R_i 為 i 月之月報酬率，$\overline{R}_n$ 為 n 月化標準差，$\sigma_{月}$ 為月化標準差，$\sigma_{季}$ 為季化標準差，$\sigma_{年}$ 為年化標準差。

譬如在表 12-1 中，台積電過去二十四個月的月化標準差、季化標準差與年化標準差，我們利用 Excel 分別計算出 24 個月的標準差，其值列於表 12-2 中之 H3。

表 12-2　台積電 24 個月的標準差

	G	H	I	J	K	L
	台積電平均報酬率	台積電標準差	臺銀利率平均報酬率	貝它	傑森阿爾法	夏普指數
3	0.0172	0.045464	0.0131	0.5855	0.0111	0.0896

12-1-4　貝它

貝它 (Beta) 是用來衡量股票之市場風險，也稱為系統性風險。其公式為：

$$R_{i,t}-R_{f,t}=\alpha_i+\beta_i(R_{m,t}-R_{f,t})+\varepsilon_{i,t} \qquad (12\text{-}5)$$

上式中，$R_{i,t}$ 為股票 (台積電) 報酬率，$R_{f,t}$ 為無風險報酬 (臺銀 1 月定存利率)，$R_{m,t}$ 為臺股加權指數報酬率，t 為時間 (從 2010 年 7 月 30 日至 2012 年 6 月 29 日)，α_i、β_i 為係數，ε_i 為誤差項。而其中 β_i 就是貝它值。

要衡量台積電之市場風險，可從表 12-1 計算出貝它值：

1. 計算臺股加權指數報酬率與臺銀一個月定存報酬率的差額。[在 Excel 函數列輸入＝B3－C3，即可求算出兩者之間的差額，其餘資料利用游標十字拖曳，即可算出 F 行 (B3－C3 差額)，其值列於表 12-1。]
2. 計算台積電報酬率與臺銀一個月定存報酬率的差額。[在 Excel 函數列輸

入 =D3－C3，即可求算出兩者之間的差額，其餘資料利用游標十字拖曳，即可算出 F 行 (D3－C3 差額)，其值列於表 12-1。]

3. 在 Excel 函數列輸入＝SLOPE，在 known_y's 輸入 Y 值 (F3: F26)，在 known_x's 輸入 X 值 (E3: E26)，即可求算出兩者之間的貝它值為 0.5855。其值列於表 12-2 中之 J3。

12-1-5 傑森阿爾法

傑森阿爾法 (Jensen's alpha) 是用以衡量股票報酬率超過其承擔市場風險所應得報酬之部分，其計算公式如下：

$$\text{傑森阿爾法}=\alpha_i=\overline{R_i}-[\overline{R_f}+\beta_i(\overline{R_m}-\overline{R_f})] \tag{12-6}$$

上式中，α_i 為台積電傑森阿爾法，$\overline{R_i}$ 為台積電過去二十四個月之平均月報酬率，β_i 為台積電貝它值，$\overline{R_f}$ 為臺銀一個月定存平均報酬率 (平均無風險報酬率)，$\overline{R_m}$ 為臺股加權指數平均報酬率。在式 (12-6) 中的 α_i 就是傑森阿爾法。

我們從表 12-1 中可計算出傑森阿爾法，其計算方式如下：

- 在 Excel 函數列輸入＝INTERCEPT，在 known_y's 輸入 Y 值 (F3: F26)，在 known_x's 輸入 X 值 (E3: E26)，即可求算出兩者之間的傑森阿爾法值，其值列於表 12-2 中之 K3。

12-1-6 夏普指數

夏普指數 (Sharpe ratio) 為經過風險調整後的績效指標，用以衡量每單位總風險 (以月化標準差衡量) 所得的超額報酬，而超額報酬是台積電過去平均報酬率超過平均一個月定存利率的部分。夏普指數的計算公式說明於下：

$$\text{夏普指數}=\frac{\overline{R_i}-\overline{R_f}}{\sigma_i} \tag{12-7}$$

上式中，$\overline{R_i}$ 為台積電平均報酬率，$\overline{R_f}$ 為臺銀一個月定存利平均報酬率 (無風險利率)，σ_i 為台積電月標準偏差。

我們從表 12-1 中可計算出夏普指數，其計算方式如下：

1. 計算出台積電平均報酬率。在 Excel 函數列輸入＝AVERAGE (B3: B26)。其值列於表 12-2 中之 G3。
2. 計算出台積電標準差。在 Excel 函數列輸入＝SD (B: B26)。其值列於表 12-2 中之 H3。
3. 計算出臺銀一個月定存平均報酬率。在 Excel 函數列輸入＝AVERAGE (C3: C26)。其值列於表 12-2 中之 I3。
4. 計算夏普指數，在 Excel 函數列輸入＝(G3－I3)/H3，即可得到夏普指數值為 0.896 [J3]。其值列於表 12-2 中之 L3。

12-1-7 崔諾指數

崔諾指數 (Treynor ratio) 是衡量每單位市場風險 (β 係數) 所得之超額報酬，其公式如下：

$$崔諾指數 = T_i = \frac{\overline{R_i} - \overline{R_f}}{\beta_i} \tag{12-8}$$

上式中，R_i 為台積電平均報酬率，R_f 為臺銀一個月定存平均報酬率 (無風險報酬率)，β_i 為貝它值。我們可從表 12-2 中計算出崔諾指數為 (G3－I3)/J3＝0.007(Q3)。

12-1-8 資訊比率

資訊比率 (information ratio) 衡量投資組合相對於基準組合的風險收益情況。要計算出資訊比率，先以台積電平均報酬率減去臺股加權指數平均報酬率，計算其平均數報酬率差，然後再除以相減後差額之標準差。

$$\frac{\overline{R_p} - \overline{R_m}}{\sigma_{R_p - R_m}}$$

我們從表 12-1 中可計算出資訊比率，其計算方式如下：

1. 計算臺股加權指數平均報酬率。[在 Excel 函數列輸入＝AVERAGE (B3: B26)，得到 0.11% (M3)。]

2. 計算台積電報酬率與臺股加權指數平均報酬率差額。[在 Excel 函數列輸入＝G3－M3，得到 1.6% (N3)。
3. 計算殘差標準差。[在 Excel 函數列輸入＝STDEV (N3:N26)，得到 4.28% (O3)。]
4. 計算資訊比率。[在 Excel 函數列輸入＝N3/O3，得到 0.374 (P3)。]

	M	N	O	P	Q
	臺指平均報酬	平均報酬率差	殘差標準差	資訊比率	崔諾指數
3	0.0012	0.0160	0.0428	0.374	0.0012

12-2　投資績效歸因

菲哥在前一陣子的金融海嘯，慘賠了幾千萬元，害他心情不好，連衝浪也很少去玩。不過，他最近認識一個財金系的龍教授，告訴他在哪裡跌倒就在哪裡站起來。所以，他決定去檢視之前金控理財專員建議他買的基金，利用龍教授告訴他的績效評估方法，來分析他投資組合的表現：哪一些是表現好的可以繼續保留或加碼，哪一些表現不佳的就減碼或出清。績效歸因 (performance attribution) 能分析出投資組合在哪裡增加價值，以及在哪裡減少價值。就好像阿雞師去當美食節目的評審，可以指出一道美食在製作過程中，哪一個環節是好的，哪一個環節還可以改進。

本節所討論的績效歸因與上一節績效評估，都是在評估一個投資組合的表現。不同的是，績效評估是看整個投資組合風險與報酬的抵換關係；而績效歸因則是將主動式經理人超過基準組合報酬的部分，進一步分解成擇時與選股的貢獻，來瞭解經理人的強項與弱項為何，再進一步改善。就像洋基隊是一支強隊，但也得花不少錢招攬明星球員，所以它的球隊表現除以球員薪水並不會太高，這就是洋基隊的績效評估。若進一步分析，我們可以發現洋基隊的強打比較多，但三振率也高，這就是洋基隊的績效歸因。

簡單來說，績效歸因可以分成選股能力與擇時能力。所謂擇時能力是指在不同時候選擇不同資產權重的能力，而選股能力則是指挑選股票的能

力。所以，我們可以將自己的投資組合與基準組合 (benchmark portfolio) 之間的差異，拆解成為擇時貢獻與選股貢獻。當我們的投資組合包含國際資產時，可以把績效的貢獻拆解成貨幣選擇、國家選擇及股票選擇。

我們針對績效表現進行分析，是希望拆解投資組合的整體表現，以辨識真正影響投資組合的原因或步驟。一般而言，基準組合會選取指數或被動式投資組合，譬如投資臺灣股票市場加權指數基金或者臺灣 ETF 50 基金；而主動式投資組合，譬如市面上很多金控或基金公司所販售不同種類的基金。所以拆解主動與被動式投資組合績效表現的差異，可以看出基金經理人是來自於擇時 (資產配置) 的貢獻，或是挑選股票能力的貢獻。

12-2-1　投資績效歸因拆解

一般而言，我們績效的總貢獻可以拆解成擇時 (資產配置) 貢獻與選股貢獻，以及資產配置與選股的交叉向貢獻。在圖 12-1 中，橫軸為權重，分別為投資組合權重 (w_p) 與基準組合權重 (w_b)；縱軸為報酬，可分成投資組合報酬 (r_p) 與基準組合報酬 (r_b)。因此，我們可以交叉出四個區域，分別為市場績效、選股能力、擇時能力，以及擇時與選股能力的交叉項。為了簡化起見，我們會將交叉項併入選股貢獻。

我們可將績效歸因的公式列出如下：

基準組合報酬：$r_B = \sum_{i=1}^{n} w_{Bi} r_{Bi}$

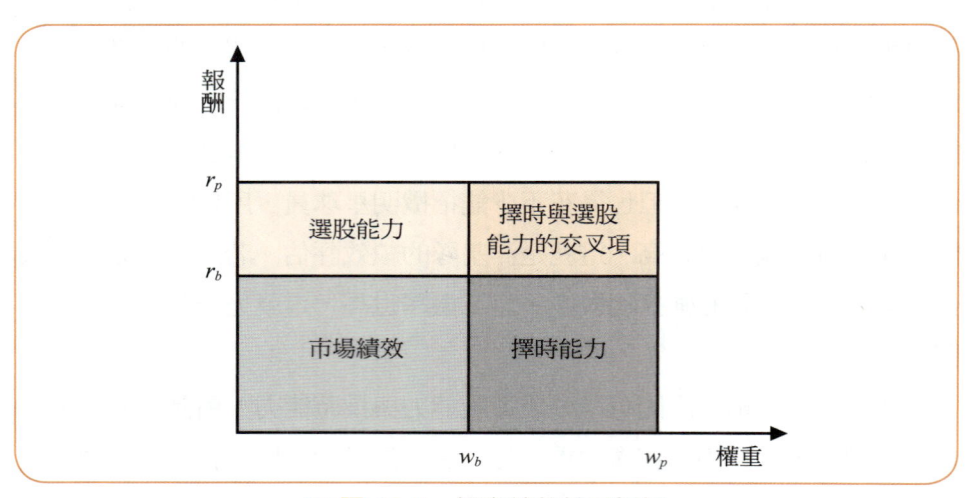

圖 12-1　投資績效歸因拆解

投資組合報酬：$r_p = \sum_{i=1}^{n} w_{pi} r_{pi}$

超額報酬：$r_p - r_B = \sum_{i=1}^{n} w_{pi} r_{pi} - \sum_{i=1}^{n} w_{Bi} r_{Bi}$

$$= \sum_{i=1}^{n} (r_{pi} - r_{Bi}) w_{pi} + \sum_{i=1}^{n} (w_{pi} - w_{Bi}) r_{Bi}$$

$$= \sum_{i=1}^{n} r_{pi} w_{pi} - \sum_{i=1}^{n} r_{Bi} w_{pi} + \sum_{i=1}^{n} w_{pi} r_{Bi} - \sum_{i=1}^{n} w_{Bi} r_{Bi}$$

上式中，w_{Bi} 為基準組合權重，r_{Bi} 為基準組合報酬，w_{pi} 為投資組合權重，r_{pi} 為投資組合報酬。

所以，一個投資組合超額報酬的總貢獻，可以拆解成擇時貢獻與選股貢獻。擇時 (資產配置) 貢獻的定義為基準組合的報酬×(經理人權重－基準組合權重)，而選股貢獻的定義為經理人權重×(經理人報酬－基準組合報酬)。

有關績效貢獻 (contributions for performance) 的公式列出如下：

擇時 (資產配置) 貢獻 (A) $= \sum_{i=1}^{n} (w_{pi} - w_{Bi}) r_{Bi}$

選股貢獻 (B) $= \sum_{i=1}^{n} (r_{pi} - r_{Bi}) w_{pi}$

總貢獻 (A＋B) $= r_p - r_B$

★ 例 1：只有選股能力

假設基準組合權重是 0.5，經理人權重也是 0.5，基準組合報酬是 0.5，經理人報酬是 0.6，請計算經理人的擇時與選股能力為何？

$$w_b = 0.5 \quad\quad r_b = 0.5$$
$$w_p = 0.5 \quad\quad r_p = 0.6$$

答：

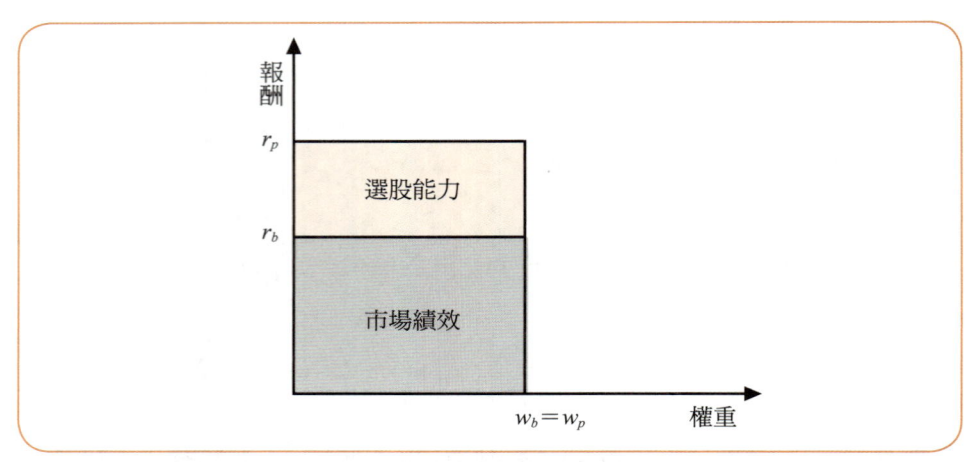

圖 12-2　只有選股能力

在這個例子中，經理人權重與基準組合權重是相同的，所以沒有所謂的擇時能力，只有選股能力 (如圖 12-2 所示)。

選股能力 [固定基準組合的權重 (w_b)] $= w_b \times (r_p - r_b)$
$$= 0.5 \times (0.6 - 0.5) = 0.05$$

★ **例 2：只有擇時能力**

假設基準組合權重是 0.5，經理人權重是 0.6，基準組合報酬是 0.5，經理人報酬是 0.5，請計算經理人的擇時與選股能力為何？

$w_b = 0.5$	$r_b = 0.5$
$w_p = 0.6$	$r_p = 0.5$

答：在這個例子中，經理人報酬與基準組合報酬是相同的，只有權重不同，所以沒有所謂的選股能力，只有擇時能力 (如圖 12-3 所示)。

選股能力 [固定基準組合的報酬 (r_b)] $= (w_p - w_b) \times r_b$
$$= (0.6 - 0.5) \times 0.5 = 0.05$$

★ **例 3**：假設市場基準權重資產 1 為 0.5，資產 2 為 0.5，市場基準報酬則分別為 0.05 和 0.1；經理人投資權重資產 1 為 0.4，資產 2 為 0.6，經理人投資報酬則分別為 0.1 和 0.05。請計算經理人的擇時與選股能力為何？

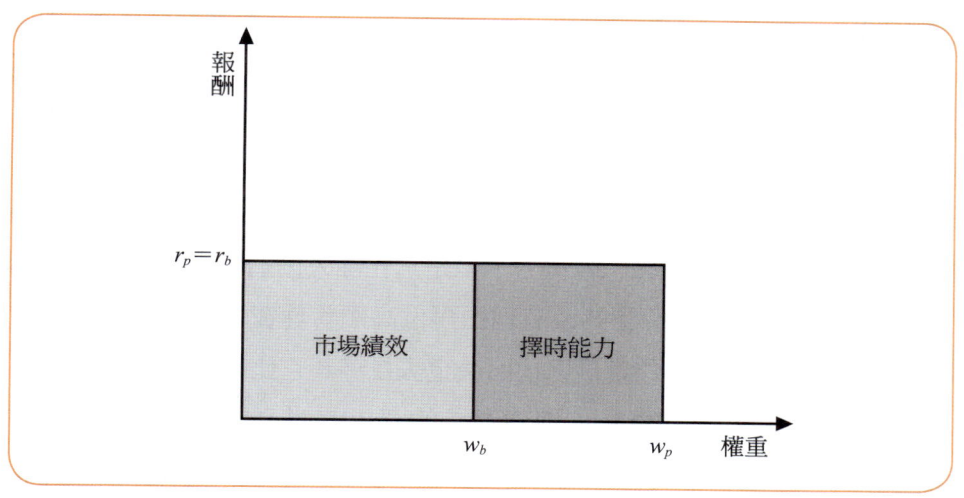

图 12-3　只有擇時能力

答：在這個例子中，經理人的權重報酬都與基準組合不同，所以同時兼具有擇時與選股能力。

$$w_{b1} = 0.5 \quad r_{b1} = 0.05$$
$$w_{b2} = 0.5 \quad r_{b2} = 0.1$$
$$w_{p1} = 0.4 \quad r_{p1} = 0.1$$
$$w_{p2} = 0.6 \quad r_{p2} = 0.05$$

經理人總報酬 $(r_p) = w_{p1} \times r_{p1} + w_{p2} \times r_{p2}$
$$= 0.4 \times 0.1 + 0.6 \times 0.05 = 0.07$$

基準組合總報酬 $(r_b) = w_{b1} \times r_{b1} + w_{b2} \times r_{b2}$
$$= 0.5 \times 0.05 + 0.5 \times 0.1 = 0.075$$

擇時 $= \Sigma (w_{pi} - w_{bi}) \times r_{bi}$
$$= (0.4 - 0.5) \times 0.05 + (0.6 - 0.5) \times 0.1$$
$$= 0.005 \text{ (正的代表具有擇時能力)}$$

選股 $= \Sigma w_{pi} \times (r_{pi} - r_{bi})$
$$= 0.4 \times (0.1 - 0.05) + 0.6 \times (0.05 - 0.1)$$
$$= -0.01 \text{ (負的代表不具有選股能力)}$$

經理人超額報酬 $(r_p - r_b)$ ＝擇時＋選股

$$= 0.005 + (-0.01) = -0.005$$

在這個例子中，基金經理人幫客戶投資 40% 於股票，60% 於債券，這樣的投資組合創造出正的擇時能力，但也得到負的選股能力，由此可得知基金經理人在擇時能力上較優秀。但是，經理人創造的投資組合 7% 小於市場報酬 7.5%，客戶認為沒有理由再付高額管理費給經理人。因此，不願再給此經理人幫他投資理財，而決定去找尋其它比較適合的經理人！

我們也可以從下列資產 1 與資產 2 的圖 12-4 來瞭解。在檢視個別的投資績效上，我們可以發現經理人在資產 1 有選股能力，卻沒有擇時能力；在資產 2 剛好相反，無選股能力但卻有擇時能力。

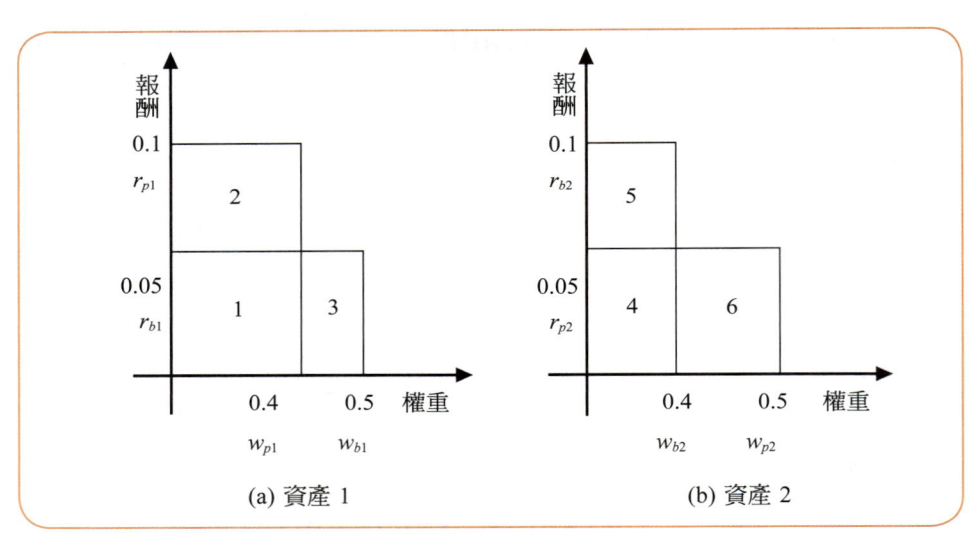

圖 12-4　資產投資績效

練習題 12-1

在某一年，A 共同基金賺到 15% 報酬率，其投資情況如下：

	權重	報酬
債券	10%	6%
股票	90%	16%

而基準組合由以下計算得 10% 報酬率：

	權重	報酬
雷曼兄弟指數	50%	5%
標準普爾 500 指數	50%	15%

(1) A 共同基金之總超額報酬為何？
(2) 總超額報酬中有多少應歸功於跨市場的資產配置 (asset allocation)？
(3) 總超額報酬中有多少應歸功於市場內的證券選擇 (security selection)？

答：(1) A 共同基金之報酬 = 10%×6% + 90%×16% = 15%
　　A 共同基金之總超額報酬 = 15% － 10% = 5%

(2)

資產	實際權重	基礎權重	超額權重	超額報酬	邊際貢獻
債券	10%	50%	－40%	5% － 10% = －5%	－40%× －5% = 2%
股票	90%	50%	40%	15% － 10% = 5%	40%×5% = 2%
					4%

總超額報酬中有 4% 為資產配置得宜所貢獻。

(3)

資產	實際權重	基礎權重	超額權重	超額報酬	邊際貢獻
債券	6%	5%	1%	10%	0.1%
股票	16%	15%	1%	90%	0.9%
					1%

總超額報酬中有 1% 應歸功於市場內的證券選擇。

12-2-2 國際投資的績效歸因

菲哥後來在一個晚宴上，遇到另一位基金經理人阿哲。阿哲告訴他不要只著眼於國內市場，應放眼國際。臺灣是一個淺碟市場，很容易因為一些國際消息而過度反應，所以最好投資一些跟臺灣比較沒有相關的國外市場，而降低整個投資組合的風險。

國際投資組合之績效貢獻

當我們的投資組合包含國際資產時，則可以把超額報酬績效的貢獻分成三類：貨幣選擇、國家選擇及股票選擇。貨幣選擇 (currency selection) 是投資人進行資產配置時，對於不同國家的貨幣所做的選擇；國家選擇 (country selection) 是投資人進行資產配置時，對於標的國所做的選擇；股

票選擇 (stock selection) 是投資人進行資產配置時，對於某國股市各股所做的選擇。

有關國際投資組合績效貢獻的公式列出如下：

$$R_p - R_b = (W_p - W_b) \times R_c + (W_p - W_b) \times R_b + (R_p - R_b) \times W_p$$

超額報酬績效的貢獻＝貨幣選擇的貢獻＋國家選擇的貢獻＋股票選擇的貢獻

上式中，R_p 為投資組合報酬，R_b 為基準組合報酬，W_p 為投資組合權重，W_b 為基準組合權重，R_c 為匯率報酬。其中：

貨幣選擇的貢獻＝$(W_p - W_b) \times R_c$

國家選擇的貢獻＝$(W_p - W_b) \times R_b$

股票選擇的貢獻＝$(R_p - R_b) \times W_p$

海外投資報酬的衡量

當我們計算投資組合之績效貢獻時，如果投資組合包含國際資產，要將海外報酬轉換成本國報酬，我們會有兩個報酬產生：一個是以本國幣值計價的報酬；另一個則是將外國資產轉換成本國貨幣所面臨的外匯報酬。

外匯報酬 (R_c) 的計算　如果阿雞師想投資外匯買賣來賺取報酬，其外匯報酬應如何計算？首先，我們假設：$E_0 =$ 在時間點 t_0 下，一單位外幣 (美元) 可以換多少單位本國幣 (臺幣)；$E_1 =$ 在時間點 t_1 下，一單位外幣可以換多少單位本國幣。

所以新臺幣 1 元在 t_0 可以轉換成 $1/E_0$ 美元；在 t_1 可以轉換成 $(1/E_0)*E_1 = E_1/E_0$ 新臺幣。則阿雞師的外匯淨報酬 $= (E_1/E_0 - 1)/1 = (E_1 - E_0)/E_0$。

★ **例 4**：假設 $E_0 = 35$，$E_1 = 30$，試求外匯淨報酬為何？

答：　　　外匯淨報酬 $= (E_1 - E_0)/E_0 = (30 - 35)/30 = -16.6\%$

海外投資報酬的計算　要將海外報酬轉換成本國報酬，其計算公式如下：

本國的毛報酬＝以外幣計價的毛報酬×外匯的毛報酬

$$1 + R_{tw} = (1 + R_f)(1 + R_c)$$

上式中，$1+R_{tw}$ 為毛報酬 (以本國幣計價)，$1+R_f$ 為外國投資的毛報酬 (以外國幣計價)，$1+R_c$ 為匯率的毛報酬。

將上式展開可以得到：

$$1+R_{tw}=(1+R_f)(1+R_c)=1+R_f+R_c+R_f\times R_c$$

如果 $R_f\times R_c$ 這個交叉項太小，省略不計，我們可以得到：

$$R_{tw}=R_f+R_c$$

也就是說，

本國的淨報酬＝以外幣計價的淨報酬＋外匯的淨報酬

★ **例 5**：假設菲哥在 2012 年年初投資新臺幣 100 萬元購買美國股票，當時新臺幣兌換美元的匯率為 1 美元兌換新臺幣 34 元 (E_0)。到了 2012 年年底，菲哥將股票賣出，獲得美國股票的報酬率為 -5%。而年底新臺幣升值為 1 美元兌換新臺幣 32 元 (E_1)，請問以新臺幣計價，菲哥投資的報酬率為何？

答：
$$R_f=-5\%$$
$$R_c=(32-34)/34=-5.8\%$$
$$(1+R_{NT})=(1+R_f)(1+R_c)=(1-5\%)(1-5.8\%)$$
$$=89.5\%$$
$$R_{NT}=-10.5\%$$

★ **例 6**：一個國際經理人的投資組合、基準組合標的權重報酬及匯率如下表，請計算經理人的貨幣選擇、國家選擇與股票選擇為何？

	W_b	R_b	R_c	W_p	R_p	E_0	E_1
美 國	0.4	-5%	-6.67%	0.3	-10%	30	28
歐 洲	0.3	-10%	-11.11%	0.2	-5%	45	40
澳 洲	0.3	15%	-14.29%	0.5	10%	35	30

W_b：市場基準權重，R_b：市場基準績效

W_p：經理人投資組合權重，R_p：經理人投資組合績效

R_c：外匯報酬

E_0：期初匯率報價（1 美元等於新臺幣 30 元，1 歐元等於新臺幣 45 元，1 澳幣等於新臺幣 35 元）

E_1：期末匯率報價（1 美元等於新臺幣 28 元，1 歐元等於新臺幣 40 元，1 澳幣等於新臺幣 30 元）

答：外匯淨報酬 $(R_c) = (E_1/E_0) - 1 = (E_1 - E_0)/E_0$

美國 $= (28 - 30)/30 = -6.67\%$

歐洲 $= (40 - 45)/45 = -11.11\%$

澳洲 $= (30 - 35)/35 = -14.29\%$

(1) 貨幣選擇的貢獻 $= (W_p - W_b) \times R_c$
$= [(0.3 - 0.4) \times (-6.67\%)]$
$\quad + [(0.2 - 0.3) \times (-11.11\%)]$
$\quad + [(0.5 - 0.3) \times (-14.29\%)]$
$= 0.0067 + 0.0111 + (-0.02858)$
$= -0.01$

(2) 國家選擇的貢獻 $= (W_p - W_b) \times R_b$
$= [(0.3 - 0.4) \times (-5\%)] + [(0.2 - 0.3) \times (-10\%)]$
$\quad + [(0.5 - 0.3) \times (15\%)]$
$= 0.005 + 0.01 + 0.03$
$= 0.045$

(3) 股票選擇的貢獻 $= (R_p - R_b) \times W_p$
$= [0.3 \times (-10\% - (-5\%)]$
$\quad + [(0.2 \times (-5\% - (-10\%)]$
$\quad + [(0.5 \times (10\% - 15\%)]$
$= -0.015 + 0.01 - 0.025 = -0.03$

超額報酬績效的貢獻 ＝ 貨幣選擇的貢獻＋國家選擇的貢獻＋股票選擇的貢獻

$R_p - R_b = (W_p - W_b) \times R_c + (W_p - W_b) \times R_b + (R_p - R_b) \times W_p$
$= (-0.01) + 0.045 + (-0.03) = 0.005$

在計算貨幣選擇時，利用經理人投資組合權重扣除市場基準權重，再乘以匯率績效為 -0.011；國家選擇為經理人投資組合權重

扣除市場基準權重，再乘以市場基準績效為 0.045；股票選擇為經理人投資組合績效扣除市場基準績效，再乘以經理人投資組合權重為 －0.03，進而計算經理人超越市場基準組合為貨幣選擇、國家選擇、股票選擇相加，故為 (－0.01)＋0.045＋(－0.03)＝0.005，由此可知，基金經理人投資組合績效超越基準投資組合為 0.4%。而經理人投資組合績效只有在歐洲部位大於市場基準績效，故此經理人只有在歐洲有選股能力；美、歐為負績效，則權重下降；澳洲權重上升，此為擇時能力。

習題

選擇題

1. 在衡量資產的風險程度時所選用之指標，下列何者最不適宜？ (A) 標準差 (B) 貝它係數 (C) 變異係數 (D) 平均數

2. 根據傑森 (Jensen) 績效指標，某投資組合之阿爾法值為 2%，該投資組合之貝它值為 1.2，平均報酬率為 18%。設無風險利率為 6.4%，則市場投資組合報酬率為多少？ (A) 12.4% (B) 14.4% (C) 16.4% (D) 15%

3. 下列有關證券組合績效評估的敘述中，何者最正確？ (A) 「夏普指數」(Sharpe ratio) 可為正值或負值 (B) 「崔諾指數」(Treynor ratio) 的定義為風險溢酬除以標準差 (C) 「夏普指數」與「崔諾指數」的評估結果相同 (D) 「傑森阿爾法」(Jensen's alpha) 必須大於或等於 0 (E) 「夏普指數」與「傑森阿爾法」的評估結果並不一定相同

4. 下列敘述何者較正確？
   a. 針對全國基金績效評比時，不管基金經理人管的是何種基金，只要報酬率最高，基金經理人績效就是最好
   b. 針對全國基金績效評比時，不管基金經理人管的是何種基金，只要調整風險後的報酬率最高，基金經理人績效就是最好
   (A) a、b 都正確 (B) 僅 a 正確 (C) 僅 b 正確 (D) a、b 都不正確

5. 當基金都充分分散風險時，不管是依夏普、崔諾或傑森的績效指數排行，結論都 (A) 會一樣 (B) 一定不一樣 (C) 不確定會不會一樣

6. 所謂「夏普指數」(Sharpe ratio) 是指 (A) 超額報酬率除以報酬率標準差 (B) 報酬率除以標準差 (C) 標準差除以報酬率 (D) 超額報酬率除以貝它係數 (E) 報酬率除以貝它係數

7. 基金經理人的選股能力優良，根據傑森 (Jensen) 績效評估指數，其所管理的基金：　(A) 其阿爾法 (alpha) 值必大於 0　(B) 其貝它 (beta) 值必大於 1　(C) 其報酬率標準差必小於市場報酬率標準差　(D) 其報酬率必大於市場報酬率

8. 以崔諾 (Treynor) 指數評估投資組合績效時，不需使用到下列哪一個數據？
(A) 平均無風險利率　(B) 該投資組合平均報酬率　(C) 該投資組合報酬率標準差　(D) 該投資組合貝它係數

9. 某投資組合之報酬率為 14%，報酬率標準差為 21%，β 係數為 1.15，若無風險利率為 6%，請問其夏普指數為何？　(A) 6.96%　(B) 12.52%　(C) 21.54%　(D) 38.10%

10. 某投資組合之報酬率為 16%，報酬率標準差為 24%，β 係數為 1.1，若無風險利率為 6%，請問其崔諾指數為何？　(A) 9.09%　(B) 10.09%　(C) 41.67%　(D) 44.12%

問答題

1. 請依據下列資料作答：

投資組合	平均報酬	標準差	β
A	12%	0.06	1.0
B	18%	0.10	1.3
C	11%	0.03	0.7
D	16%	0.07	1.2

無風險利率為 4%。

a. 依據夏普指數，何者表現最佳？
b. 依據崔諾指數，何者表現最佳？
c. 依據傑森阿爾法，何者表現最佳？

2. 假設小哥在期初投入新臺幣 100 萬元購買歐洲股票，當時新臺幣兌換歐元的匯率為 1 歐元兌換新臺幣 40 元。到了期末，小哥賣出股票，獲得歐洲股票的報酬率為 5%，而期末新臺幣貶值為 1 歐元兌換新臺幣 45 元。以新臺幣計價，小哥的投資報酬率為多少？

3. 一個國際經理人的投資組合、基準組合標的、權重報酬及匯率如下表，請計算經理人的貨幣選擇、國家選擇與股票選擇為何？

	基準權重	基準報酬	外匯淨報酬	經理人權重	經理人報酬
歐 洲	0.3	10%	10%	0.35	8%
澳 洲	0.1	5%	−10%	0.1	7%
遠 東	0.6	15%	30%	0.55	18%

4. 根據上表的資料，如果經理人投資組合的權重為歐洲 40%、澳洲 20%、遠東 40%，請計算該經理人在國家選擇與貨幣選擇上的績效貢獻度。

Chapter 13

交易觀念

由於人類的愚昧，故容易被人用幾個抽象的名詞騙去赴湯蹈火，牽去為牛為馬，為魚為肉。歷史上許多奸雄政客懂得人類有這一種劣根性，故往往用一些好聽的抽象名詞來哄騙大多數的人民，去替他們爭取奪利，去做他們的犧牲。

——胡適《多研究些問題，少談些主義》，1919 年

在投資的世界中，總有一些騙子，打著保證收益穩賺不賠的口號，將投資人的錢五鬼搬運到自己口袋。2008 年美國爆發的那斯達克證券交易所前主席馬多夫所建構的龐氏騙局 (Ponzi scheme)，就是一個血淋淋的例子。在交易中，如果不能夠掌握一些重要的基本概念就進行交易，便像肉包子打狗，你的錢會有去無回。

本章的重點在於資產配置。就算是股神巴菲特也不會只買可口可樂一家公司的股票。我們將聚焦於交易觀念的介紹，包括均衡、套利、效率市場、資產配置、報酬、風險、多角化、槓桿、賠率、讓分、公平賽局、避險、交換，這是每個交易者必不可少的知識。儘管有些概念與前面章節重複，但適時的提醒有助行走於更寬廣的道路。

13-1 效率市場

2013 年的諾貝爾經濟學獎頒給了法瑪 (Eugene Fama)、韓森 (Lars Peter Hansen)、席勒 (Robert Shiller)。其中在芝加哥大學商學院任教的法瑪教授於 1970 年代提出一個重要的假說，認為市場難以預測，最後這種假說變成了效率市場理論 (efficient market theory)：在一個效率市場中，證券價格充分地反映所有訊息，無論進行何種交易策略的投資人皆無法持續擊敗市場而賺得超額報酬。效率市場有幾個主要的假設：(1) 投資人都是理性的；(2) 資訊的產生是隨機且前後獨立的；(3) 資訊的取得是免費的；(4) 無任何投資人的力量足以單獨影響股價的變動；(5) 所有投資人對新的資訊均能迅速也正確的反應。法瑪將市場效率性分為三類：弱式效率市場、半強式效率市場、強式效率市場，如圖 13-1 所示。

13-1-1 效率市場的三種類型

弱式效率市場 (weak form efficiency)　目前證券價格已經完全反映市場交易資料的所有資訊，投資人利用各種方法對證券過去之價格從事分析與預測，並不能提高其選取證券之能力；也就是說，投資人並不能因此而獲得超額報酬。依此，我們可以得到下列的推論：如果弱式效率市場假說成立，則股票價格的技術分析失去作用，基本分析還有可能幫助投資人獲得超額利潤。

半強式效率市場 (semi-strong form efficiency)　目前證券價格已充分反映市場上所有公開可用的資訊，投資人無法因分析這些資訊而獲得較佳之投資績效。依此，我們可以得到下列的推論：如果半強式效率市場假說成立，

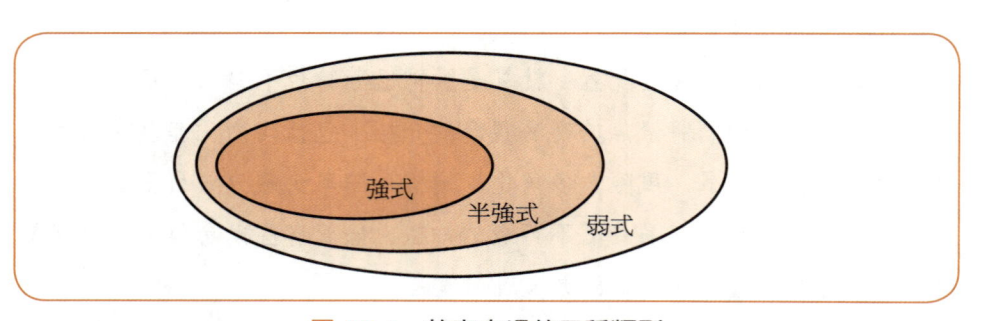

圖 13-1　效率市場的三種類型

則在市場中利用技術分析和基本分析都失去作用，內線消息有可能獲得超額利潤。

強式效率市場 (strong form efficiency)　目前證券價格完全充分反映已公開及未公開之所有資訊。尚未公開的內線消息，投資人已藉各種方式取得，證券價格也已調整。因此，所有人皆無法從證券交易中獲得超額報酬。依此，我們可以得到下列的推論：在強式效率市場中，沒有任何方法能幫助投資人獲得超額利潤，即使有內線消息者也一樣。

我們可以透過圖 13-1 來瞭解效率市場三種類型間的關係：當強式效率市場假說成立時，半強式效率市場必須成立；而半強式效率市場成立時，弱式效率市場亦必須成立。所以，先檢驗弱式效率市場是否成立；若成立，再檢驗半強式效率市場；最後檢驗強式效率市場是否成立，其順序不可顛倒。

13-1-2　效率市場的檢定

弱式效率市場假說的檢定

在弱式效率市場下，投資人無法藉由證券過去的價格和成交量等資料來獲得超額報酬；亦即股價報酬完全無法藉由過去的報酬率做預測。法瑪 (1965) 發現股價實際上十分接近隨機漫步，沒有任何技術分析的方法有獲利的機會。

弱式效率市場檢定常採用下列三種方法：

1. **序列自相關分析** (series autocorrelation)：若股票報酬率存在時間上的自相關，即以前的報酬率能影響現在的報酬率，則技術分析有用，弱式效率市場不能成立。

2. **連檢定** (run test)：又稱隨機性檢定，連續在中位數上 (下) 同一側的數據數稱為連長度。連數太多或太少都非隨機性應有的現象。不具隨機性表示弱式效率市場假說不成立。

3. **濾嘴法則** (filter rule)：給出一個股票買賣的「濾嘴」，即在買進股票賺了 x% 之後獲利了結、賠了 y% 之後停損賣出，設定獲利了結及停損點。如果投資人能夠持續獲得超額利潤，代表市場的報酬率並不是隨機漫步，間接否定了弱式效率市場假說。

半強式效率市場假說的檢定

此檢定主要是研究新公開資訊發布後股價的調整速度，速度愈快表示愈可能符合半強式效率市場的假說，也就是利用公開資訊無法賺取超額報酬。

半強式效率市場假說的檢定實證上通常是採用事件研究法，即檢驗和公司基本面有關的事件發生時，股價變化有無快速反應。若能快速反應，則投資人不能透過新訊息獲得超額利潤，基本分析失靈，半強式效率市場成立。

1. 新上市股票報酬率：若市場愈有效率，股票上市初期的報酬率與當時的報酬率應無多大差別。若新上市股票有低估的情況，則股價應該上市後立刻上漲至真實值，不應有很長的「蜜月期」。
2. 股利宣布：市場只會對超出預期的股利部分進行反應，如果股利宣布如預期，股價將不會改變。
3. 鉅額交割：股票如果發生鉅額交割，通常表示將有或已有特別的事情發生。若股價能在鉅額交割一發生時便予以反應，表示市場愈有效率。

強式效率市場假說的檢定

當資本市場具有強式效率性時，所有已公開或未公開資訊都能迅速且正確地反應在現行股價上，即使擁有私人資訊的內線人士也無法賺得超額報酬。因此，強式效率性的檢定，主要在研究有可能獲得內線消息人士，如公司內的董監事、大股東和高階主管，或是證券市場上的共同基金、自營商等機構投資人，在長期能否獲得超額報酬。如果不能，表示資本市場具有強式效率性；如果能，則表示資本市場具強式效率性的假說不能成立。

13-1-3 效率市場假說面臨的實證挑戰

對於效率市場假說的三種類型，出現了一些不同的看法，我們分述於下：

對弱式效率市場的挑戰

短期動能效應 (short term momentum)　短期動能效應是在 1993 年由 Jegadeesh 與 Titman 所提出。短期動能效應是指在一段較短的時間內，股

價報酬之間有正的相關性；亦即一週或一個月前的股價報酬如果為正，則下一個月的股價報酬也會是正的。

長期反轉效應 (long term mean reversal)　長期反轉效應是在 1985 年由 DeBondt 與 Thaler 所提出。長期反轉效應是指在給定一段較長的時間內 (譬如一年)，表現佳的股票傾向於在其後的時間內出現差的表現；表現差的股票則傾向於在其後的時間內出現佳的表現。

對半強式效率市場的挑戰

週末效應 (weekend effect)　週末效應指的是星期一的報酬會低於其它天的報酬。形成週末效應的原因可能是因為公司或政府均會選在一週內最後交易日之收盤後發布利空消息，而股價則於下週一反映這些利空消息，造成週一的報酬均較其它天差。

元月效應 (January effect)　元月效應指的是在每年 11、12 月時，股價有下降趨勢，元月份的股價則具有上漲趨勢，在小型股上特別明顯。形成元月效應的原因可能是想節稅的投資人會在年底，把損失的股票認賠賣出，因為交易虧損，所以所得稅中證券交易所得為負，進而可以降低稅負。因此，在年底時，股票的賣壓使股價下降。而投資人在過年後可能回補原先股票或買進其它股票，使元月份的股價會上漲。

規模效應 (size effects)　規模效應指的是在調整風險之後來計算，小規模公司的股票報酬率高於大型公司的股票，股票報酬率與公司股本間呈現負相關。

價值效應 (value effects)　研究發現，價值型股票的長期平均報酬高於成長股報酬，所以投資人可藉投資於價值股來獲取更高的報酬，違反了半強式效率市場假說。價值型個股與成長型個股的區別方式是以股價淨值比 (P/E 或 PBR)、本益比 (P/E 或 PER)，或現金流量對價格比 (P/C) 中，較低的個股定義為價值型個股，較高的則定義為成長型個股。

冷門股效應 (neglected effects)　冷門股效應指的是個股成交量偏低 (週轉率低) 的冷門股，其所建構之投資組合報酬率將優於熱門股。

對強式效率市場的挑戰

內線交易 (insider trading) 是指於獲悉未公開且後來證實足以影響股票或其它有價證券市價的消息後，進行交易，並有成比例的獲利發生的行為。在臺灣，內線交易其刑期為三年以上，十年以下之有期徒刑，且不得緩刑。違法的內線交易行為雖然普遍相信存在於股票市場，但是實際上受到起訴的案件相當少，真正被判決有罪的案件更少，證明內線交易罪行有一定的困難。在 2012 年一個內線交易的大新聞是關於巴克萊銀行 (Barclays) 操控 LIBOR 醜聞。英國資產排名第二大的巴克萊銀行，為了在市場上更強和盈利，而涉嫌在 2005 年至 2009 年間，操控 LIBOR (倫敦銀行同業拆放利率) 和 EURIBOR (歐元銀行同業拆款利率)。因為罪證確鑿，2012 年遭到英國和美國監管業者處以高達 2 億 9,000 萬英鎊 (大約 4 億 5,200 萬美元，3 億 6,000 萬歐元) 的罰款。包括執行長戴蒙 (Robert Diamond)、營運長米西爾 (Jerry del Missier)、董事長艾吉斯 (Marcus Agius) 全部辭職。此外，歐洲聯盟競爭事務執委阿爾慕尼亞 (Joaquin Almunia) 更表示，巴克萊銀行涉嫌操控的市場不只是 LIBOR 和 EURIBOR，還包括 TIBOR (東京銀行同業拆款利率)。

13-1-4　效率市場、指數化投資和投資組合管理

效率市場是一個相對的觀念，對擁有快速取得資訊及正確的解讀訊息能力的投資人來說，市場無效率現象提供其可能獲利的機會。真正市場無效率的現象，投資人必須能夠「持續」的從中獲利。一些偶爾且短暫的市場無效率現象確實可能出現，而這些機會不是一般投資人可以輕易掌握的。舉例來說，一般所謂較無效率的市場像新興市場，專業投資人在這裡利用市場無效率賺到的錢很難打平研究費用較高、交易手續費較高、買賣價差較大的這些成本。在大部分時間內，市場是相對有效率，因此長期買進持有 (buy & hold) 指數的投資策略對大部分投資人仍是較佳的策略。

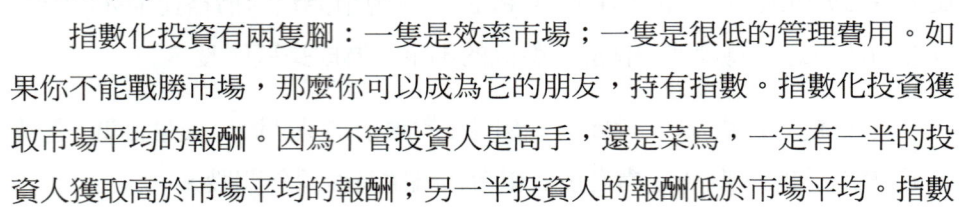

指數化投資有兩隻腳：一隻是效率市場；一隻是很低的管理費用。如果你不能戰勝市場，那麼你可以成為它的朋友，持有指數。指數化投資獲取市場平均的報酬。因為不管投資人是高手，還是菜鳥，一定有一半的投資人獲取高於市場平均的報酬；另一半投資人的報酬低於市場平均。指數

解讀量化投資

化投資的平均報酬特性,長期下來其實投資績效驚人。此外,不管市場是否效率,指數化投資很低的管理費用帶來的優勢,長久下來也很可觀。

對於投資組合的管理來說,如果市場是強式效率的,資產管理者會選擇消極保守的管理,追蹤主要的市場指數進行分散的指數化投資;如果市場是弱式效率的,資產管理者會選擇積極進取的管理,在選股和擇時上下工夫,努力尋找價格偏離價值的資產,在別人發現異常之前就投資,獲得高於市場平均的報酬。

13-2 資產配置

大衛·史雲生 (David F. Swensen) 在 1985 年擔任耶魯大學捐獻基金的投資長時,負責管理耶魯大學捐獻基金。耶魯大學捐獻基金規模居美國各大學之冠,截至 2010 年 6 月達 167 億美元。過去二十年,其操作的捐獻基金創造驚人的 16.1% 平均年報酬,遠遠超過哈佛大學等名校。史雲生在暢銷書《打敗大盤的股市策略》(*Unconventional Success: A Fundamental Approach to Personal Investment*) 探討資產配置 (asset allocation)、選擇買賣時機與選擇投資標的三大主題。書中教導投資人如何透過資產配置,來獲致長期的投資成功。史雲生認為,大部分投資人不能長期持續打敗市場,亦沒有時間去挑選優質股票,資產配置才是長期成功的關鍵,比時機和選股更重要。而在做資產配置的時候,他提倡使用指數型商品,不僅降低交易費用,也免去主動追蹤指數的麻煩。

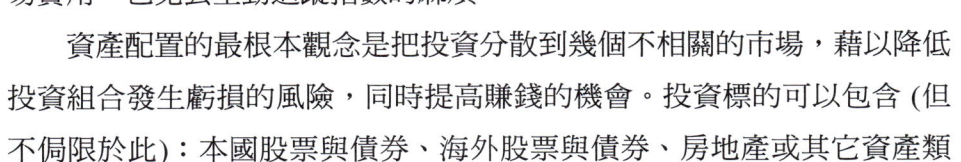

退休理財術:耶魯投資法

資產配置的最根本觀念是把投資分散到幾個不相關的市場,藉以降低投資組合發生虧損的風險,同時提高賺錢的機會。投資標的可以包含 (但不侷限於此):本國股票與債券、海外股票與債券、房地產或其它資產類

練習題 13-1

積極的投資組合管理包括:(A) 擇時 (market timing) (B) 選股 (security selection) (C) 跟隨指數 (indexing) (D) 擇時及選股

答:積極的投資組合管理,是為了使投資組合報酬率在經過風險的調整後,仍能超過一個消極的市場投資組合報酬率,積極的投資組合管理包括擇時及選股。

別。因為沒有人可以預測未來，沒有人能夠知道未來各種資產類別的表現好壞。持續採用資產配置原則的投資組合，其長期成功機率應該勝過根據市況選擇買賣時機與選擇投資標的策略。

13-2-1 資產配置策略

資產配置策略又分為：策略性資產配置 (strategic asset allocation) 與戰術性資產配置 (tactical asset allocation)。

策略性資產配置是一種長期的策略，認為市場是有效率的。所以，短線的低進高出，長期平均而言，根本無法獲得超額利潤。策略性資產配置是設計一套符合投資人的目標與需要的投資組合，能夠持續適用於各種市場條件。這種配置策略又稱為消極 (passive) 投資組合管理。由於市場條件會產生變化，策略性資產配置可能會慢慢脫離原先設定的目標。因為這個緣故，投資人需要定期「重新調整」(rebalance) 投資組合，讓每種資產之間的資金配置恢復原來的設定。經過重新調整，投資組合才能繼續協助投資人控制投資風險，符合投資人的目標。

戰術性資產配置認為短期內市場是沒有效率的，所以投資人可以在短期內進出某類資產市場，獲得超額的報酬。戰術性資產配置允許投資人根據市場狀況，增加某種資產類別的資金配置，減少另一種資產類別的資金配置，讓投資組合短暫脫離策略性的資產配置。這種配置策略又稱為積極 (aggressive) 投資組合管理，需要預測各種資產類別的報酬與風險，然後調整每種資產類別的配置比率。報酬預測可以採用財務面變數，譬如盈餘與股利預測；或者採用經濟面變數，譬如 GDP，利率與通貨膨脹預測；或是採用技術面變數，譬如最近的價格趨勢；或者前述變數的混合。

常見的向日葵法則資產配置原則是，策略性資產配置優先於戰術性資產配置，策略性資產配置比重高於戰術性資產配置，策略性資產配置穩定性高於戰術性資產配置，戰術性資產配置機動性高於策略性資產配置。

練習題 13-2

投資人採用戰術性的資產配置是為了要：(A) 掌握總體經濟景氣循環來進出各類資產市場　(B) 投資指數型基金　(C) 認為投資人無法獲得超額報酬　(D) 將資金分配到各熱門產業
答：(A)。

13-2-2 資產比例的配置

資產配置中，最重要的就是資產比例的配置。傳統就是股票和債券的配置，然後再區分成國內和國外；也就是你要全部本土化投資，還是國際化投資。一般投資人比較熟悉股票投資，而非債券投資，所以資產配置中，常常股票投資會國際化，而債券投資則會本土化。不過，這不一定是臺灣的情況，因為臺灣的債券市場非常封閉，流動性不佳，都是大型法人與壽險公司的天下，一般投資人並不太適合參與。相反地，美國的債券市場非常發達，除了美國國家發行的公債之外，還有各州政府發行的地方政府債，以及一般公司發行的公司債 (如圖 13-2 所示)。

本土化股票投資將股票大量投入臺灣股市，臺灣的經濟成長與否，會影響你的投資表現；全球化投資則是將風險分散到多元市場，所以單一市場的變化，比較不影響你的投資組合。一個簡單的例子是，如果是偏重本土化投資，可以臺股投資 80%，新興市場和已開發國家各投資 10%；如果是國際化投資，則可以考慮 50% 已開發國家，40% 新興市場，10% 臺股。

國際股票市場可大約劃分成兩塊：一為已開發國家；一為新興市場。已開發國家地區分成美洲、歐洲跟亞洲成熟市場。另一個配置方式是 GDP，也就是用各國家的 GDP 來計算配重的比例，或者是用每個國家的股市的市值來決定配置的權重。舉例來說，在綠角先生的財金筆記部落格中，整理了 World Federation of Exchanges 的資料，在 2007 年底的已開發

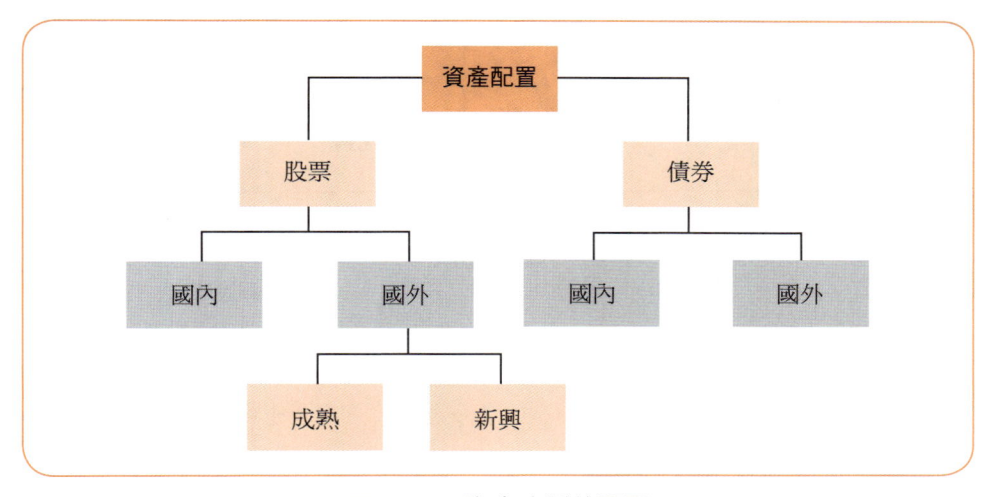

圖 13-2　資產比例的配置

國家市場，美洲比重為 32.42%，歐洲比重為 27.23%，亞洲 (含紐、澳) 為 14.98%，而新興市場的東歐、拉美、亞洲和非洲，比重為 25.37%。我們可以簡化為已開發國家為 75%，新興市場為 25%，而已開發國家可分為美洲 30%、歐洲 30% 與亞洲 (含紐、澳) 15%。

一般來說，股債資金的比例通常取決於投資人的風險偏好。比較愛高風險的投資人，會提高股票持有的比例；比較保守的投資人，會提高債券持有的比例。

舉例來說，假設臺灣愛心菜販陳阿菊，不喜歡風險也不瞭解國際行情，所以資產配置沒有國際化。因此，她將所有的錢都投資在臺灣，80% 投資放在債券市場，20% 放在股票市場。她的資產配置如圖 13-3 所示。

而徐至摩留學英國，渾身洋派，樂於冒險犯難。他的投資組合股票占 80%，債券占 20%；而股票組合中 60% 投資國外，其中三分之一投資美洲，三分之一投資歐洲，三分之一投資新興市場。他的投資組合如圖 13-4 所示：美洲股票配置為 $0.8 \times 0.2 = 0.16$，歐洲股票配置為 $0.8 \times 0.2 = 0.16$，新興市場股票為 $0.8 \times 0.2 = 0.16$，中國股票配置為 0.32，中國債券配置為 0.2。

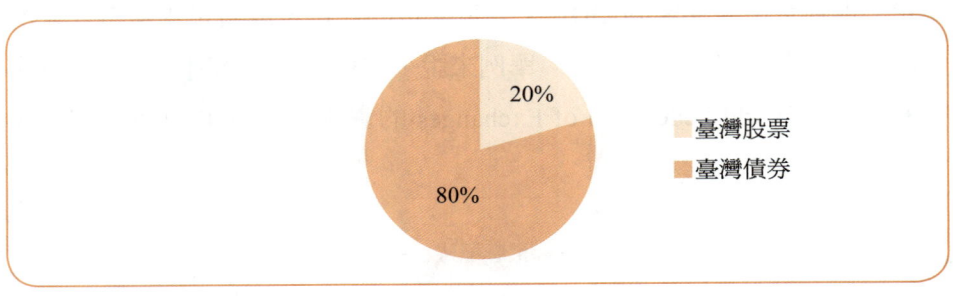

圖 13-3　陳阿菊的資產配置

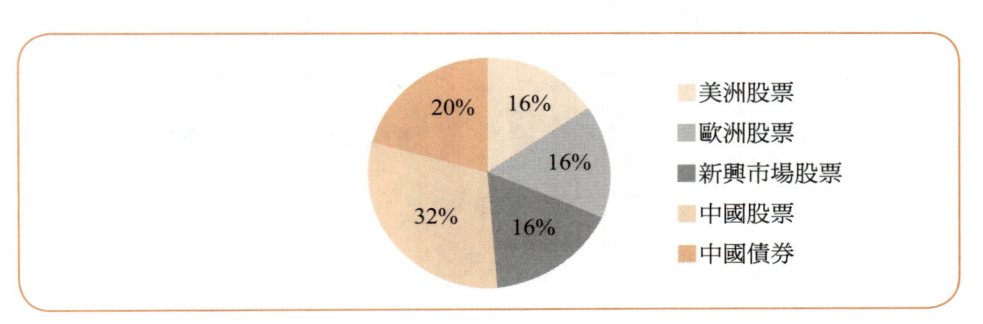

圖 13-4　徐至摩的資產配置

李小龍在大學時期就讀於美國西雅圖的華盛頓大學哲學系，他非常喜歡中庸之道，所以他的投資組合是一半股票，一半債券。股票投資中又分為一半國內，一半國外。他住美國，所以國內股票為美國股票；國外股票則一半放在歐洲，一半放在亞洲。同樣地，債券投資也是一半國內，一半國外。國內債券為美國債券；國外債券一半放在歐洲，一半放在亞洲。他的資產配置如圖 13-5 所示。美國股票配置為 $0.5 \times 0.5 = 0.25$，歐洲股票配置為 $0.5 \times 0.25 = 0.125$，亞洲股票為 $0.5 \times 0.25 = 0.125$，美國債券配置為 $0.5 \times 0.5 = 0.25$，歐洲債券配置為 $0.5 \times 0.25 = 0.125$，亞洲債券為 $0.5 \times 0.25 = 0.125$。

李小龍的資產配置，其實是採取一種所謂的 N 分之一的投資法則；也就是說，如果你有股票和債券兩種可以投資，你就各投資二分之一，如果你有三個區域可以投資，譬如美洲、歐洲及新興市場，你就各投資三分之一。為什麼會有如此的作法呢？因為李小龍不太確定每個資產類別的未來走向，所以他就平均分配，即使不能得到最好的結果，也不會得到最差的結果。因為透過股債和投資區域的分散，李小龍的投資組合已經相當多元化。

我們同時也要注意到，個別的資產類別占總體投資大小比例的問題。第一，不要太大，比如說，不要超過 20%，因為比重太大會造成風險過度集中。第二，不要太小，譬如不要小於 5%，否則類別太多，投資人難以管理。第三，要整體平衡，也許歐洲的股票和債券都沒有超過 20%，可是加起來卻超過 30%，表示歐洲的投資比例還是偏高。

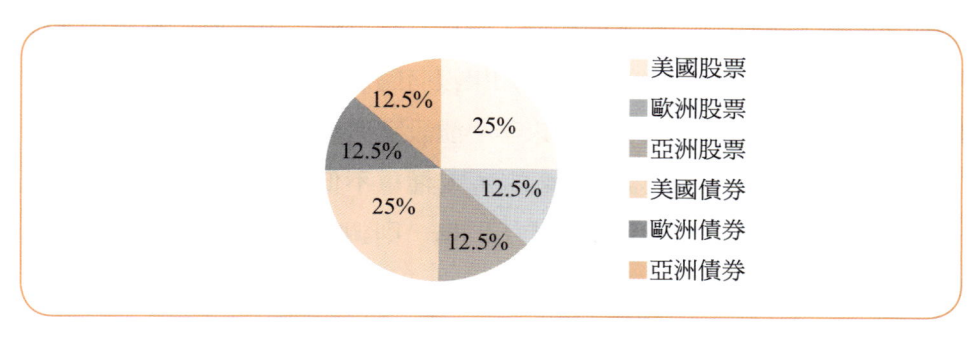

圖 13-5　李小龍的資產配置圖

13-2-3　再平衡

當我們將資產配置建構完畢之後，就會定期檢視權重的變化，並決定是否要調整，這個稱為**再平衡** (rebalance)。假設投資人現在有 200 萬元，一半投資股票，一半投資債券，股票和債券的權重各為 50%。如果現在股票上漲 10% 為 110 元（= 100×110%），債券下跌 10% 為 90 元（= 100×90%），這時股票比重為 0.58 [= 110/(100 + 90)]，債券為 0.45 [90/(110 + 90)]。因此，我們可以進行調整，將股票超過 100 元的部分賣出，並將所得用於購買債券，使股票和債券的權重調回原來的 50：50 配置。

一般投資人幾乎都不做投資組合再平衡的動作。恢復投資組合平衡不但是為了符合長期政策目標，也是強迫投資人逆向操作。當市場劇變時，仍能維持在高點賣出、在低點買進，這是需要勇氣與毅力才能堅持下去。

再平衡可以分為兩種：時間平衡與門檻平衡。時間平衡是每隔一個固定時間去檢視和調整比重，其長度可分為月、季、年、三年或五年。學術上和實務上對於時間平衡的長度有許多不同的看法，但投資人還是以自己本身的時間預算為準。如果你每天都很忙，沒時間看盤，可能是以季或年為單位，會比較適合；如果你是銀髮族或蹺課看盤的大學生，可能就是以每週或每月去調整。

門檻平衡又可分為絕對門檻平衡值與相對門檻平衡比例。所謂絕對門檻值是適合於大的資產類別，譬如股票與債券的分類。舉例而言，假設股債市比例為 50：50，絕對門檻值是 20% 的意思是，股票的權重最高可以到 70%（= 50% + 20%），最低可以到 30%（= 50% － 20%），債券的權重最高可以到 70%（= 50% + 20%），最低可以到 30%（= 50% － 20%），是相加減的概念。相對門檻平衡比例，是指當權重變化超過原始權重的某個百分比，就將它調回原始的權重；如果沒有超過就不調整。假設李小龍分配到亞洲股市的資金為 12%，如果李小龍設定門檻比例為 20%，所以當權重不高於 12%×(1 + 20%) = 14.4%，或權重不低於 12%×(1 － 20%) = 9.6%，則不調整；一旦超過這個上下門檻，則調回原始權重，它是個相乘的概念。

13-3 報酬、風險

13-3-1 報酬和風險的權衡

投資學中最重要的兩個原則：一個是報酬與風險成正比，或者是說「不入虎穴，焉得虎子」；另一個原則是分散風險，也就是說，不要把所有雞蛋放在同一個籃子裡。

當投資人在投資時，如果不同的資產所提供的預期報酬率相同但風險不同，會出現套利機會，投資人會選擇風險較小的證券來投資，最後市場套利的力量會使資產收益率降低，使其報酬風險比相同，達到平衡；同樣地，若投資人要將資金投入風險較高的資產時，該資產必須提供更高的預期報酬；也就是說，低風險，低報酬；高風險，高報酬。我們用圖 13-6、圖 13-7 來說明這個觀念。

圖 13-6(a) 和圖 13-6(b)，預期報酬一樣，波動度不一樣，資產 B 的波動度高，投資人會選圖 13-6(a)。圖 13-6(c) 和圖 13-6(d)，波動度一樣，圖 13-6(d) 的預期報酬高，投資人會選圖 13-6(d)。

所以當市場是有效率的時候，我們會得到如圖 13-7 所呈現的報酬與風險成正比的關係，低風險低報酬，高風險高報酬。

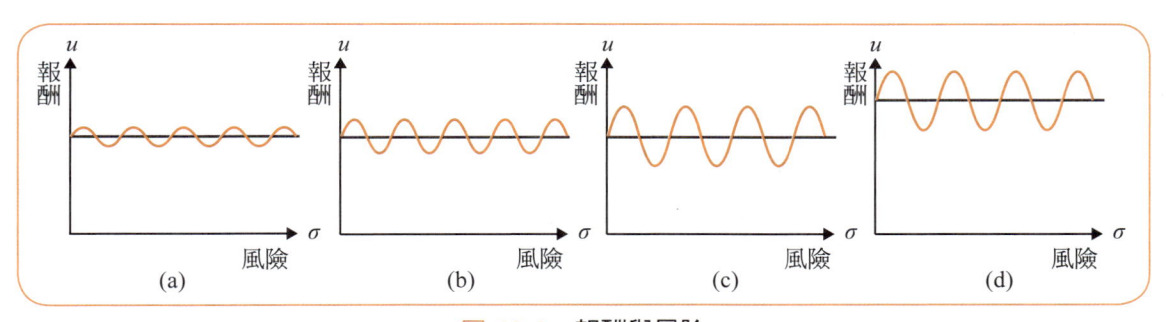

圖 13-6　報酬與風險

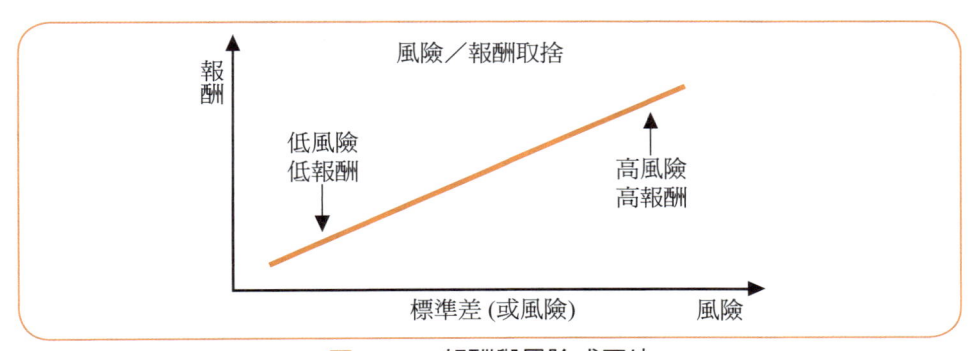

圖 13-7　報酬與風險成正比

一般而言，投資人是愛好報酬，厭惡風險，可是因為報酬與風險成正比，所以沒有辦法只選擇高報酬而承擔低風險；也就是說，選擇高報酬的必須承擔高風險，選擇低報酬的風險就沒有那麼高。對於保守的投資人 (風險厭惡者) 會傾向挑選低風險的投資組合；對於積極的投資人 (風險愛好者) 則會挑選高風險投資組合，以追求高報酬；對於中間的投資人就可以利用分散風險的觀念，選擇一半高風險，一半低風險的投資組合。

13-3-2　馬可維茲、夏普、托賓

我們都知道，在大一經濟學中，給定效用函數與預算限制式，我們可以解出最佳消費的數量。而 1990 年的諾貝爾經濟學獎頒給了馬可維茲 (Markowitz)、夏普 (Sharpe) 與米勒 (Miller) 三人。

六十年前的華爾街並不知道如何定義風險，馬可維茲在他的博士論文中引進統計學的標準差概念來測量風險，利用效用函數與效率前緣來決定個別資產的最佳權重，才解決了最適投資組合選擇的問題。1952 年馬可維茲的均值方差模型 (Markowitz's mean variance model) 將預算限制式變成了效率前緣 (efficient frontier)，效用函數裡面則變成正常財 (報酬) 與劣等財 (風險)，進而求出最佳的權重。效率前緣其實是一個給定風險下，最大報酬的概念或是給定報酬下最小風險的概念，當風險資產超過兩個以上時就會變成一個曲線 (如圖 13-8 所示)。

在效率前緣中，投資人依個人之風險偏好及效用函數，決定其個人最適投資組合；投資人的最適選擇會在效率前緣與效用函數所形成的無異曲線的切點 (T)。由於每個人的偏好不同，效用函數也會不同，因此每個人

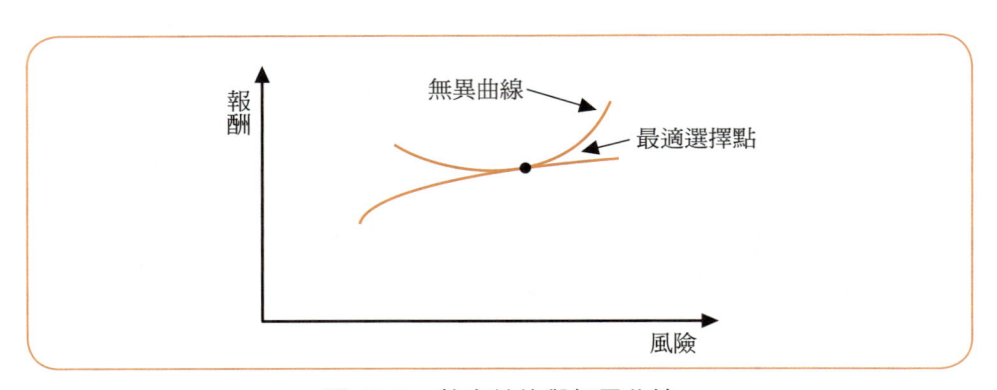

圖 13-8　效率前緣與無異曲線

的最適投資組合亦不盡相同。

在馬可維茲的模型中沒有市場均衡的概念，最適解僅僅是用於個別的投資人，一直等到在西雅圖的華盛頓大學任教的夏普 (Sharpe) 發展出資產訂價均衡模型 (CAPM)，才改善這個狀況。這時候效率前緣就不再只是一條曲線，而是包含從 Y 軸無風險報酬 R_f 拉出了一條直線，相切於原先的效率前緣，而那個切點 M 很神奇的就是市場指數報酬。

我們稱這條新線為資本市場線 (capital market line, CML)，如圖 13-9 所示。[1] 所以，投資組合不再需要擁有很多股票，只需要將資金分配在兩個資產，一個是無風險，另一個就是大盤市場指數；而資金分配的多寡是由投資人的風險偏好程度決定，這也就是托賓 (Tobin，1981 年諾貝爾獎得主) 著名的兩個資金分離定理 (two fund separation theorem)。在圖 13-9 中，保守的投資人會挑選低風險的投資組合點 B，積極的投資人會挑選高風險投資組合以追求高報酬。

不久之後，美國的先鋒 (Vanguard) 公司利用這個觀念推出了第一個美國的指數型基金，大大簡化了投資流程。投資人只要買這個基金，便不用

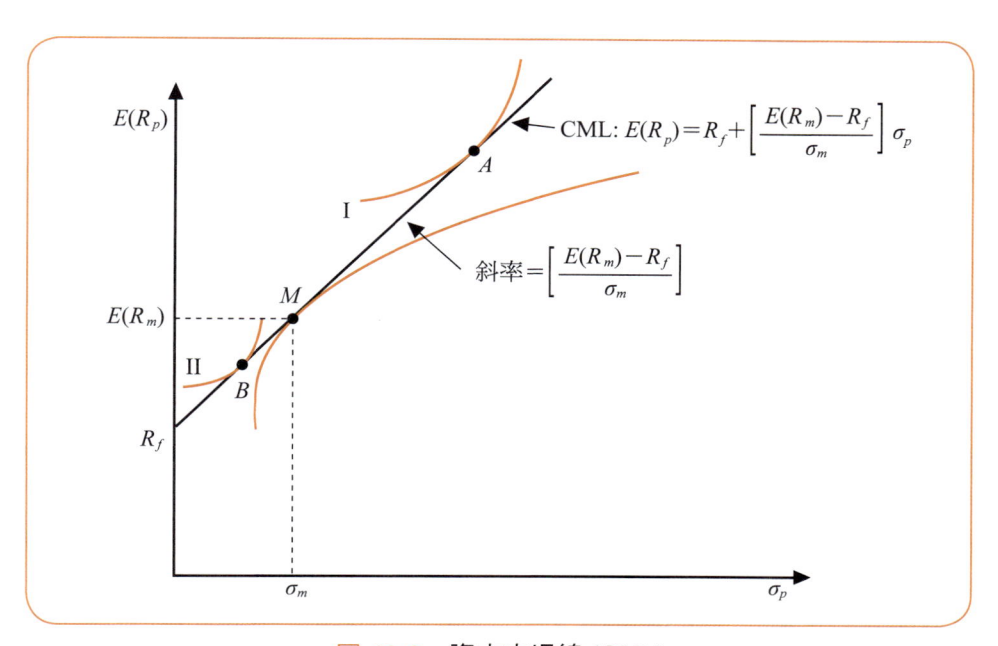

圖 13-9　資本市場線 (CML)

$$\text{CML}: E(R_p) = R_f + \left[\frac{E(R_m) - R_f}{\sigma_m}\right]\sigma_p$$

$$\text{斜率} = \left[\frac{E(R_m) - R_f}{\sigma_m}\right]$$

---

[1] 第 6 章的證券市場線 (SML) 由資本市場線 (CML) 推導而得。兩者的差異在於 SML 的橫軸是系統性風險 $-\rho$，而 CML 的橫軸是總風險 $-\sigma$ (報酬的標準差)。

再花很多時間挑選個股。當投資人沒有辦法擊敗大盤時，可以選擇持有指數型基金，做一個被動的投資人；當投資人可以擊敗指數時，就可以挑選個股來擊敗大盤。

13-3-3　投資組合之報酬與風險

一般投資組合的預期報酬率為所有個別資產預期報酬率之加權平均數，亦即按各資產占投資組合的資金百分比來加權所得到的報酬平均數，計算公式如下：

$$E(R_p) = \sum_{i=1}^{N} w_i E(R_i) \tag{13-1}$$

上式中，N 為資產數，w_i 為各資產權數大小，$E(R_i)$ 為投資各資產所能獲得的預期報酬率。

投資組合風險 (或變異數) 計算公式如下：

$$\sigma_p^2 = \sum_{1}^{N} w_i w_j \sigma_{ij} = \sum_{j=1}^{N} w_i^2 \sigma_i^2 + 2 \sum_{i=1}^{N} \sum_{j=1}^{N} w_i w_j \rho_{ij} \sigma_i \sigma_j \tag{13-2}$$

$$\sum_{1}^{N} w_i = 1$$

$$\sigma_{ij} = Cov(R_i, R_j) = \rho_{ij} \sigma_i \sigma_j$$

上式中，σ_i^2 為個別證券 (i) 的風險 (變異數)，σ_{ij} 為股票 i 及 j 的報酬率共變異數，ρ_{ij} 為第 i 種資產和第 j 種資產的相關係數。

從式 (13-2) 中可看出，影響投資組合風險之主要因素有三，分別為：投資組合中個別證券風險大小 (σ_i^2)、投資組合中各項資產間相關係數 (ρ_{ij})，以及證券的投資比例 (w_i、w_j) 等。

當我們考慮包含兩個資產 A 與 B 的投資組合，我們有以下的公式：

1. 投資組合之預期報酬率：

$$E(R_p) = w_A E(R_A) + (1 - w_A) E(R_B) = w_A E(R_A) + w_B E(R_B)$$

2. 投資組合之變異數：

$$\sigma_p^2 = w_A^2 \sigma_A^2 + w_B^2 \sigma_B^2 + 2 w_A w_B \sigma_{AB} = w_A^2 \sigma_A^2 + w_B^2 \sigma_B^2 + 2 w_A w_B \rho_{AB} \sigma_A \sigma_B$$

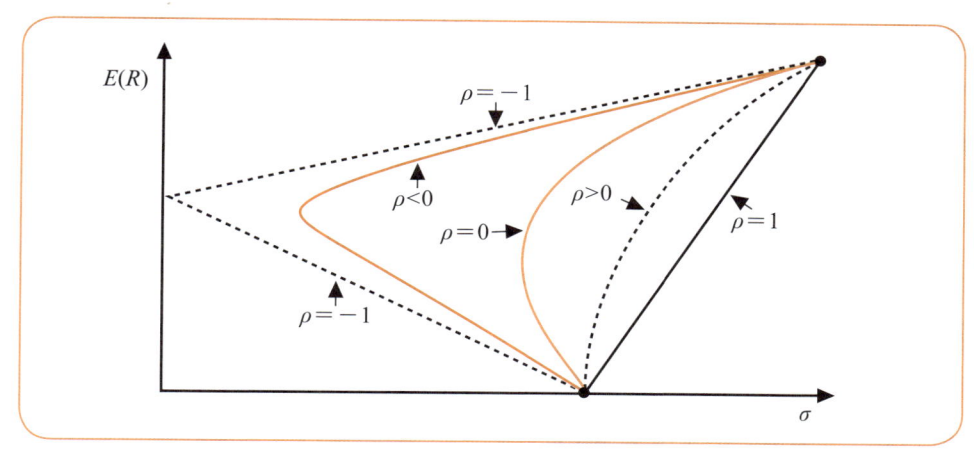

図 13-10　對投資組合風險與報酬的影響

在投資學中，風險可以定義成是 σ_ρ (標準差)，也可以是 σ_ρ^2 (變異數)，必須視上下文而定。

圖 13-10 顯示隨機變數 r_A、r_B 和相關係數 ρ_{AB} 的三種最基本類型。

1. 當相關係數為 -1 時，代表 A 及 B 兩種證券為完全負相關，此時風險在各種相關係數中為最小，風險分散效果可達到最大，甚至可構成零風險的投資組合。
2. 當相關係數為 $+1$ 時，代表 A 及 B 兩種證券為完全相關，由兩種證券構成的組合，其風險將等於個別證券風險的加權平均數，即投資人無法應用多角化投資的方式，降低組合的風險。
3. 相關係數介於 ± 1 時，將這兩種證券結合起來，形成投資組合，相關係數愈小，風險分散效果愈大，故風險愈小，卻無法完全消除風險。

★ **例 1**：馬克斯手中有 100 萬元現金，計畫將其中 50 萬元投資於 A 公司股票，50 萬元則投資於 B 公司股票。A 公司及 B 公司預期報酬率 ($\bar{r}$)，報酬率標準差 (σ) 為：

	A	B
$\bar{r}$	5%	10%
σ	2%	8%

(1) 假設 ρ_{AB} 預估值為 -1、0 及 1 時，請分別算出投資組合的預期報酬率及風險。

(2) 請用 (1) 小題所得答案說明，討論相關係數對降低投資組合風險的效果。

答：(1) $w_A = \$50$ 萬/$\$100$ 萬$=0.5$，$w_B = \$50$ 萬/$\$100$ 萬$=0.5$

$E(r_P) = 0.5 \times 5\% + 0.5 \times 10\% = 7.5\%$

$Var(r_P) = (0.5)^2 \times (2\%)^2 + (0.5)^2 \times (8\%)^2 + 2 \times 0.5 \times 0.5 \times \rho_{AB}(2\%)(8\%)$

$\rho_{AB} = -1$，$Var(r_P) = 0.17\% - 0.08\% = 0.09\%$

$\rho_{AB} = 0$，$Var(r_P) = 0.17\%$

$\rho_{AB} = 1$，$Var(r_P) = 0.17\% + 0.08\% = 0.25\%$

(2) 當相關係數由 $+1$ 下降到 -1 時，投資組合風險愈來愈小。

★ **例 2**：朱天計畫以手中現金購買 A 公司及 B 公司股票。他預期 A 公司股票的報酬率 ($\overline{r_A}$) 為 12%，B 公司股票報酬率 ($\overline{r_B}$) 為 8%，兩家公司股票報酬率標準差分別為 $\sigma_A = 8\%$ 及 $\sigma_B = 4\%$，兩家股票報酬率相關係數 (ρ_{AB}) 為 -0.5。

請算出下列三種投資組合的預期報酬率 ($\overline{r_p}$) 以及風險。

投資組合	持有 A 公司股票比重 (%)	持有 B 公司股票比重 (%)
1	50	50
2	25	75
3	75	25

答：投資組合 (1)

$\overline{r_p} = 0.5 \times 12\% + 0.5 \times 0.8\% = 10\%$

$\sigma_\rho^2 = [(0.5)^2(8\%)^2 + (0.5)^2(4\%)^2 + 2(0.5)(0.5)(-0.5) \times 8\% \times 4\%]$

$= 0.12\%$

13-3-4　風險分散

綜合上一節的討論，可以發現降低風險的重點就是增加投資標的，投資到不同的資產，而且這些資產最好是負相關或是相關性很低的資產，而不是正相關的資產。一位投資人，除了投資該國股市外，也可以投資歐洲、

分散投資

美洲、南美洲等其它國家的股票,以降低整個投資組合的風險。這是投資學中最重要的一個原則:分散風險。

想必大家都有聽過「不要將所有的雞蛋放在同一個籃子。」這句話,因為當你跌倒的時候,可能會把所有的雞蛋都打破。在《西遊記》中,唐三藏為什麼要收孫悟空、豬八戒與沙悟淨為徒,因為他們三個人的能力不同,在去西方取經的過程中,可以減少唐三藏被怪物吃掉的可能性。孫悟空雖然功夫高強,但是個性急躁;豬八戒好吃懶做,膽小怕事,但也讓事情有緩衝的空間;沙悟淨個性穩重,任勞任怨;甚至連唐僧騎的那一匹馬都是龍變的,緊急的時候可以帶他飛走。所以師兄弟三人一起保護師父,經過很多的劫難終於到達西天,取回佛經並帶回大唐國。在《海賊王》中,魯夫是船長,功夫高強,而且勇於冒險,但是他不能游泳,個性比較隨興;索隆是用劍高手,也是船上功夫第二高的,當魯夫不在或是有危難的時候,可以挺身而出;香吉士是船上的廚師,負責大家的三餐;娜美是航海士,熟知海上的天氣與洋流,規劃航行方向;喬巴是船醫,負責船員的身體健康;騙人布是狙擊手,可以遠距離的攻擊海軍。

同樣地,在投資的觀念上,就是將財富分配在不同相關性(最好是負相關)的資產中,以降低整個投資組合的總風險。譬如《海賊王》中的娜美,她手上有 1,000 萬海盜幣,稱為貝里,她可以將 20% 放在定存,30% 投資在股市,20% 在債券,10% 在房地產,10% 在黃金,10% 在外幣。當股市下跌時,如果債券市場呈現相反的走勢(負相關),則娜美在股市中的損失可以被債市所彌補;反之,如果股市下跌,房地產也下跌(正相關),則會造成娜美財富縮水。

風險分散的數學

投資不同的股票成為投資組合,可以降低投資風險。但其效果因受股票價格與金融因素變動的影響,以致有其極限,說明如下:

假設等權重投資組合 ($w_i = 1/N$),投資組合風險可改為:

$$\sigma_p^2 = \frac{1}{N} \times \frac{1}{N} \sum_{j=1}^{N} \sigma_i^2 + \frac{2}{N^2} \sum_{i=1}^{N} \sum_{j=1}^{N} Cov(R_i, R_j) \qquad (13\text{-}3)$$

上式中，$\sum_{i=1}^{N} \sigma_i^2/N$ 為所有股票報酬率風險的平均值，稱為 $\overline{\sigma^2}$。

投資組合風險內的第二項雙重積和共有 $(N-1)N/2$ 項，故共變數的平均值為：

$$\overline{Cov} = \frac{2}{N(N-1)} \sum_{i=1}^{N} \sum_{j=1}^{N} Cov(R_i, R_j)$$

所以，
$$\sigma_p^2 = \frac{1}{N} \times \overline{\sigma^2} + \frac{2}{N^2} \frac{N(N-1)}{2} \times \overline{Cov} \qquad (13\text{-}4)$$

$$= \frac{1}{N} \times \overline{\sigma^2} + \frac{N-1}{N} \times \overline{Cov}$$

利用數學的極限觀念，取極限值後得到：

$$\lim_{N \to \infty} \sigma_p^2 = \lim_{N \to \infty} \left[\frac{1}{N} \times \overline{\sigma^2} + \frac{(N-1)}{N} \times \overline{Cov} \right] = \overline{Cov} \qquad (13\text{-}5)$$

通常將此無法透過多角化分散掉的風險稱為系統性風險 (systemic risk)，而可在多角化過程中被分散掉的風險，則稱為非系統性風險 (unsystematic risk)，如圖 13-11 所示。

Kelly 算式回顧：風險評估

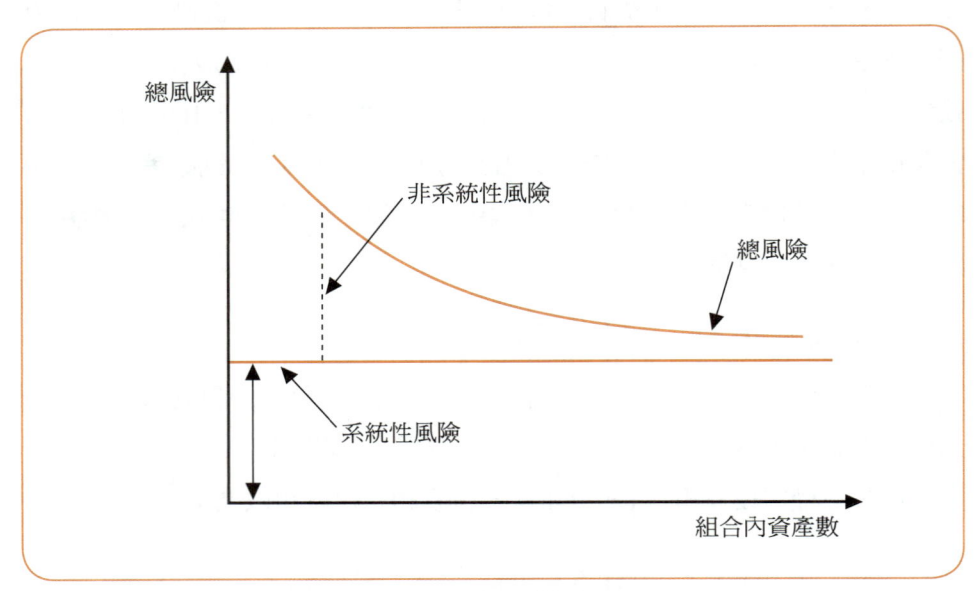

圖 13-11　多角化分散風險

13-4 槓　桿

一般我們買東西是沒有用**槓桿** (leverage) 的，如果一個商品是 1 萬元，我們就拿 1 萬元現金去買。可是當我們投資金融商品時，卻常常用到槓桿。槓桿就是你購買商品的總金額除以你的自有資金，舉例來說，1,000 萬元的房子你拿自備款 200 萬元來買，你的槓桿就是 1,000 萬元除以 200 萬元等於 5。瞭解財務槓桿的優勢和風險，對交易是非常重要的。槓桿交易策略可以讓投資人最大限度地提高他的回報，但同時也最大限度地放大投資風險。槓桿不僅可以賺很大，也可以賠很大。前幾年雷曼兄弟投資銀行倒閉就是一個血淋淋的例子。

13-4-1　槓桿與保證金

從事期貨交易僅須支付契約價值一定百分比之保證金。換句話說，如果保證金是契約價值的 10%，等於拿 1 塊錢便可以交易價值 10 塊錢的商品。因此，期貨交易具有以小搏大的高槓桿特性。高槓桿可使獲利放大，同時也可能造成損失倍增。為了能控制風險，於是有每天計算保證金是否足夠之規定 (此為期貨交易之另一個特性，稱為「每日結算」)。如果一經洗價 (價格上下來回波動很大) 後發現保證金不足，交易人必須於期貨商規定的時間內補足保證金，否則期貨商有權結清交易人的部位。保證金分為「原始保證金」與「維持保證金」兩個層次，交易人必須於交易前繳交原始保證金至期貨商指定之銀行帳戶，如果行情不利於交易人，致使保證金水位低於維持保證金，則交易人必須補足保證金至原始保證金水準。而期貨契約保證金一般為契約價值的 5%～10% 之間，其財務槓桿效用約為股票市場之 10～20 倍。如果你接到一個追加保證金通知，這意味著你需要投入更多的現金繼續槓桿，否則你的部位將被會期貨商結清。

13-4-2　槓桿的數學

假設一個資產報酬率 r 服從一個常態分配，期望值為 μ，變異數為 σ^2。

$$E(r) = \mu \qquad Var(r) = \sigma^2 \qquad r \sim N(\mu, \sigma^2)$$

將資金槓桿 L 倍,我們會得到:

$$E(L*r) = L \times \mu$$

$$Var(L*r) = L^2 \sigma^2 \Rightarrow \sigma(L*r) = L\sigma$$

上式中,r 為資產報酬率,μ 為資產預期報酬率,σ^2 為資產變異數,L 為槓桿倍數。當你用 L 倍槓桿時,你的報酬會放大 L 倍;同樣地,你的風險也會放大 L 倍(標準差)。

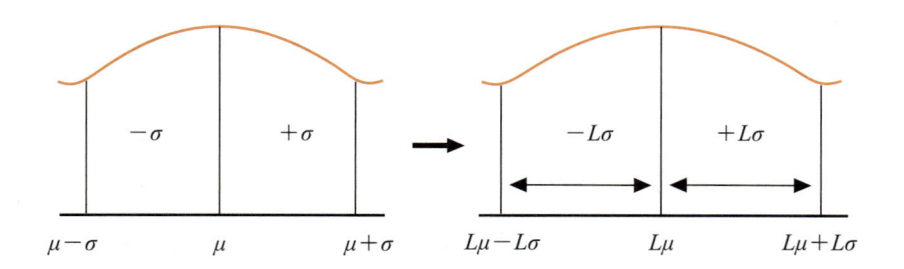

★ **例 3**:假定資產報酬率服從常態分布 $r \sim N(5\%, 10\%)$,槓桿倍數 $L = 10$。那麼我們有以下的槓桿投資組合:

$$L \times r \sim N(50\%, 1,000\%)$$

我們可以看到這個槓桿投資組合風險 (σ) 被放大 10 倍,非常的危險。

★ **例 4**:1,000 萬元的房子,頭期款是 100 萬元,請計算槓桿比率。如果下一期房子上漲到 1,100 萬元,請計算資產報酬率,如果下一期房子下跌到 900 萬元,請計算資產報酬率。

答:假如下一期房子上漲到 1,100 萬元,你就賺了 100 萬元,如果你沒有使用槓桿,你的資產報酬率是 10% (=100/1,000);如果你使用槓桿,你的資產報酬率為 100% (=100/100)。

假如下一期房子下跌到 900 萬元,你就賠了 100 萬元。如果你沒有使用槓桿,你的資產報酬率是 -10% ($=-100/1,000$);如果你使用槓桿,你的資產報酬率是 -100% ($=-100/100$),也就是你的錢全沒了。

13-5　賠率、勝率、公平賽局與讓分

隨著 2012 年 NBA 進入季後賽，大家都很瘋狂，因為當時紐約尼克隊出了一個華裔好小子林書豪，常常會在第四節的時候逆轉勝。這時原本不怎麼受歡迎的籃球運彩也開始大排長龍，粉絲、彩迷紛紛下注。當你在閱讀有關林書豪的消息時可能會好奇，什麼是賠率？什麼是讓分？要如何下注賭尼克隊贏或輸？接下來，我們將介紹一些統計學的基本概念：賠率、勝率、讓分、公平賽局、期望值，以及它們之間的關係。

13-5-1　賠率

你是否常在運動競賽、彩券及賭場上，聽到「賠率」一詞，然而「賠率」到底是什麼？賠率 Q 的意思是：當你下注一塊錢時，如果你贏了，你可以拿回 Q 塊錢；可是，如果你輸了，你的一塊錢也沒了。所以，賠率 Q 是一個獲利除以損失的比例；也就是說，Q 為相對於 1 的賠率 (payoff odds to 1)：

$$Q = \frac{G}{L}$$

上式中，G 為獲利 (gain)：如果你的投資是正確的，這會是你可以贏得的錢；L 為損失 (loss)，即你的投注金額。

所以，當我們看到賠率 Q 為 1.5 時，代表你下注 100 元，如果賭贏了，可以拿回 100 乘以 Q；也就是 $100 \times 1.5 = \$150$，這個 Q 是所謂的**毛利** (gross return) 的概念。如果你要算你的報酬為多少時，則為 $(Q-1)/1$，也就是 $Q-1$，我們定義為 q，是**淨利** (net return) 的概念。所以，用數學式表示為：

$$q = \frac{(G-L)}{L} = \frac{G}{L} - 1 = Q - 1 \tag{13-6}$$

因此，我們可以有以下的關係：

$$Q = 1 + q$$

★ **例 5**：球迷萬般期待 NBA 賽事，引發全臺下注熱潮。NBA 賽季當中，臺灣彩迷針對尼克隊、小牛隊的下注，發現賭尼克隊贏的賭金有 200 萬元，賭尼克隊輸的賭金有 300 萬元，意味著賭尼克隊獲勝的人下注 200 萬元等同於賭尼克隊輸的 300 萬元。在這個例子中，賭尼克隊贏的人損失 $L = 200$，獲利 $G = 300$ 萬元，所以下注尼克隊的彩迷認為尼克隊的賠率為：

$$Q = \frac{G}{L} = \frac{30}{20} = 1.5$$

★ **例 6**：由於尼克隊的聲勢水漲船高，球迷紛紛看好尼克隊，賠率下修至 1.2。請問尼克隊獲勝的機率是多少？賠率的大小和事件發生的機率關係密切，簡單來說，發生的機率愈小 [$P(\downarrow)$]，賠率愈高 [$Q(\uparrow)$]；發生的機率愈大 [$P(\uparrow)$]，賠率愈小 [$Q(\downarrow)$]。這個關係就是下一節要討論的公平賽局。

13-5-2　公平賽局

公平賽局 (fair game) 理論：一個公平交易的期望報酬應為 0，也就是預期收入會等於預期損失。用數學來說，假設贏的機率是 P [範圍介於 0 到 1 之間，亦稱之為勝率 (probability of winning)]，並令 G 表示在機率是 P 下每次賭贏的淨所得；賭輸的淨所得是 L，其機率是 $1 - P$，所以數學式可寫為：

$$P \times G = (1 - P) \times L \qquad (13\text{-}7)$$

我們整理而得：

$$P \times \frac{G}{L} = 1 - P$$

$$P \times Q = 1 - P$$

$$P(1 + Q) = 1 \Rightarrow P = \frac{1}{1 + Q}$$

$$\text{或 } Q = \frac{1}{P} - 1$$

從上式中可以看出，當賠率愈高 ($Q\uparrow$)，發生的機率愈小 ($P\downarrow$)；賠率愈小 ($Q\downarrow$)，發生的機率愈大 ($P\uparrow$)。所以，我們可以從賠率 Q 推導出市場

隱含的獲勝機率 P；同理，我們也可以從獲勝的機率 P 推算出隱含的賠率 Q。

上一節的例 1 與例 2 中，當尼克隊的賠率 Q 是 1.5 時，隱含著尼克隊的勝率 P 為 $1/(1+1.5) = 0.4$；而當尼克隊的賠率 Q 下修至 1.2 時，隱含著尼克隊的勝率 P 為 $1/(1+1.2) = 0.45$。也就是說，市場認為尼克隊獲勝的機率上升了。所以我們用公平賽局就可以推導出：賠率高隱含勝率低，賠率低隱含勝率高。

★ 例 7：鬥雞場針對兩隻鬥雞的名字分別為啃得雞、浩大雞的下注，發現賭啃得雞贏的賭金有 20 萬元，賭浩大雞的賭金有 30 萬元；也就是賭啃得雞贏的人下 20 萬元去拚賭浩大雞贏的 30 萬元。在這個例子中，對下注啃得雞的人而言，認為損失 $L = 20$ 萬元，獲利 $G = 30$ 萬元。所以，下注啃得雞的人認為，啃得雞獲勝的賠率 $Q = G/L = 30/20 = 1.5$；因此市場認為啃得雞只有 $P = \dfrac{1}{1+Q} = \dfrac{1}{1+1.5} = 0.4$ 的機會贏。

★ 例 8：一年一度的食神大賽如火如荼地展開，角逐食神之位的有阿雞師與型男主廚詹姆仕。如果看好詹姆仕奪得食神之位的賠率是 1 賠 16，則詹姆仕贏阿雞師的機率為何？

答：如果詹姆仕贏了，則賭詹姆仕的人賭 1 元會贏 16 元回來，所以詹姆仕贏阿雞師的機率為用 $P = \dfrac{1}{1+Q}$ 代入，$P = \dfrac{1}{1+16} = \dfrac{1}{17}$。

★ 例 9：但在比賽中，阿雞師不小心被鍋子砸到腳，而導致精神不集中，火候未掌控好，出現了小失誤，表現不如預期。詹姆仕則表現穩當，後勢看好，詹姆仕賠率下修至 1 賠 10。

由 $P = \dfrac{1}{1+Q}$ 代入，$P = \dfrac{1}{1+10} = \dfrac{1}{11}$。贏的機率由 $\dfrac{1}{17}$ 升為 $\dfrac{1}{11}$，只小小地升了 $\dfrac{6}{187} \left(= \dfrac{1}{11} - \dfrac{1}{17} \right)$，連一成也不到。雖然賠率卻由 1 賠 16 變成 1 賠 10，看起來很誘人，可是實際上贏的機率只上升了一點點。

★ **例 10**：如果市場普遍認為詹姆仕遇上阿雞師，獲勝的機會只有 0.2。請問莊家要開出怎樣的賠率才不會賠錢？

答： $P=\dfrac{1}{1+Q} \Rightarrow 0.2=\dfrac{1}{1+Q}$，則 $Q=4$

所以莊家開出的賠率不能超過 1 賠 4。

★ **例 11**：但你知道阿雞師昨晚受傷，表現不如預期。如果莊家開出 1 賠 5 的賠率時，代表莊家心中認為詹姆仕獲勝的機會為 $\dfrac{1}{6}$，這樣你會繼續下注，還是就此收手？

答：繼續下注詹姆仕。因為阿雞師受傷，詹姆仕贏的機會將會上升，自己主觀認為的賠率 Q 會比 1 賠 4 還要小。假設為 1 賠 3，獲勝機會是 $\dfrac{1}{4}$，但現在莊家開出是為 1 賠 5 的賠率，獲勝機會是 $\dfrac{1}{6}$。獲勝機會 $\dfrac{1}{4} > \dfrac{1}{6}$，則要繼續加碼下注詹姆仕會贏。

從上面的討論，我們可得出當投資人認為市場賠率是對他有利的時候 (自己主觀的 Q < 市場隱含的 Q，Q 值變小；相對地，P 值會變大，$P\uparrow = \dfrac{1}{1+Q\downarrow}$)，投資人會加碼下注。

同理，當投資人認為市場賠率是對他不利的時候 (自己主觀的 Q > 市場隱含的 Q，Q 值變大；相對地，P 值會變小，$P\downarrow = \dfrac{1}{1+Q\uparrow}$)，投資人會降低下注金額。

而當投資人認為獲勝機率上升時 (自己主觀的 P > 市場隱含的 P) 也會提高下注，所以反過來會降低賠率，使得市場隱含的 P 上升。最後，自己主觀的 P = 市場隱含的 P，達到均衡狀態。同樣地，當投資人認為獲勝機率下降時，投資人會減少下注，反過來會增加賠率，進而使得市場隱含的 P 下降。

13-5-3 讓　分

我們剛才提到賠率、勝率，可是一般賭注還有一個特別的名詞，稱為讓分。因為當你知道一個球隊很難贏的時候，即使賠率很高，你也不會想去買這個彩券，所以莊家提出一個新的設計，就是所謂的「讓分」。舉例而言，西雅圖水手隊每次遇到紐約洋基隊都很難獲勝，所以就有讓分這個賭法的產生。

讓分就是預測一場賽事在法定比賽時間結束時，經過讓分調整後的勝方球隊。讓分顯示方式：於對戰兩支球隊的隊名後，各有（－）或（＋）及分數之符號。譬如紐約尼克隊（－10.5）@ 洛杉磯湖人隊（＋10.5）。（－）代表讓分之球隊，而數字代表讓分數，譬如 －10.5 即表示讓 10.5 分；（＋）代表受讓之球隊，而數字代表受讓分數，例如 ＋10.5 即表示受讓 10.5 分。

讓分玩法規則為依讓分球隊之正式賽果，減掉讓分數目。而受讓分球隊的正式賽果維持不變。例如上述範例的正式賽果為 95 比 92，則計算讓分調整後之賽果為將紐約尼克隊的得分 95 減掉讓分數 10.5，得到 84.5，其調整後賽果則為 84.5 比 92。

★ **例 12**：2012 年 2 月 24 日紐約尼克隊 vs. 邁阿密熱火隊，NBA 針對尼克隊、熱火隊的下注，原本熱火隊讓分 10.5，但經過一個半小時，讓分竟然降到 9.5，賠率也從 1.70 降到 1.63。

四節與全場比賽分數如下表所示：

	一	二	三	四	全場
尼克	20	27	19	22	88
熱火	24	27	29	22	102

正式賽果為 88 比 102，則計算讓分調整後之賽果為：將熱火隊的得分 102 減掉讓分數 9.5 為 92.5，其調整後賽果則為 88 比 92.5，打賭熱火隊的人贏。

13-6　避　險

避險就是將風險由避險者 (hedger) 移轉至其他有意願承擔風險的投機人，主要使用的工具有期貨和選擇權。在第 7 章，我們已經談過期貨避險。現在來討論如何計算期貨／選擇權的避險口數及避險比例。

13-6-1　期貨避險口數的計算

一般而言，避險的口數乘上單口期貨契約的價值，會等於避險比例乘上投資組合現貨的總價值。

$$N \times V_F = h \times V_A$$

期貨口數 × 期貨價值＝避險比例 × 投資組合現貨總價值

上式中，N 為避險的口數，V_F 為單口期貨契約的價值，V_A 為投資組合現貨的總價值，h 為避險比例。

因此，我們可以得到以下避險口數的公式：

$$N = \frac{h \times V_A}{V_F}$$

13-6-2　期貨避險比例的計算

在使用期貨避險時，必須決定用多少期貨來保護現貨，即決定期貨與現貨的搭配比例——避險比例 (hedge ratio)。我們將討論幾種避險比例的計算，包括簡單避險、最小化變異數避險，以及貝它避險。

簡單避險 (naïve hedging)　避險比例 (h) 有一種非常簡單的方法，即直接設定其為 1.0；也就是避險者用與現貨同等金額的期貨來避險。簡單避險策略隱含一個主要假設條件：期貨價格與現貨價格同向，而且同幅變動。

避險的口數乘上單口期貨契約的價值，等於投資組合現貨的總價值。其公式表現如下：

$$N \times V_F = V_A$$

因此，需要避險口數 $N = \dfrac{V_A}{V_F}$。

★ **例 13**：雅美擁有 1,400 萬元的加權指數基金，她擔心大盤下跌，所以想要規避她的基金風險。可是，雅美根本搞不清楚什麼是避險比例，所以她用最簡單的方法，現貨有多少就避多少的部位，也就是最簡單的同等金額避險。假設大盤現在是 7,000 點，請問她需要買多少口大臺指期貨？

答：現在是 7,000 點，所以 1 口大臺指期貨價值 7,000×200＝$14 萬，雅美擁有加權指數基金現貨 1,400 萬元，所以雅美要買 $1,400 萬÷$14 萬＝100 口大臺指期貨。

最小化變異數避險 (minimum variance hedging)　　當期貨與現貨標的不完全一樣時，我們就不能用 1 口對 1 口的簡單避險。此時，要利用最小化投資組合的利潤變異數的方法來計算避險比例，我們稱此為最小化變異數避險。

假設每 1 張股票 S 用 h 張期貨 F 避險，則此投資組合 V_A 在時間 0 和 1 的價值為：

$$V_{A0} = S_0 + hF_0$$
$$V_{A1} = S_1 + hF_1$$

則此投資組合利潤 $(\pi) = V_{A1} - V_{A0} = S_1 - S_0 + h(F_1 - F_0) = \Delta S + h\Delta F$。

我們要最小化投資組合利潤的變異數 σ_π^2：

$$\min_{\{h\}} \sigma_\pi^2 = \sigma_{\Delta S}^2 + h^2 \sigma_{\Delta F}^2 + 2h\sigma_{\Delta S, \Delta F}$$

將 σ_π^2 對 h 微分並令其為 0，

$$\frac{\partial \sigma_\pi^2}{\partial h} = 2h\sigma_{\Delta F}^2 + 2\sigma_{\Delta S, \Delta F} = 0$$

我們可以求解上面的方程式，求得最小化變異數避險比例 $\hat{h}$：

$$\hat{h} = \frac{-\sigma_{\Delta S, \Delta F}}{\sigma_{\Delta F}^2} = -\rho_{\Delta S, \Delta F} \frac{\sigma_{\Delta S}}{\sigma_{\Delta F}}$$

但是，財金學家發現，這個最小化變異數避險比例 $\hat{h}$，事實上就是將期貨變化 ΔF 當自變數，現貨變化 ΔS 當應變數，所跑的迴歸得到的 β 項乘上一個負號：

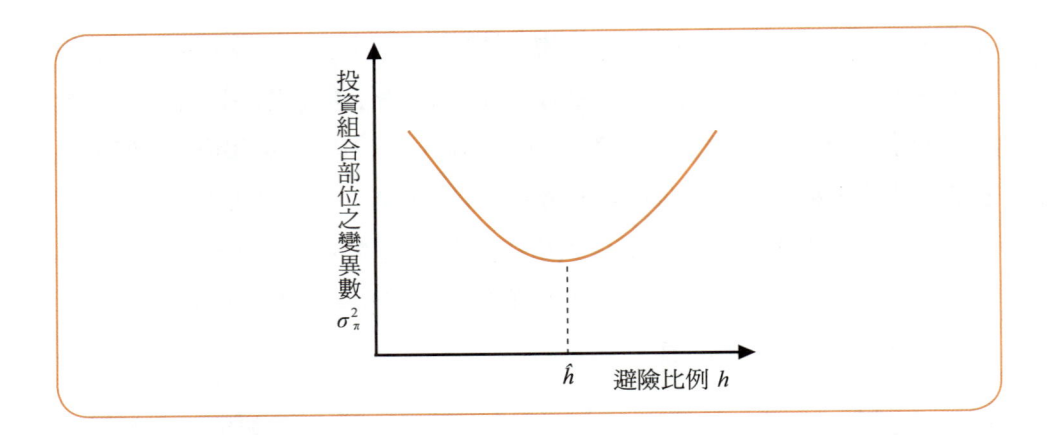

$$Y = \alpha + \beta X + \varepsilon \rightarrow \hat{\beta} = \frac{\sigma_{X,Y}}{\sigma^2_X}$$

也就是說，我們可以跑以下的迴歸：將 Y 用 ΔS 代入，然後 X 用 ΔF 代入，

$$\Delta S = \alpha + \beta \Delta F + \varepsilon$$

$$\Rightarrow \beta = \frac{\sigma_{\Delta S, \Delta F}}{\sigma^2_{\Delta F}}$$

就會得到 β 的估計值。然後將 β 乘上負號，就會得到 h 的估計值 $h = -\beta$。也就是說，我們在計算最小化變異數避險比例時，用的是數學最佳化工具，而這個算出來的答案，剛好跟用統計跑迴歸算出來的斜率，相差一個負號，而這個負號所代表的意義就是反向部位。如果現貨是作多，則期貨避險就是作空。同樣地，如果現貨作空，則期貨避險就是作多。

★ **例 14**：基金持有涵蓋股票市場多數具代表性的股票，該基金的總市場價值為新臺幣 18 億元，臺股期貨指數為 6,000 點。假設股票組合價值與指數價格的相關係數為 0.8，組合的標準差為 0.35，指數期貨的標準差為 0.40，則使部位變異數達到最小的最佳避險比例是多少？

答：
$$H = -\rho_{\Delta S, \Delta F} \frac{\sigma_{\Delta S}}{\sigma_{\Delta F}} = -0.8 \times \frac{0.35}{0.40} = -0.7$$

★ **例 15**：請問以下狀況之最佳避險比例？(現貨價格變動標準差為 0.6，期貨價格變動標準差為 0.8，兩者之相關係數為 0.8。)

答：最佳避險比例＝(現貨價格變動標準差／期貨價格變動標準差)×兩者之相關係數×(－1)

$$= (0.6/0.8) \times 0.8 \times (-1)$$
$$= -0.6$$

★ **例 16**：臺灣發行量加權股價指數期貨 (TX) 之規格為每點 200 元，目前該期貨指數為 7,500 點，現貨指數為 7,400 點。某投資人持有相當分散之臺股投資組合，市價為 2 億元。若股票投資組合與臺股指數期貨的 β 為 1.2，則根據最小風險避險法，他應該買賣多少口？

答：

$$期貨避險口數 = \frac{投資組合價值}{每口契約價值} \times \beta$$

$$= -\frac{200,000,000 \, 元}{7,500 \times 200 \, 元} \times 1.2 = -160 \, 口$$

根據最小風險避險法，應賣出臺股指數期貨 160 口。

貝它避險 (beta hedging) 我們可以將資產組合投資報酬率的風險分解為兩部分：一部分的波動是受市場所影響，稱為 **市場風險** (market risk)，其大小可由貝它值來衡量。因為投資組合是個別資產的集合，其貝它值等於該組合中個別資產貝它值的加權平均。另一部分是受到該項資產本身的因素影響，稱為 **非市場風險** (non-market risk)。雖然非市場風險可藉由風險分散而減低，但市場風險的部分仍然存在。一般來說，投資人必須承擔市場風險，但當我們有了指數期貨這個工具後，就可藉由指數期貨將市場風險轉移。

如果投資組合並不是和大盤指數完全同步變動，則我們可以利用資本資產訂價理論算出投資組合的貝它值來決定避險比例後 ($h = \beta$)，再推算出需要避險的口數 N；也就是說，避險的口數乘上單口期貨契約的價值，等於貝它值乘上投資組合現貨的總價值。

$$\text{期貨口數} \times \text{期貨價值} = \text{貝它值} \times \text{投資組合現貨的總價值}$$

$$N \times V_F = \beta \times V_A$$

因此，需要避險口數 $N = \dfrac{\beta \times V_A}{V_F}$。

★ **例 17**：一位投資組合經理人持有價值 1,000 萬美元的證券投資組合，該投資組合相對於標準普爾 500 指數的貝它係數 (β) 為 2。目前標準普爾 500 指數指數期貨價格為 1,400，合約乘數為 250 美元。試計算：(1) 期貨契約的名目金額；(2) 對貝它值暴露避險以防市場不利的變動，所採行的最佳合約數。

答：(1) 期貨契約的名目金額為：

$$\$250 \times 1,400 = \$350,000$$

(2) 對貝它值暴露避險以防市場不利的變動，所採行的最佳合約數量為：

$$N = \frac{\beta \times V_A}{V_F} = \frac{2 \times \$10,000,000}{\$350,000} \approx 57 \text{ 口}$$

★ **例 18**：假設一個投資組合價值 1,400 萬元，由兩個資產權重各半組合，即資產 1 及資產 2，資產 1 的貝它值為 1.6，資產 2 的貝它值為 0.8，目前股票指數為 7,000 點，請問該如何利用期貨來規避大盤風險？

答：首先，我們先計算投資組合的貝它值為多少。因為投資組合的貝它值就是個別股票的權重×個別股票的貝它值的總和：

$$\beta = \sum_{i=1}^{2} w_i \beta_i = 0.5 \times 1.6 + 0.5 \times 0.8 = 1.2$$

我們需要避險的口數為：

$$N = \frac{\beta \times V_A}{V_F} = \frac{1.2 \times \$14,000,000}{7,000 \times \$200} = 12 \text{ 口}$$

所以，共賣出 12 口期貨來進行避險。

★ **例 19**：在例 18 中，投資組合的貝它值利用期貨避險會調降至零，但是如果我們想將貝它值改變到一特定值 β^*，則

$$\text{避險的口數 } N = \frac{(\beta - \beta^*) \times V_A}{V_F}$$

假設我們想將貝它值降到 1，與大盤同步，則：

$$N = \frac{(1.2 - 1) \times \$14,000,000}{7,000 \times \$200} = 2 \text{ 口}$$

練習題 13-3

臺灣發行量加權股價指數期貨 (TX) 之規格為每點 200 元，目前該期貨指數為 7,500 點，現貨指數為 7,400 點。某投資人持有相當分散之臺股投資組合，市價為 2 億元，希望以指數期貨避險，請問：
(1) 他應該買賣多少口？(採用簡單避險法)
(2) 若三十天後，現貨指數為 7,000 點，期貨為 7,080 點，請問期貨部位的損益為何？
(3) 假設這位投資人其股票組合價值的變動與大盤相當，則股票現貨部位的損益為何？
(4) 本例避險的整體損益 (效果) 為何？

答：

(1) 期貨避險口數 $= \dfrac{\text{投資組合價值}}{\text{每口契約價值}} = \dfrac{\$200,000,000}{\$7,500 \times \$200} = 133.33$ 口

因此，該公司應賣出臺股指數期貨 133 口。
(2) 期貨部位損益：$(7,500 - 7,080) \times \$200 \times 133 = \$11,172,000$
(3) 現貨部位損益：$(\$200,000,000 \times 7,000/7,400) - \$200,000,000 = -\$10,810,810$
(4) 整體損益 (避險效果) $= \$11,172,000 - \$10,810,810 = \$361,190$

在不考慮交易成本及其它限制下，本例的避險結果為：期貨部位獲利 11,172,000 元，抵銷現貨部位之損失 10,810,810 元後，組合價值增加 361,190 元；若沒有避險，則投資組合價值將損失約 10,810,810 元。由此可知，空頭避險具有保護短期內投資組合價值的效果。

練習題 13-4

假若你對臺灣股票市場長期看多，但短期看空，尤其下個月股市會大跌。若你管理一個投資組合，其資訊如下：

投資組合價值	$10 百萬
投資組合 β 值	0.6
目前臺股期貨價值 (TX)	7,987
預期臺股期貨價值	6,845

請計算並回答以下問題：(假設不考慮臺股期貨與現貨間之基差)
(1) 若預期市場價值實現，你管理的投資組合會有多少預期損失 (%)？
(2) 你的預期損失的價值 ($) 為何？
(3) 臺股期貨下跌 1,142 點，相當於多少錢？
(4) 你應該買或賣多少口臺股期貨契約來規避你的部位風險？假設容許小數或部分合約。

答：
(1) $[(6,845-7,987)/7,987] \times 0.6 = -8.58\%$
(2) $10 百萬 $\times 8.58\% = \$858,000$ (損失)
(3) $1,142 點 \times \$200 = \$228,400$
(4) 期貨避險口數 = (現貨投資組合價值／一口期貨契約價值)×(目標 β － 目前 β)
　　　　　　　= [$10 百萬 $/(7,987 \times \$200)] \times (0-0.6) = -3.76$

應賣出 3.76 口期貨。

13-6-3　選擇權避險

除了可以用期貨規避風險之外，我們也可以用選擇權來規避風險。不過，因為選擇權不像期貨，期貨與期貨是一個線性關係，但選擇權與現貨是一個非線性關係。也就是說，現貨變動一單位時，期貨也會變動一單位；但是當現貨變動一單位時，選擇權則會變動選擇權中的 Delta 單位。在本小節中，我們要推導選擇權的 Delta 係數與避險比例的關係。

假設每一張股票用 h 張選擇權避險，則此投資組合之價值為：

$$V = 1S + hC$$

此投資組合的變動為：

$$\Delta V = V_1 - V_0 = 1\Delta S + h\Delta C$$

如果我們令 ΔV 為 0，這代表投資組合裡的價值沒有產生變化，也就是完全避險。我們可以得到：

$$h = -\Delta S/\Delta C$$

可是選擇權的 Delta 係數 $= \dfrac{\Delta C}{\Delta S}$，所以我們算出避險比例：

$$h = \dfrac{-1}{\text{Delta}}$$

這裡負號就是反向操作的意義，如果你買入股票，則要賣出選擇權避險。反之，如果你賣出股票，則要買入選擇權避險。

從另一角度而言，如果假設每一張選擇權用 K 張股票避險，

$$V = 1C + KS$$

令 $\Delta V = \Delta C + K\Delta S = 0$

$$K = -\dfrac{\Delta C}{\Delta S} = -\text{Delta}$$

練習題 13-5

避險比率 0.70 意味著一個避險的投資組合包括：(A) 買進 0.70 買權對每一賣空股票 (B) 賣空 0.70 買權對每一買進股票 (C) 買進 0.70 股票對每一賣空買權 (D) 買進 0.70 股票對每一買進買權

答：避險比率＝買進標的股票部位／賣出買權部位，所以避險比率 0.70 意味著買進 0.70 股票對每一賣空買權。

練習題 13-6

如果黃金期貨買權之 Delta 為 0.7，則當賣出 1 單位的買權，須如何才能完全對沖？ (A) 買入 1 單位黃金期貨 (B) 賣出 1 單位黃金期貨 (C) 買入 0.7 單位黃金期貨 (D) 賣出 0.7 單位黃金期貨

答：$K = -\text{Delta} = -(-0.7) = 0.7$，選 (C)

因買權 Delta 為 0.7，所以賣出買權時 Delta 變成 -0.7。

★ 例 20：小白賣出 10 口 AC 股票買權 (每口契約單位為 1,000 股 AC 股票)，此買權的 Delta (δ) 為 0.5，請問：

(1) 他應該買進或賣出 AC 股票才能避險？

(2) 他應該買進或賣出多少數量的 AC 股票，以建立 Delta 中性部位？

答：(1) 如小白希望藉由交易 AC 股票 (標的股票)，來規避空頭選擇權部位的風險，則應買進 AC 股票。

(2) 他應買進 50,000 股 ($=0.5\times 10\times 1,000$)。

★ 例 21：承上題，如果 Delta 係數增加為 0.75，他應該額外買進多少數量的 AC 股票，才能維持 Delta 中性部位？

答：$(0.75-0.5)\times 10\times 1,000=2,500$ 股

因此，他應額外買進 2,500 股的 AC 股票，才能維持 Delta 中性部位。

13-7　交換：比較利益法則的應用

13-7-1　麥當勞套餐和交換套利

炎炎夏日，剛上完經濟名師阿龍先生的課，多啦 A 夢和大雄決定中餐吃麥當勞，好好地享受一下。於是大雄就叫多啦 A 夢去買。心不甘情不願的多啦 A 夢來到了麥當勞，抬頭看著價目表，覺得價格有些奇異之處，想起剛剛老師所教的套利原則，心裡開始盤算要好好整一整大雄。

多啦 A 夢發現，麥香魚和麥香雞的套餐價格都是 105 元，可是單點麥香魚要 75 元，單點麥香雞要 39 元，也就是中薯和中可的隱含價格在麥香魚套餐為 30 元 (即 $105 - 75 = \$30$)，而在麥香雞套餐中為 66 元 (即 $105 - 39 = \$66$)，如下表所示。

	麥香魚	麥香雞
套餐價 (漢堡＋中薯＋中可)	105	105
漢堡單價	75	39
換算 (中薯＋中可) 隱含價	30	66

如果買入麥香魚套餐和單點麥香雞 (即 $105 + 39 = \$144$)，然後將麥香魚套餐拆成麥香魚單點、中薯、中可；再將中薯、中可和單點麥香雞組

成麥香雞套餐，以單點麥香魚 (75 元) 和麥香雞套餐 (105 元) 的形式售出。這時候原來的支出是 144 元，卻可以收進 180 (即 105 + 75 = $180)。經過這樣的重新組合，多啦 A 夢可以淨賺 36 元。碰巧多啦 A 夢只想單點麥香魚，而大雄想要點麥香雞套餐，所以多啦 A 夢就決定買麥香魚套餐，另外單點麥香雞，總支出是 144 元。因為向大雄收 105 元，所以多啦 A 夢單點麥香魚只付出了 144 − 105 = $39，如下表所示：

買 進		賣 出	
麥香魚套餐	105 元	麥香魚單點	75 元
麥香雞單點	39 元	麥香雞套餐	105 元
支　出	144 元	收　入	180 元
		套利得	36 元

多啦 A 夢可以這樣做的原因，是因為這兩個套餐總值一樣，但是漢堡和中可＋中薯的隱含價格不一樣，而且大雄剛好要吃麥香雞套餐，多啦 A 夢只要吃麥香魚，所以可以進行交換套利。

經過多啦 A 夢的解釋，大雄恍然大悟。後來隔了幾天，碰巧大雄和靜香只想單點麥香魚，而胖虎和小夫想要點麥香雞套餐。所以，大雄就決定買兩個麥香魚套餐，另外單點兩個麥香雞，總支出是 288 元。大雄向胖虎和小夫各收 105 元，向靜香收 75 元，最後大雄單點的麥香魚只要支付 3 元 (= 288 − 105 − 105 − 75)！

13-7-2　牛肉麵店與泡沫紅茶店

剛才提到的都是經濟學的例子，而在投資學裡面，是否有相似的概念呢？答案是有的。一般而言，投資學有所謂的利率交換、貨幣交換與混合交換。這邊所牽涉的原則都是一樣，也就是透過比較利益的原理，來降低雙方的成本，或是使雙方的收益更好。

我們再給一個比較通俗的例子，牛肉麵店與泡沫紅茶店。我們知道溫度會影響人類的食慾，在夏天的時候，大家都會去泡沫紅茶店買冷飲，享受冰涼的暢快。到了冬天，大家會改去牛肉麵店，來碗熱熱的牛肉麵暖暖身體。因此，當夏天來臨時，泡沫紅茶店的業績收入有 120 萬元，而牛肉麵店只有 60 萬元；但是到了冬天，牛肉麵店的業績收入有 100 萬元，而泡沫紅茶店只有 40 萬元，如下表所示：

	夏 天	冬 天
泡沫紅茶店	$120 萬	$40 萬
牛肉麵店	$60 萬	$100 萬

面臨這樣不穩定的現金流量，牛肉麵店和泡沫紅茶店的老闆決定制定一項協議。經過討論之後，雙方決定以當季營業額比較高的一方給營業額比較低的一方：兩方營業差額的一半。所以經過交換之後，在夏天時泡沫紅茶店老闆要支付 ($120 萬 － $60 萬)/2 = 30 萬元給牛肉麵店老闆，而在冬天時，牛肉麵店老闆要支付 ($100 萬 － $40 萬)/2 = 30 萬元給泡沫紅茶店老闆。經過交換後如下表所示：

	夏 天	冬 天
泡沫紅茶店	120 － 30 = 90	40 ＋ 30 = 70
牛肉麵店	60 ＋ 30 = 90	100 － 30 = 70

我們可以看出，在交換之前，每家店的現金流量很不穩定；交換之後，夏天和冬天的現金流量會比較趨近。所以他們只要努力工作，製作出世界一級棒的牛肉麵和泡沫紅茶，就不用在意季節的變化所造成的影響；也就是以「放棄利益的可能性」來交換「避免損失的可能性」。

13-7-3　利率交換

三隻小豬在擊敗大野狼後，豬大哥和豬二弟兩人決定也要蓋一間穩固的房子，因此他們各自向不同的銀行借錢。豬大哥借錢的 A 銀行，所提供的固定利率為 3.25%，浮動匯率為 LIBOR ＋ 0.25%；而豬二弟借錢的 B 銀行，提供的固定利率為 4%，浮動利率為 LIBOR ＋ 0.5%。如下表所示：

	豬大哥	豬二弟	信用品質利差[2]
固定利率	3.25%	4%	0.75%
浮動利率	LIBOR* ＋ 0.25%	LIBOR ＋ 0.5%	0.25%
			0.5% (差異)

*LIBOR：倫敦銀行同業拆放利率。

---

[2] 信用品質利差 (quality spread differential, QSD) 是指不同信用等級企業在金融市場上借款利率的差異，通常在固定利率市場的信用品質利差比在浮動利率市場的大。因為信用較差之一方所發行的較低品質債券，較不容易借到長期 (固定) 資金，除非是願意付出相對較高之風險溢酬給投資人，此現象拉大了在固定利率市場的信用品質利差。

可是他們兩人都對銀行所提供的利率有點不滿，豬大哥想要借浮動利率，豬二弟想要借固定利率。於是，他們去找豬小弟所開設的銀行，希望豬小弟能幫他們兩人。豬小弟得知後，利用**利率交換** (interest rate swap) 的方式，分別提供他們所想要的利率 (如圖 13-12 所示)。

步驟 1：豬大哥借固定利率 3.25%，豬二弟借浮動利率 LIBOR ＋ 0.5%。

步驟 2：進行交換：

　　　　豬大哥付給豬小弟浮動利率 LIBOR，收固定利率 3.25%。

　　　　豬二弟付給豬小弟固定利率 3.35%，收浮動利率 LIBOR。

步驟 3：交換後實際支付：

　　　　豬大哥為 3.25% － 3.25% － LIBOR ＝ － LIBOR。(負號為支出的意思，正號為收入的意思。)

　　　　豬二弟為 LIBOR － 3.35% － (LIBOR ＋ 0.5%) ＝ － 3.85%。

步驟 4：交換前後差異：

　　　　豬大哥為 (LIBOR ＋ 0.25%) － IBOR ＝ 0.25%。

　　　　豬二弟為 4% － 3.85% ＝ 0.15%。

　　　　豬小弟銀行利率交換為 3.35% － 3.25% ＝ 0.1%。

　　總節約成本 ＝ 0.25% ＋ 0.15% ＋ 0.1% ＝ 0.5% ＝ 信用品質利差差異

　豬小弟在此扮演了一個主要的角色，將 QSD 的好處利用利率交換分配給豬大哥與豬二哥，而自己也賺到了佣金。

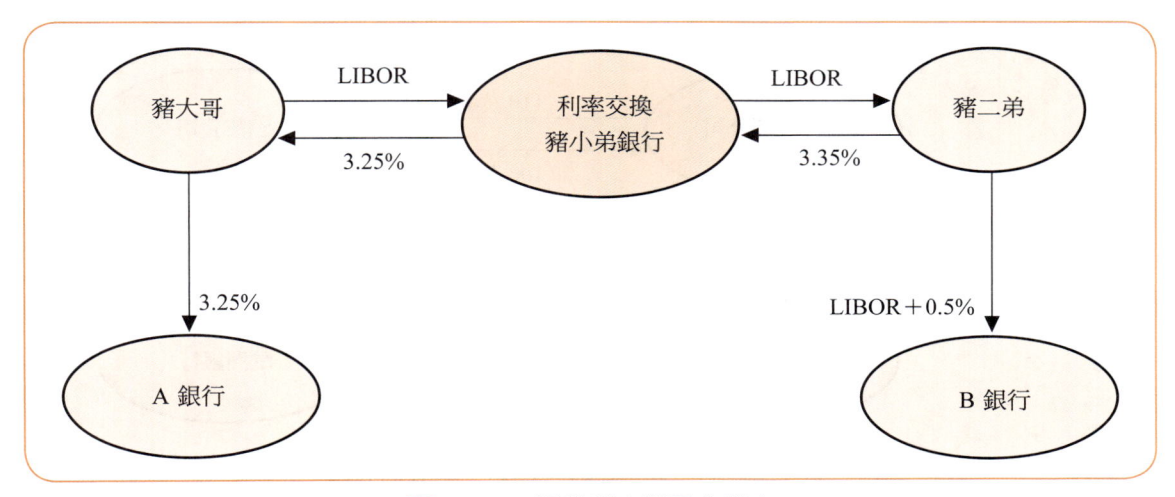

圖 13-12　浮動利率與固定利率

13-7-4　外匯交換

美國的西雅圖公司和法國的巴黎公司想向銀行借錢。美國銀行提供給西雅圖公司的利率為 5%，巴黎公司為 6%；而歐洲銀行給西雅圖公司的利率為 4%，巴黎公司為 3%，匯率為 $1.10/€，如下表所示：

	西雅圖公司	巴黎公司	匯率 $1.10/€
美國銀行	5%	6%	
歐洲銀行	4%	3%	

因為兩家銀行對西雅圖公司和巴黎公司提供不一樣的利率，所以西雅圖公司與巴黎公司決定進行外匯交換 (currency swap) 策略。

步驟 1：期初本金互換 (如圖 13-13 所示)：

西雅圖公司向美國銀行借 110 萬美元，並支付 110 萬美元給巴黎公司。

巴黎公司向歐洲銀行借 100 萬歐元，並支付 100 萬歐元給西雅圖公司。

步驟 2：期中利率交換 (如圖 13-14 所示)：

西雅圖公司收取巴黎公司美元利息 5%，然後支付美國銀行利息 5%。

巴黎公司收取西雅圖公司歐元利息 3%，然後支付歐洲銀行利息 3%。

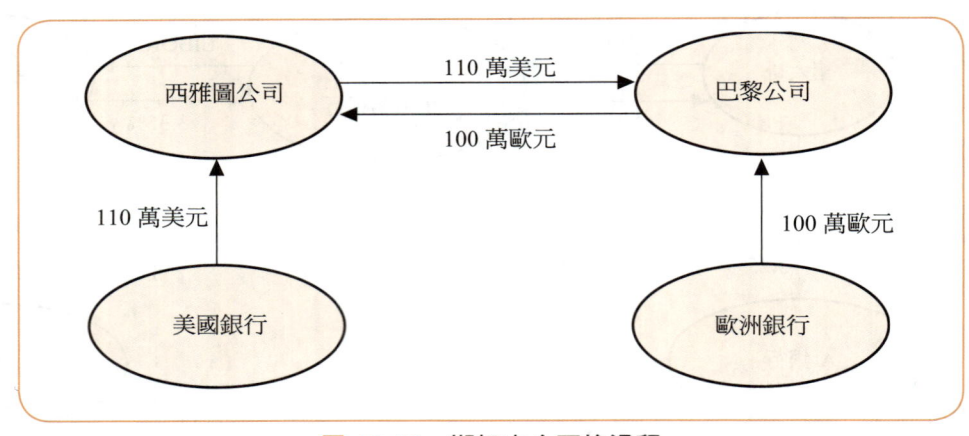

圖 13-13　期初本金互換過程

步驟 3：期末本金交換 (如圖 13-15 所示)：

西雅圖公司收取巴黎公司 110 萬美元，支付美國銀行本金 110 萬美元。

巴黎公司收取西雅圖公司 100 萬歐元，支付歐洲銀行本金 100 萬歐元。

在這個例子中，西雅圖公司和巴黎公司在自己國家的銀行借錢有利息的優勢，但是西雅圖公司需要歐元，巴黎公司需要美元，所以他們分別從本國銀行借款之後再進行外匯交換，以達到降低成本的效果。西雅圖公司的歐元利息從 4% 降為 3%，巴黎公司的美元利息從 6% 降為 5%。

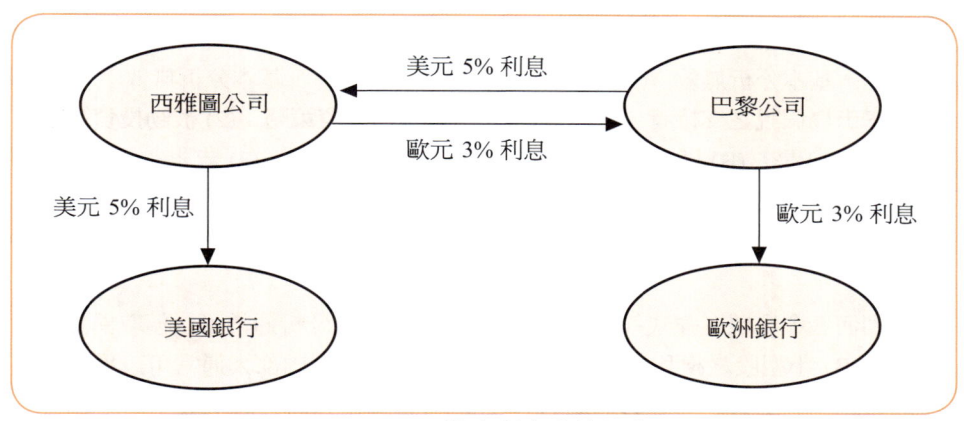

圖 13-14　期中利率交換過程

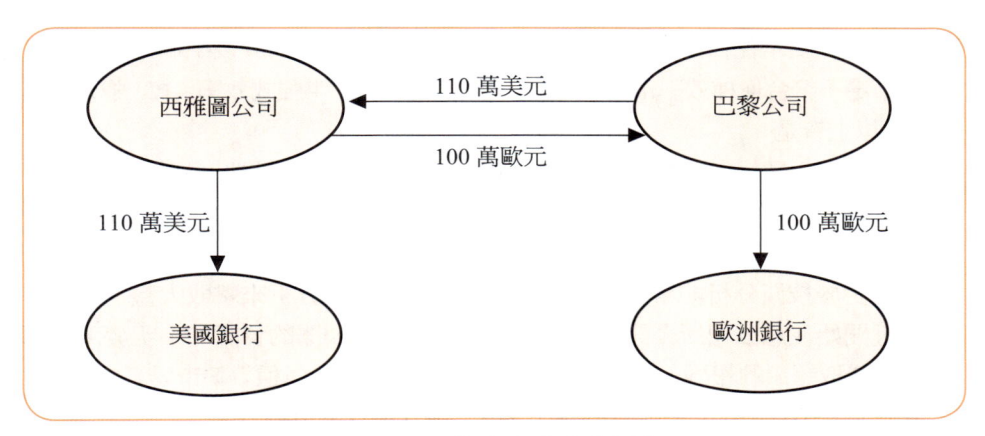

圖 13-15　期末本金交換過程

習 題

選擇題

1. 下列何者非弱式效率市場之檢定方法？　(A) 隨機性　(B) 濾嘴法則　(C) 宣布發放股票股利　(D) 以上皆是
2. 事件研究通常用來檢驗市場符合何種效率市場假說？　(A) 強式　(B) 半強式　(C) 超弱式　(D) 弱式
3. 如果市場符合半強式效率假說，則下列何種分析會帶來超額報酬？　(A) 技術分析　(B) 財務報表分析　(C) 基本分析　(D) 以上皆非
4. 若目前之證券價格已充分反應過去的價格或報酬率所提供的各種資訊，則何種效率市場假說必成立？　(A) 強式　(B) 半強式　(C) 弱式　(D) 以上皆是
5. 下列有關基本分析的敘述何者正確？　(A) 基本分析係利用市場資料與統計方法來預測股價　(B) 在弱式效率市場中，基本分析無效　(C) 在半強式效率市場中，基本分析無效　(D) 在隨機漫步理論的主張下，基本分析無效
6. 效率市場假說之支持者，一般皆倡導：(1) 積極投資策略；(2) 被動投資策略。(A) 僅 (1) 是　(B) 僅 (2) 是　(C) (1)、(2) 皆是　(D) (1)、(2) 皆非
7. 下列何種現象不是市場異常現象？　(A) 低本益比公司之報酬率比高本益比公司大　(B) 元月效應　(C) 規模效應　(D) 前景好的公司之報酬率比前景差的公司大
8. 下列何者會出現在強式效率市場？　(A) 經由技術分析通常可以獲取異常報酬率　(B) 小型股之獲利通常較大型股為佳　(C) 公司內部人通常可以獲取較佳的報酬率　(D) 沒有人可以靠著對資訊的分析與研判而打敗指數
9. 在弱式效率市場中，下列哪些分析工具可賺取超額報酬？　(A) K 線圖　(B) RSI 指標　(C) 公司的營收　(D) KD 值
10. 當一研究顯示任何一個月份的前半個月之投資報酬均高於後半個月時，代表該市場不符合何種效率市場？　(A) 弱式效率　(B) 半強式效率　(C) 強式效率　(D) 以上皆是
11. 下列何者不是效率市場的假設？　(A) 每個市場參與者能同時免費地獲得市場的資訊　(B) 沒有交易成本、稅負，以及其它交易的障礙　(C) 每位投資人均為價格的接受者　(D) 市場交易的作業流程完全電腦化
12. 小明對於技術分析非常熟悉，但始終無法利用技術分析來擊敗大盤。因此，最近開始注意公司所公開的相關訊息，根據這些公開的資訊，小明發現既可從中賺取超額的報酬，請問小明所處的市場至少屬於何種效率市場？　(A) 弱式效率　(B) 半強式效率　(C) 強式效率　(D) 無效率市場
13. 有關投資組合的向日葵原則主張，下列敘述何者正確？　(A) 戰術性資產配置機動性高於策略性資產配置　(B) 戰術性資產配置優先於策略性資產配置

(C) 戰術性資產配置穩定性高於策略性資產配置　(D) 戰術性資產配置比重高於策略性資產配置

14. 單純避險策略 (現貨部位與期貨部位等值) 中，隱含一主要假設條件為：　(A) 期貨價格與現貨價格同向變動　(B) 期貨價格與現貨價格同向且同幅變動　(C) 期貨價格與現貨價格同向但不須同幅變動　(D) 期貨價格與現貨價格反向變動

15. 假設在巴西和中國，生產一單位咖啡及茶葉所需之人力小時 (manhours, Mhrs) 如下：

	咖啡	茶葉
中國	8 Mhrs	12 Mhrs
巴西	12 Mhrs	24 Mhrs

假設兩國有相同數目的人力小時，請問下列敘述何者錯誤？　(A) 中國對於生產咖啡有絕對利益　(B) 中國對於生產茶葉有絕對利益　(C) 中國對於生產咖啡有比較利益　(D) 中國對於生產茶葉有比較利益

16. 在利率走升的趨勢之下，下列哪一種投資人最想要成為一個利率交換 (IRS) 合約的買方？　(A) 已持有浮動利率資產部位的投資人　(B) 已持有浮動利率負債部位的投資人　(C) 已持有固定利率資產部位的投資人　(D) (B) 與 (C)

17. 在利率走低的趨勢之下，下列哪一種投資人最想要成為一個利率交換 (IRS) 合約的賣方？　(A) 已持有浮動利率資產部位的投資人　(B) 已持有浮動利率負債部位的投資人　(C) 已持有固定利率資產部位的投資人　(D) 以上皆非

問答題

1. 假設汪汪及水果兩家公司可在市場上借得之利率如下：

	汪汪	水果
信用等級	AAA	BBB
固定利率	5%	10%
浮動利率	LIBOR	LIBOR + 3%

　a. 試計算信用品質利差 (QSD)？
　b. 假設汪汪公司想要在浮動利率市場融資，而水果公司想要在固定利率市場融資。若你願意免費為兩家公司建構一個利率交換合約，該如何設計才能使兩家公司所節省的融資成本完全相同？請將你所設計的交換合約用圖表示。

2. 假設許方宜小姐的投資組合股票占 40%，債券占 60%；而股票組合中，60% 投資國外，其中三分之一投資美洲，三分之一投資歐洲，三分之一投資新興市場。債券投資一半國內，一半國外，國內債券為臺灣債券，國外債券一半放在歐洲，一半放在美洲。請計算她的投資組合個別的資產類別比例。

3. 假設股價比例為 60：40，絕對門檻平衡值為 10%，相對門檻平衡比例為 20%，請計算股票與債券的上下相對與絕對的門檻平衡值。
4. 阿狗兄於 2017 年 8 月 31 日買進 1 口臺指期貨 09，當時臺指期貨價格 7,383 點，並繳交原始保證金新臺幣 83,000 元給期貨經紀商。買進 1 口電子指數期貨 09，價格 276.2 點，並繳交原始保證金新臺幣 68,000 元給期貨經紀商。請計算臺股指數期貨、電子指數期貨的槓桿倍數。
5. 隨著 NBA 總冠軍賽第五戰的高潮，熱火隊與雷霆隊的對決，臺灣彩迷針對熱火隊、雷霆隊的下注，發現賭雷霆隊贏的賭金有 1,000 萬元，賭熱火隊贏的賭金有 600 萬元，請計算熱火隊的賠率是多少？
6. 天道同學擁有 120 萬元的加權指數基金，他擔心大盤下跌，所以想要規避他的基金風險。假設大盤現在是 6,000 點，請問他需要買多少口大臺指期貨來做簡單避險？
7. 利率交換的中間人豬小弟銀行最多可以拿多少利率利差？

網路習題

1. 請至臺灣期貨交易所網站：https://www.taifex.com.tw，下載期貨選擇權契約保證金。

交易計畫與投資策略

　　兵者，國之大事，死生之地，存亡之道，不可不察也。故經之以五事，校之以計，而索其情？一曰道，二曰天，三曰地，四曰將，五曰法。道者，令民與上同意，可與之死，可與之生，而民不畏危也。天者，陰陽、寒暑、時制也。地者，遠近、險易、廣狹、死生也。將者，智、信、仁、勇、嚴也。法者，曲制、官道、主用也。凡此五者，將莫不聞，知之者勝，不知之者不勝。故校之以計，而索其情。曰：主孰有道？將孰有能？天地孰得？法令孰行？兵眾孰強？士卒孰練？賞罰孰明？吾以此知勝負矣。將聽吾計，用之必勝，留之；將不聽吾計，用之必敗，去之。計利而聽，乃為之勢，以佐其外。勢者，因利而制權也。兵者，詭道也。故能而示之不能，用而示之不用，近而示之遠，遠而示之近。利而誘之，亂而取之，實而備之，強而避之，怒而撓之，卑而驕之，佚而勞之，親而離之，攻其不備，出其不意。此兵家之勝，不可先傳也。夫未戰而廟算勝者，得算多也？未戰而廟算不勝者，得算少也。多算勝，少算不勝，而況無算乎？吾以此觀之，勝負見矣。

──《孫子兵法第一篇・始計》

14-1　交易計畫

　　誠如《孫子兵法》所言，在戰爭未開打之前，必須要有嚴密的分析和計畫。如果我方戰勝的有利條件多，有八、九成的勝算；或者是評估我方戰勝的情勢，只有五、六成把握；我們會知道在實際戰爭時，前者才有較大的可能性取勝。但如果在開戰前就率性不做任何的分析，在實際戰爭中就根本不可能獲勝。若有人只憑算命、占卜的結果，而不做任何計畫，那麼不需開戰，勝負就顯而易見。

　　運用到交易上，一個完整的交易計畫，雖然不一定保證會有很高的獲利，但沒有任何交易計畫，只任憑感覺走，肯定會以賠錢收場。由此可知，有一個好的交易計畫是非常重要的，而一個完整的交易計畫必須包含在哪個市場買賣什麼樣的標的、要買賣多少單位、何時進場、何時出場、何時加碼、何時減碼、如何設定停損點、停利點、如何建立完善的資金與風險管理。另外，交易中有很多細節，而魔鬼都藏在細節裡面，交易中一個小小的錯誤，可能會導致鉅額的損失。譬如，買單下錯成賣單、停利單下錯成停損單。同時，好的交易計畫也必須考慮到個人的交易風格與時間框架。

日本股神是川銀藏的投資三原則

14-1-1　選擇你的風格

　　每個人的個性及風格會影響每個人的交易方式，典型成功的交易者都有一個明確的目標及方法，而一個失敗的交易者的計畫肯定是含糊不清的。在交易中，精確將獲得獎勵。所以找出適合你的交易風格，並且照這個風格來計畫你的交易。譬如，巴菲特是一個有名的價值型投資人，他不會跑去做短期當沖；索羅斯則是一個外匯狙擊手，他也不會去買下一間公司來長期經營。

14-1-2　確定你的時間框架及投入

　　每個人所擁有的時間是不同的，有些人有足夠的資金和知識，卻沒有很多的時間；有些人有充裕的時間，但卻沒有足夠的知識和金錢。短線的散戶可以每天早上到號子看盤吹冷氣，渡過整個上午；蹺課的大學生可以在宿舍裡透過網路交易下單，享受快節奏的殺進殺出；對他們來說，時間

的成本是不高的，可以花很多時間在交易上面。因此，要將一支股票長期持有是很困難的。

相反地，專業人士每天忙著工作，反而沒有時間關心自己的投資組合，很可能只有在每年報稅的時候，才有機會檢視自己的投資狀況。因此，當沖或是短線交易並不適合他們。所以，決定哪一種風格最適合你的個性，然後選擇相對應的時間投入是非常重要的。

14-1-3　決定市場類別與投資標的物

現在可以投資的資產跟二十年前相比，差異很大。老一輩的人辛苦賺錢，把錢存下來，不是放在銀行定存，就是拿去買土地和房子。隨著金融市場的發達，愈來愈多的資產可以投資，從股票、債券、外匯、不動產、期貨、選擇權到共同基金，以及黃金、綠金 (農產品) 與黑金 (石油)，令投資人眼花撩亂。投資人必須先瞭解投資產品，並決定要投資哪一種類別的資產，再決定要買賣多少。

14-1-4　決定何時進入點 (確定買進策略)

有很多方法可以決定進場點，最簡單的就是看這個資產過去五年至十年的歷史價格 (在時間上要經歷一個完整的多頭與空頭)，看看股價最低價是多少？舉例而言，台塑可能在過去十年中，股價有 80% 的時間是在 40 元至 80 元中移動，所以當台塑股價接近 40 元時就可以逢低買入，當然前提是台塑營收是受國際不景氣影響，而不是公司本身陷入經營危機 (譬如，公司老大不見了！)。

我們也可以利用技術分析中的黃金交叉來決定買入點，在薛普曼 (Mark Shipman) 所寫的《最簡單的長期投資術》(*Big Money, Little Effort: A Winning Strategy for Profitable Long-term Investment*) 書中有提到，對長期投資人而言，只要最近三十週的移動平均大於最近五十週的移動平均，就是一個買進點；另一方面，對短線投資人而言，只要五日移動平均大於二十天移動平均就可以買入。所以我們看到，不同時間框架的投資人，即使用相同的交易指標，但卻會用不同的時間參數。

以上提到的兩種方法，都是只有使用價格的資訊，可是交易的數量也同樣帶有資訊。當一支股票的價格接近歷史高價，而又爆出很大的成交量

時，就是一個很明顯的反轉點；另一方面，當股票價格移到歷史低點徘徊一陣子，而成交量又不大時，就是一個支撐的買點。

14-1-5　決定退出策略 (確定賣出策略)

沿用同樣的進場邏輯，也可以用來決定何時出場。如果宏達電股價接近 1,000 元的歷史高價時，歐洲正好在發生金融危機，可能未來對消費型電子商品需求減少，這時就可以逢高賣出，獲利了結。薛普曼也建議，只要最近五十週的移動平均大於最近三十週的移動平均，就是一個賣出點。

出場的藝術

14-1-6　買多少或賣多少

當決定好什麼市場、要買什麼標的、進入時間點也決定好了，下一個問題就是你要買賣多少的數量，這就牽涉到你的資產配置與資金管理。一般傳統投資會建議以股票與債券平衡、國內與國外平衡，作為核心組合，再加上一些新興市場及另類資產作為衛星組合。大部分的時機要能忍住不投資，而且最好不要把你的資金一次投入，因為這樣會讓你處於很高的風險。舉例而言，當馬英九贏得 2008 年選舉時，大家一片看好海峽兩岸會有很大的經濟進展，所以很多人把房子拿去抵押買股票。當時臺灣股市上升到 9,000 多點，很多報紙根據當年香港回歸到中國的經驗，認為當兩岸可以三通，政治可以和解，股票有機會上 20,000 點。不幸的是，後來發生全球金融風暴，股市從 9,000 點跌到 4,000 點，很多投資人破產離場，甚至有人自殺。

所以，當你投入資金時，單筆投資的金額不要超過總金額的 10% 至 20%。舉例而言，你手上有 100 萬元可以投資，你發現到一個好的投資機會，最好不要一次梭哈，而是先投入 10 萬元至 20 萬元，再視市場情況來決定要不要加減碼。更重要的是，千萬不要舉債投資。

14-1-7　何時加碼、何時減碼

當你建立投資部位之後，如果市場走向與你的預期一致時，你可能會考慮加碼；而當市場走向不如預期時，你可能會考慮減碼。有兩種加減碼的法則：一種稱之為正金字塔，當你作多時，市場又上揚，你會加碼，但

是加碼的數量會愈買愈少；另一種稱之為倒金字塔，剛好與正金字塔相反，你會愈買愈多。使用正金字塔加碼是比較保守的，當市場反轉時比較不會受到傷害。而利用倒金字塔加碼的人是比較大膽的，如果市場向上走出一個大波段，可能就會累積很多的財富。

不過，報酬與風險是成正比的，一旦市場反轉，損失也將會非常巨大。當市場盤整的時候，譬如市場價格變動範圍上下不到 10% 左右時，如果沒有碰到你的停損停利點，你可以不用太在意，繼續持有這股票的時間；如果發現好的投資機會，你就把股票賣出，把資金轉到其它資產上。

14-1-8 設定停損、停利點

最近這幾十年的行為財務學的研究發現，投資人傾向將獲利的股票太早賣出，賠錢的股票卻是長期持有。一個好的交易應該是賠錢的股票要趕快停損，而賺錢的股票要繼續抱牢。會發生理論與現實相背的原因是因為投資人的心理無法克服貪婪與恐懼，隨著市場的波動而瘋狂的殺進殺出。所以，一個好的交易是在交易之前，就先設立好停損停利點，而不是等到交易發生後，再來抱怨無法嚴格遵守交易計畫。

一般而言，停損點是設在 5% 至 10%；停利點的設立，從 20% 至 100% 都有。停利停損比例的設定，主要還是取決於資金大小與時間框架。譬如，有大筆資金的人，可能不在乎短期的 10% 至 15% 的損失；但是對小額投資人來說，可能 5% 的損失就很巨大。同樣地，對一個長期的投資人來講，他可以很有耐心地等到一個大波段的出現，賺取 100% 的利潤；而一個短線的交易者，可能賺了 10% 就跑了。

以上所提的是固定的停損停利。但是當市場有大波段行情時，太早停利或停損會使獲利大幅縮水，因此有人提出移動的停損停利。舉例來說，目前買入股價 100 元，設定停利點是 120 元，也就是賺 20% 就出場；停損點是 90 元，也就是賠 10% 就出場。假設現在股票漲到 110 元，移動停利就是 $110 \times (1 + 20\%) = 132$ 元，移動停損就是 $110 \times (1 - 10\%) = 99$ 元。比較原來固定的停損停利，我們可以發現，當停利出場時，固定停利只能賺 20 元，可是移動停利可以賺 32 元。當市場走勢不如預期時，固定停損會賠 10 元，移動停損會賠 1 元。

必須特別說明的是，當你的部位跟市場方向一致時，你可以利用移動的停損停利來提高你的獲利或減低你的損失；但是，當你的部位跟市場方向不一致時，你就必須固定你的停損停利點而不能移動，否則會擴大損失。舉例而言，當股價跌到 $95 元時，如果你移動你的停損停利點，新的移動停利點為 $95×(1＋20%)＝114 元，新的移動停損點是 $95×(1－10%)＝85.5 元。結果是，停損點一直往下，而造成更大的損失。

14-1-9　資金及風險管理

事實上，資金管理是風險管理的一部分。投資學告訴我們，要分散你的投資組合。可是，除了資產的分散之外，資金的分散也很重要。我們在市場上常常看到，很多投資人把所有金錢投入股市，沒有留下多餘的現金。如果市場照預期方向進行，投資人當然很開心；可是當市場反轉時，投資人卻連加碼來降低投資成本的機會都沒有。

假設你現在有 100 萬元的資金，你可以採取兩種不同的資金管理策略：第一種是把錢全部投入市場；另一種是只投入一半資金 50 萬元。假設第 1 年的報酬率是 －20％，第 2 年的報酬率是 ＋20％，當你投入 100 萬元時，你第 1 年年底總資產只剩 80 萬元 [＝$100 萬×(1－20％)]，第 2 年年底會有 96 萬元 [＝$80 萬×(1＋20％)]。可是如果你第一年投入 50 萬元，則第 1 年年底時你會有 90 萬元 [＝$50 萬×(1－20％)＋$50 萬]，第 2 年年底會有 100 萬元 [＝$40 萬＋$50 萬×(1＋20％)]。在這個例子中，一個簡單的資金管理就會使你的損失減少或獲利增加。

華爾街最有名的交易者——李佛摩 (Jess Livermore) 手上常常持有大量現金，因為當機會來臨時，如果你沒有足夠的資金，就錯失了賺大錢的時機。好比大家在臺北 101 準備跨年時，如果附近的超商沒有準備足夠的商品販售給消費者，就不能從這個節慶中獲利。即使你發現一個可以賺大錢的機會，也最好不要將資金全部投入。李佛摩雖然賺取了鉅額的金錢，但在晚年的時候，因為情緒及婚姻的問題，使得他不能堅守自己設定的投資法則，招致極大的虧損。最後他在大飯店的浴室裡，用左輪手槍結束自己的一生。

14-2 投資策略

在談完了交易計畫之後，現在我們來介紹幾個重要的投資策略。每一個投資策略都有其自身的優勢和劣勢，沒有一個策略可以永遠贏，你必須視情況而靈活地應用。

14-2-1 被動投資與積極主動投資

我們在第 13-1 節「效率市場」曾提到，當市場為有效率時，一般投資人很難擊敗大盤。所以，最好的方法就是持有大盤，也就是持有指數基金或 ETF 基金，其中以美國的先鋒集團 (Vanguard) 的基金、道富集團 (SSGA) 所發行的 SPDR、英國巴克萊公司的 iShares 最為有名。

另一方面，當投資人相信市場並不是那麼有效率的時候，他們就會採取主動投資策略，要不然就是自己投資或是買主動型的共同基金。不過弔詭的是，平均來說，大部分的主動型基金的績效比指數型基金還差，因為除了基金經理人的管理能力之外，主動型基金所收取的管理費用遠高於指數型基金與 ETF 也是一個主要的原因。

投資名家：霍華德‧馬克斯

投資名家：約翰‧柏格

14-2-2 順勢 (動能) 投資與反轉 (回歸) 投資

投資可分為順勢投資 (追高殺低) 與逆勢投資 (低買高賣)，如圖 14-1 所示。一般來說，普通投資人偏好短線投資，很容易追高殺低。當市場有一些流行的議題，他們會根據新聞、小道消息或耳語傳播來買進賣出，可是通常都是接到最後一棒，很容易賠錢。不過，並不是所有的順勢投資

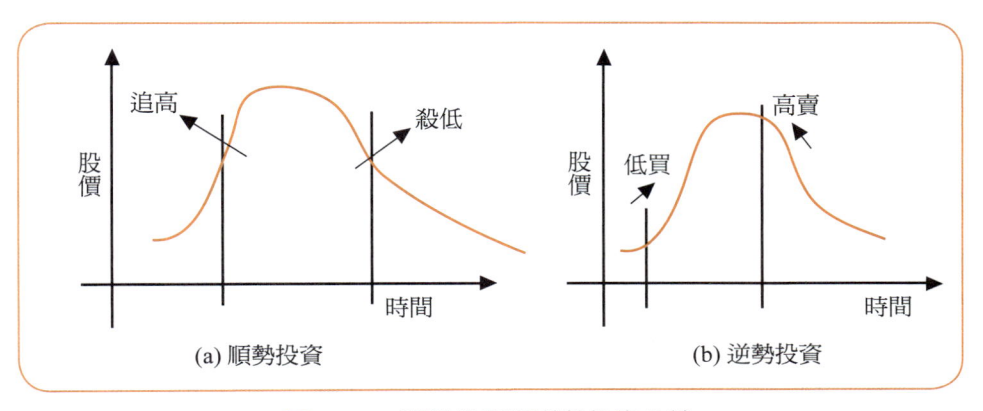

圖 14-1　順勢投資與逆勢投資曲線

人都會賠錢。技術分析學派中最有名的「海龜投資法」，就是利用不斷的停損(小賠)來換取一個大賺的波段。

逆勢投資法是指，投資人在股票高點時賣出，股票低點時買入。這說來容易，但是要在事前判斷卻很困難。一個簡單的法則，就是剛才所提到的股價在歷史高點或長期死亡交叉時，就是賣出的時機；同理，當股價在歷史低點或長期黃金交叉時，就是買入的時機。利用這種投資法則的投資人必須相當有耐心，因為每張股票一年可以投資的機會可能不到一次。這也再次印證了，為什麼普遍來說，逆勢投資人比較容易賺到錢，因為短線投資人在市場殺進殺出頻繁，既賺不到一個大波動，又因頻繁地進出而賠上高額的交易成本。

價值投資人則偏好逆勢投資，當股票不被大家看好的時候逢低買進，其中以巴菲特最為有名。不過，巴菲特並不是什麼低價股票都買，他會評估這家公司盈餘狀況和管理階層與市場競爭來決定其是否有投資價值。很多臺灣投資人很喜歡投資所謂的水餃股，就是 10 元以下的股票。一般股票都是以 10 元發行，如果經過很多年，它的市價依舊低於 10 元，你想還有投資價值嗎？

14-2-3　長期與短期投資

從數學統計中，我們知道在平均報酬一樣的情況下，波動度較小的投資組合所累積的期末財富是比較高的。也就是說，當兩個投資人挑選的股票功力相當時 (平均報酬一樣)，比較不頻繁進出的投資人 (波動度較小)，他的財富是較高的，這就是為什麼許多投資的相關書籍鼓吹長期投資的重要性。長期投資可以賺錢的關鍵其實是複利，尤其養大總資產更要靠不間斷的複利。如果資產波動度太大，也就是動輒大漲大跌，複利效果就會降低，甚至中斷。正的複利效果雖然像原子彈，在長期獲利是很可觀；可是如果在一開始的時候就賠錢，這個負的複利效果隨著時間的累積，也會帶來很大的破壞。一位華爾街的學者就曾做過研究，如果把每年最壞的幾天報酬拿掉，長期的報酬也相當可觀。

雖然長期累積的效果很可觀，但是如果一個國家，股票市場沒有長期增長，長期投資就不是一個好的策略。股票市場事實上是反映一個國家經

濟的櫥窗，所以當一個國家失去長期經濟動能的時候，股票長期也不會有好的報酬。

在經濟學的教科書中談到一個國家的經濟成長時，有幾個重要的要素，包括勞動力、資本、自然資源、科技技術、人力資本。而勞動力的多寡是由人口成長決定，所以只要去查聯合國的人口普查資料，就可以發現哪些國家的人口是正成長或是負成長。像歐美國家這十年來是呈負成長，而新興市場像中國或印度則是呈正成長，也會反映在股票市場的長期趨勢上。資本是由儲蓄而來，歐美國家消費傾向很高，所以儲蓄不足；反之，亞洲國家普遍受儒家文化影響，有節儉的美德，比較不會過度消費。自然資源就不是可以控制的因素，基本上是看老天爺賞飯吃。中南美洲國家有非常豐厚的自然資源，吐一個葡萄籽在地上，不用什麼照顧，明年就可以採收成串的葡萄。科技技術是從研發而來，當一個國家願意把資源投入研究與發展時，就可以得到比較大的優勢，美國就是最明顯的例子。人力資本則取決於一個國家教育普及的程度，歐美是領先集團，但亞洲也有後來居上的趨勢。

賓州大學席格爾 (Jeremy J. Siegel) 教授在《散戶投資正典》(*Stocks for the Long Run*) 一書中描繪了美國金融市場從 1802 年以來的表現，如圖 14-2 所示。歷史數據顯示，買入並持有股票的策略長期來講能夠打敗其它各種投資品種，包括債券、黃金及其它固定收益資產。

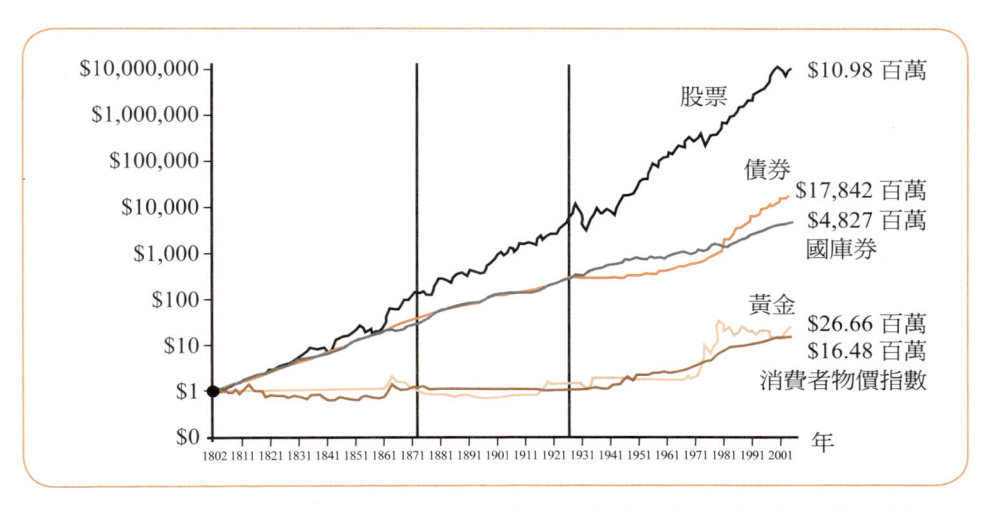

圖 14-2　1802 年 1 月至 2005 年 12 月美國金融市場不同資產報酬累積圖

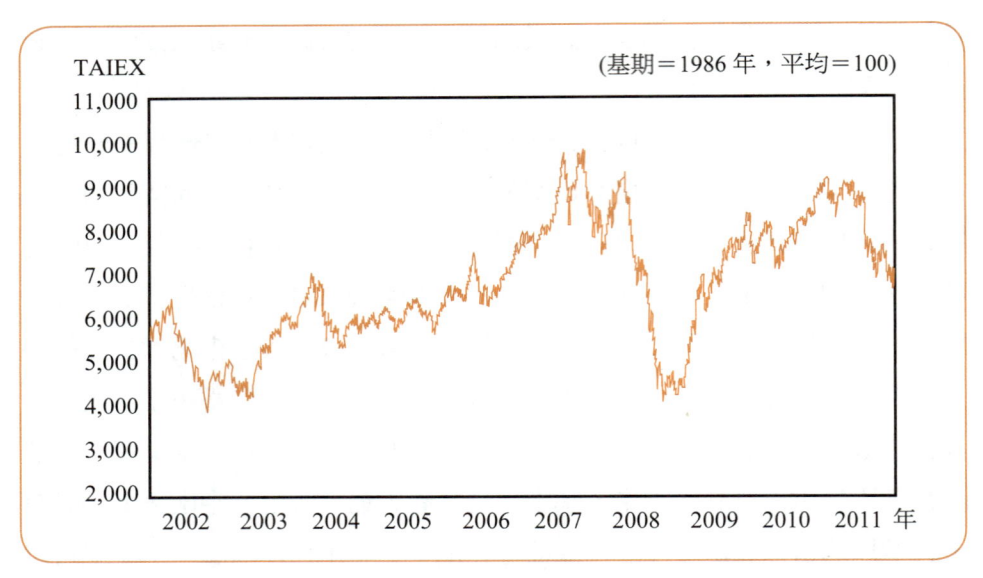

图 14-3　2002 年至 2011 年臺灣股票加權指數 (TAIEX)

在美國，每十年的平均報酬都是正的，所以投資人可比較長期擁有。反觀在臺灣，股票市場沒有長期增長，每十年報酬有可能是負的，所以這也解釋了臺灣的散戶大多數是短期持有。

14-2-4　定期定額

定期定額 (dollar cost averaging) 就是固定在每個期間，固定投入一筆金額於相同的投資標的。投資人最常用的是每個月投資 1 次，也就是在每個月的同一天，投入一筆金額。譬如，於每個月的 1 日，投資新臺幣 10,000 元於某檔基金，不論該基金淨值是漲或跌，都必須在每月 1 日投資 10,000 元於該基金。

定期定額是一個固定式的投資方式，沒有人為的判斷，投資時不看高低點或低點。這種投資的方式，當基金淨值漲的時候，買到的單位數變少；當基金淨值跌的時候，買到的單位數變多。所以長期下來，成本可以攤平。如果基金淨值愈往下掉，只要繼續投資相同金額，成本就會被攤平；當基金淨值回升時，就是賺錢的時機。

定期定額的投資策略只能夠讓波動減低，但是無法決定投資方向。所以，還是得選擇長期趨勢往上的基金，這樣即便基金淨值上下波動，透過定期定額可以讓資產較為穩定地上升。如果長期趨勢往下，不論怎麼定期

定額，也不會賺錢。以投資日本基金來說，因為日本經濟一直不見起色，失去長期經濟動能，所以這十年來幾乎每一檔日本基金都不會賺錢。

從圖 14-4 中可以看到一般基金公司在廣告中所提供的例子，企圖說服消費者以定期定額的方式進行投資商品。以三種市場景氣的不同情況為例：若投資時間都以六個月為期，而每個月投入金額為 10,000 元時，總成本則為 60,000 元。投資滿六個月可購買到的單位數，則為累加每個月投資金額 10,000 元除以當時的基金淨值可購得的單位數。而六個月後想要贖回時，就會以當時每個單位淨值乘上其所購得累加的單位，即可計算出贖回後的總價值。以贖回總價值減去投資總成本則為投資獲利所得。

若以上述三種景氣市場狀況而言，看起來好像都能獲利；但是就市場衰退時的例子來看，投資淨值以 5 元為最後投資淨值，但相較前一至兩個

(a) 市場景氣好時

每月投資 10,000 元進行六個月 ($10,000×6 = $60,000)
累積單位數 4,228 單位 (= $10,000/10 + $10,000/12 + $10,000/14
　　　　　　　　　　　　+$10,000/16 +$10,000/18 +$10,000/20)
六個月後贖回的價值 84,560 元 (= 20×$4,228)
投資利得　　　　　24,560 元 (= $84,560 － $60,000)

(b) 市場波動時

每月投資 10,000 元進行六個月 ($10,000×6 = $60,000)
累積單位數 8,500 單位 (= $10,000/10 + $10,000/8 + $10,000/5
　　　　　　　　　　　+ $10,000/5 + $10,000/8 + $10,000/10)
六個月後贖回的價值 85,000 元 (= 10×$8,500)
投資利得　　　　　25,000 元 (= $85,000－$60,000)

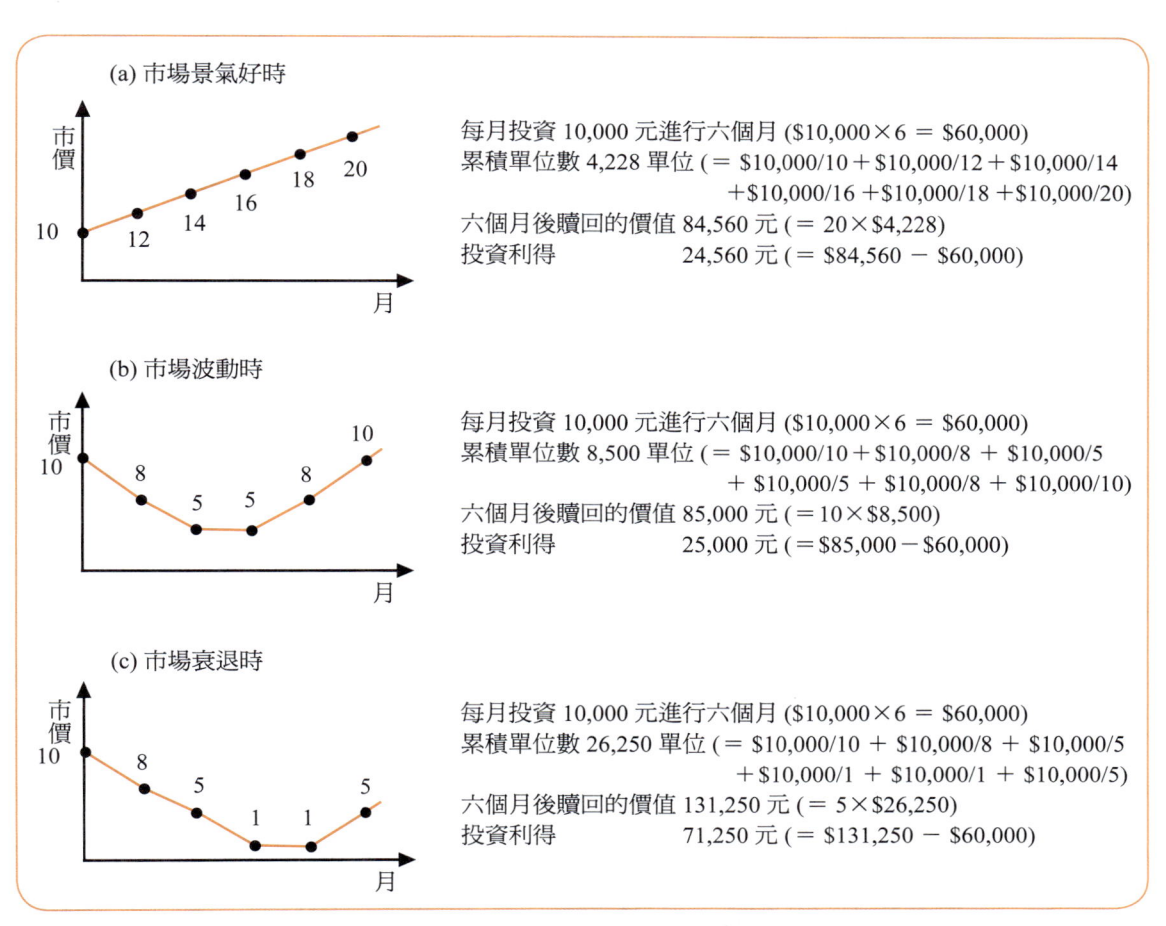

(c) 市場衰退時

每月投資 10,000 元進行六個月 ($10,000×6 = $60,000)
累積單位數 26,250 單位 (= $10,000/10 + $10,000/8 + $10,000/5
　　　　　　　　　　　 + $10,000/1 + $10,000/1 + $10,000/5)
六個月後贖回的價值 131,250 元 (= 5×$26,250)
投資利得　　　　　71,250 元 (= $131,250－$60,000)

圖 14-4　定期定額投資，在不同市場情況的表現

月投資淨值為 1 元，在短期漲了 5 倍，應該是市場上很不可能出現的狀況。所以我們若將最後三個月最後淨值改為 3 元、3 元、5 元，再重新計算其獲利所得，應為：

投資總成本：$\$10,000 \times 6 = \$60,000$

累積投資單位數：$\left(\dfrac{\$10,000}{10} + \dfrac{\$10,000}{8} + \dfrac{\$10,000}{5} + \dfrac{\$10,000}{3} + \dfrac{\$10,000}{3} + \dfrac{\$10,000}{5} \right) = \$12,916$

六個月後贖回的價值：$5 \times \$12,916 = \$64,580$

投資利得：$\$64,580 - \$60,000 = \$4,580$

所以，獲利所得並不如基金公司所說的那麼高，且不切實際。

從圖 14-4 中，可知定期定額在市場景氣好、市場波動、市場衰退時的投資利得情況。我們可以看出，當市場衰退時，我們可以定期定額加碼；如果市場有反轉，投資利得為最大，這也是一般基金公司在廣告時用的例子。不過問題是：市場沒有反轉，定期定額只會愈攤愈平。在過去十年中，投資日本基金的投資者就是最悲慘的例子。

練習題 14-1

請至怪老子理財網站：https://www.masterhsiao.com.tw/Smart/SC166/SC166.php，下載 Excel 檔試算臺灣 50 定期定額十年後投資組合的總值。

14-2-5 定期定值

哈佛教授艾道森 (Michael E. Edleson) 於 1988 年寫了一篇文章「Value Averaging: A New Approach To Accumulation」，介紹一種改良式的定期定額的投資策略——定期定值 (value averaging)。之後他出版了 *Value Averaging* 一書，將他以前文章的結果加以延伸，國內中譯本為《定期定值投資策略》。

什麼是定期定值？相對於每次都新投入固定金額，定期定值每次投入的金額不完全相同，但是它的規則是每次投入新金額後，投資於該標的

之市值，必須是成長固定的金額。如果定期定額每次買進 10,000 元，定期定值就是每次買進或賣出變動的金額，讓每期的市值都比上一期的市值增加 10,000 元。

以買黃金為例，假設黃金價格就像股價一樣，每天有所波動，那麼應該怎麼買黃金比較好呢？定期定額的方式就是每個月固定買一定金額的黃金，所以黃金很貴的時候也買 10,000 元 (譬如 1 公克 1,000 元，只能買 10 公克)，黃金很便宜的時候也買 10,000 元 (譬如 1 公克 800 元，可以買到 12.5 公克)，而一年累積下來所花的成本就會趨近於這一年的平均黃金價格。

但是，為什麼要在黃金很貴的時候買那麼多，卻不在黃金很便宜的時候買多一點呢？所以，就有人提出了定期定值的方式，也就是每個月固定讓手中黃金的總價值增加 10,000 元。譬如，第 1 個月黃金價格 1 公克 1,000 元，只能買 10 公克，此時手中黃金的總價值為 10,000 元。第 2 個月黃金價跌到 1 公克 800 元，而手中黃金的總價值應該要變成 20,000 元，但因為手中的 10 公克黃金只剩下 8,000 元的價值，所以要買下 12,000 元的黃金才能讓總價值變成 20,000 元，因此第 2 個月要買下 15 公克的黃金。

這個方法會讓你在黃金價格便宜的時候多買一點，黃金價格貴的時候少買一點，甚至還要賣出一點黃金，才能讓手中黃金的總價值維持在預期的金額。而長久累積下來，買到黃金的平均價格就有機會比每個月固定買 10,000 元的策略還要低 (並非絕對，可以思考一下，如果黃金價格不斷上漲的話，又會如何？)。

假設投資組合為每年成長 10,000 元，十年後投資組合的總值應為 100,000 元。因此，從第 1 期開始投入 10,000 元，到第 2 期時，若投資組合總值低於 20,000 元，則將總值補到 20,000 元。相反地，若投資組合總值高於 20,000 元，則將超過的部分賣出。相較於定期定額，定期定值至少有兩大優勢：首先，定期定值考慮了賣出策略，不像定期定額只有單純買進，沒有考慮賣出；其次，定期定值讓投資人在低點時買更多，在高點時賣出，因此艾道森教授在回溯與模擬的結果中，發現定期定值的投資報酬率明顯優於定期定額。

練習題 14-2

請至怪老子理財網站：https://www.masterhsiao.com.tw/CatStocks/ValueAveraging/ValueAveraging.htm，線上試算臺灣 50 定期定值十年後投資組合的總值。

常見的投資謬思：
核心－衛星策略

14-2-6 核心－衛星投資

核心－衛星策略 (core-satellite strategy) 是基金的一種資產配置策略。所謂「核心－衛星策略」就是將基金的股票資產分成兩部分，每個部分由不同的投資組合組成。核心部分在整個投資組合中所占的權重相對高，對整個投資組合的安全和收益有決定性作用；衛星部分在整個投資組合中所占的權重相對低，以核心組合為依靠，就像一顆顆衛星圍繞著大行星一樣，在一定條件的約束下，它有更加開闊的投資空間，投資可以更加主動與靈活 (如圖 14-5 所示)。

「核心－衛星策略」最早出現於 1990 年代，很快地就為退休基金、年金及基金中的基金 (fund of funds) 等機構投資人廣泛運用。全球知名的先鋒集團 (Vanguard Group)、巴克萊國際投資 (Barclays Global Investors) 等資產管理公司大都採用「核心－衛星策略」來管理機構投資人帳戶。目前在國際成熟市場上，「核心－衛星策略」已被廣泛應用。

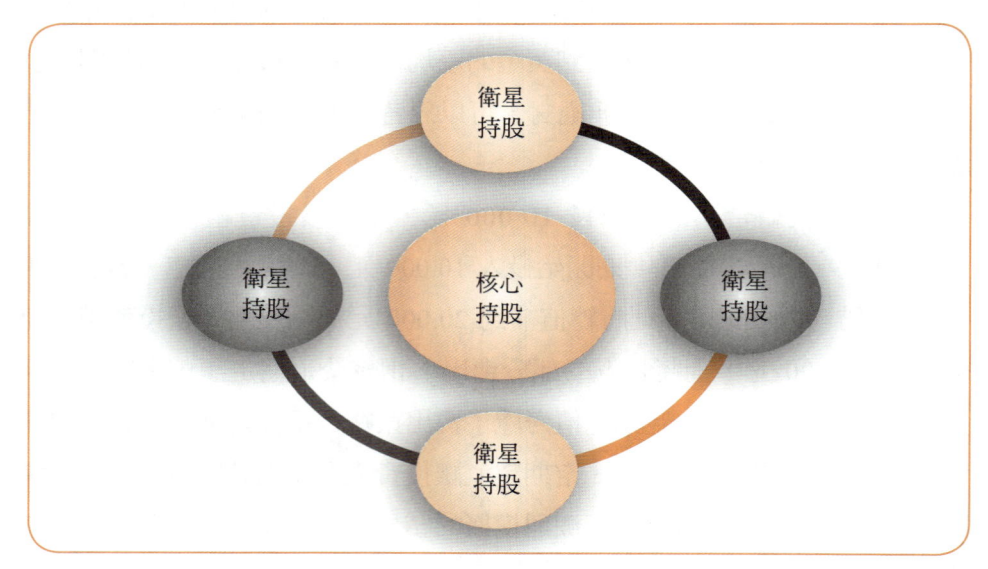

圖 14-5 核心－衛星策略示意圖

核心組合目的在實現投資人中長期的投資目標,是投資策略的主體。除非市場出現大幅度變動,一般不做調整。核心投資通常採用被動式管理,選取波動性較低、穩健獲利的投資工具,如全球股票型指數基金、全球債券型指數基金,供投資人長期持有,並獲得市場平均水準的收益。

衛星組合目的是追求短期超越市場平均水準的收益,為該策略的附屬部分,隨市場變化而調整。其特點是波動較大,投資較為集中。投資工具主要為新興市場基金、新興市場債券、高收益債券、單一國家基金或特定產業基金、選擇權、期貨等適合主動管理的產品。

不同風險承受度的投資人持有的核心和衛星組合之投資工具及比例都會有所不同,但無論如何,衛星投資比重不應超過核心投資。衛星投資必須在考慮投資組合整體風險的前提下進行資產挑選,以便和核心組合進行合理的高低風險搭配。可考慮加入和核心組合波動關聯較小的投資產品,形成核心與衛星組合有效互補、分散和降低基金的整體風險,提高產品風險調整後收益。

對於保守型的投資人來說,可以 8 比 2 的方式進行核心－衛星配置。其中核心資產可選取全球 ETF、全球股票型指數基金及全球債券型指數債券等產品,而衛星資產則可考慮新興市場基金。穩健型投資人可按 64 比例進行核心－衛星配置。衛星資產的選擇除新興市場外,還可考慮加入單一國家市場基金及單一產業基金。對於比較積極的投資人,除了可適度增加衛星資產比例外,還可考慮加入波動較大的商品基金和一些另類投資工具等。

核心－衛星策略基金提供投資人攻守兼備的機會,在市場大好時,可以分享衛星投資的優異表現;在市場波動時,透過核心投資的穩健表現,降低可能產生的虧損程度。可是我們必須注意:在做投資決策時,首先要考慮核心投資的構成,再考慮衛星投資,不可本末倒置,盲目追逐市場。

選定核心及衛星基金後,投資人必須定期審視投資組合及設定停損停利點。核心基金一年應檢視一次,檢視標準為該基金表現是否優於同類型基金平均值與大盤,適時汰弱留強;而衛星基金為追逐短期投資機會,因此應每季檢視投資趨勢是否改變。

14-3　一個交易者的宿命

1929 年賣空整個美國的男人

　　最後，讓我們來介紹 1920 年代從華爾街賺走最多錢的人，傑西‧李佛摩 (Jesse Lauriston Livermore, 1877～1940) 的故事。他出身美國麻州的貧農家庭，13 歲帶著母親給的 5 美元，在波士頓找到第一份工作：號子裡的擦黑板小弟。之後，靈活的李佛摩在號子裡崛起，操作股票、棉花、玉米、小麥各種商品，八次破產、八次再起。他最有名的操盤紀錄如下：在 1907 年放空美股，賺進 300 萬美元。1908 年，做多棉花期貨，不願認賠，往下攤平，短短幾週內，不但破產，還負債 100 萬美元，同時罹患憂鬱症。1929 年，美股大崩盤，他進場用所有資金放空股票，大賺 1 億美元。他可以數天內淨賺逾百萬美元，也可以在數天之內破產！1940 年臨近聖誕節時，他在大飯店用晚餐，最後在浴室裡舉槍自盡，一個傳奇股票作手於此畫上句點。

　　李佛摩將他四十年的操盤經驗寫成《股票作手操盤術》(*How to Trade in Stocks*)，他歸納自己的操盤方法，是結合「時間管理、資金管理，以及情緒管理」的李佛摩操盤術。他說，投機的競爭是世上最迷人的遊戲，但是這樣的遊戲，「愚昧無知的人不能玩，懶得動腦筋的人不能玩，情緒平衡不佳的人不能玩，妄想一夜致富的人更不能玩，否則他們都將窮困潦倒死去。」他留下了一句意義深遠的話：「華爾街從未改變，財富來來去去，股票此起彼落，但華爾街永遠不變，因為人性永遠都不會改變。」

習　題

網路習題

1. 請至 Bloomberg 下載 SSGA 所發行的 SPDR 或是先鋒集團的 Vanguard Index Fund。
2. 請至 Yahoo! China 下載 2001 年至 2012 年的上證指數，https://finance.cn.yahoo.com/mark/market.php?code=sh000001。
3. 請至 Yahoo! Japan 下載日本指數基金。
4. 請至網路閱讀《商業周刊》第 1069 期，傑西‧李佛摩──葛洛斯精神導師八次破產再起傳奇 (作者：蕭勝鴻、郭奕伶)：https://www.businessweekly.com.tw/webarticle.php?id=33120。

證券商業務員資格測驗投資學歷屆考題

■ 106 年第 4 次證券商業務員資格測驗試題

(D) 1. 有關臺灣之開放型共同基金的敘述，何者正確？
(A) 提供投資人保證的報酬率 (B) 基金規模固定
(C) 於集中市場交易 (D) 投資人可依淨資產價值買賣

(D) 2. 有關次級市場的敘述，何者有誤？
(A) 次級市場交易包括集中市場及店頭市場
(B) 提高投資人資產的流動性
(C) 方便股票易手
(D) 次級市場可以使一企業藉賣股票、債券及其他證券以取得資金

(C) 3. 有關 TDR 與 ADR 的比較何者有誤？甲. TDR 所表彰的是臺灣企業的股票、ADR 係表彰外國企業的股票；乙. TDR 在臺灣掛牌交易、ADR 在美國掛牌交易；丙. TDR 與 ADR 皆屬於權益證券；丁. TDR 與 ADR 的交易幣別不同；戊. 目前在臺灣掛牌之泰金寶屬於 ADR
(A) 僅甲、丙 (B) 僅乙、丁 (C) 僅甲、戊 (D) 僅甲、丙、戊

(B) 4. 若存續期間 (Duration) 相同，則公債之殖利率將較公司債為：
(A) 高 (B) 低 (C) 相同 (D) 不一定

(C) 5. 那種產業較不屬於利率敏感產業？
(A) 銀行業 (B) 營建業 (C) 食品業 (D) 保險業

(B) 6. 一般而言，風險較大的公司，其投資人可接受的本益比：
(A) 較大 (B) 較小 (C) 不變 (D) 不一定較大或較小

(C) 7. 哪項資訊不屬於基本分析資訊？
(A) 存款準備率 (B) 公司新接訂單 (C) 三大法人買賣超 (D) 進出口順逆差數字

(A) 8. 一般而言，當預期新臺幣對美元升值，投資人將預期按美元計價之出口企業股價：
(A) 下跌 (B) 上漲 (C) 不一定上漲或下跌 (D) 先跌後漲

(A) 9. 股價在高檔盤旋後，出現向下跳空開低走低的突破缺口 (Breakaway Gap)，暗示：
(A) 將有一波下跌行情 (B) 將有一波上漲行情 (C) 股價將繼續盤整 (D) 沒有意義

(D) 10. 請問下列哪一貝它係數所代表系統風險最大？
(A) 0.6 (B) 1 (C) －0.9 (D) 2.1

(C) 11. 當投資人的風險態度轉趨保守時，證券市場線 (SML) 將會：
(A) 向上平移 (B) 向下平移 (C) 斜率變陡 (D) 斜率變緩

(C) 12. 那些分析工具可從半強式效率市場中賺取超額的報酬？
(A) 技術分析 (B) 基本分析 (C) 內線消息 (D) 選項 (A)(B)(C) 皆非

(D) 13. 何者為貨幣市場證券？
(A) 五年期的公司債 (B) 普通股 (C) 二十年期的公司債 (D) 三個月期的國庫券

(B) 14. 何者是股票在集中市場交易的功能？
(A) 免證券交易稅 (B) 價格資訊透明 (C) 保證無風險 (D) 交易成本高

(D) 15. 以下關於封閉型與開放型基金的敘述，何者為非？甲. 封閉型基金以淨值交易，乙. 封閉型基金的規模不會改變，開放型則會，丙. 封閉型基金可轉型成開放型基金，丁. 開放型基金在集中市場交易，封閉型基金則否
(A) 甲、丙 (B) 乙、丙 (C) 丙、丁 (D) 甲、丁

(A) 16. 在其他條件相同的情況下，一般公司債之利率通常較可轉換公司債之票面利率：
(A) 高 (B) 低 (C) 相同 (D) 視情況而定

(D) 17. 購買零息債券相較其他債券是可以避免哪項風險？
(A) 利率風險 (B) 違約風險 (C) 購買力風險 (D) 再投資風險

(B) 18. 下列敘述何者有誤？
(A) 債券價格與殖利率呈反向關係　(B) 期限愈長的債券，價格波動幅度愈小
(C) 票面利率與債券市場價格呈正向關係　(D) 債券市場價格與面額兩者無關

(D) 19. 投資人對成熟公司股票的預期報酬，主要來自於：
(A) 公司銷售成長 (B) 股票股利 (C) 差價 (D) 現金股利

(A) 20. 假設其它條件相同，投資人選擇高本益比的股票，意味著預期該公司：
(A) 成長較快 (B) 成長與一般公司相同 (C) 成長較慢 (D) 成長較不穩定

(B) 21. 請問技術分析之紅體線指的是下列哪一項？
(A) 收盤價＝開盤價 (B) 收盤價＞開盤價 (C) 收盤價＜開盤價 (D) 收盤價＝最高價

(C) 22. 一般而言，當 RSI 低於多少時為超賣訊號？
(A) 30 (B) 60 (C) 20 (D) 80

(C) 23. 投資組合中的貝它係數計算方式，係將所有個別證券的貝它係數做：
(A) 算數平均 (B) 幾何平均 (C) 加權平均 (D) 調和平均

(A) 24. 根據資本資產訂價模型 (CAPM)，某積極成長型基金的基金經理人，其購買證券的貝它係數應為：
(A) 大於 1 (B) 小於 1 (C) 等於 0 (D) 小於 0

(C) 25. 依資本市場線 (CML)，風險規避程度很低的投資人，為了效用極大化，會採取下列何種策略？
(A) 不進行借貸行為，而將本身自有的資金全部購買市場投資組合
(B) 會將資金借給他人，再將剩餘的資金全部購買市場投資組合
(C) 會向他人借入資金，再將全部的資金全部購買市場投資組合
(D) 僅投資於共同基金

■ 106 年第 3 次證券商業務員資格測驗

(A) 1. 一般而言，市場報酬率利用何者計算而得？
(A) 加權股價指數 (B) 各上市公司的報酬率 (C) 產業股價指數 (D) 選項 (A)(B)(C) 皆非

(A) 2. 投資人在一指定到期日前有權利以約定執行價買入所持有之資產的金融商品稱為：
(A) 買入選擇權 (B) 賣出選擇權 (C) 期貨契約 (D) 遠期契約

(D) 3. 下列何者具有零息債券的性質？
(A) 國庫券　(B) 商業本票　(C) 銀行承兌匯票　(D) 選項 (A)(B)(C) 皆是

(B) 4. 王先生投資 T 公司股票可獲利 20% 與 5% 的機會分別為 1/3、2/3，則此投資期望報酬率為：
(A) 20%　(B) 10%　(C) 5%　(D) 0%

(C) 5. 有關 TDR 與 ADR 的比較何者有誤？甲. TDR 所表彰的是臺灣企業的股票、ADR 係表彰外國企業的股票；乙. TDR 在臺灣掛牌交易、ADR 在美國掛牌交易；丙. TDR 與 ADR 皆屬於權益證券；丁. TDR 與 ADR 的交易幣別不同；戊. 目前在臺灣掛牌之泰金寶屬於 ADR
(A) 僅甲、丙　(B) 僅乙、丁　(C) 僅甲、戊　(D) 僅甲、丙、戊

(C) 6. 累積特別股：
(A) 允許特別股股東獲得比普通股股東更高的股利
(B) 允許發行公司從股東手中以事先指定的價格買回股票
(C) 在普通股發放股利以前，可先獲發放以前未分發的股利
(D) 具有浮動的股利

(D) 7. 一般債券會存在再投資風險，其原因為：
(A) 利率的變動　　　　　　　　(B) 債券被發行公司提前贖回
(C) 債息之支付　　　　　　　　(D) 選項 (A)(B)(C) 皆是

(C) 8. 可轉換公司債轉換價格愈高：
(A) 轉換股數愈多　　　　　　　(B) 轉換比率愈高
(C) 轉換股數愈少　　　　　　　(D) 不影響轉換比率及股數

(A) 9. 有關債券信用評等功能的敘述，何者正確？
(A) 作為違約風險的指標　　　　(B) 評等越高籌資成本也越高
(C) 經過評等即投資等級的保證　(D) 作為投資股票的參考指標

(C) 10. 下列敘述何者正確？
(A) 債券價格與殖利率是正向關係　(B) 債券價格與票面利率呈反向關係
(C) 到期期限愈長的債券，價格波動幅度愈大　(D) 到期期限愈長的債券，票面利率愈高

(A) 11. 某公司股票之本益比原為 20 倍，下列何種原因可能使本益比降為 10 倍？
(A) 股價下跌　(B) 每股盈餘降低　(C) 負債變大　(D) 股本變大

(B) 12. 一般而言，央行大幅壓低 M1b (貨幣供給) 成長率對股價的影響是：
(A) 上漲　(B) 下跌　(C) 不確定漲跌　(D) 無影響

(D) 13. 當預期未來的整體經濟衰退，投資人應投資於股價對整體景氣：
(A) 較敏感產業　(B) 較不敏感產業　(C) 毫不敏感的產業　(D) 負相關的產業

(D) 14. 下列哪種產業最可能被歸屬於防禦性產業？
(A) 鋼鐵業　(B) 汽車業　(C) 航空業　(D) 成衣業

(B) 15. 一般而言，當投資人預期新臺幣升值，則依賴進口原料的產業股價會：
(A) 下跌　(B) 上漲　(C) 不一定上漲或下跌　(D) 先跌後漲

(A) 16. RSI 指標之最小值應是：
(A) 0　(B) －1　(C) ＋1　(D) 0.5

(A) 17. 請問在技術分析 K 線指的上影線最上端之股價價格為？
    (A) 最高價 (B) 最低價 (C) 收盤價 (D) 開盤價

(C) 18. 道氏理論 (Dow Theory) 認為：
    (A) 股價變動無法預測
    (B) 分散買進多種股票可以打敗市場
    (C) 股價平均指數反應一切
    (D) 個股走勢與指數漲跌應分別考量

(B) 19. 當投資組合之個別證券的種類夠多時，則：
    (A) 只剩下非系統風險 (B) 只剩下系統風險 (C) 無任何風險 (D) 報酬率愈高

(A) 20. 比較兩種以上的投資商品的風險時，為了衡量系統性風險的差異，一般而言會使用哪一類指標？
    (A) 貝它係數 (B) 變異係數 (C) 標準差 (D) 變異數

(D) 21. 公司內部人員無法藉由內線消息而獲取超額報酬時，表示此時市場屬於：
    (A) 半弱式效率市場 (B) 弱式效率市場 (C) 半強式效率市場 (D) 強式效率市場

(B) 22. 在弱式效率市場中，下列哪項分析工具可能可以協助投資人賺取超額報酬？
    (A) K 線圖 (B) 公司的營收 (C) RSI 指標 (D) KD 值

(C) 23. 有關風險態度的敘述中，何者最正確？
    (A) 一般投資理論假設投資大眾是風險中立者
    (B) 風險偏好者在風險增加時所要求的新增報酬率會倍數增加
    (C) 風險中立者所要求的新增報酬率不變
    (D) 不同投資人面對相同的效率前緣應該會選出相同的投資組合

(D) 24. 有關效率前緣理論的敘述何者為非？
    (A) 在相同風險下，其預期報酬率最高者
    (B) 在相同預期報酬率下，風險最低者
    (C) 效率前緣可指出那些投資組合是有效率的
    (D) 效率前緣右上方的投資組合都是無效率的

(D) 25. 股票評價可以利用下列何種方法？甲.本益比倍數還原法；乙.股價淨值比還原法；丙.股利殖利率法
    (A) 僅甲 (B) 僅甲、乙 (C) 僅甲、丙 (D) 甲、乙、丙皆是

■ 106 年第 2 次證券商業務員資格測驗

(A) 1. 下列哪一項金融工具風險最高，同時亦具有最高的潛在報酬？
    (A) 衍生性證券 (B) 普通股 (C) 特別股 (D) 債券

(D) 2. 下列何者是貨幣市場工具的特性？
    (A) 高報酬 (B) 高風險 (C) 到期日長 (D) 低風險

(C) 3. 某手機大廠推出新產品有重大瑕疵，影響該公司股價下跌，請問這屬於何種風險？
    (A) 利率風險 (B) 違約風險 (C) 事業風險 (D) 市場風險

(D) 4. 下列哪一項基金之風險最高？
    (A) 平衡型基金 (B) 指數型基金 (C) 全球型基金 (D) 產業型基金

(B) 5. 甲股票自 2010 年到 2013 年的股票報酬率分別為 9%、－20%、15%、20%，請問甲股票這四年的算術平均年報酬率為何？
    (A) 5% (B) 6% (C) 3% (D) 2%

(D) 6. 附認股權公司債之認股權被執行時，則：
(A) 公司債即不存在
(B) 投資人不須支付任何金額即可取得普通股
(C) 發行公司即償還公司債之本金
(D) 選項 (A)、(B)、(C) 皆不正確

(C) 7. 累積特別股：
(A) 允許特別股股東獲得比普通股股東更高的股利
(B) 允許發行公司從股東手中以事先指定的價格買回股票
(C) 在普通股發放股利以前，可先獲發放以前未分配的股利
(D) 具有浮動的股利

(C) 8. 一般發行擔保公司債，擔保機構主要為：
(A) 投資信託公司　(B) 承銷商　(C) 銀行　(D) 票券公司

(C) 9. 一般而言，景氣由谷底復甦時，舉債程度較高的公司股票：
(A) 價格漲幅較小　(B) 價格波動性較小　(C) 價格漲幅較大　(D) 倒閉風險增加

(C) 10. 在產業生命週期中被稱為「金牛」之公司，意指此公司處於：
(A) 草創時期　(B) 擴張時期　(C) 成熟時期　(D) 衰退時期

(B) 11. 當「死亡交叉」出現時，顯示將有一段：
(A) 多頭行情　(B) 空頭行情　(C) 橫向整理　(D) 沒有特別意義

(B) 12. 股票的流動性風險與下列何者較有關？
(A) 公司的獲利能力　(B) 股票的成交量　(C) 股票價格的高低　(D) 利率

(B) 13. 動能投資策略其假設投資人可以因為市場反應不足而獲得超額報酬，其策略類似於：
(A) 買低賣高　(B) 追漲殺跌　(C) 被動式管理　(D) 買低賣低

(A) 14. 根據資本資產訂價模型 (CAPM)，某積極成長型基金的基金經理人，其購買證券的貝它係數 (β) 應為：
(A) 大於 1　(B) 小於 1　(C) 等於 0　(D) 小於 0

(B) 15. 某公司公告其上一季之獲利超過市場上的預期，其股價因此一正面消息之揭露而大漲，此一現象乃為何種市場效率形式之表彰？
(A) 強式　(B) 半強式　(C) 弱式　(D) 半弱式

(A) 16. 其他條件相同時，當殖利率改變時，到期日較短之債券，其價格變動幅度會：
(A) 較小　(B) 較大　(C) 一樣　(D) 不一定

(A) 17. 何種債券可提供投資人對利率上漲風險的保護？
(A) 浮動利率債券　(B) 固定利率債券　(C) 可提前償還公司債　(D) 股權連動債券

(C) 18. 市場投資組合的預期報酬率為 20%，無風險利率為 6%，則風險溢酬為：
(A) 3%　(B) 9%　(C) 14%　(D) 資訊不足

(C) 19. 哪項資訊不屬於基本分析資訊？
(A) 存款準備率　(B) 公司新接訂單　(C) 三大法人買賣超　(D) 進出口順逆差數字

(B) 20. 假設其他條件不變的情況之下，下列何者與債券利率風險呈反向關係？
(A) 債券的到期日
(B) 債券的票面利率
(C) 債券的存續期間 (Duration)
(D) 債券發行公司的違約風險

(D) 21. 某公司今年每股發放股利 3 元，在股利零成長的假設下，已知投資人的必要報酬率為 8%，則每股普

通股的預期價值為：
(A) 36 元　(B) 36.5 元　(C) 37 元　(D) 37.5 元

(C) 22. 哪項屬於 M2 的成份，但不屬於 M1 的成份？
(A) 流通貨幣　(B) 信託公司的活儲　(C) 定存　(D) 支票存款

(D) 23. 下列敘述何者有誤？
(A) VR 值愈小，為超賣現象
(B) KD 值永遠介於 0 與 100 之間
(C) RSI 選用基期愈短愈敏感，但準確性愈低
(D) 當 K 線突破 D 線時即為賣出訊號

(C) 24. 依資本市場線 (CML)，風險規避程度很低的投資人，為了效用極大化，會採取下列何種策略？
(A) 不進行借貸行為，而將本身自有的資金全部購買市場投資組合
(B) 會將資金借給他人，再將剩餘的資金全部購買市場投資組合
(C) 會向他人借入資金，再將全部的資金全部購買市場投資組合
(D) 僅投資於共同基金

(A) 25. 何者不是開放型基金的特性？
(A) 可在集中市場買賣
(B) 基金規模會改變
(C) 以基金淨值為買賣價格
(D) 可向基金公司要求贖回

■ 106 年第 1 次證券商業務員資格測驗試題

(B) 1. 提供證券市場價格並提供投資人流動性的為：
(A) 發行市場　(B) 交易市場　(C) 證券商公會　(D) 金管會

(B) 2. 股票的流動性風險與下列何者較有關？
(A) 公司的獲利能力　(B) 股票的成交量　(C) 股票價格的高低　(D) 利率

(B) 3. 資本市場可分為：
(A) 匯率市場和股票市場
(B) 股票市場和債券市場
(C) 外匯市場與債券市場
(D) 金融市場和不動產市場

(C) 4. 某手機大廠推出新產品有重大瑕疵，影響該公司股價下跌，請問這屬於何種風險？
(A) 利率風險　(B) 違約風險　(C) 事業風險　(D) 市場風險

(A) 5. 投資者進行投資時，當可能最大報酬率與可能最低報酬率的差距越大時，表示風險：
(A) 越大　(B) 越小　(C) 無關　(D) 無法判斷

(A) 6. 當公司的信用評等等級越高時，表示何種風險越低？
(A) 違約風險　(B) 利率風險　(C) 匯率風險　(D) 贖回風險

(B) 7. 所謂溢價債券 (Premium Bond) 是指殖利率較票面利率：
(A) 高　(B) 低　(C) 相同　(D) 不一定

(B) 8. 公司債的市場價格主要受下列何者影響？
(A) 票面利率　(B) 市場利率　(C) 央行貼現率　(D) 一年期定存利率

(A) 9. 央行何種政策會使貨幣供給減少？
(A) 調升重貼現率　(B) 買回國庫券　(C) 調降存款準備率　(D) 抑制臺幣過度升值

(C) 10. 政府支出超過政府收入的數額，稱為：
(A) 貿易順逆差 (B) 國內生產毛額 (C) 預算赤字 (D) 反儲蓄

(C) 11. 失業率是景氣循環的：
(A) 領先指標 (B) 同時指標 (C) 落後指標 (D) 騰落指標

(B) 12. 臺幣相對美元貶值所造成的影響，以下何者有誤？
(A) 資金外流 (B) 貨幣供給增加 (C) 美元計價出口商受益 (D) 美元存款增加

(C) 13. 銷貨與盈餘的成長率預期能夠超過國民生產毛額成長率的工業稱為：
(A) 獲利工業 (B) 穩健工業 (C) 成長工業 (D) 水準工業

(A) 14. 在技術分析中，股價移動平均線代表某一個時段中，投資人的：
(A) 平均成本 (B) 平均獲利 (C) 平均虧損 (D) 平均收入

(B) 15. 一個適當分散風險之投資組合的報酬主要受下列何者影響？
(A) 包含證券數目 (B) 系統風險 (C) 選證券所屬的產業 (D) 非系統風險

(C) 16. 若甲公司股票在明年之可能報酬率分別為 20%、30%，而其機率分別為 0.4、0.6，則此甲股票在明年之期望報酬率為：
(A) 24% (B) 25% (C) 26% (D) 27%

(B) 17. 資本資產訂價模型 (CAPM) 預測一股票之期望報酬率高於市場投資組合報酬率，則貝它 (Beta) 係數：
(A) 小於 1 (B) 大於 1 (C) 大於 0 (D) 小於 0

(B) 18. 交易成本與稅：
(A) 會促進市場效率
(B) 會阻礙市場效率
(C) 與市場效率無關
(D) 是每一個股票市場都必須具有的

(A) 19. 根據資本資產訂價模型 (CAPM)，若一證券之期望報酬率低於市場投資組合報酬率，則：
(A) 貝它係數小於 1 (B) 貝它係數大於 1 (C) 貝它係數等於 0 (D) 貝它係數小於 0

(D) 20. 有關效率前緣理論的敘述何者為非？
(A) 在相同風險下，其預期報酬率最高者
(B) 在相同預期報酬率下，風險最低者
(C) 效率前緣可指出那些投資組合是有效率的
(D) 效率前緣右上方的投資組合都是無效率的

(C) 21. 投資、投機與賭博之比較，其風險大小順序為：
(A) 投資＞投機＞賭博 (B) 投機＞賭博＞投資 (C) 賭博＞投機＞投資 (D) 賭博＞投資＞投機

(B) 22. 由無風險資產報酬延伸與效率前緣相切的直線稱為：
(A) 證券市場線 (Security Market Line)
(B) 資本市場線 (CML)
(C) 效用曲線
(D) 無異曲線 (Indifference Curve)

(D) 23. 根據資本資產訂價模型 (CAPM)，所有投資組合必須：
(A) 提供相同之預期報酬
(B) 提供相同之風險
(C) 提供相同之風險及報酬
(D) 位於證券市場線 (Security Market Line) 上

(D) 24. 附認股權公司債之認股權被執行時，則：
(A) 公司債即不存在
(B) 投資人不須支付任何金額即可取得普通股
(C) 發行公司即償還公司債之本金
(D) 選項 (A)、(B)、(C) 皆不正確

(D) 25. 現金股利發放率愈大，預估本益比：

(A) 愈大　(B) 愈小　(C) 不變　(D) 不一定愈大或愈小

■ 105 年第 4 次證券商業務員資格測驗

(D)　1. 資本利得是指：
(A) 股利　(B) 利息　(C) 股利加利息　(D) 賣價超過買價之金額

(D)　2. 政府政策改變影響股市下跌，請問這屬於何種風險？
(A) 利率風險　(B) 違約風險　(C) 事業風險　(D) 市場風險

(A)　3. 股價指數及廠房設備的訂單為：
(A) 領先經濟指標　(B) 即時經濟指標　(C) 落後經濟指標　(D) 警戒經濟指標

(C)　4. 下列何者為透過投資而取得公司所有權的方式？
(A) 期貨契約　(B) 公司債　(C) 普通股　(D) 賣出選擇權 (Put Option)

(B)　5. 若存續期間 (Duration) 相同，則公債之殖利率將較公司債為：
(A) 高　(B) 低　(C) 相同　(D) 不一定

(B)　6. 小傅投資一張以日圓計價的國外債券，當新台幣對日圓升值時，對小傅的影響為何？
(A) 較為有利　(B) 較為不利　(C) 沒有影響　(D) 視升值幅度而定

(B)　7. 投資股票所能賺取的所有現金流量的現值稱為：
(A) 股利發放率　(B) 真實價值　(C) 本益比　(D) 保留盈餘率

(A)　8. 股利固定成長之評價模式—高登模式 (Gordon Model) 在何種情況下無法適用？
(A) 折現率小於股利成長率　　　　　(B) 折現率大於股利成長率
(C) 股利成長率小於 0　　　　　　　(D) 股利成長率等於 0

(B)　9. 一般而言，風險較大的公司，其可接受的本益比：
(A) 較大　(B) 較小　(C) 不變　(D) 不一定較大或較小

(C)　10. 國內股市通常以何者為長期平均線？
(A) 72 日平均線　(B) 13 週平均線　(C) 52 週平均線　(D) 12 日平均線

(C)　11. 竭盡缺口 (Exhaustion Gap) 通常出現在一波行情 (無論上漲或下跌) 的：
(A) 發動階段　(B) 中間位置　(C) 尾聲　(D) 盤整階段

(A)　12. 下列何者不屬於市場風險？
(A) 貨幣供給額的變動　　　　　　　(B) 利率的變動
(C) 政治情況的變化　　　　　　　　(D) 某公司核心人士遭同業挖角

(B)　13. 下列何者為投資人無法利用分散投資組合規避之風險？
(A) 公司董事長之健康　(B) 市場不景氣　(C) 公司銷售量下降　(D) 產業停滯成長

(D)　14. 下列何者並非弱式效率市場檢定中，公司內部人員檢定之對象？
(A) 董事　(B) 總經理　(C) 重要股東　(D) 基金經理人

(A)　15. 漲跌幅之限制：
(A) 可能會延緩股價在反應資訊上之速度　　(B) 對於股價反應資訊並無任何影響
(C) 是一個具有效率的市場必有的措施　　　(D) 是半強式效率市場之特質

(B) 16. 根據資本資產訂價模型(CAPM)，抗跌性強的股票其系統性風險指標可能為：
(A) $\beta > 1$ (B) $\beta < 1$ (C) 變異數為 0 (D) 選項 (A)(B)(C) 皆非

(A) 17. 買賣一年以下短期有價證券的金融市場為：
(A) 貨幣市場 (B) 期貨市場 (C) 資本市場 (D) 選擇權市場

(C) 18. 下列何者不屬於衍生性金融工具？
(A) 期貨契約 (B) 選擇權 (C) 公司債 (D) 遠期契約

(D) 19. 一般而言，若公司未來成長機會的價值已被反映到當期股價上，則購買何種股票的投資人將無法賺到超額報酬？
(A) 負成長公司 (B) 零成長公司 (C) 正成長公司 (D) 選項 (A)(B)(C) 皆是

(B) 20. 請問在技術分析中出現 M 頭代表什麼訊號？
(A) 買進訊號 (B) 賣出訊號 (C) 盤整訊號 (D) 無法判斷

(D) 21. 每股股價除以每股銷售額評價法，不適用於哪類公司？
(A) 銷售額大幅成長的公司   (B) 毛利率低的公司
(C) 負債比率低的公司   (D) 業外損益比重高的公司

(A) 22. 政府支出的大幅增加是屬於：
(A) 總體需求面增加 (B) 總體供給面增加 (C) 貨幣供給增加 (D) 預期物價增加

(B) 23. 下列哪項產業，最可能被歸類為景氣循環產業？
(A) 生化業 (B) 營建業 (C) 公用事業 (D) 食品業

(B) 24. 一般而言，當預期新臺幣升值，投資人將預期依賴進口原料的產業股價會：
(A) 下跌 (B) 上漲 (C) 不一定上漲或下跌 (D) 先跌後漲

(B) 25. 下列何者現象發生時，政府將會採取緊縮的貨幣政策？
(A) 藍燈轉為黃藍燈 (B) 黃紅燈轉為紅燈 (C) 黃藍燈轉為綠燈 (D) 黃紅燈轉為綠燈

■ 105 年第 3 次證券商業務員資格測驗

(B) 1. 下列哪一項不屬於產業風險？
(A) 廢止獎勵投資條例 (B) 儲蓄率提高 (C) 政府成立大汽車廠 (D) 成立南部科學園區

(A) 2. 投資人能夠將資產轉移為現金的特性稱為：
(A) 變現性 (B) 可分割性 (C) 低風險 (D) 報酬

(A) 3. 下列何者屬於資本市場的工具？
(A) 到期日超過一年以上的債券 (B) 國庫券 (C) 商業本票 (D) 附買回交易

(D) 4. 投資報酬率標準差除以平均報酬率，係指：
(A) 判定係數 (B) 貝它係數 (C) 相關係數 (D) 變異係數

(A) 5. 不動產抵押債權證券屬於：
(A) 金融資產 (B) 實質資產 (C) 選項 (A)、(B) 皆是 (D) 選項 (A)、(B) 皆非

(A) 6. 下列何者不是衡量風險的指標？
(A) 平均數 (B) 變異數 (C) 標準差 (D) 變異係數

(B) 7. 下列何種證券報酬間之相關性會導致最有效的風險分散？
(A) 相關性高　(B) 互為負相關　(C) 互為正相關　(D) 各證券間報酬無關

(A) 8. 當公司的信用評等等級越高時，表示何種風險越低？
(A) 違約風險　(B) 利率風險　(C) 匯率風險　(D) 贖回風險

(B) 9. 公司債的市場價格主要受下列何者影響？
(A) 票面利率　(B) 市場利率　(C) 央行貼現率　(D) 一年期定存利率

(B) 10. 其他條件相同時，當殖利率改變時，到期日較長之債券，其價格變動幅度會：
(A) 較小　(B) 較大　(C) 一樣　(D) 不一定

(D) 11. 我國所實施之分割債券制度中，下列何者可作為分割債券之標的？甲.公債；乙.公司債；丙.金融債券
(A) 僅甲、乙　(B) 僅甲、丙　(C) 僅乙、丙　(D) 甲、乙、丙皆是

(A) 12. 債券組合管理中的免疫策略 (Immunization Strategies) 是規避：
(A) 利率風險　(B) 流動性風險　(C) 信用風險　(D) 個別公司風險

(D) 13. 公司將盈餘拿去再投資的比率稱為：
(A) 股利發放率　(B) 內涵價值　(C) 要求報酬率　(D) 保留盈餘率

(D) 14. 所謂總體經濟分析，不包括下列哪項？
(A) 利率　(B) 物價　(C) 匯率　(D) 公司接單情形

(B) 15. 當景氣對策信號由綠燈轉為黃紅燈，甚至快速轉為紅燈時，政府可能會採取下列何種措施？
(A) 寬鬆貨幣政策　(B) 加稅　(C) 增加公共投資　(D) 調降利率

(B) 16. 一般而言，當預期新臺幣貶值，投資人將預期出口產業股價：
(A) 下跌　(B) 上漲　(C) 不一定上漲或下跌　(D) 先跌後漲

(D) 17. 假設其他條件不變，活期存款的規模逐漸擴大，將會使何者貨幣供給增加？
(A) M1a　(B) M1b　(C) M2　(D) 以上皆是

(B) 18. 國外大型塑膠廠發生火災，較可能對國內塑膠類股股價的影響為：
(A) 下跌　(B) 上漲　(C) 先漲後跌　(D) 先跌後漲

(D) 19. 一般而言，當 RSI 大於多少時為超買訊號？
(A) 30　(B) 60　(C) 20　(D) 80

(A) 20. 當股價向上有效突破箱形 (Rectangle) 整理的區間時，成交量配合放大，則股價通常會：
(A) 繼續上漲　(B) 回檔整理重回箱形　(C) 反轉下跌　(D) 方向不定

(A) 21. 請問在技術分析十字線指的是下列哪一項？
(A) 收盤價＝開盤價
(B) 收盤價＝開盤價＝最高價
(C) 收盤價＝開盤價＝最低價
(D) 收盤價＝開盤價＝最低價＝最高價

(A) 22. 若新加入投資組合之證券，其貝它 (Beta) 係數比原投資組合貝它係數大，則新投資組合貝它係數會：
(A) 增加　(B) 不變　(C) 減少　(D) 不一定

(C) 23. 證券價格能充分且迅速正確反應所有相關資訊之市場，我們稱為：
(A) 有秩序的市場　(B) 充分市場　(C) 有效率的市場　(D) 多頭市場

(D) 24. 為了使台灣股票市場更有效率性，政府可以採取何種措施？
(A) 降低證交稅　(B) 取消漲跌幅限制　(C) 減少人為干預　(D) 選項 (A)(B)(C) 皆是

(A) 25. 證券市場線 (SML) 表示個別證券的預期報酬率與其貝它係數之間的關係，請問證券市場線是依據下列何理論推導出？
(A) CAPM　(B) APT　(C) CML　(D) 變異數

■ 105 年第 2 次證券商業務員資格測驗

(C) 1. 下列何者不屬於國庫券的特性？
(A) 無違約風險　(B) 高流動性　(C) 到期日長　(D) 可以貼現的方式發行

(B) 2. 當我們比較規模不同的投資專案時，我們需要一個能將專案規模予以標準化的統計量來衡量比較風險，此一統計量為：
(A) 變異數　(B) 變異係數　(C) 標準差　(D) 平均數

(C) 3. 下列哪些公司債條款的權利在投資人身上？甲.可轉換公司債；乙.可贖回公司債；丙.可賣回公司債；丁.附認股權公司債
(A) 僅甲及乙　(B) 僅丙　(C) 僅甲、丙及丁　(D) 甲、乙、丙及丁

(C) 4. 以每股 70 元融資買進台泥普通股股票 2,000 股，融資比率為 40%，則最初投資金額為：
(A) 56,000 元　(B) 96,000 元　(C) 84,000 元　(D) 140,000 元

(D) 5. 市場區隔理論認為到期收益率曲線會呈現何種形狀？
(A) 正斜率　(B) 負斜率　(C) 水平　(D) 視各種期限債券個別之供需力量而定

(A) 6. 固定成長股利折現模式，是假設：
(A) 股利成長率小於要求報酬率
(B) 股利成長率大於要求報酬率
(C) 股利成長率等於要求報酬率
(D) 股利成長率等於 0

(B) 7. 當中央銀行覺得通貨膨脹率太高時，最不可能會採取哪些措施？
(A) 緊縮貨幣供給　(B) 調降存款準備率　(C) 調升存款準備率　(D) 調高重貼現率

(A) 8. 當市場利率或殖利率大於債券之票面利率時，該債券應是處於：
(A) 折價　(B) 溢價　(C) 等於面額　(D) 不一定

(C) 9. 最常被用來預測整體股市股價水準的方法是：
(A) 資本資產定價模式　(B) 固定成長率模式　(C) 本益比法　(D) 市價淨值法

(A) 10. 在評估公司股票價值之方式中，以每股市價除以每股帳面金額之評價方式稱為：
(A) 股價淨值比　(B) 本益比　(C) 股利殖利率　(D) 股利成長率

(B) 11. 一般而言，高貝它 (β) 係數的股票，其可接受的本益比應：
(A) 較大　(B) 較小　(C) 在空頭行情較大　(D) 在景氣谷底時較大

(A) 12. 一般而言，市場交易之方便性與該市場之效率性是呈現：
(A) 正相關　(B) 負相關　(C) 不相關　(D) 相關性依市場為多頭或空頭而決定

(A) 13. 下列敘述何者最能解釋證券市場線 (SML)？
　　　(A) 為資本資產訂價模型 (CAPM) 之結果推導　　(B) 證券市場信用評等線
　　　(C) 殖利率曲線　　(D) 選項 (A)(B)(C) 皆非

(B) 14. 下列何種物價指數的變化，是一般人民購買物品時最能感覺到的？
　　　(A) 躉售物價指數　(B) 消費者物價指數　(C) 進口物價指數　(D) 出口物價指數

(B) 15. 中央銀行的公開市場操作不會影響下列哪項？
　　　(A) 銀行超額準備　(B) 公債發行量　(C) 流通貨幣　(D) 利率

(B) 16. 產生通貨膨脹時，將使證券市場線 (SML)：
　　　(A) 向下平移　(B) 向上平移　(C) 斜率變緩　(D) 斜率變陡

(B) 17. 所謂 OBV 是：
　　　(A) 一種成交價格的技術指標　　(B) 一種成交量的技術指標
　　　(C) 一種價格監視制度　　(D) 選項 (A)(B)(C) 皆非

(B) 18. 如果證券市場充分正確反應資訊，則投資人可以獲得：
　　　(A) 異常報酬　　(B) 與所承受風險相當之合理報酬
　　　(C) 超額報酬，但必須先對資訊做仔細的分析　　(D) 報酬為零

(A) 19. 經濟景氣循環的順序是：甲.擴張；乙.高峰；丙.衰退；丁.谷底
　　　(A) 甲、乙、丙、丁　(B) 乙、丙、甲、丁　(C) 丙、乙、甲、丁　(D) 丁、甲、丙、乙

(A) 20. 在技術分析中，股價移動平均線代表某一個時段中，投資人的：
　　　(A) 平均成本　(B) 平均獲利　(C) 平均虧損　(D) 平均收入

(A) 21. 採取偏好投資風險的投資策略，其所買進的股票的貝它 (β) 係數：
　　　(A) 大於 1　(B) 小於 1　(C) 等於 1　(D) 小於 0

(C) 22. 在計算投資者投資報酬率時，若用實質報酬率法計算報酬，則其採用的觀念係為：
　　　(A) 單利計算報酬
　　　(B) 扣除無風險利率之溢酬，不必考慮時間價值
　　　(C) 平減物價水準後的報酬
　　　(D) 調整標準差後的報酬

(B) 23. 目前臺灣公債交易的報價基礎為：
　　　(A) 價格報價　(B) 殖利率報價　(C) 期限報價　(D) 市價報價

(B) 24. K 線之下影線之長度表示：
　　　(A) 壓力區　(B) 支撐程度　(C) 反制程度　(D) 驟跌程度

(B) 25. 有關套利定價理論 (APT) 之敘述何者正確？
　　　(A) 屬單因子模型
　　　(B) 屬多因子模型
　　　(C) 預期報酬僅會受市場報酬率影響
　　　(D) 在市場達成均衡時，個別證券報酬率等於無風險報酬

■ 105 年第 1 次證券商業務員資格測驗

(A) 1. 下列何者屬於資本市場的工具？
　　(A) 到期日超過一年以上的債券　(B) 國庫券　(C) 商業本票　(D) 附買回交易

(D) 2. 一般而言，事業風險的高低可由隱含在公司未來何者的不確定程度來判斷？
　　(A) 股票報酬率　(B) 股利發放率　(C) 股東權益報酬率　(D) 資產報酬率

(B) 3. 下列何種有價證券通常會以折價發行，到期時償還面額？
　　(A) 特別股　(B) 零息債券　(C) 政府債券　(D) 附認股權公司債

(D) 4. 下列何者不是購買零息債券所會面對的風險？
　　(A) 利率風險　(B) 違約風險　(C) 購買力風險　(D) 再投資風險

(B) 5. 在其他條件不變下，公司發放股票股利將造成每股盈餘：
　　(A) 上升　(B) 下跌　(C) 不變　(D) 不一定上升或下跌

(B) 6. 一般而言，央行大幅壓低 M1b (貨幣供給) 成長率對股價的影響是：
　　(A) 上漲　(B) 下跌　(C) 不確定漲跌　(D) 無影響

(B) 7. 當中央銀行覺得通貨膨脹率太高時，最不可能會採取哪些措施？
　　(A) 緊縮貨幣供給　(B) 調降存款準備率　(C) 調升存款準備率　(D) 調高重貼現率

(A) 8. 當一支股票在底部區出量時，可能代表：
　　(A) 反轉訊號　(B) 將繼續往下探底　(C) 主力出貨　(D) 選項 (A)(B)(C) 皆非

(C) 9. 下列何者正確描述非系統風險？
　　(A) 只存在於小公司　　　　　　　(B) 只存在於成長性公司
　　(C) 可被分散掉　　　　　　　　　(D) 通貨膨脹率是重要決定因素

(B) 10. 若資本市場之證券價格已充分反應了所有已經公開之資訊係屬於下列何種假設？
　　(A) 強式　(B) 半強式　(C) 弱式　(D) 半弱式

(A) 11. 買跌賣漲指的是下列何種投資策略？
　　(A) 反向投資策略　(B) 動能投資策略　(C) 預期投資策略　(D) 效率投資策略

(D) 12. 根據資本資產訂價模型 (CAPM)，所有投資組合必須：
　　(A) 提供相同之預期報酬　　　　　(B) 提供相同之風險
　　(C) 提供相同之風險及報酬　　　　(D) 位於證券市場線 (Security Market Line) 上

(B) 13. 對於一風險規避的投資者而言，下列之敘述何者有誤？
　　(A) 人們對財富看法：愈多愈好　　(B) 投資者追求期望報酬大於風險
　　(C) 對財富的邊際效用為逐次遞減　(D) 風險愈高，效用愈低

(B) 14. 股票的流動性風險與下列何者較有關？
　　(A) 公司的獲利能力　(B) 股票的成交量　(C) 股票價格的高低　(D) 利率

(A) 15. 固定收益證券承諾：
　　(A) 定期支付固定利息　(B) 對公司有選舉權　(C) 保證價格上漲　(D) 配發股利

(D) 16. 政府政策改變影響股市下跌，請問這屬於何種風險？
　　(A) 利率風險　(B) 違約風險　(C) 事業風險　(D) 市場風險

(A) 17. 一般而言，公債風險不包括下列何者？
(A) 違約風險　(B) 流動性風險　(C) 利率風險　(D) 通貨膨脹風險

(C) 18. 某 91 天期的國庫券，面額 100 元，發行價 99.5 元，則年化投資報酬率為：
(A) 0.05%　(B) 0.5%　(C) 2.0%　(D) 5.0%

(D) 19. 下列有關債券信用評等功能的敘述，何者有誤？
(A) 作為違約風險的指標　　　　　　　　(B) 衡量發行公司的籌資能力
(C) 提供法令規定投資等級的依據　　　　(D) 作為投資股票的主要指標

(C) 20. 基本分析有所謂的由下而上 (Bottom-Up) 分析法，此分析法認為影響股價最重要的因素是：
(A) 總體因素　(B) 產業因素　(C) 公司因素　(D) 市場交易制度

(A) 21. 當公司處於產業壽命週期的初期，傾向於採用：
(A) 低股利發放率　(B) 低投資率　(C) 低投資報酬率　(D) 低銷售成長率

(A) 22. 下列何者屬於可分散的風險？
(A) 某公司員工發動罷工　(B) 政治情況的變化　(C) 貨幣供給額的變動　(D) 法規的變動

(A) 23. 下列有關市場投資組合之敘述，何者有誤？
(A) 風險為零　　　　　　　　　　　　　(B) β (貝它係數) 為 1
(C) 通常以大盤指數代替其價格　　　　　(D) 其報酬率即為市場報酬率

(B) 24. 產生通貨膨脹時，將使證券市場線 (SML)：
(A) 向下平移　(B) 向上平移　(C) 斜率變緩　(D) 斜率變陡

(B) 25. 有關套利定價理論 (APT) 之敘述何者正確？
(A) 屬單因子模型
(B) 屬多因子模型
(C) 預期報酬僅只會受市場報酬率影響
(D) 在市場達成均衡時，個別證券報酬率等於無風險報酬率

■ 104 年第 4 次證券商業務員資格測驗

(B) 1. 下列何者不屬於產業風險？
(A) 修改獎勵投資條例　(B) 儲蓄率提高　(C) 政府成立大汽車廠　(D) 成立南部科學園區

(A) 2. 下列何者不是股票在集中市場交易的功能？
(A) 免證券交易稅　(B) 價格資訊透明　(C) 高流動性　(D) 降低交易成本

(B) 3. 在集中市場掛牌買賣的共同基金稱為：
(A) 開放型共同基金　(B) 封閉型共同基金　(C) 保本型共同基金　(D) 債券型共同基金

(D) 4. 下列何者不是一般用來分類普通股的方式？
(A) 成長性　(B) 收益性　(C) 風險性　(D) 市場效率性

(B) 5. 買賣封閉型基金之投資報酬率計算，係以何者為計算基礎？
(A) 基金淨值的變化　　　　　　　　　　(B) 基金市價的變化
(C) 同時參考基金淨值與市價的變化　　　(D) 基金本身的操作績效

(D) 6. 下列何者非專業管理投資組合對投資人的潛在利益？
(A) 分散風險　(B) 降低管理投資組合的成本　(C) 管理者具專業性　(D) 價格發現

(A) 7. 關於期貨保證金與選擇權保證金制度的比較，何者正確？
(A) 期貨買賣雙方均須支付保證金
(B) 選擇權買賣雙方均須支付保證金
(C) 選擇權買方須支付保證金
(D) 期貨賣方須支付保證金、買方不須支付

(A) 8. 所謂折價債券 (Discount Bond) 是指殖利率較票面利率：
(A) 高　(B) 低　(C) 相同　(D) 不一定

(A) 9. 小傅投資一張以日圓計價的國外債券，當新台幣對日圓升值時，對小傅的影響為何？
(A) 較為不利　(B) 較為有利　(C) 沒有影響　(D) 視升值幅度而定

(C) 10. 公司採行高現金股利政策時，可能會造成下列何種影響？
(A) 股本增加　(B) 盈餘被稀釋　(C) 現金減少　(D) 每股淨值增加

(C) 11. 某公司的預期股東權益報酬率是12%，現金股利發放率是40%，在假設無外部融資下，預期股利成長率是：
(A) 3.0%　(B) 4.8%　(C) 7.2%　(D) 9.0%

(D) 12. 下列何者較不受中央銀行公開市場操作的影響？
(A) 利率　(B) 匯率　(C) 貨幣供給　(D) 貨幣流通速度

(C) 13. 假設其他條件不變，外幣存款的規模逐漸擴大，將會使何者貨幣供給增加？
(A) M1a　(B) M1b　(C) M2　(D) 沒有影響

(D) 14. 我國景氣對策信號可用來表現景氣熱度，下列何者不是用以表達景氣對策信號？
(A) 紅燈：景氣熱絡　(B) 綠燈：景氣穩定　(C) 藍燈：景氣衰退　(D) 紫燈：景氣欠佳

(A) 15. 移動平均線通常應用在：
(A) K線圖上　(B) OX圖上　(C) 寶塔線上　(D) 雷達圖上

(D) 16. 下列何者屬於應買進的型態？
(A) 頭肩頂　(B) 雙重頂　(C) 菱形　(D) W底

(D) 17. 從當天單一的K線中，無法知道當天股票的：
(A) 開盤價　(B) 收盤價　(C) 最低價　(D) 漲跌

(C) 18. 技術分析中ADL指標是指：
(A) 成交量之平均
(B) 成交價之平均
(C) 上漲家數與下跌家數之差
(D) 上漲家數與下跌家數之比

(D) 19. K線實體的下方帶有細線時，稱之為下影線 (Lower Shadow)，下影線的下端，代表盤中的：
(A) 開盤價　(B) 收盤價　(C) 最高價　(D) 最低價

(A) 20. 公司的財務槓桿越大，則貝它係數會：
(A) 越大　(B) 越小　(C) 不變　(D) 無關

(C) 21. 若排除市場風險，股票之個別風險為：
(A) 系統的、可透過投資組合分散的
(B) 系統的、不可分散的
(C) 非系統的、可透過投資組合分散的
(D) 非系統的、不可分散的

(A) 22. 市場交易之方便性與該市場之效率性一般而言是呈現：

(A) 正相關　(B) 負相關　(C) 不相關　(D) 相關性依市場之為多頭或空頭而決定

(D) 23. 根據資本資產訂價模型 (CAPM)，影響預期報酬的風險因素為：
(A) 個股標準差　(B) 個股變異數　(C) 個股變異係數　(D) 貝它 (Beta) 係數

(A) 24. 證券市場線 (SML) 表示個別證券的預期報酬率與其貝它係數之間的關係，請問證券市場線是依據下列何理論推導出？
(A) CAPM　(B) APT　(C) CML　(D) 變異數

(C) 25. 若某一股票市場常存在內線交易的問題，也就是說公司內部人員常利用尚未公開的內部資訊，從市場上賺取超額的報酬，請問這種現象不符合何種效率市場的假設？
(A) 弱式效率　(B) 半強式效率　(C) 強式效率　(D) 無效率市場

104 年第 3 次證券商業務員資格測驗

(C) 1. 資本市場的工具到期日應：
(A) 超過一個月　(B) 超過半年　(C) 超過一年　(D) 一年以下

(A) 2. 買賣一年以下短期有價證券的金融市場為：
(A) 貨幣市場　(B) 期貨市場　(C) 資本市場　(D) 選擇權市場

(B) 3. 在銀行中，從借貸者中獲取的利息與付給存款人利息之間的差價稱為：
(A) 保險貼水　(B) 利差　(C) 風險貼水　(D) 期間貼水

(C) 4. 投資風險性資產的報酬率與無風險利率的差額，稱之為：
(A) 投資利得　(B) 投資報酬　(C) 風險溢酬　(D) 風險係數

(C) 5. 投資人大多以何者為無風險利率？
(A) 短期利率　(B) 長期利率　(C) 短期國庫券利率　(D) 公司債券利率

(D) 6. 下列何者屬投資銀行業務？
(A) 經紀　(B) 自營　(C) 承銷　(D) 選項 (A)(B)(C) 皆是

(D) 7. 公司在發行債券之後，若因為經營困難而影響債券的本金償還，該風險稱之為：
(A) 利率風險　(B) 購買力風險　(C) 系統風險　(D) 違約風險

(C) 8. 投資、投機與賭博之比較，其風險大小順序為：
(A) 投資＞投機＞賭博　(B) 投機＞賭博＞投資　(C) 賭博＞投機＞投資　(D) 賭博＞投資＞投機

(B) 9. 年前一碗陽春麵只要 10 元，現在卻要 30 元，請問這屬於何種風險？
(A) 利率風險　(B) 購買力風險　(C) 財務風險　(D) 價格風險

(B) 10. 其他條件相同時，當殖利率改變時，到期日較長之債券，其價格變動幅度會：
(A) 較小　(B) 較大　(C) 一樣　(D) 不一定

(A) 11. 下列何種債券不在集中市場交易？
(A) 國庫券　(B) 一般公司債　(C) 可轉換公司債　(D) 公債

(A) 12. 債券組合管理中的免疫策略 (Immunization Strategies) 是規避：
(A) 利率風險　(B) 流動性風險　(C) 信用風險　(D) 個別公司風險

(A) 13. 預估本益比的大小，比較不受下列何種因素影響？

(A) 流動比率　(B) 要求報酬率　(C) 盈餘成長率　(D) 股利發放率

(C) 14. 政府支出超過政府收入的數額，稱為：
(A) 貿易順逆差　(B) 國內生產毛額　(C) 預算赤字　(D) 反儲蓄

(D) 15. 所謂總體經濟分析，不包括下列那項？
(A) 利率　(B) 物價　(C) 匯率　(D) 公司接單情形

(A) 16. 預測發行公司未來盈餘與股利的證券分析方法是屬於：
(A) 基本分析　(B) 技術分析　(C) 資金分析　(D) 籌碼分析

(C) 17. 當一國的貨幣貶值時，一般而言：
(A) 有利進口，有利出口　　　　(B) 有利進口，不利出口
(C) 不利進口，有利出口　　　　(D) 不利進口，不利出口

(C) 18. 國內股市通常以何者為長期平均線？
(A) 72 日平均線　(B) 13 日平均線　(C) 52 週平均線　(D) 12 日平均線

(B) 19. 當 $\beta > 1$ 時，表示證券風險較市場風險為：
(A) 小　(B) 大　(C) 和市場風險無關　(D) 不一定

(B) 20. 不能放空下，投資組合中之個別資產間的相關係數為何時，才可能將投資組合之標準差降為零：
(A) 1　(B) －1　(C) 0　(D) 無法將投資組合之標準差降為零

(D) 21. 根據資本資產訂價模型 (CAPM)，影響預期報酬的風險因素為：
(A) 個股標準差　(B) 個股變異數　(C) 個股變異係數　(D) 貝它 (Beta) 係數

(A) 22. 一個適當分散風險之投資組合的報酬主要受下列何者影響？
(A) 系統風險　(B) 包含證券數目　(C) 選證券所屬的產業　(D) 非系統風險

(B) 23. 下列何者屬於無效率之投資組合？
(A) 位於效率前緣左上方　(B) 位於效率前緣右下方　(C) 位於效率前緣上　(D) 市場投資組合

(C) 24. 資本資產訂價模型 (CAPM) 認為最能完整解釋投資組合報酬率的是：
(A) 特有風險　(B) 利率風險　(C) 系統風險　(D) 非系統風險

(A) 25. 若一人對財富的看法是愈多愈好，且對財富的邊際效用為逐次遞減，則他對風險的態度之類型為：
(A) 風險規避者　(B) 風險偏好者　(C) 風險中立者　(D) 其他皆有可能

■ 104 年第 2 次證券商業務員資格測驗

(D) 1. 專業管理投資組合的特性不包括：
(A) 分散風險　(B) 管理者具專業性　(C) 低成本的投資組合管理　(D) 保證最低收益

(B) 2. 假設小張偏好風險較低之投資工具，請問小張最不可能購買下列哪一種投資工具？
(A) 普通股　(B) 期貨　(C) 公司債　(D) 政府債券

(C) 3. 目前在國內掛牌交易的康師傅 (公司代號 910322) 係屬於：
(A) 海外存託憑證　(B) 美國存託憑證　(C) 台灣存託憑證　(D) 普通股

(C) 4. 當公司發放 25% 的股票股利時，股價會變成配股前之：
(A) 50%　(B) 75%　(C) 80%　(D) 不變

(D) 5. 申購認購權證，將會面臨何種風險？
(A) 利率風險　(B) 流動性風險　(C) 市場風險　(D) 選項 (A)(B)(C) 皆是

(C) 6. 以下哪些投資標的屬於貨幣市場的工具？I. 股票；II. 國庫券；III. 公債附條件交易；IV. 公司債；V. 可轉讓定期存單
(A) 僅 I、III、IV　(B) 僅 I、II、III、IV　(C) 僅 II、III、V　(D) 僅 IV、V

(C) 7. 若股票的變異數為 0.36，變異係數為 5，請問其平均報酬率為：
(A) 0.012　(B) 0.675　(C) 0.12　(D) 0.35

(B) 8. 下列何者屬於「證券分析」的目的？
(A) 決定投資目標及可投資金額的多寡
(B) 尋找某些價格被高估或低估的資產
(C) 決定欲投資的資產類型以及各種資產要投入的資金數額
(D) 評估投資組合的績效

(C) 9. twBBf 是中華信評何種類型的評等等級之一？
(A) 長期債信評等等級　(B) 短期債信評等等級　(C) 債券型基金評等等級　(D) 特別股評等等級

(C) 10. 某 91 天期的國庫券，面額 100 元，發行價 99.5 元，則投資報酬率為：
(A) 0.05%　(B) 0.5%　(C) 2.0%　(D) 5.0%

(C) 11. 現金股利發放率愈大，預估本益比：
(A) 愈大　(B) 愈小　(C) 不一定愈大或愈小　(D) 不變

(A) 12. 某公司股票之本益比原為 20 倍，下列何種原因可能使本益比降為 10 倍？
(A) 股價下跌　(B) 股價上漲　(C) 負債變大　(D) 股本變大

(B) 13. 未被股市預期的利率下跌，將造成股價：
(A) 下跌　(B) 上漲　(C) 不一定下跌或上漲　(D) 先跌後漲

(D) 14. 下列何者現象發生時，政府將會採取緊縮的貨幣政策？
(A) 藍燈轉為黃藍燈　(B) 黃紅燈轉為綠燈　(C) 黃藍燈轉為綠燈　(D) 黃紅燈轉為紅燈

(B) 15. 在 K 線型態中，先陰後陽的孕育線 (Harami) 可視為：
(A) 頭部訊號　(B) 底部訊號　(C) 盤整訊號　(D) 連續訊號

(C) 16. 技術分析中 ADL 指標是指：
(A) 成交量之平均
(B) 成交價之平均
(C) 上漲家數與下跌家數之差
(D) 上漲家數與下跌家數之比

(B) 17. 請問在技術分析中出現 M 頭代表什麼訊號？
(A) 買進訊號　(B) 賣出訊號　(C) 盤整訊號　(D) 無法判斷

(A) 18. 公司的財務槓桿越大，則貝它係數會：
(A) 越大　(B) 越小　(C) 不變　(D) 無關

(D) 19. 在橫軸為貝它係數 (β)，縱軸為證券預期報酬率下，證券市場線 (SML) 的斜率為：
(A) R_f　(B) β_i　(C) $\beta_i(R_m - R_f)$　(D) $(R_m - R_f)$

(A) 20. 當一期間與過去相同期間之報酬無顯著之相關性時，代表該市場符合：

(A) 弱式效率　(B) 半強式效率　(C) 強式效率　(D) 選項 (A)(B)(C) 皆非

(C) 21. 若某一股票市場常存在內線交易的問題，也就是說公司內部人員常利用尚未公開的內部資訊，從市場上賺取超額的報酬，請問這種現象不符合何種效率市場的假設？
(A) 弱式效率　(B) 半強式效率　(C) 強式效率　(D) 無效率市場

(B) 22. 一般而言，央行大幅壓低 M1b (貨幣供給) 成長率對股價的影響是：
(A) 上漲　(B) 下跌　(C) 不確定漲跌　(D) 無影響

(C) 23. 在其他條件相同下，下列哪種事件最可能降低股票的本益比？
(A) 投資人的風險規避傾向降低
(B) 股利發放率增加
(C) 國庫券殖利率增加
(D) 通貨膨脹預期下跌

(A) 24. 採取偏好投資風險的投資策略，其所買進的股票的貝它 (β) 係數：
(A) 大於 1　(B) 小於 1　(C) 等於 1　(D) 小於 0

(A) 25. 資本資產訂價模型 (CAPM) 認為貝它 (Beta) 係數為 1 證券的預期報酬率應為：
(A) 市場報酬率　(B) 零報酬率　(C) 負的報酬率　(D) 無風險報酬率

■ 104 年第 1 次證券商業務員資格測驗

專業科目：證券投資

(D) 1. 投資報酬率標準差除以平均報酬率，係指：
(A) 判定係數　(B) 貝它係數　(C) 相關係數　(D) 變異係數

(C) 2. 投資風險性資產的報酬率與無風險利率的差額，稱之為：
(A) 投資利得　(B) 投資報酬　(C) 風險溢酬　(D) 風險係數

(B) 3. 套利發生的主要原因在於：
(A) 風險相同的證券提供一致的報酬率　(B) 風險相同的證券提供不一致的報酬率
(C) 相同報酬率的證券具有一致的風險　(D) 選項 (A)(B)(C) 皆非

(D) 4. 政府政策改變影響股市下跌，請問這屬於何種風險？
(A) 利率風險　(B) 違約風險　(C) 事業風險　(D) 市場風險

(A) 5. 下列那一種金融工具有隱含選擇權？
(A) 可贖回公司債　(B) 國庫券　(C) 股票　(D) 商業本票

(D) 6. 下列何者非專業管理投資組合對投資人的潛在利益？
(A) 分散風險　(B) 降低管理投資組合的成本　(C) 管理者具專業性　(D) 價格發現

(B) 7. 在其他條件相同的情況下，可轉換公司債之票面利率通常較一般公司債之利率：
(A) 高　(B) 低　(C) 相同　(D) 視情況而定

(A) 8. 在投資學理論中，假設理性投資人的風險態度為下列何者？
(A) 風險規避者　(B) 風險愛好者　(C) 風險中立者　(D) 風險溫和者

(B) 9. 當預期利率上漲時，投資人的公債操作策略為：
(A) 將短期公債換成長期公債

(B) 將票面利率低的公債換成票面利率較高的公債
(C) 將面額大的公債換成面額小的公債
(D) 持有原來的公債不變

(A) 10. 一般情況下，發行公司發放股票股利會造成以下何種影響？
(A) 股本增加　(B) 股本減少　(C) 股本不變　(D) 無法判斷

(B) 11. 一般而言，高貝它的股票，其可接受的本益比應：
(A) 較大　(B) 較小　(C) 在空頭行情較大　(D) 在景氣谷底時較大

(C) 12. 假設其他條件不變，外幣存款的規模逐漸擴大，將會使何者貨幣供給增加？
(A) M1a　(B) M1b　(C) M2　(D) 沒有影響

(B) 13. 國內股市通常以何者為中期平均線？
(A) 24 日平均線　(B) 13 週平均線　(C) 52 週平均線　(D) 24 月平均線

(B) 14. 下列那項產業，最可能被歸類為景氣循環產業？
(A) 生化業　(B) 營建業　(C) 公用事業　(D) 食品業

(A) 15. 當公司處於產業壽命週期的初期，傾向於採用：
(A) 低股利發放率　(B) 低投資率　(C) 低投資報酬率　(D) 低銷售成長率

(A) 16. 突破缺口 (Breakaway Gap) 愈大，表示未來股價的波動：
(A) 愈大　(B) 愈小　(C) 愈穩定　(D) 不一定

(B) 17. 隨機漫步理論 (Random Walk Theory) 認為：
(A) 過去股價變動的型態是未來股價變動的指標
(B) 股價變動無法預測
(C) 市場價格反應一切
(D) 市場心理可以預測

(A) 18. 當一支股票在底部區出量時，可能代表：
(A) 反轉訊號　(B) 將繼續往下探底　(C) 主力出貨　(D) 選項 (A)(B)(C) 皆非

(C) 19. 下列何者較不受道氏理論所重視？
(A) 基本波動　(B) 次級波動　(C) 日常波動　(D) 選項 (A)(B)(C) 皆非

(D) 20. 下列何者風險屬於系統風險？
(A) 贖回風險　(B) 違約風險　(C) 事業風險　(D) 利率風險

(B) 21. 新加入投資組合之證券，其貝它係數比原投資組合貝它係數大，則新投資組合貝它係數會：
(A) 不變　(B) 增加　(C) 減少　(D) 不一定

(B) 22. 假設甲投資組合之預期報酬率為 12%，貝它係數為 1.2，市場風險溢酬為 2%，請問根據資本資產訂價模型 (CAPM) 計算之無風險利率為何？
(A) 9.5%　(B) 9.6%　(C) 10%　(D) 14.4%

(B) 23. 下列何者為投資人無法利用分散投資組合規避之風險？
(A) 公司董事長之健康　(B) 市場不景氣　(C) 公司銷售量下降　(D) 產業停滯成長

(B) 24. 在橫軸為投資組合的風險、縱軸為投資組合的預期報酬率下，效率前緣向那個方向移動對投資人最好？
(A) 右下方　(B) 左上方　(C) 左下方　(D) 右上方

(D) 25. 下列何者並非強式效率市場檢定中，公司內部人員檢定之對象？
(A) 董事　(B) 總經理　(C) 重要股東　(D) 基金經理人

■ 103 年第 4 次證券商業務員資格測驗

(A) 1. 下列何者不為投資股票的風險？
(A) 到期風險　(B) 利率風險　(C) 系統風險　(D) 企業個別風險

(B) 2. 股票的流動性風險與下列何者有關？
(A) 公司的獲利能力　(B) 股票的成交量　(C) 股票價格的高低　(D) 利率

(D) 3. 資本利得是指：
(A) 股利　(B) 利息　(C) 股利加利息　(D) 賣價超過買價之金額

(B) 4. 投資三要素，指的是報酬、風險和：
(A) 政策　(B) 時間　(C) 市場　(D) 景氣

(A) 5. 一般而言，市場報酬率利用何者計算而得？
(A) 加權股價指數　(B) 各上市公司的報酬率　(C) 產業股價指數　(D) 選項 (A)、(B)、(C) 皆非

(D) 6. 申購認購權證，將會面臨何種風險？
(A) 利率風險　(B) 流動性風險　(C) 市場風險　(D) 選項 (A)、(B)、(C) 皆是

(A) 7. 當市場利率上升時，債券的發行價格會下降，該類風險稱之為：
(A) 利率風險　(B) 系統風險　(C) 流動性風險　(D) 購買力風險

(D) 8. 下列有關債券信用評等功能的敘述，何者有誤？
(A) 作為違約風險的指標　　　　　　(B) 衡量發行公司的籌資能力
(C) 提供法令規定投資等級的依據　　(D) 作為投資股票的主要指標

(A) 9. 預估本益比的大小，比較不受下列何種因素影響？
(A) 流動比率　(B) 要求報酬率　(C) 盈餘成長率　(D) 股利發放率

(C) 10. 政府支出超過政府收入的收額，稱為：
(A) 貿易順逆差　(B) 國內生產毛額　(C) 預算赤字　(D) 反儲蓄

(B) 11. 利用公司現在以及預測未來的獲利情況之各種資訊，來估計其合理股價，此種分析是屬於：
(A) 信用分析　(B) 基本分析　(C) 系統分析　(D) 技術分析

(B) 12. 當一支股票之 30 日平均線由上向下跌破 72 日平均線時，稱為：
(A) 黃金交叉　(B) 死亡交叉　(C) 價量背離　(D) 價跌量增

(B) 13. 在 K 線型態中，先陰後陽的孕育線 (Harami) 可視為：
(A) 頭部訊號　(B) 底部訊號　(C) 盤整訊號　(D) 連續型態

(B) 14. 當 $\beta > 1$ 時，表示證券風險較市場風險為：
    (A) 小　(B) 大　(C) 和市場風險無關　(D) 不一定

(D) 15. 根據投資組合理論來說，投資組合可消除何種風險？
    (A) 利率風險　(B) 通貨膨脹風險　(C) 系統風險　(D) 非系統風險

(A) 16. 當「黃金交叉」出現時，顯示將有一段：
    (A) 多頭行情　(B) 空頭行情　(C) 橫向整理　(D) 沒有特別意義

(A) 17. 證券市場線 (SML) 表示個別證券的預期報酬率與其貝它係數之間的關係，請問證券市場線是依據下列何理論推導出？
    (A) CAPM　(B) APT　(C) CML　(D) 變異數

(D) 18. 下列哪些不具有固定收益證券的特性？
    (A) 公司債　(B) 特別股　(C) 可轉換公司債　(D) 存託憑證

(B) 19. 在銀行中，從借貸者中獲取的利息與付給存款人利息之間的差價稱為：
    (A) 保險貼水　(B) 利差　(C) 風險貼水　(D) 期間貼水

(C) 20. 有擔保公司債之擔保內容為：
    (A) 利率風險　(B) 匯率風險　(C) 違約風險　(D) 系統風險

(A) 21. 小傅投資一張以日圓計價的國外債券，當新台幣對日圓升值時，對小傅的影響為何？
    (A) 較為不利　(B) 較為有利　(C) 沒有影響　(D) 視升值幅度而定

(C) 22. 公司採行高現金股利政策時，可能會造成下列何種影響？
    (A) 股本增加　(B) 盈餘被稀釋　(C) 現金減少　(D) 每股淨值增加

(C) 23. 下列哪項與基本分析無關？
    (A) 毛利率　(B) 負債比率　(C) 股票成交量　(D) 銷售量

(C) 24. 正常來說，投資人可以藉著多角化投資來降低風險到何種程度？
    (A) 可以完全消除風險　　(B) 若多角化程度夠大，則可以完全消除風險
    (C) 無法完全消除風險　　(D) 無法降低風險

(C) 25. 資本資產訂價模型 (CAPM) 認為最能完整解釋投資組合報酬的是：
    (A) 特有風險　(B) 利率風險　(C) 系統風險　(D) 非系統風險

■ 103 年第 3 次證券商業務員資格測驗

(C) 　1. 協助企業以發行證券的方式籌措資金的公司為：
    (A) 商業銀行　(B) 農業銀行　(C) 證券承銷商　(D) 證券經紀商

(A) 　2. 下列何者不是股票在集中市場交易的功能？
    (A) 免證券交易稅　(B) 價格資訊透明　(C) 高流動性　(D) 降低交易成本

(B) 　3. 除權前一日之收盤價與除權參考價之差稱為：
    (A) 股票股利　(B) 權值　(C) 息值　(D) 息票

(A) 4. 資本市場可分為股票市場與：
(A) 債券市場　(B) 保險市場　(C) 外匯市場　(D) 不動產市場

(A) 5. 股價指數及廠房設備的訂單為：
(A) 領先經濟指標　(B) 即時經濟指標　(C) 落後經濟指標　(D) 警戒經濟指標

(C) 6. 外國企業在台灣發行的存託憑證稱為：
(A) EDR　(B) ADR　(C) TDR　(D) GDR

(B) 7. 投資者在急需資金的情況下，將手中持有的有價證券拋售會有發生損失的可能性，我們將其稱之為該投資者面臨下列何者風險？
(A) 系統風險　(B) 變現風險　(C) 利率風險　(D) 違約風險

(D) 8. 投資者可採取下列何種方式分散投資風險？
(A) 投資不同種類的證券　　　　　　　(B) 投資不同地區的證券
(C) 投資不同到期日的債券　　　　　　(D) 選項 (A)、(B)、(C) 皆可分散投資風險

(C) 9. 下列何者為透過投資而取得公司所有權的方式？
(A) 期貨契約　(B) 公司債　(C) 普通股　(D) 賣出選擇權 (put option)

(A) 10. 下列何種債券不在集中市場交易？
(A) 國庫券　(B) 一般公司債　(C) 可轉換公司債　(D) 公債

(A) 11. 預估本益比的大小，比較不受下列何種因素影響？
(A) 流動比率　(B) 要求報酬率　(C) 盈餘成長率　(D) 股利發放率

(A) 12. 在評估公司股票價值之方式中，以每股市價除以每股帳面金額之評價方式稱為？
(A) 股價淨值比　(B) 本益比　(C) 股利殖利率　(D) 股利成長率

(A) 13. 預測發行公司未來盈餘與股利的證券分析方法是屬於：
(A) 基本分析　(B) 技術分析　(C) 資金分析　(D) 籌碼分析

(D) 14. 一般債券為什麼會存在再投資風險，其原因為：
(A) 利率的變動　(B) 債券被發行公司提前贖回　(C) 債息之支付　(D) 選項 (A)、(B)、(C) 皆是

(A) 15. 一般情況下，發行公司發放股票股利會造成以下何種影響？
(A) 股本增加　(B) 股本減少　(C) 股本不變　(D) 無法判斷

(A) 16. 分析公司真實價值的證券分析方法是屬於：
(A) 基本分析　(B) 技術分析　(C) 人氣分析　(D) 資金分析

(D) 17. 技術分析中 ADL 指標是指：
(A) 成交量之平均　　　　　　　　　　(B) 成交價之平均
(C) 上漲家數與下跌家數之比　　　　　(D) 上漲家數與下跌家數之差

(D) 18. 公司將盈餘拿去再投資的比率為：
(A) 股利發放率　(B) 內涵價值　(C) 要求報酬率　(D) 保留盈餘率

(C) 19. 銷貨與盈餘的成長率預期能夠超過國民生產毛額成長率的工業稱為：
(A) 獲利工業　(B) 穩健工業　(C) 成長工業　(D) 水準工業

(D) 20. 一般而言，當 RSI 大於多少時為超買訊號？
(A) 30　(B) 60　(C) 20　(D) 80

(B) 21. 產生通貨膨脹時，將使證券市場線 (SML)：
(A) 向下平移　(B) 向上平移　(C) 斜率變緩　(D) 斜率變陡

(A) 22. 證券市場線 (SML) 表示個別證券的預期報酬率與其貝它係數之間的關係，請問證券市場線是依據下列何理論推導出？
(A) CAPM　(B) APT　(C) CML　(D) 變異數

(C) 23. 竭盡缺口 (Exhaustion Gap) 通常出現在一波行情 (無論上漲或下跌) 的：
(A) 發動階段　(B) 中間位置　(C) 尾聲　(D) 盤整階段

(B) 24. 貝它 (β) 係數主要衡量一證券之：
(A) 總風險　(B) 市場風險　(C) 非系統風險　(D) 營運風險

(B) 25. 馬可維茲 (Markowitz) 的投資組合理論定義風險的測量值為：
(A) 貝它 (Beta)　(B) 標準差　(C) 相關係數　(D) 共變數

■ 103 年第 2 次證券商業務員資格測驗

(D) 1. 下列何者不是公司財務管理的課題？
(A) 資本結構　(B) 資本預算　(C) 營運資金管理　(D) 銀行經營管理

(C) 2. 當公司發放 25% 的股票股利時，股價會變成配股前之：
(A) 50%　(B) 75%　(C) 80%　(D) 不變

(D) 3. 在開始投資前應考慮的步驟為：
(A) 建立投資目標　　　　　　　　　　(B) 決定要以被動或主動方式管理投資組合
(C) 建立資產配置的指導原則　　　　　(D) 選項 (A)、(B)、(C) 皆是

(B) 4. 套利發生的主要原因在於：
(A) 風險相同的證券提供一致的報酬率　(B) 風險相同的證券提供不一致的報酬率
(C) 相同報酬率的證券具有一致的風險　(D) 選項 (A)、(B)、(C) 皆非

(A) 5. 下列有關台灣之開放型共同基金的敘述，何者錯誤？
(A) 提供投資人保證的報酬率　　　　　(B) 提供投資人進行較佳的分散投資
(C) 投資人可依淨資產價值贖回　　　　(D) 投資人可依淨資產價值買進

(B) 6. 當我們比較規模不同的投資專案時，我們需要一個能將專案規模予以標準化的統計量來衡量比較風險，此一統計量為：
(A) 變異數　(B) 變異係數　(C) 標準差　(D) 平均數

(D) 7. 申購認購權證，將會面臨何種風險？
(A) 利率風險　(B) 流動性風險　(C) 市場風險　(D) 選項 (A)、(B)、(C) 皆是

(B) 8. 在其他條件相同的情況下，可轉換公司債之票面利率通常較一般公司債之利率：
(A) 高　(B) 低　(C) 相同　(D) 視情況而定

(A) 9. 預估本益比的大小，比較不受下列何種因素影響？

(A) 流動比率　(B) 要求報酬率　(C) 盈餘成長率　(D) 股利發放率

(A) 10. 政府支出的大幅增加是屬於：
(A) 總體需求面增加　(B) 總體供給面增加　(C) 貨幣供給增加　(D) 預期物價增加

(A) 11. GDP 是衡量：
(A) 國內貨品與勞務的總產出
(B) 國內總貨品與勞務消費
(C) 輸出入的淨貨品與勞務
(D) 國外產出，但在國內消費的貨品與勞務

(C) 12. 股利折現模式的股利：
(A) 同時包括現金股利與股票股利
(B) 僅包括股票股利
(C) 僅包括現金股利
(D) 即等於每股盈餘

(C) 13. 在其他條件相同下，交易較不活絡的股票，投資人可接受的本益比：
(A) 較大　(B) 不一定，視總體環境而定　(C) 較小　(D) 不一定，視投資人風險偏好而定

(C) 14. 下列哪項與基本分析無關：
(A) 毛利率　(B) 負債比率　(C) 股票成交量　(D) 銷售量

(D) 15. 從當天單一的 K 線中，無法知道當天股票的：
(A) 開盤價　(B) 收盤價　(C) 最低價　(D) 漲跌

(A) 16. 突破缺口 (Breakaway Gap) 愈大，表示未來股價的波動：
(A) 愈大　(B) 愈小　(C) 愈穩定　(D) 不一定

(B) 17. 當 $\beta > 1$ 時，表示證券風險較市場風險為：
(A) 小　(B) 大　(C) 和市場風險無關　(D) 不一定

(C) 18. 下列何者較不受道氏理論所重視？
(A) 基本波動　(B) 次級波動　(C) 日常波動　(D) 選項 (A)、(B)、(C) 皆非

(B) 19. 交易成本與稅：
(A) 會促進市場效率
(B) 會阻礙市場效率
(C) 與市場效率無關
(D) 是每一個股票市場都必須具有的

(D) 20. 根據投資組合理論來說，投資組合可消除何種風險？
(A) 利率風險　(B) 通貨膨脹風險　(C) 系統風險　(D) 非系統風險

(B) 21. 如果證券市場充分正確反應資訊，則投資人可以獲得：
(A) 異常報酬
(B) 與所承受風險相當之合理報酬
(C) 超額報酬，但必須先對資訊做仔細的分析
(D) 報酬為零

(A) 22. 當一期間與過去相同期間之報酬率無顯著之相關性時，代表該市場符合：
(A) 弱式效率　(B) 半強式效率　(C) 強式效率　(D) 選項 (A)、(B)、(C) 皆非

(B) 23. 根據資本資產訂價模型 (CAPM)，若一證券之期望報酬率低於無風險利率，則：
(A) 變異數小於 1　(B) 貝它值為負　(C) 貝它值小於 1　(D) 不可能

(A) 24. 下列敘述何者最能解釋證券市場線 (SML)？
(A) 為資本資產訂價模型 (CAPM) 之結果推導
(B) 證券市場信用評等線
(C) 殖利率曲線
(D) 選項 (A)、(B)、(C) 皆非

(D) 25. 在橫軸為 β，縱軸為證券預期報酬率下，證券市場線 (SML) 的斜率為：
(A) R_f (B) β_i (C) $\beta_i(R_m - R_f)$ (D) $(R_m - R_f)$

■ 103 年第 1 次證券商業務員資格測驗

(A) 1. 下列何者為投資本國政府債券所會面臨的主要風險？
(A) 利率風險 (B) 違約風險 (C) 到期風險 (D) 匯率風險

(A) 2. 下列何者不為投資股票的風險？
(A) 到期風險 (B) 利率風險 (C) 系統風險 (D) 企業個別風險

(C) 3. 資本市場的工具到期日應：
(A) 超過一個月 (B) 超過半年 (C) 超過一年 (D) 一年以下

(B) 4. 下列何者敘述是台灣存託憑證 (TDR) 的特性？
(A) 表彰台灣企業的股票 (B) 外國公司在台灣所公開發行的存託憑證
(C) 台灣公司在海外發行的存託憑證 (D) 在海外市場掛牌交易

(A) 5. 下列哪一項金融工具風險最高，同時亦具有最高的潛在報酬？
(A) 衍生性證券 (B) 普通股 (C) 特別股 (D) 債券

(D) 6. 對一家完全未使用負債融資的公司而言，其風險會集中於：
(A) 財務風險 (B) 市場風險 (C) 公司特有風險 (D) 事業風險

(C) 7. 對投資債券與股票來說，下列何項風險僅對投資債券造成影響，卻不會影響股票投資？
(A) 利率風險 (B) 購買力風險 (C) 贖回風險 (D) 事業風險 (Business Risk)

(B) 8. 目前台灣公債交易的報價基礎：
(A) 價格報價 (B) 殖利率報價 (C) 期限報價 (D) 市場報價

(A) 9. 公司債的市場價格主要受下列何者影響？
(A) 市場利率 (B) 票面利率 (C) 央行貼現率 (D) 一年期定存利率

(B) 10. 投資股票所能賺取的所有現金流量的現值稱為：
(A) 股利發放率 (B) 真實價值 (C) 本益比 (D) 保留盈餘率

(C) 11. 在股利折現模型 (Dividend Discount Model) 裡，下列何者不會影響折現率？
(A) 實質無風險利率 (B) 股票之風險溢酬 (C) 資產報酬率 (D) 預期通貨膨脹率

(D) 12. 公司將盈餘拿去再投資的比率稱為：
(A) 股利發放率 (B) 內涵價值 (C) 要求報酬率 (D) 保留盈餘率

(A) 13. 在其他條件相同下，公司資訊取得較不易的公司，投資人要求的合理本益比應：
(A) 較低 (B) 較高 (C) 不一定，視投資人效用而定 (D) 不一定，視投資人風險偏好而定

(D) 14. 中央銀行提高重貼現率，受負面影響較大的產業是：
(A) 景氣循環產業 (B) 防禦性產業 (C) 鋼鐵業 (D) 營建產業

(A) 15. 當最近 12 個交易日裡有 3 日上漲時，12 日心理線之值為：
(A) 0.25 (B) 0.75 (C) 3 (D) 9

(B) 16. K 線之下影線之長度表示：

(A) 壓力區　(B) 支撐程度　(C) 反制程度　(D) 驟跌程度

(D) 17. 對稱三角形整理完畢之後，股價將會：
(A) 上漲　(B) 下跌　(C) 繼續整理　(D) 不一定

(B) 18. 下列何者型態的缺口屬於反轉訊號？
(A) 逃逸缺口　(B) 竭盡缺口　(C) 突破缺口　(D) 普通缺口

(A) 19. 就技術分析而言，支撐水準 (Support Level) 的位置，通常表示：
(A) 買氣大於賣壓　(B) 賣壓大於買氣　(C) 買賣雙方勢均力敵　(D) 股價將反轉下跌

(C) 20. 正常來說，投資人可以藉著多角化投資來降低風險到何種程度？
(A) 可以完全消除風險　　(B) 若多角化程度夠久，則可以完全消除風險
(C) 無法完全消除風險　　(D) 無法降低風險

(A) 21. 請問下列哪一貝它係數 (β) 所代表系統風險較小？
(A) 0.6　(B) 1　(C) 1.2　(D) 2.1

(A) 22. 現代投資理論一般假設投資者是：
(A) 風險規避者　(B) 風險偏好者　(C) 風險中立者　(D) 好逸惡勞者

(C) 23. 資本資產訂價模型 (CAPM) 認為最能完整解釋投資組合報酬的是：
(A) 特有風險　(B) 利率風險　(C) 系統風險　(D) 非系統風險

(D) 24. 在橫軸為 β，縱軸為證券預期報酬率下，證券市場線 (SML) 的斜率為：
(A) R_f　(B) β_i　(C) $\beta_i(R_m - R_f)$　(D) $(R_m - R_f)$

(B) 25. 如果證券市場充分正確反應資訊，則投資人可以獲得：
(A) 異常報酬　　(B) 與所承受風險相當之合理報酬
(C) 超額報酬，但必須先對資訊做仔細的分析　　(D) 報酬為零

■ 102 年第 4 次證券商業務員資格測驗

(B) 1. 套利發生的主要原因在於：
(A) 風險相同的證券提供一致的報酬率　(B) 風險相同的證券提供不一致的報酬率
(C) 相同報酬率的證券具有一致的風險　(D) 選項 (A)、(B)、(C) 皆非

(B) 2. 除權前一日之收盤價與除權參考價之差稱為：
(A) 股票股利　(B) 權值　(C) 息值　(D) 息票

(C) 3. 政治動盪影響股市下跌，請問這屬於何種風險？
(A) 利率風險　(B) 違約風險　(C) 市場風險　(D) 事業風險

(D) 4. 下列何者是貨幣市場工具的特性？
(A) 高酬率　(B) 高風險　(C) 到期日長　(D) 低風險

(A) 5. 下列哪一種金融工具有隱含選擇權？
(A) 可贖回公司債　(B) 國庫券　(C) 股票　(D) 商業本票

(A) 6. 以下有關附條件交易的敘述，何者錯誤？
(A) 公司債附買回交易的利率會低於公債附賣回的利率

(B) 附賣回利率會大於附買回利率
(C) 屬於貨幣市場工具
(D) 以政府公債為主要標的

(A) 7. 在景氣蕭條時期，利率會走跌，慢慢的投資意願會增加，此時股價會開始上揚；反之，亦然。此種影響股價的方式屬於：
(A) 系統風險　(B) 公司風險　(C) 事業風險　(D) 產業風險

(C) 8. 債券價格下跌的原因可能為：
(A) 市場資金大幅寬鬆　　　　　　(B) 流動性增加
(C) 發行公司債之公司信用評等下降　(D) 違約風險減少

(B) 9. 當預期利率上漲時，投資人的公債操作策略為：
(A) 將短期公債換成長期公債
(B) 將票面利率低的公債換成票面利率較高的公債
(C) 將面額大的公債換成面額小的公債
(D) 持有原來的公債不變

(B) 10. 下列有關存續期間的敘述何者錯誤？
(A) 付息債券之存續期間會小於其到期期間　(B) 永續債券之存續期間無限大
(C) 零息債券之存續期間等於其到期期間　　(D) 存續期間可衡量債券的利率風險

(C) 11. 股利折現模式，不適合下列哪種公司的股票評價？
(A) 銷售額不穩定的公司　　(B) 負債比率高的公司
(C) 連續多年虧損的公司　　(D) 正常發放現金股利的公司

(B) 12. 在其他條件相同的情況下，未上市股票相較於上市股票，投資人可接受的本益比：
(A) 較高　(B) 較低　(C) 不一定，視總體環境而定　(D) 不一定，視投資人風險偏好而定

(D) 13. 公司將盈餘拿去再投資的比率稱為：
(A) 股利發放率　(B) 內涵價值　(C) 要求報酬率　(D) 保留盈餘率

(B) 14. 國內股市通常以何者為中期平均線？
(A) 24 日平均線　(B) 13 週平均線　(C) 52 週平均線　(D) 24 月平均線

(D) 15. 對稱三角形整理完畢之後，股價將會：
(A) 上漲　(B) 下跌　(C) 繼續整理　(D) 不一定

(B) 16. 在箱形 (Rectangle) 整理區間內，成交量通常會：
(A) 相對增加　(B) 相對減少　(C) 暴增暴減　(D) 維持原先水準

(C) 17. 技術分析是以何時的資料來分析整體股市及個別股票？
(A) 現在　(B) 未來　(C) 過去　(D) 以上皆非

(D) 18. 技術分析中的道氏理論包含三種波動，請問不包括下列哪一項？
(A) 基本波動　(B) 次級波動　(C) 日常波動　(D) 每年波動

(B) 19. 逃逸缺口 (Runaway Gap) 通常出現在一波行情 (無論上漲或下跌) 的：
(A) 發動階段　(B) 中間位置　(C) 盤整階段　(D) 尾聲

(A) 20. 無風險資產的貝它 (Beta) 係數為：

(A) 0　(B) －1　(C) 1　(D) 無限大

(B) 21. 當投資組合之個別證券的種類夠多時，則：
(A) 只剩下非系統風險　(B) 只剩下系統風險　(C) 無任何風險　(D) 報酬率愈高

(C) 22. 二股票構成的投資組合風險可分散的程度取決於組成股票之：
(A) 變異數　(B) 標準差　(C) 共變異數　(D) 股價下跌機率

(B) 23. 動能投資策略其假設投資人可以因為市場反應不足而獲得超額報酬，其策略類似於：
(A) 買低賣高　(B) 追漲殺跌　(C) 被動式管理　(D) 買低賣低

(A) 24. 證券市場線 (SML) 表示個別證券的預期報酬率與其貝它係數之間的關係，請問證券市場線是依據下列何理論推導出？
(A) CAPM　(B) APT　(C) CML　(D) 變異數

(A) 25. 根據資本資產訂價模型 (CAPM)，若一證券之期望報酬率低於市場投資組合報酬率，則：
(A) 貝它值小於 1　(B) 貝它值大於 1　(C) 貝它值等於 0　(D) 貝它值小於 0

■ 102 年第 3 次證券商業務員資格測驗

(C) 1. 協助企業以發行證券的方式籌措資金的公司為：
(A) 商業銀行　(B) 農業銀行　(C) 證券承銷商　(D) 證券經紀商

(D) 2. 資本利得是指：
(A) 股利　(B) 利息　(C) 股利加利息　(D) 賣價超過買價之金額

(D) 3. 下列何者不是一般用來分類普通股的方式？
(A) 成長性　(B) 收益性　(C) 風險性　(D) 市場效率性

(C) 4. 資本市場的工具到期日應：
(A) 超過一個月　(B) 超過半年　(C) 超過一年　(D) 一年以下

(B) 5. 股票的流動性風險與下列何者較有關？
(A) 公司的獲利能力　(B) 股票的成交量　(C) 股票價格的高低　(D) 利率

(A) 6. 下列何者不是衡量風險的指標？
(A) 平均數　(B) 變異數　(C) 標準差　(D) 變異係數

(B) 7. 當我們比較規模不同的投資專案時，我們需要一個能將專案規模予以標準化的統計量來衡量比較風險，此一統計量為：
(A) 變異數　(B) 變異係數　(C) 標準差　(D) 平均數

(B) 8. 下列何種風險通常包含於政府債券報酬當中？
(A) 信用風險　(B) 通貨膨脹　(C) 到期風險　(D) 違約風險

(B) 9. 下列有關存續期間的敘述何者有誤？
(A) 付息債券之存續期間會小於其到期期間　(B) 永續債券之存續期間無限大
(C) 零息債券之存續期間等於其到期期間　(D) 存續期間可衡量債券的利率風險

(D) 10. 每股股價除以每股銷售額評價法，不適用於哪類公司？
(A) 銷售額大幅成長的公司　(B) 毛利率低的公司

(C) 負債比率低的公司　　　　　　　　(D) 業外損益比重高的公司

(C) 11. 公司採行高現金股利政策時，可能會造成下列何種影響？
(A) 股本增加　(B) 盈餘被稀釋　(C) 現金減少　(D) 每股淨值增加

(C) 12. 政府支出超過政府收入的數額時，稱為？
(A) 貿易順逆差　(B) 國內生產毛額　(C) 預算赤字　(D) 反儲蓄

(A) 13. 在其他條件相同下，公司資訊取得較不易的公司，投資人要求的合理本益比應：
(A) 較低　(B) 較高　(C) 不一定，視投資人效用而定　(D) 不一定，視投資人風險偏好而定

(B) 14. 一般而言，高 β 的股票，其可接受的本益比應：
(A) 較大　(B) 較小　(C) 在空頭行情較大　(D) 在景氣谷底時較大

(B) 15. 在波浪理論中之下降三波浪中，哪一波屬於上升段？
(A) a 波　(B) b 波　(C) c 波　(D) 選項 (A)(B)(C) 皆非

(C) 16. 下列何者較不受道氏理論所重視？
(A) 基本波動　(B) 次級波動　(C) 日常波動　(D) 選項 (A)(B)(C) 皆非

(D) 17. 對稱三角形整理完畢之後，股價將會：
(A) 上漲　(B) 下跌　(C) 繼續整理　(D) 不一定

(B) 18. K 線之下影線之長度表示：
(A) 壓力區　(B) 支撐程度　(C) 反制程度　(D) 驟跌程度

(D) 19. 技術分析中 ADL 指標是指：
(A) 成交量之平均　　　　　　　　　(B) 成交價之平均
(C) 上漲家數與下跌家數之比　　　　(D) 上漲家數與下跌家數之差

(C) 20. 下列何者因素會使證券市場線 (SML) 的斜率變緩？
(A) R_i 變大　(B) R_f 變小　(C) R_m 變小　(D) β 變小

(B) 21. 某公司公告其上一季之獲利超過市場上的預期，其股價因此一正面消息之揭露而大漲，此現象乃為下列何種市場效率形式之表彰？
(A) 強式　(B) 半強式　(C) 弱式　(D) 半弱式

(B) 22. 交易成本與稅：
(A) 會促進市場效率　　　　　　　　(B) 會阻礙市場效率
(C) 與市場效率無關　　　　　　　　(D) 是每一個股票市場都必須具有的

(C) 23. 資本資產訂價模型 (CAPM) 認為貝它值 (Beta) 為 0 的證券其預期報酬率應為：
(A) 負的報酬率　(B) 零報酬率　(C) 無風險報酬率　(D) 市場報酬率

(C) 24. 若排除市場風險，股票之個別風險為：
(A) 系統的、可透過投資組合分散的　　(B) 系統的、不可分散的
(C) 非系統的、可透過投資組合分散的　(D) 非系統的、不可分散的

(B) 25. 當 $\beta > 1$ 時，表示證券風險較市場風險為：
(A) 小　(B) 大　(C) 和市場風險無關　(D) 不一定

102 年第 2 次證券商業務員資格測驗

(A) 1. 固定收益證券承諾：
    (A) 定期支付固定利息 (B) 對公司有選舉權 (C) 保證價格上漲 (D) 配發股利

(A) 2. 證券的價格決定於：
    (A) 大多數人的交易決策 (B) 投資銀行 (C) 交易所 (D) 發行公司

(D) 3. 資本利得是指：
    (A) 股利 (B) 利息 (C) 股利加利息 (D) 賣價超過買價之金額

(A) 4. 下列哪一項金融工具風險最高，同時亦具有最高的潛在報酬？
    (A) 衍生性證券 (B) 普通股 (C) 特別股 (D) 債券

(D) 5. 組合型基金與指數股票型基金的比較，下列何者敘述正確？
    (A) 投資標的相同 (B) 申購買回的方式相同 (C) 皆屬於被動式管理 (D) 皆可長期投資

(B) 6. 投資者在急需資金的情況下，將手中持有的有價證券拋售會有發生損失的可能性，我們將其稱之為該投資者面臨下列何者風險？
    (A) 系統風險 (B) 變現風險 (C) 利率風險 (D) 違約風險

(A) 7. 事業風險之於營運槓桿，如同財務風險之於：
    (A) 財務槓桿 (B) 第一階段槓桿 (C) 總槓桿 (D) 選項 (A)、(B)、(C) 皆非

(A) 8. 公司債的市場價格主要受下列何者影響？
    (A) 市場利率 (B) 票面利率 (C) 央行貼現率 (D) 一年期定存利率

(B) 9. 當預期利率上漲時，投資人的公債操作策略為：
    (A) 將短期公債換成長期公債
    (B) 將票面利率低的公債換成票面利率較高的公債
    (C) 將面額大的公債換成面額小的公債
    (D) 持有原來的公債不變

(A) 10. 某公司股票之本益比原為 20 倍，下列何種原因可能使本益比降為 10 倍？
    (A) 股價下跌 (B) 股價上漲 (C) 負債變大 (D) 股本變大

(C) 11. 在股利折現模型 (Dividend Discount Model) 裡，下列何者不會影響折現率？
    (A) 實質無風險利率 (B) 股票之風險溢酬 (C) 資產報酬率 (D) 預期通貨膨脹率

(D) 12. 所謂總體經濟分析，不包括下列哪項？
    (A) 利率 (B) 物價 (C) 匯率 (D) 公司接單情形

(C) 13. 下列哪項與基本分析無關？
    (A) 毛利率 (B) 負債比率 (C) 股票成交量 (D) 銷售量

(C) 14. 請問汽車產業係屬於：
    (A) 成長性產業 (B) 防禦性產業 (C) 循環性產業 (D) 夕陽產業

(D) 15. 一般而言，當 RSI 大於多少時為超買訊號？

(A) 30　(B) 60　(C) 20　(D) 80

(A) 16. 當「黃金交叉」出現時，顯示將有一段：
(A) 多頭行情　(B) 空頭行情　(C) 橫向整理　(D) 沒有特別意義

(C) 17. 技術分析是以何時的資料來分析整體股市及個別股票？
(A) 現在　(B) 未來　(C) 過去　(D) 以上皆非

(D) 18. 下列何者屬於應買進的型態？
(A) 頭肩頂　(B) 雙重頂　(C) 菱形　(D) W 底

(B) 19. 逃逸缺口 (Runaway Gap) 通常出現在一波行情 (無論上漲或下跌) 的：
(A) 發動階段　(B) 中間位置　(C) 盤整階段　(D) 尾聲

(D) 20. 下列何者不屬於市場風險？
(A) 貨幣供給額的變動　(B) 利率的變動　(C) 政治情況的變化　(D) 某公司核心人士遭同業挖角

(A) 21. 請問下列哪一貝它係數 (β) 所代表系統風險較小？
(A) 0.6　(B) 1　(C) 1.2　(D) 2.1

(C) 22. 二股票構成的投資組合風險可分散的程度取決於組成股票之：
(A) 變異數　(B) 標準差　(C) 共變異數　(D) 股價下跌機率

(B) 23. 在橫軸為投資組合的風險、縱軸為投資組合的預期報酬率下，效率前緣向那個方向移動對投資人最好？
(A) 右下方　(B) 左上方　(C) 左下方　(D) 右上方

(B) 24. 國外大型塑膠廠發生火災，較可能對國內塑膠類股股價的影響為：
(A) 下跌　(B) 上漲　(C) 先漲後跌　(D) 先跌後漲

(A) 25. 證券市場線 (SML) 表示個別證券的預期報酬率與其貝它係數之間的關係，請問證券市場線是依據下列何理論推導出？
(A) CAPM　(B) APT　(C) CML　(D) 變異數

■ 102 年第 1 次證券商業務員資格測驗

(A) 1. 目前台灣證券交易所主要撮合之方式為：
(A) 電腦撮合　(B) 人工撮合　(C) 半自動撮合　(D) 選項 (A)、(B)、(C) 皆非

(B) 2. 無擔保品的公司債稱為：
(A) 可贖回公司債　(B) 信用債券 (Debenture)　(C) 垃圾債券　(D) 可轉換公司債

(A) 3. 證券的價格決定於：
(A) 大多數人的交易決策　(B) 投資銀行　(C) 交易所　(D) 發行公司

(D) 4. 下列何者是貨幣市場工具的特性？
(A) 高報酬　(B) 高風險　(C) 到期日長　(D) 低風險

(D) 5. 下列何者不是公司財務管理的課題？
(A) 資本結構　(B) 資本預算　(C) 營運資金管理　(D) 銀行經營管理

(B) 6. 由於物價水準發生變動,所導致報酬發生變動的風險,稱之為:
(A) 利率風險 (B) 購買力風險 (C) 違約風險 (D) 到期風險

(B) 7. 下列何者為實質資產?
(A) 公司債 (B) 土地 (C) 商業本票 (D) 股票

(C) 8. 外國企業在台灣發行的存託憑證稱為:
(A) EDR (B) ADR (C) TDR (D) GDR

(D) 9. 下列何者不是貨幣市場工具?
(A) 銀行承兌匯票 (B) 國庫券 (C) 商業本票 (D) 公債

(B) 10. 有關組合型基金與台灣 50 指數 ETF 之比較,何者正確?
(A) 均為主動式管理 (B) 均可分散風險 (C) 均為追蹤某一指數 (D) 均直接投資於股票

(D) 11. 投資者可採取下列何種方式分散投資風險?
(A) 投資不同種類的證券　　　　　　　　(B) 投資不同地區的證券
(C) 投資不同到期日的債券　　　　　　　(D) 選項 (A)、(B)、(C) 皆可分散投資風險

(A) 12. 一般而言,公債風險不包括下列何者?
(A) 信用風險 (B) 流動性風險 (C) 利率風險 (D) 通貨膨脹風險

(A) 13. 下列何種債券不在集中市場交易?
(A) 國庫券 (B) 一般公司債 (C) 可轉換公司債 (D) 公債

(A) 14. 一般情況下,發行公司發放股票股利會造成以下何種影響?
(A) 股本增加 (B) 股本減少 (C) 股本不變 (D) 無法判斷

(D) 15. 下列何者不是信用評等時的主要評估因素?
(A) 發行公司的盈餘　　　　　　　　　　(B) 發行公司的經營效率
(C) 發行公司的負債比率　　　　　　　　(D) 發行公司的成立時間

(D) 16. 公司將盈餘拿去再投資的比率稱為:
(A) 股利發放率 (B) 內涵價值 (C) 要求報酬率 (D) 保留盈餘率

(A) 17. 在評估公司股票價值之方式中,以每股市價除以每股帳面價值之評價方式稱為?
(A) 股價淨值比 (B) 本益比 (C) 股利殖利率 (D) 股利成長率

(B) 18. 利用公司現在以及預測未來的獲利情況之各種資訊,來估計其合理股價,此種分析是屬於:
(A) 信用分析 (B) 基本分析 (C) 系統分析 (D) 技術分析

(A) 19. GDP 是衡量:
(A) 國內貨品與勞務的總產出　　　　　　(B) 國內總貨品與勞務消費
(C) 輸出入的淨貨品與勞務　　　　　　　(D) 國外產出,但在國內消費的貨品與勞務

(D) 20. 根據投資組合理論來說,投資組合可消除何種風險?
(A) 利率風險 (B) 通貨膨脹風險 (C) 系統風險 (D) 非系統風險

(B) 21. 股票投資組合之報酬率:
(A) 為個別股票報酬率之算術平均　　　　(B) 為個別股票報酬率之加權平均
(C) 為個別股票報酬率之幾何平均　　　　(D) 選項 (A)、(B)、(C) 皆可

(C) 22. 二股票構成的投資組合風險可分散的程度取決於組成股票之：
(A) 變異數　(B) 標準差　(C) 共變異數　(D) 股價下跌機率

(C) 23. 若當證券 B 的報酬率高於其平均報酬率時，證券 A 亦有相同的傾向，則兩證券之相關係數為：
(A) 0　(B) 負　(C) 正　(D) 正負皆可

(B) 24. 在資本市場線 (CML) 與證券市場線 (SML) 中，描述風險的指標分別為：
(A) 變異數、貝它值　(B) 標準差、貝它值　(C) 貝它值、變異數　(D) 貝它值、標準差

(B) 25. 如果證券市場充分正確反應資訊，則投資人可以獲得：
(A) 異常報酬
(B) 與所承受風險相當之合理報酬
(C) 超額報酬，但必須先對資訊做仔細的分析
(D) 報酬為零

■ 101 年第 4 次證券商業務員資格測驗

(A) 1. 證券的價格決定於：
(A) 大多數人的交易決策　(B) 投資銀行　(C) 交易所　(D) 發行公司

(B) 2. 由於物價水準發生變動，所導致報酬發生變動的風險，稱之為：
(A) 利率風險　(B) 購買力風險　(C) 違約風險　(D) 到期風險

(B) 3. 當我們比較規模不同的投資專案時，我們需要一個能將專案規模予以標準化的統計量來衡量比較風險，此一統計量為：
(A) 變異數　(B) 變異係數　(C) 標準差　(D) 平均數

(B) 4. 下列何者敘述是台灣存託憑證 (TDR) 的特性？
(A) 表彰台灣企業的股票
(B) 外國公司在台灣所公開發行的存託憑證
(C) 台灣公司在海外發行的存託憑證
(D) 在海外市場掛牌交易

(B) 5. 下列何者屬於「證券分析」的目的？
(A) 決定投資目標及可投資金額的多寡
(B) 尋找某些價格被高估或低估的資產
(C) 決定欲投資的資產類型以及各種資產要投入的資金數額
(D) 評估投資組合的績效

(D) 6. 下列何者不是零息債券所會面對的風險？
(A) 利率風險　(B) 違約風險　(C) 購買力風險　(D) 再投資風險

(A) 7. 小傅投資一張以日圓計價的國外債券，當新台幣對日圓升值時，對小傅的影響為何？
(A) 較為不利　(B) 較為有利　(C) 沒有影響　(D) 視升值幅度而定

(A) 8. 下列何種債券可提供投資人對利率上漲風險的保護？
(A) 浮動利率債券　(B) 固定利率債券　(C) 可提前償還公司債　(D) 股權連動債券

(D) 9. 下列有關債券信用評等功能的敘述，何者有誤？
(A) 作為違約風險的指標
(B) 衡量發行公司的籌資能力
(C) 提供法令規定投資等級的依據
(D) 作為投資股票的主要指標

(B) 10. 某公司今年發放 3.4 元的股利，若預期其股利每年可以 6% 的固定成長率成長，及股東的要求報酬率

為 12% 時，則其預期股價為何？
(A) 58 元　(B) 60 元　(C) 62 元　(D) 64 元

(C) 11. 某公司發放股票股利 4 元，若預期明年盈餘成長率是 40%，則明年預估每股盈餘：
(A) 大於今年　(B) 小於今年　(C) 與今年相同　(D) 不一定大於或小於今年

(D) 12. 下列何者較不受中央銀行公開市場操作的影響？
(A) 利率　(B) 匯率　(C) 貨幣供給　(D) 貨幣流通速度

(C) 13. 下列哪項屬於 M2 的成份，但不屬於 M1 的成份？
(A) 流通貨幣　(B) 信託公司的活儲　(C) 定存　(D) 支票存款

(A) 14. 依據產業生命週期循環，投資處於草創階段產業的公司股票，屬於哪類投資？
(A) 高風險高報酬　(B) 高風險低報酬　(C) 低風險高報酬　(D) 低風險低報酬

(D) 15. 技術分析中的道氏理論包含三種波動，請問不包括下列哪一項？
(A) 基本波動　(B) 次級波動　(C) 日常波動　(D) 每年波動

(A) 16. 當多頭市場出現竭盡缺口 (Exhaustion Gap) 時，表示：
(A) 上升行情即將結束
(B) 買進股票的良好時機
(C) 跌勢接近尾聲
(D) 盤整即將結束

(C) 17. 下列關於 KD 值的敘述何者有誤？
(A) KD 值永遠介於 0 與 100 之間
(B) 當 K 線突破 D 線時，為買進訊號
(C) D 值在 80 以上時，為超賣現象
(D) KD 在 50 附近表多空力道均衡

(B) 18. 在波浪理論中之下列三波浪中，哪一波屬於上升段？
(A) a 波　(B) b 波　(C) c 波　(D) 選項 (A)、(B)、(C) 皆非

(B) 19. 下列對 OBV 指標應用原則的描述，何者有誤？
(A) OBV 下降，價格上升是賣出訊號
(B) OBV 下降，價格上升是買進訊號
(C) OBV 上升，價格下降是買進訊號
(D) OBV 由正轉負是賣出訊號

(B) 20. 不能放空下，投資組合中之個別資產間的相關係數為何時，才可能將投資組合之標準差降為零：
(A) 1　(B) －1　(C) 0　(D) 無法將投資組合之標準差降為零

(C) 21. 下列何者正確描述非系統風險？
(A) 只存在於小公司
(B) 只存在於成長性公司
(C) 可被分散掉
(D) 通貨膨脹是重要決定因素

(D) 22. 公司採行高股票股利政策時，可能會造成下列何種影響？
(A) 股本增加　(B) 盈餘被稀釋　(C) EPS 下降　(D) 選項 (A)、(B)、(C) 皆是

(C) 23. 最能符合一般投資人利益之資本市場是具有何種效率之條件？
(A) 半強式效率　(B) 半弱式效率　(C) 強式效率　(D) 弱式效率

(C) 24. 市場組合之預期報酬率為 15%，無風險利率為 5%，某投資之貝它值 (Beta) 為 0.8，而其預期報酬率為 15%，則此投資：
(A) 為好投資，因其報酬率高於市場報酬率
(B) 其報酬率低於資本資產訂價模式 (CAPM) 之理論報酬率

(C) 其報酬率高於資本資產訂價模式 (CAPM) 之理論報酬率
(D) 選項 (A)、(B)、(C) 皆非

(B) 25. 下列敘述何者有誤？
(A) 高風險投資預期報酬率較高，但不一定會得到較高的報酬率
(B) 風險與報酬成正比，故高風險投資必可得到高報酬率
(C) 以資本資產訂價理論 (CAPM) 的觀點，高系統風險有高的預期報酬率
(D) CAPM 只以市場投資組合報酬率去解釋證券的報酬率

101 年第 3 次證券商業務員資格測驗

(B) 1. 假設小張偏好風險較低之投資工具，請問小張最不可能購買下列哪一種投資工具？
(A) 普通股　(B) 期貨　(C) 公司債　(D) 政府債券

(A) 2. 投資者進行投資時，若可能最大報酬率與可能最低報酬率的差距越大時，表示風險？
(A) 越大　(B) 越小　(C) 無關　(D) 無法判斷

(A) 3. 一般而言，投資下列金融工具的風險狀況依序為何？甲. 短期公債；乙. 股票；丙. 認購權證；丁. 長期公債
(A) 丙＞乙＞丁＞甲　(B) 丙＞甲＞丁＞乙　(C) 甲＞乙＞丙＞丁　(D) 乙＞丁＞甲＞丙

(B) 4. 下列何種風險通常包含於政府債券報酬當中？
(A) 信用風險　(B) 通貨膨脹　(C) 到期風險　(D) 違約風險

(B) 5. 假設其他條件不變的情況之下，下列何者與債券利率風險呈反向關係？
(A) 債券的到期日
(B) 債券的票面利率
(C) 債券的存續期間 (Duration)
(D) 債券發行公司的違約風險

(A) 6. 預估本益比的大小，比較不受下列何種因素影響？
(A) 流動比率　(B) 要求報酬率　(C) 盈餘成長率　(D) 股利發放率

(C) 7. 股利折現模式，不適合下列哪種公司的股票評價？
(A) 銷售額不穩定的公司
(B) 負債比率高的公司
(C) 連續多數虧損的公司
(D) 正常發放現金股利的公司

(A) 8. 政府的支出大幅增加是屬於：
(A) 總體需求面增加　(B) 總體供給面增加　(C) 貨幣供給增加　(D) 預期物價增加

(B) 9. 一般而言，當預期新台幣升值，投資人將預期依賴進口原料的產業股價會？
(A) 下跌　(B) 上漲　(C) 不一定上漲或下跌　(D) 先跌後漲

(B) 10. 請問在技術分析紅體線指的是下列哪一項？
(A) 收盤價＝開盤價　(B) 收盤價＞開盤價　(C) 收盤價＜開盤價　(D) 收盤價＝最高價

(D) 11. 從當天單一的 K 線中，無法知道當天股票的：
(A) 開盤價　(B) 收盤價　(C) 最低價　(D) 漲跌

(D) 12. 「不要把所有的雞蛋放在同一個籃子裡」的投資策略可以降低何種風險？
(A) 利率風險　(B) 景氣循環風險　(C) 系統風險　(D) 非系統風險

(C) 13. 假設 A、B 兩種資產的相關係數為 0，且 A 的變異係數為 5，報酬率為 30%，B 的變異數為 0.04，則 A 與 B 的共變異數為？
(A) 1　(B) 0.3　(C) 0　(D) 無法計算

(C) 14. 若當證券 B 的報酬率高於其平均報酬率時，證券 A 亦有相同的傾向，則兩證券之相關係數為？
(A) 0　(B) 負　(C) 正　(D) 正負皆可

(D) 15. 下列何者非資本資產訂價理論 (CAPM) 的假設條件？
(A) 市場為一完全市場 (Perfect Market)　(B) 單一投資期間
(C) 投資者的預期皆相同　(D) 無風險報酬率的借貸並不存在

(D) 16. 根據資本資產訂價理論 (CAPM)，下列敘述何者為非？
(A) 若一資產之 β 係數為 0，則其與市場投資組合之相關係數為 0
(B) 在均衡下，若一資產期望報酬等於無風險利率，則其 β 必定為 0
(C) 若一資產與市場投資組合相關係數為正，則其 β 必定為正
(D) 若一資產期望報酬為正，則其 β 必定為正

(B) 17. 在缺乏熱絡的交易市場中，投資者會特別要求較高的？
(A) 期限風險溢酬　(B) 變現力溢酬　(C) 違約風險溢酬　(D) 系統性風險溢酬

(D) 18. 一般而言，若公司未來成長機會的價值已被反映到當期股價上，則購買何種股票的投資人將無法賺到超額報酬？
(A) 負成長公司　(B) 零成長公司　(C) 正成長公司　(D) 選項 (A)、(B)、(C) 皆是

(C) 19. 有擔保公司債之擔保內容為？
(A) 利率風險　(B) 匯率風險　(C) 違約風險　(D) 系統風險

(D) 20. 下列何者不是零息債券所會面對的風險？
(A) 利率風險　(B) 違約風險　(C) 購買力風險　(D) 再投資風險

(D) 21. 可轉換公司債為在一段期間之後，持有者有權將公司債依「轉換價格」轉換成普通股股票，請問下列「轉換價格」中，何者可轉換出較多普通股股票？
(A) 50 元　(B) 45 元　(C) 40 元　(D) 35 元

(A) 22. 當公司處於產業壽命週期的初期，傾向於採用：
(A) 低股利發放率　(B) 低投資率　(C) 低投資報酬率　(D) 低銷售成長率

(A) 23. 在技術分析中，較常用的股價移動平均線 (Moving Average)，係：
(A) 算術移動平均數　(B) 加權移動平均數　(C) 指數平滑移動平均數　(D) 幾何移動平均數

(A) 24. 比較兩種以上的投資商品的風險時，為了衡量系統性風險的差異，一般而言會使用哪一類指標？
(A) 貝它係數　(B) 變異係數　(C) 標準差　(D) 變異數

(C) 25. 資本資產訂價理論 (CAPM) 認為貝它值 (Beta) 為 0 的證券，其預期報酬率應為？
(A) 負的報酬率　(B) 零報酬率　(C) 無風險報酬率　(D) 市場報酬率

■ 101 年第 2 次證券商業務員資格測驗

(A)　1. 下列何者不是投資股票的風險？

(A) 到期風險　(B) 利率風險　(C) 系統風險　(D) 企業個別風險

(C) 2. 下列何者屬於個人融資管道？
(A) 發行不動產抵押債權證券　(B) 交易期貨契約　(C) 向銀行申請貸款　(D) 發行股票

(C) 3. 當預期利率下跌時，投資人的公債操作策略為：
(A) 將面額大的公債換成面額小的公債
(B) 將票面利率低的公債換成票面利率較高的公債
(C) 將短期公債換成長期公債
(D) 持有原來的公債不變

(D) 4. 下列何者不是零息債券所會面對的風險？
(A) 利率風險　(B) 違約風險　(C) 購買力風險　(D) 再投資風險

(B) 5. 股利固定成長之評價模式——高登模式 (Gordon Model) 在何種情況下無法適用？
(A) 折現率大於股利成長率
(B) 折現率小於股利成長率
(C) 股利成長率小於 0
(D) 股利成長率等於 0

(D) 6. 下列有關資本資產評價理論 (CAPM) 的敘述，何者有誤？
(A) 可以評估每一單獨證券的預期報酬率與風險的關係
(B) 預期報酬愈高，則表示其面對之風險愈高
(C) 風險係數是以 β 表示
(D) 市場投資組合的 β 小於 1

(C) 7. 當一國的貨幣貶值時，一般而言：
(A) 有利進口，有利出口
(B) 有利進口，不利出口
(C) 不利進口，有利出口
(D) 不利進口，不利出口

(A) 8. 投資人對成熟公司股票的預期報酬，主要來自於：
(A) 現金股利　(B) 股票股利　(C) 差價　(D) 公司銷售成長

(B) 9. 就技術分析而言，壓力水準 (Resistance Level) 的位置通常表示：
(A) 買氣大於賣壓　(B) 賣壓大於買氣　(C) 買賣雙方勢均力敵　(D) 不可能被突破

(C) 10. 假設 A、B 兩種資產的相關係數為 0，且 A 的變異係數為 5，報酬率為 30%，B 的變異數為 0.04，則 A 與 B 的共變異數為：
(A) 1　(B) 0.3　(C) 0　(D) 無法計算

(B) 11. 證券市場線 (SML) 的斜率為：
(A) 通貨膨脹溢酬　(B) 市場風險溢酬　(C) 夏普指標 (Sharpe Index)　(D) 無風險利率

(D) 12. 下列敘述何者為真？
(A) 資產之總風險為系統性風險
(B) 投資組合中各資產報酬率間相關係數越大，組合風險越小
(C) 資本資產評價理論 (CAPM) 說明，凡是非系統性風險相同之資產，其預期報酬相同
(D) 可以經由多角化投資分散的風險，稱為非系統風險

(B) 13. 一般而言，高貝它的股票，其可接受的本益比應：
(A) 較大　(B) 較小　(C) 在空頭行情較大　(D) 在景氣谷底時較大

(C) 14. 葛蘭碧 (Joseph Granville) 八大法則是以何種指標來判斷買賣時機？
(A) 乖離率　(B) MACD　(C) 價格移動平均線　(D) 選項 (A)、(B)、(C) 皆非

(A) 15. 股價指數及廠房設備的訂單為：
(A) 領先經濟指標　(B) 即時經濟指標　(C) 落後經濟指標　(D) 警戒經濟指標

(C) 16. 可依淨值於任何交易時間準備接受投資人買進或賣出的共同基金稱為：
(A) 封閉型共同基金　(B) 指類型共同基金　(C) 開放型共同基金　(D) 債券型共同基金

(C) 17. 現金股利發放率愈大，預估本益比：
(A) 愈大　(B) 愈小　(C) 不一定愈大或愈小　(D) 不變

(A) 18. 當市場利率上升時，債券的發行價格會下降，該類風險稱之為：
(A) 利率風險　(B) 系統風險　(C) 流動性風險　(D) 購買力風險

(A) 19. 在 K 線型態中，先陽後陰的孕育線 (Harami) 可視為：
(A) 頭部訊號　(B) 底部訊號　(C) 盤整訊號　(D) 連續型態

(D) 20. 利率上升所造成的影響，以下敘述何者有誤？
(A) 通常會造成股價的下跌　　　　　　(B) 公司的資金成本上升
(C) 投資者會將資金抽離股市　　　　　(D) 投資者的必要報酬率會下降

(B) 21. 下列敘述何者有誤？
(A) 濾嘴法則可用來檢定市場是否符合弱式效率假說
(B) 當市場具有效率時，代表投資人無投資報酬可言
(C) 半強式效率市場的成立，將使基本分析無效
(D) 台灣股票市場不符合強式效率市場

(D) 22. 下列何者無法用來衡量投資風險？
(A) 標準差　(B) 變異係數　(C) 貝它係數　(D) 幾何平均數

(B) 23. 當股價持續上漲，而 OBV 線卻下降時，代表：甲.價量背離；乙.買進訊號；丙.價漲量增；丁.賣出訊號
(A) 甲、乙　(B) 甲、丁　(C) 乙、丙　(D) 丙、丁

(D) 24. 零股買賣指標之買賣理論其心理表現為：
(A) 主力配合型態　(B) 作手反撲　(C) 散戶投資心理　(D) 反向操作心理投資

(B) 25. 在資本資產評價理論 (CAPM) 中，證券市場線 (SML) 是用來表示：
(A) 某證券變異數與市場投資組合變異數的關係
(B) 證券期望報酬率與系統風險的關係
(C) 某證券超額報酬率與市場投資組合超額報酬率的關係
(D) 效率投資組合的預期報酬率與風險之間的關係

101 年第 1 次證券商業務員資格測驗

(B) 1. 在缺乏熱絡的交易市場中，投資者會特別要求較高的：
(A) 期限風險溢酬　(B) 變現力溢酬　(C) 違約風險溢酬　(D) 系統性風險溢酬

(C) 2. 投資風險性資產的報酬率與無風險利率的差額,稱之為:
(A) 投資利得 (B) 投資報酬 (C) 風險溢酬 (D) 風險係數

(C) 3. 第一類商業本票與第二類商業本票的差異為:
(A) 到期期間的長短 (B) 發行人信用的不同 (C) 是否有自償性質 (D) 金額的大小

(C) 4. 投資於股票的報酬等於:
(A) 資本利得 (B) 股利所得 (C) 資本利得加股利所得 (D) 資本利得加利息所得

(C) 5. 當公司發放 25% 的股票股利時,股價會變成配股前之:
(A) 50% (B) 75% (C) 80% (D) 不變

(B) 6. 當我們比較規模不同的投資專案時,我們需要一個能將專案規模予以標準化的統計量來衡量比較風險,此一統計量為:
(A) 變異數 (B) 變異係數 (C) 標準差 (D) 平均數

(B) 7. 下列何者敘述是台灣存託憑證 (TDR) 的特性?
(A) 表彰台灣企業的股票   (B) 外國公司在台灣所公開發行的存託憑證
(C) 台灣公司在海外發行的存託憑證   (D) 在海外市場掛牌交易

(C) 8. 下列哪些公司債條款的權利在投資人身上?甲.可轉換公司債;乙.可贖回公司債;丙.可賣回公司債;丁.附認股權公司債
(A) 僅甲及乙 (B) 僅丙 (C) 僅甲、丙及丁 (D) 甲、乙、丙及丁

(A) 9. 公司債的市場價格主要受下列何者影響?
(A) 市場利率 (B) 票面利率 (C) 央行貼現率 (D) 一年期定存利率

(D) 10. 下列何者不是信用評等時的主要評估因素?
(A) 發行公司的盈餘   (B) 發行公司的經營效率
(C) 發行公司的負債比率   (D) 發行公司的成立時間

(A) 11. 有關債券的敘述,下列何者有誤?
(A) 公司債僅在台灣證券交易所進行交易
(B) 可轉換公司債指投資人可在該公司股票一定價格時有權利轉換為一定的股數
(C) 公司債的利息支出得以減免公司所得稅
(D) 債券的風險比股票低

(C) 12. 某 91 天期的國庫券,面額 100 元,發行價 99.5 元,則投資報酬率為:
(A) 0.05% (B) 0.5% (C) 2.0% (D) 5.0%

(B) 13. 在其他條件相同的情況下,可轉換公司債之票面利率通常較一般公司債之利率:
(A) 高 (B) 低 (C) 相同 (D) 視情況而定

(B) 14. 下列何種有價證券通常會以折價發行,到期時償還面額?
(A) 附認股權公司債 (B) 零息債券 (C) 政府債券 (D) 特別股

(B) 15. 下列有關存續期間的敘述何者有誤?
(A) 付息債券之存續期間會小於其到期期間   (B) 永續債券之存續期間無限大
(C) 利息債券之存續期間等於其到期期間   (D) 存續期間可衡量債券的利率風險

(A) 16. 投資人對成熟公司股票的預期報酬，主要來自於：
(A) 現金股利　(B) 股票股利　(C) 差價　(D) 公司銷售成長

(B) 17. 投資股票所能賺取的所有現金流量的現值稱為：
(A) 股利發放率　(B) 真實價值　(C) 本益比　(D) 保留盈餘率

(B) 18. 一般而言，高貝它的股票，其可接受的本益比應：
(A) 較大　(B) 較小　(C) 在空頭行情較大　(D) 在景氣谷底時較大

(B) 19. 股利固定成長之評價模式——高登模式 (Gordon Model) 在何種情況下無法適用？
(A) 折現率大於股利成長率
(B) 折現率小於股利成長率
(C) 股利成長率小於 0
(D) 股利成長率等於 0

(A) 20. 基本分析有所謂的由上而下 (Top-down) 分析法，此分析法認為影響股價最重要的因素是：
(A) 總體因素　(B) 產業因素　(C) 公司因素　(D) 市場交易制度

(A) 21. 假設甲公司的流動比率高於乙公司，但其速動比率卻低於乙公司，請問其可能原因為何？
(A) 甲公司的存貨太多
(B) 乙公司的資產週轉較快
(C) 乙公司的預付費用較高
(D) 乙公司的循環週期較短

(C) 22. 技術分析中利用週期中之最高價、最低價與收市價來計算未來之隨機值，指的是下列哪一項指標？
(A) RSI　(B) ADR　(C) KD　(D) MACD

(D) 23. 有關央行貨幣政策工具何者為非？
(A) 央行控制貨幣供給的工具有公開市場操作、調整存款準備率、調整重貼現率
(B) 公開市場操作為最常見方式
(C) 重貼現率調整通常政策宣示意味較濃
(D) 調升存款準備率會使貨幣供給增加

(A) 24. 當最近 12 個交易日裡有 3 日上漲時，12 日心理線之值為：
(A) 0.25　(B) 0.75　(C) 3　(D) 9

(B) 25. 在 K 線型態中，先陰後陽的相逢線 (Meeting Lines) 可視為：
(A) 頭部訊號　(B) 底部訊號　(C) 盤整訊號　(D) 連續型態

(C) 26. 當投資人欲分析股價的中長期走勢時，道氏理論中的哪一種波動較不能作為研判的依據？
(A) 基本波動　(B) 次級波動　(C) 日常波動　(D) 選項 (A)、(B)、(C) 皆非

(D) 27. 所謂總體經濟分析，不包括下列哪項？
(A) 利率　(B) 物價　(C) 匯率　(D) 公司接單情形

(D) 28. 下列何者不屬於市場風險？
(A) 貨幣供給額的變動　(B) 利率的變動　(C) 政治情況的變化　(D) 某公司核心人士遭同業挖角

(D) 29. 葛蘭碧 (Joseph Granville) 八大法則採用何種期間之平均線？
(A) 10 日移動平均線　(B) 30 日移動平均線　(C) 72 日移動平均線　(D) 200 日移動平均線

(C) 30. 下列何者正確描述非系統風險？
(A) 只存在於小公司
(B) 只存在於成長性公司
(C) 可被分散掉
(D) 通貨膨脹率是重要決定因素

(D) 31. 下列何者風險屬於系統風險？

(A) 贖回風險　(B) 違約風險　(C) 事業風險　(D) 利率風險

(C) 32. 正常來說，投資人可以藉著多角化投資來降低風險到何種程度？
(A) 可以完全消除風險　　　　　　　　(B) 若多角化程度夠大，則可以完全消除風險
(C) 無法完全消除風險　　　　　　　　(D) 無法降低風險

(B) 33. 產生通貨膨脹時，將使證券市場線 (SML)：
(A) 向下平移　(B) 向上平移　(C) 斜率變緩　(D) 斜率變陡

(D) 34. 請問下列選項中之兩資產相關係數，其所組成之投資組合分散風險的效果最好？
(A) 1　(B) 0.5　(C) 0　(D) －1

(D) 35. 在橫軸為 β，縱軸為證券預期報酬率下，證券市場線 (SML) 的斜率為：
(A) R_f　(B) β_i　(C) $\beta_i(R_m - R_f)$　(D) $(R_m - R_f)$

(A) 36. 當一期間與過去相同期間之報酬率無顯著之相關性時，代表該市場符合：
(A) 弱式效率　(B) 半強式效率　(C) 強式效率　(D) 選項 (A)、(B)、(C) 皆非

(C) 37. 目前在國內掛牌交易的康師傅 (代號 910322) 係屬於：
(A) 海外存託憑證　(B) 美國存託憑證　(C) 台灣存託憑證　(D) 普通股

(C) 38. 在同一條風險－報酬的無異曲線圖上的每一個點均存在相同的：
(A) 報酬　(B) 風險　(C) 效用　(D) 價格

(B) 39. 使用反向投資策略 (Contrarian Investment Strategy) 可以獲得超額報酬的假設原因為：
(A) 市場反應不足　(B) 市場反應過度　(C) 報酬不具可預測性　(D) 市場具有效率性

(C) 40. 下列有關資本資產訂價理論 (CAPM) 與套利訂價理論 (APT) 之敘述，何者有誤？
(A) CAPM 是 APT 的一個特例
(B) APT 一般考慮較多的因素
(C) 只有 CAPM 假定報酬率與影響因素呈線性關係，而 APT 則否
(D) 都可用於資金成本的估計、資產的評價和資本預算

96 年至 100 年的歷屆考題可參考東華書局網站：https://www.tunghua.com.tw。

索引

SETS　Stock Exchange Electronic Trading System　37

二畫
二項樹　binomial trees　192

三畫
小龍債券　dragon bonds　54

四畫
中期政府公債　treasury notes　49
元月效應　January effect　321
內部報酬率　Internal Rate of Return, IRR　113
內線交易　insider trading　322
公司參與型　sponsored　24
公司債　corporate bonds　51
公平賽局　fair game　340
公用事業類股　utilities　230
公式解　closed form solution　190
分散　divergence　291
分散投資　diversification　130
反浮動利率債券　inverse floaters　57
日本蠟燭圖　Japanese candle stick chart　277
比率　ratio　269
水平價差交易　horizontal spread　169
牛市　bull market　230

五畫
主要趨勢　primary trend　267
代銷　best-offer underwriting　30
凹性　concavity　131
半強式效率市場　semi-strong form efficiency　318
可交換公司債　exchangeable bonds　52
可賣回債券　putable bonds　52
可轉換公司債　convertible bonds　52
可轉債套利　convertible arbitrage　95
可轉讓定期存單　negotiable certificate of deposit, NCD　61
可贖回債券　callable bonds　52
外匯互換　currency swap　356
外匯選擇權　currency option　178
巨災債券　catastrophe bonds　55
市值加權指數　market value-weighted index　40
市場內價差交易　intra-market spread　169
市場風險　market risk　347
市場風險溢酬　market risk premium　137
市場間價差交易　inter-market spread　170
市場擇時　market timing　5
市價對帳面價值比　market-to-book ratio, P/B ratio　258
平衡型基金　balanced funds　80
必要報酬率　required rate of return　136
必需消費類股　consumer staples　230
未成熟隨機值　raw stochastic value, RSV　285
本金　notional amount　69
本益比　price-earning ratio, P/E ratio　256
正向市場　normal market　164
正價差　positive price spread　164
永續年金　perpetuity　108
生命週期基金　life-cycle funds　80
目標年期基金　target-maturity funds　80

六畫
交叉避險　cross hedge　168
交易者指數　trader's index, TRIN　296

419

交換　swap　68
交換交易商　swap dealer　68
全國證券交易協會自動報價系統　National Association of Securities Dealers Automated Quotations　34
全球存託憑證　Global Depository Receipts, GDRs　23
全球宏觀　global macro　98
全球型共同基金　global funds　82
共同比損益表　common-size income statement　241
共同基金　mutual funds　72
再平衡　rebalance　328
回饋　feedback　2
地方政府債券　municipal bonds/munis　47, 50
多因素模型　multi-factors model　141
多重策略　multi-strategy　100
多頭背離　bullish divergence　294
多頭價差　bull spread　169, 204
存託憑證　depository receipt　21
存貨週轉率　inventory turnover　251
年金　annuity　108
年金因子　annuity factor　111
年報酬率　annual rate of return　8
成長型基金　growth funds　77
成長期　consolidation stage　231
成熟期　maturity stage　231
收益　income　77
收益型基金　income funds　77
收益型債券　revenue bonds　50
收斂　convergence　164
有限責任　limit liability　22
次級市場　secondary market　29
次級房貸　subprime mortgage　10
次級趨勢　secondary trend　267

七畫

冷門股效應　neglected effects　321
利息保障倍數　times interest earned　250
利率　interest rates　218
利率交換　interest rate swap　68, 355
完全保障型債券　general obligation bonds　50
完美市場　perfect market　131
序列自相關分析　series autocorrelation　319
技術指標　technical indicators　271
投資等級債券　investment grade bonds　47
投機功能　speculation function　149
投機等級　speculative grade　47
投機策略　speculative strategy　171
抗通膨債券　Treasury Inflation Protected Securities, TIPS　56, 217
折價債券　discount bonds　125
每股盈餘　earning per share, EPS　257
私下募集　private placement　30
系統性風險　systematic risk　130, 336
貝它避險　beta hedging　347
那斯達克　NASDAQ　34

八畫

事件導向　event driven　99
兩個資金分離定理　two fund separation theorem　331
初次公開發行　initial public offerings, IPOs　30
初級市場　primary market　29
到期收益率　yield to maturity, YTM　124
固定成長股利折現模型　constant growth DDM　116
固定收益套利　fixed income arbitrage　95
垃圾債券　junk bonds　45
夜星　evening star　280
定期定值　value averaging　372
定期定額　dollar cost averaging　370
或有求償權　contingent claims　176
承銷商　underwriters　30
抵押擔保證券　mortgage-backed security, MBS　10
東京證券交易所　Tokyo Stock Exchange　35
武士債券　Samurai bonds　54

索引

泛歐股票交易所　Euronext　34
空頭背離　bearish divergence　294
空頭價差　bear spread　169
股市中立　equity market neutral　95
股利收益率　dividend yield　7
股利折現模型　dividend discount model, DDM　116
股票多空　equity long/short　97
股票放空　dedicated short bias　97
股票型基金　equity fund　77
股票選擇　stock selection　312
股票選擇權　stock option　178
股價指數選擇權　stock index option　178
金融市場　financial markets　20
金融體系　financial system　20
長條圖　bar chart　277
長期反轉效應　long term mean reversal　321
長期政府公債　treasury bonds　49
附買回條件交易　repurchase agreements, repos/RPs　62
附賣回條件交易　reverse repos　63
非公司參與型　unsponsored　24
非市場風險　non-market risk　347
非必需消費類股　consumer discretionary　230
非系統性風險　unsystematic risk　130, 336

九畫

保本型基金　principal guarantee funds　88
信用債券　debentures　51
信用違約交換　credit default swap, CDS　43
型態　pattern　269
封閉式基金　close-end funds　83
持有成本理論　carrying cost theory　163
持有期間報酬率　holding period return, HPR　8
指數股票型基金　exchange-traded fund, ETF　41, 86
指數型基金　index funds　81
指數型債券　indexed bonds　56
洋基債券　Yankee bonds　54

流動比率　current ratio　248
流動性　liquidity　3
盈利收益率　earning yield　263
相對強弱指標　relative strength index, RSI　287
科技類股　technology　230
約當現金　cash equivalents　20
美式選擇權　American option　67, 179
美國存託憑證　American Depository Receipts, ADRs　23
衍生性金融商品　derivative/derivative securities　4, 64, 176
風險套利　risk arbitrage　99
風險轉移功能　risk transfer function　148

十畫

倫敦證券交易所　London Stock Exchange, LSE　36
原物料類股　materials　230
夏普指數　Sharpe ratio　303
套利　arbitrage　141
套利訂價理論　arbitrage pricing theory, APT　139
弱式效率市場　weak form efficiency　318
息票　coupon　49
效率市場理論　efficient market theory　318
效率前緣　efficient frontier　131, 330
時間　time　269
時間線　time line　106
核心－衛星策略　core-satellite strategy　374
浮動利率債券　floating-rate bonds　53
海外基金　international funds　82
消費者物價指數　consumer price index, CPI　44
消極　passive　324
特別股　preferred stock　21
紐約證券交易所　New York Stock Exchange, NYSE　33
純益率　profit margin　256
衰退期　relative decline stage　231
財政政策　fiscal policy　219

財務槓桿比率　financial leverage ratio　249
逆向市場　inverted market　164
逆價差　negative price spread　164
馬可維茲的均值方差模型　Markowitz's mean variance model　330
高登模型　Gordon model　116
鬥牛犬債券　bulldog bonds　54

十一畫

勒式　strangle　207
區域型共同基金　regional funds　82
商品間價差交易　inter-commodity spreads　171
商業本票　commercial papers, CP　61
國內生產毛額　gross domestic product, GDP　214
國家選擇　country selection　311
國庫券　Treasury bills, TB　60
執行　execution　2
基本分析　fundamental analysis　213
基金的基金　fund of fund　86
基差　basis　164
基準組合　benchmark portfolio　306
崔諾指數　Treynor ratio　304
強式效率市場　strong form efficiency　319
推動浪　impulse wave　269
晨星　morning star　279
淨現值　Net Present Value, NPV　112
淨現值法則　net present value rule　113
現股部位　position　196
現金　cash　20
現金流量比率　cash flow ratio　249
現金增資　season equity offerings, SEOs　29
現值　present value, PV　104
現貨市場　spot market　146
現貨－期貨等價理論　spot-futures parity theory　163
產業生命週期　industry life cycle　231
產業基金　sector funds　82
票面利率　coupon interest　49

票息　coupon　47
移動平均線　moving average　272
終值　future value, FV　104
規劃　planning　2
規模效應　size effects　321
貨幣市場共同基金　money market mutual funds　80
貨幣交換　currency swap　69
貨幣政策　monetary policy　219
貨幣選擇　currency selection　311
通貨膨脹　inflation　216
速動比率　quick ratio　248
連檢定　run test　319
閉鎖期　lock-up periods　93

十二畫

傑森阿爾法　Jensen's alpha　303
傘型基金　umbrella fund　88
剩餘請求權　residual claims　22
創新期　start-up stage　231
換匯換利交換　cross currency swap, CCS　69
普通股　common stock　21
最小化變異數避險　minimum variance hedging　345
期貨　futures　64, 146
期貨契約　futures contracts　146
發行量加權股價指數　TAIEX　37
短期波動　tertiary trend　268
短期動能效應　short term momentum　320
策略性資產配置　strategic asset allocation　324
註冊退休儲蓄計畫　Registered Retirement Saving Plan, RRSP　89
買進持有　buy & hold　322
買進買權　long call option　199
買進跨式　long straddle　207
買進賣權　long put option　199
買進避險　buying hedge　167
買權　call/call options　66, 177
超額報酬　excess return　137

週末效應　weekend effect　321
開放式基金　open-end funds　83
黃金指數債券　Gis Card　56

十三畫

債券型基金　bond fund　78
微笑曲線　smile curve　198
新興市場　emerging markets　99
溢價債券　premium bonds　125
當期收益率　current yield　124
義大利證券交易所　Borsa Italiana　37
解析近似模型　analytic approximation model　190
解析模型　analytical model　190
資本市場　capital market　20
資本市場線　capital market line, CML　331
資本利得　capital gain　7
資本利得收益率　capital gain yield　7
資本資產訂價模型　capital asset pricing model, CAPM　130
資本增值　capital appreciation　77
資訊比率　information ratio　304
資產配置　asset allocation　4, 323
資產報酬率　return on assets, ROA　254
跨式　straddle　207
道氏理論　Dow theory　267
道瓊工業指數　Dow Jones Industrial Average, DJIA　38
違約　default　45
預期理論　expectations theory　166

十四畫

實物支付債券　pay-in-kinds bonds　57
槓桿　leverage　337
熊市　bear market　230
管理期貨　managed futures　97
維持保證金　maintenance margins　26
聚合　convergence　291

臺灣存託憑證　Taiwan Depository Receipts, TDRs　23
認股權證　warrants　67
認售權證　put warrants　68
認購權證　call warrants　68
遠期市場　forward market　146
酸性測試比率　acid test ratio　248
銀行承兌匯票　banker's acceptance, BA　62
需求指標　demand index, DI　291

十五畫

價內　in the money　67, 188
價內選擇權　in the money option　179
價外　out of the money　67, 188
價外選擇權　out the money option　179
價平　at the money　188
價平選擇權　at the money option　179
價值效應　value effects　321
價格加權指數　price-weighted index　38
價格發現功能　price discovery function　149
履約價格　strike price　176
數值分析法　numerical analysis approach　190
標準普爾 500 指數　Standard & Poor's Composite 500, S&P 500　40
歐式選擇權　European option　67, 179
歐洲美元　Eurodollars　63
歐洲債券　Eurobonds　54
確定包銷　firm commitment underwriting　30
線型圖　charting　271
複製基金　clone fund　89
調整浪　corrective wave　269
賣出勒式　short strangle　209
賣出買權　short call option　200
賣出賣權　short put option　20
賣權　put/put options　67, 177
賣權買權平價關係　put-call parity　201
餘額包銷　stand-by underwriting　30

十六畫

戰術性資產配置　tactical asset allocation　324
歷史波動率　historical volatility　198
積極　aggressive　324
融券　short interest　294
融券賣出　short selling　27
融資比率　percentage margin　26
融資利率　call money rate　25
融資追繳　margin call　26
融資買進　buying on margin　25
選擇權　options　66, 176

十七畫

總資產週轉率　total asset turnover　253
總體經濟因素　macroeconomic factors　140
艱困公司證券　distress securities　99
避險比例　hedge ratio　344
避險功能　hedge function　148
避險者　hedger　344
避險基金　hedge fund　91
隱含波動率　implied volatility　198
濾嘴法則　filter rule　319
簡單避險　naïve hedging　344

十八畫以上

轉換比率　conversion ratio　52
轉換溢酬　conversion premium　52
醫療保健類股　health care　230
題材股　story stock　235
證券化　securitization　10
證券市場線　security market line, SML　136
證券選擇　security selection　4
類股輪動　sector rotation　228
騰落指標　advance decline line, ADL　296
權利金　premium　180
權益乘數　equity multiplier　251
權益報酬率　return on equity, ROE　254
權益證券　equity security　21
贖回收益率　yield to call, YTC　126